Percy Trezise

TRAUMSTRASSE

Eine Entdeckungsreise zu den Felsmalereien
der australischen Ureinwohner

thorbecke
SPELÄOTHEK 3

Percy Trezise

TRAUMSTRASSE

Eine Entdeckungsreise zu den Felsmalereien
der australischen Ureinwohner

Aus dem Englischen übertragen
von Peter Nittmann

Jan Thorbecke Verlag
1998

Die Deutsche Bibliothek – CIP-Einheitsaufnahme

Trezise, Percy: Traumstraße: eine Entdeckungsreise zu den Felsmalereien der australischen Ureinwohner.

Aus dem Engl. übertr. von Peter Nittmann.

– Sigmaringen: Thorbecke, 1998
(Thorbecke-Speläothek)
Einheitssacht.: Dream Road. A journey of discovery
<dt.>
ISBN 3-7995-9026-9

Titel der australischen Original-Ausgabe:

Percy Trezise
Dream Road. A journey of discovery

Verlag der Originalausgabe: Allen & Unwin Pty Ltd, 9 Atchinson Street, St Leonards, NSW 2065 Australia

Titel der deutschen Ausgabe:

Percy Trezise
Traumstraße – Eine Entdeckungsreise zu den Felsmalereien der australischen Ureinwohner.
Aus dem Englischen übertragen von Peter Nittmann

thorbecke SPELÄOTHEK – Kunst und Kultur der steinzeitlichen Jäger · Band 3

Dieses Buch ist aus säurefreiem Papier hergestellt.

Lektorat: Peter Nittmann
Herstellung: Norbert Brey
Umschlaggestaltung: NeufferDesign, Freiburg i. Br.
Karten: Kartographie Peh & Schefzik, Eppelheim
Satz: Jan Thorbecke Verlag, Sigmaringen
Druck: Karl Grammlich, Pliezhausen und Richard Conzelmann, Albstadt-Tailfingen
Buchbinderei: Heinr. Koch, Tübingen

Printed in Germany
ISBN 3-7995-9026-9

Inhalt

Danksagung

In den dreißig Jahre währenden Forschungs- und Feldarbeiten, die schließlich zu diesem Buch führten, habe ich trefflichen Beistand von so vielen Personen erhalten, daß ich sie unmöglich alle hier aufführen kann. Ihnen allen gilt mein aufrichtiger Dank, insbesondere meiner Frau Beverley, die die Manuskripte unermüdlich abtippte – und dafür sorgte, daß der Teekessel nie kalt wurde.

In besonderem Maße fühle ich mich den Aborigines, den Ureinwohnern Australiens, verpflichtet; alles Wissen, das dieses Buch enthält, stammt nahezu ausnahmslos von ihnen. Ihre Weisheit, mythologische Überlieferung und Kunst haben mein Leben unermeßlich bereichert. Ihnen sei dieses Buch gewidmet, von dem ich hoffe, daß es der gesamten Menschheit zum gleichen Nutzen gereicht.

Cairns, 1993
Percy Trezise

Zur deutschen Ausgabe

Mein erstes Zusammentreffen mit der Felskunst der australischen Ureinwohner, der Aborigines, fällt in das Jahr 1960, und bald darauf begann ich mit der Dokumentation der Felsbilder durch maßstabsgerechte Zeichnungen und Photographien. Zur gleichen Zeit vertiefte ich mich in die Fachliteratur, die sich mit der Felskunst in Australien und Europa befaßte. Mir wurde schnell klar, daß die Verfasser im dunkeln tappten und nur zu raten vermochten, welche Beweggründe sich hinter den gemalten und gravierten Darstellungen verbargen.

Da ich wußte, daß die Mythologie auf der Kap York-Halbinsel noch nicht untergegangen war, machte ich mich auf die Suche nach initiierten alten Männern und Frauen, die mir weiterhelfen konnten. Sie erzählten mir, daß jede Malerei ihre eigene Geschichte besaß, und so ging ich daran, die mythologischen Berichte aufzuzeichnen. Mir wurde indessen bald bewußt, daß dies allein nicht ausreichte: um zu einem tieferen Verständnis der Sagen und Legenden zu gelangen, mußte ich zuerst alles über die Schöpfungsmythen und Jenseitsvorstellungen der australischen Ureinwohner wissen und mir sodann eine genaue Kenntnis der Tier- und Pflanzenwelt aneignen, aus der ihr Kosmos bestand. Diese wunderbaren Menschen kamen mir mit der größten Bereitwilligkeit entgegen, um mich an ihrem Gedankengut und ihrer Weisheit teilhaben zu lassen.

Wie bei einer Osmose sog ich alles Wissenswerte auf, indem ich über viele Jahre hinweg mit ihnen gemeinsam die versunkenen Kunststätten aufsuchte und ihr alltägliches Leben teilte. Am Ende dieses langen Prozesses stand die Erkenntnis, daß die Felskunst und die mit ihr aufs engste verbundene Mythologie die Literatur unserer Vorfahren, der Jäger und Sammler, war – nicht nur in Australien, sondern auf der ganzen Welt.

Cairns, 1998
Percy Trezise

Einleitung

Traumstraße erzählt die Geschichte einer persönlichen Forschungsarbeit über die ersten Australier, die vor mehr als dreißig Jahren begann und immer noch anhält. Es war nie meine Absicht, daß dieses Vorhaben allen strengen wissenschaftlichen Ansprüchen genügen sollte – es ist vielmehr eine Reise zu Männern und Frauen gewesen, an deren Weltsicht ich mich teilzuhaben bemühte.

Als meine Entdeckungsfahrt begann, war man allgemein der Ansicht, daß sich die Aborigines seit weniger als 10 000 Jahren in Australien aufhielten und daß sie eine rückständige Rasse seien; ein Volk ohne Geschichte in einem geschichtslosen Land. Es ist einem glücklichen Zufall zu verdanken, daß ich gleich zu Beginn meiner Reise einen äußerst bemerkenswerten Menschen kennen- und schätzen lernte. Er war etwa in meinem Alter und hatte, als er unter ein paar Schraubenbäumen zur Welt kam, den Namen Goobalathaldin bekommen; er gehörte zum Stamm der Lardil auf der Mornington-Insel im Carpentariagolf. Später wurde er allen Australiern unter dem Namen Dick Roughsey bekannt.

Dick und die Leute seines Klans gaben mir bei meinen ersten Schritten auf den Straßen der Traumzeit Geleit; sie führten mich in die tiefsten Geheimnisse ihrer vielschichtigen und reichhaltigen Kultur ein und ermöglichten es mir, das Leben mit völlig anderen Augen zu sehen. Über ein Vierteljahrhundert lang suchten und fanden wir die schönen Tempel der Traumzeit in der vergessenen Welt der Quinkins auf der Kap York-Halbinsel.

Die Kunst in den steinernen Heiligtümern und die dazugehörige Mythologie sind die Relikte einer heute noch sichtbaren sowie einer mündlichen Überlieferung, die von erstaunlichen Menschen berichtet: sie waren in hohem Maße intelligent, tatkräftig, einfallsreich und verantwortungsbewußt. Wenn wir die Auskünfte, die wir von Kunst und Mythologie erhalten, mit dem Wissensschatz aus Anthropologie, Archäologie, Geologie und Klimatologie verknüpfen, dann bilden sich Muster heraus, die uns wertvolle Aufschlüsse vermitteln. Sie enthüllen, daß sich die ersten Australier seit mehr als 100 000 Jahren, vielleicht sogar schon vor einer halben Million Jahren hier aufgehalten haben und vor etwa 40 000 Jahren die Ära der Kunst, Religion und Technologie eröffneten. Diese Geschichte hat weltweit nicht ihresgleichen, denn nirgendwo sonst findet man eine solche Artenvielfalt an Beuteltieren, insbesondere die eiszeitliche Megafauna dieser Säugetiergruppe, die sanften Riesen der Traumzeit, mit denen alles seinen Anfang nahm.

Zu Beginn der europäischen Kolonisation, im Jahre 1788, erklärten die Briten Australien zur *terra nullius*, zu einem unbewohnten Kontinent. Mit dieser Verlautbarung, der politische Absichten zugrunde lagen, wurden die australischen Ureinwohner mit einem Schlag ihres Menschseins beraubt. Man gab ihnen damit zu verstehen, daß sie eine Art Untermenschen seien, ohne Gesellschaftssystem, Religion und Landbesitz. Diese von den Weißen verkündete Doktrin der *terra nullius* gab den christlichen Siedlern einen Freischein, die Aborigines auf jede nur erdenkliche Weise umzubringen, sie ihres Klanbesitzes zu berauben und dabei der moralischen und politischen Konsequenzen ihrer Taten enthoben zu sein.

Vor vermutlich mehr als 200 000 Jahren waren die ersten Menschen in Australien angekommen und begannen, den Kontinent zu besiedeln. Im Verlauf der Jahrtausende hatten sie einen Stand erreicht, der sie dazu befähigte, ein komplexes philosophisches und mythologisches Pantheon zu errichten sowie eine Zivilisation auf hohem Niveau zu schaffen, die auf geistigen und nicht auf materiellen Werten beruhte. Als die ersten Europäer in Australien eintrafen, hatten die Aborigines eine Gesellschaftsform und Lebensweise entwickelt, die zum Außergewöhnlichsten – und in vielerlei Hinsicht Harmonischsten – zählt, was die Menschheit je hervorbrachte. Für die geistigen und materiellen Bedürfnisse war in gleichem Maße gesorgt, und die Menschen lebten in völligem Einklang mit ihrer Umgebung.

Da die Aborigines allem Anschein nach jedoch arm an materiellen Gütern waren, betrachteten die Europäer sie als Wilde mit niedriger Intelligenz, als Naturkinder, denen man kaum den Status des Menschlichen zusprechen konnte. Das hauchfeine Gewebe ihrer geistigen Welt blieb unerkannt, und man hatte das zerbrechliche Gebilde schon zerstört, bevor man überhaupt von seiner Existenz Kenntnis nahm. Die Aborigines waren der Auffassung, daß ihr Klanbesitz den Ahngeistern gehörte und mit ihm auch die Menschen, die auf ihm lebten.

Mein erster Kontakt mit der Felskunst der Aborigines fiel in das Jahr 1960, als ich zusammen mit Xavier Herbert und meinen beiden Söhnen Matthew und Stephen mehrere bemalte Felsgalerien inspizierte, die Straßenarbeiter ein Jahr zuvor entdeckt hatten. Diese Stätten befanden sich auf der Kap York-Halbinsel in der Nähe von Laura, einem kleinen Städtchen landeinwärts von Cooktown. In diesem Gebiet verlief der Laura-Fluß in nordwestlicher Richtung durch eine breite Schlucht aus Sandstein. Auf einer Terrasse über dem Fluß lagen gewaltige Platten rosafarbenen Sandsteins, und wir kletterten hoch, um sie näher zu erforschen. Diese Felsblöcke, von denen manche Haushöhe erreichten, lagen in einer lichten Waldlandschaft aus Blutbäumen, Streifenrindenbäumen und Chininbüschen verstreut, an der Basis eines Geröllhangs, der nach oben hin mit einer hoch über uns ragenden roten Steilwand abschloß. In nördlicher Richtung fiel die Terrasse zunächst jäh ab und ging dann zum Fluß hin in sanfteres Gefälle über. Die Flußwindungen waren an einem Saum grüner Bäume in einer Entfernung von etwa einem Kilometer zu erkennen.

Die ersten Malereien entdeckten wir in der »Split Rock«-Galerie, einem geräumigen, offenen Felsdach (Abri) unter einem zwanzig Meter hohen Sandsteinbrocken, von dessen Spitze ein Riß diagonal nach unten verlief. Die rückwärtige Wand des Abri war mit einem Figurenmosaik aus kräftigen Erdfarben in Rot-, Gelb- und Weißtönen bedeckt. Man konnte Menschen, Känguruhs, Emus, Fische, Schlangen, Schnabeligel und eigenartige anthropomorphe Wesen erkennen, die, wie ich später erfuhr, Quinkins waren. Sie lagen in Schichten übereinander und boten ein Bild äußerster Unordnung, aber es war ein aufregender und wunderbarer Anblick. Die satten Ockerfarben, die sich mit der Tönung der unregelmäßigen Felsoberflächen vermischten, entsprachen den Farben der Landschaft, die uns umgab. Die Kunst fügte sich in natürlicher und harmonischer Weise in die äußeren Gegebenheiten ein, und die Figuren deuteten auf ein großes Geheimnis hin, das ihre Schöpfung und Bedeutung umgab.

Wir fanden drei weitere solcher Galerien, die offenkundig zu einem Verbund von Lagerplätzen gehörten, und eine Zeremonialstätte, die vier große, dünne menschliche Figuren enthielt. Es handelte sich um die Abbildungen von drei Männern und einer Frau, die alle einen Kopfschmuck trugen und fast drei Meter groß waren. Die Umrißlinien dieser Figuren, die vermutlich Ahnwesen darstellten, waren mit dunkelrotem Ocker ausgeführt worden; die Innenfläche war mit sorgfältig angebrachten Gitterlinien ausgefüllt. Diese Figuren schienen wesentlich älter als die Malereien an den drei anderen Plätzen zu sein.

Wir waren fest davon überzeugt, daß eine so qualitätvolle Kunst kein vereinzeltes Phänomen sein konnte, daß sie vielmehr in einen größeren Zusammenhang gehörte und einer Tradition entstammte, die im gesamten Sandsteingebiet wurzelte. Da ich als Pilot einer Fluglinie fast täglich diese Region überquerte, beschloß ich, nach weiteren solchen Stätten Ausschau zu halten und sie auf einer Navigationskarte einzutragen, um sie später ausführlicher erkunden zu können.

Nachtrag (Oktober 1996)

Nachdem Archäologen der Wollongong-Universität und des Australischen Museums vier Jahre lang Ausgrabungen im Gebiet des Keep-Flusses in Nordaustralien durchgeführt hatten, gaben sie im Oktober 1996 bekannt, daß einige der von ihnen entdeckten Steinwerkzeuge (Artefakte) ein Alter von bis zu 176 000 Jahren aufweisen. Sie hatten ebenso als Malfarbe verwendeten Ocker datiert, der vor 116 000 Jahren benutzt worden war. Schließlich hatten sie große Felsblöcke freigelegt, in die runde, flache Grübchen oder Näpfchen eingraviert waren. Den Datierungen zufolge sind diese Gravierungen ungefähr 70 000 Jahre alt.*

* Eine erste Zusammenfassung dieser archäologischen Expedition, die auch in deutschen Tageszeitungen ihren Niederschlag fand, siehe bei: Paul BAHN, Further back down under, in: Nature, vol. 383 (17. Oktober 1996), S. 577 f. Allerdings sind die Datierungsmethoden und die dadurch erhaltenen Ergebnisse in der Fachwelt noch umstritten [Anm. d. Übersetzers].

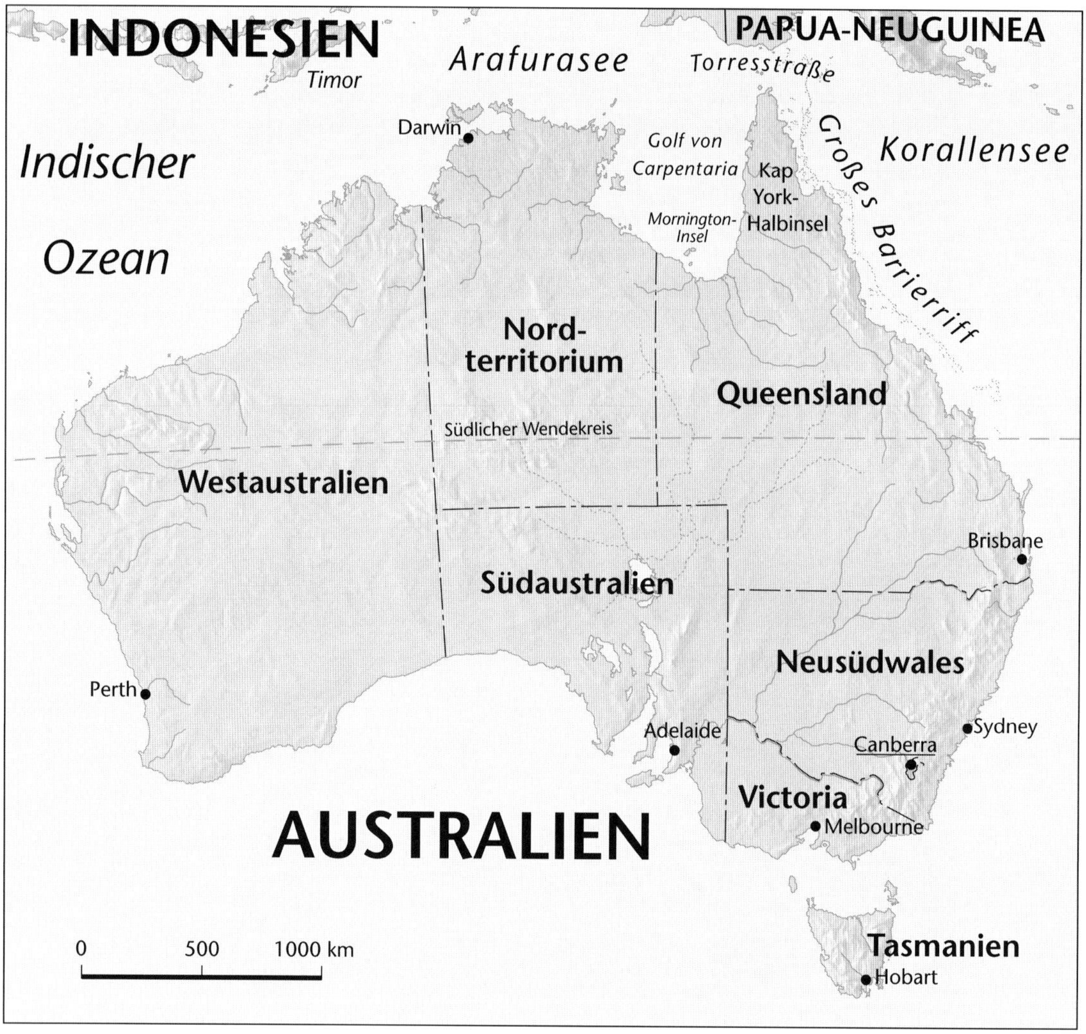
INDONESIEN
PAPUA-NEUGUINEA
Timor
Arafurasee
Torresstraße
Darwin
Golf von Carpentaria
Großes Barrierriff
Korallensee
Indischer Ozean
Kap York-Halbinsel
Mornington-Insel
Nord-territorium
Queensland
Südlicher Wendekreis
Westaustralien
Brisbane
Südaustralien
Neusüdwales
Perth
Adelaide
Sydney
Canberra
Victoria
Melbourne
AUSTRALIEN
0
500
1000 km
Tasmanien
Hobart

PAPUA-
NEUGUINEA
Torresstraße
Mulgrave-Insel
Banks-Insel
Thursday-Insel
Prince of Wales-Insel
Kap York
Korallensee
Arafurasee
Großes Barriereriff
Mapoon
Weipa
Lockhart River
Aurukun
Coen
Kap-
York-
Halbinsel
Coen
Golf von Carpentaria
Kendall
Edward River
Normanby
Hopevale
Alice
Mitchell River
Laura
Cooktown
Jowalbinna
Mitchell
Palmer
Staaten
Mitchell
Daintree
Ausschnitt
Wellesley-Inseln
Cairns
Gilbert
Lynd
Atherton
Nord-
territorium
Burketown
Karumba
Normantown
Queensland
Nicholson
Albert
Leichhardt
Flinders
Norman
Croydon
Hinchinbrook-Insel
Palm-Insel
Townsville
Burdekin
Charters Towers
Flinders
Hughenden
AUSTRALIEN
0 100 200 300 km
Wellesley-Inseln
Mornington-Insel
Wallaby-Insel
Bountiful-Inseln
Denham-Insel
Langu-Narnji
Sydney-Insel
Forsyth-Insel
Golf von Carpentaria
Bayley-Insel
Bayley-Landspitze
Parker-Landspitze
Horseshoe-Insel
Bentinck-Insel
Sweers-Insel
Südl. Wellesley-Inseln

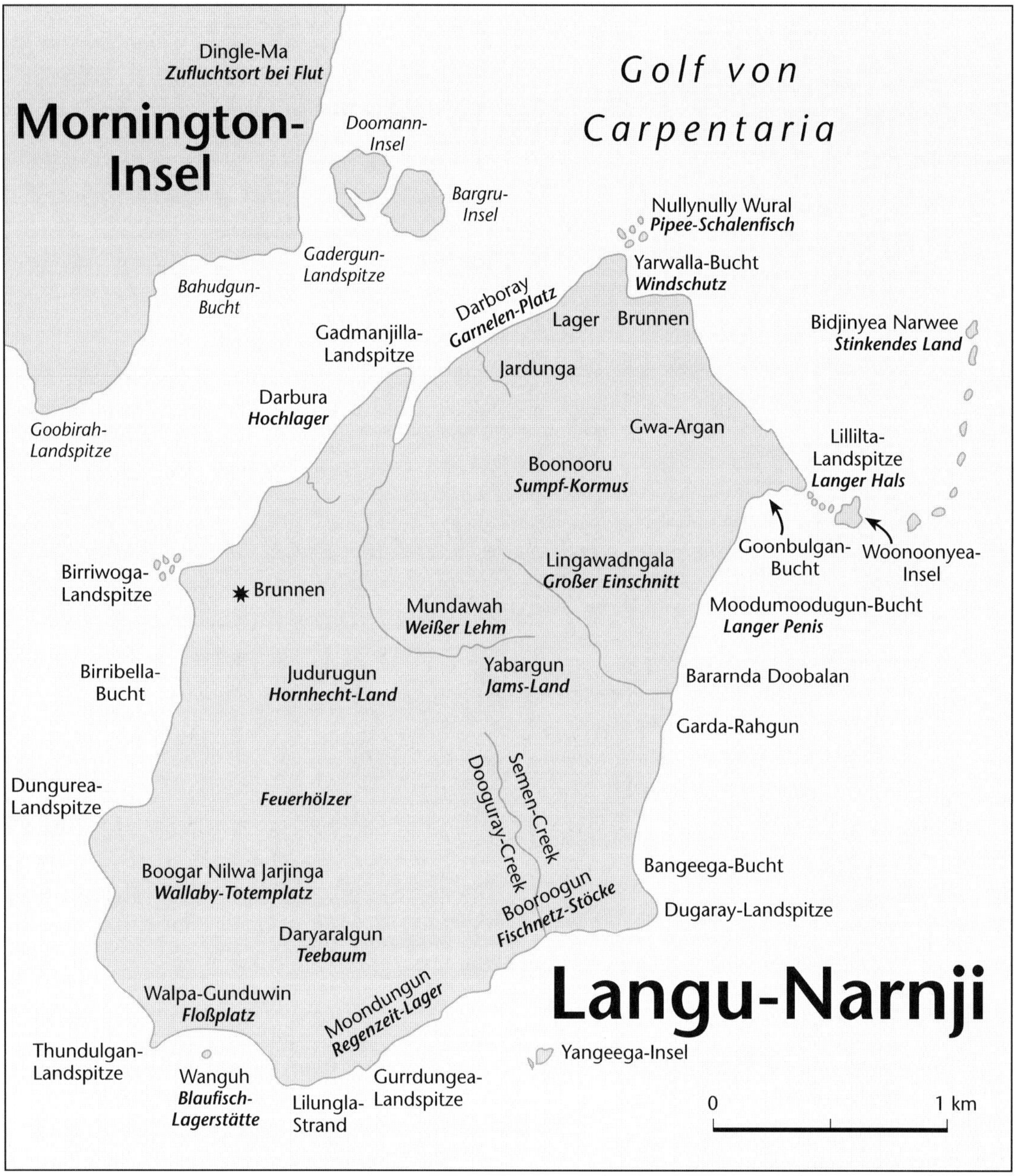
Dingle-Ma
Zufluchtsort bei Flut
Mornington-Insel
Golf von Carpentaria
Doomann-Insel
Bargru-Insel
Nullynully Wural
Pipee-Schalenfisch
Gadergun-Landspitze
Bahudgun-Bucht
Yarwalla-Bucht
Windschutz
Darboray
Garnelen-Platz
Lager
Brunnen
Bidjinyea Narwee
Stinkendes Land
Gadmanjilla-Landspitze
Jardunga
Darbura
Hochlager
Goobirah-Landspitze
Gwa-Argan
Lillilta-Landspitze
Langer Hals
Boonooru
Sumpf-Kormus
Goonbulgan-Bucht
Woonoonyea-Insel
Lingawadngala
Großer Einschnitt
Birriwoga-Landspitze
Brunnen
Mundawah
Weißer Lehm
Moodumoodugun-Bucht
Langer Penis
Birribella-Bucht
Judurugun
Hornhecht-Land
Yabargun
Jams-Land
Bararnda Doobalan
Garda-Rahgun
Dungurea-Landspitze
Feuerhölzer
Dooguray-Creek
Semen-Creek
Boogar Nilwa Jarjinga
Wallaby-Totemplatz
Bangeega-Bucht
Booroogun
Fischnetz-Stöcke
Dugaray-Landspitze
Daryaralgun
Teebaum
Langu-Narnji
Walpa-Gunduwin
Floßplatz
Moondungun
Regenzeit-Lager
Thundulgan-Landspitze
Yangeega-Insel
Wanguh
Blaufisch-Lagerstätte
Lilungla-Strand
Gurrdungea-Landspitze
0
1 km

Die Besiedlung Australiens

Australien war bis in die späte Kreidezeit ein Teil des südlichen Urkontinents Gondwanaland. Zwar herrschten in diesem Erdzeitalter die Dinosaurier und andere Reptilien vor, aber in den südamerikanischen, antarktischen und australischen Bereichen Gondwanalands begannen sich bereits frühe Formen aus der Säugetierordnung Marsupialia, der Beuteltiere, auszubilden. Als Australien sich vor etwa 45 Millionen Jahren von der Antarktis loslöste, bot es Lebensraum für eine Vielzahl von Reptilien, Monotremen (Kloakentiere; eierlegende Säugetiere der Ordnung Monotremata), Beuteltieren, Vögeln, Insekten und zahlreichen weiteren Tieren und Pflanzen.

Im Miozän, vor ungefähr 15 Millionen Jahren, stieß der nördliche Festlandssockel Australiens auf den Sundaschelf in Südostasien. Australien war zu jener Zeit ein Land mit üppiger Vegetation und feuchtem Klima, durchzogen von Flüssen und Seen und mit großen Wäldern bedeckt. Es war ein Garten Eden, der nur auf die Ankunft des Menschen zu warten schien. Aber bis dahin sollte noch einige Zeit vergehen, denn die kleinen Tiere, aus denen schließlich die Menschen hervorgingen, waren im weit entfernten Afrika gerade im Entstehen begriffen. Ungefähr zu diesem Zeitpunkt begann der australische Kontinent langsam auszutrocknen.

Es war ein Glück für die primitiven, mit einem kleinen Gehirn ausgestatteten Beuteltiere, daß die Inseln des Indonesischen Archipels vom australischen Festland durch tiefe Meeresarme getrennt waren. Diese natürliche Barriere hinderte die überlegenen plazentalen Säugetiere daran, auf den Kontinent vorzudringen und den Beuteltieren den Garaus zu machen; genau dies war mit den meisten Beuteltieren in Südamerika geschehen, als dieser Kontinent sich mit Nordamerika vereinigte. Auf allen indonesischen Inseln lebten plazentale Säugetiere, aber nur Ratten und Fledermäuse waren imstande, die Meeresengen zu überwinden, bevor der Mensch Australien betrat.

Vor über einer Million Jahren besiedelte eine neue Hominidenart, *Homo erectus*, den Indonesischen Archipel, und aus ihr ging allmählich der frühe *Homo sapiens* hervor, dessen Nachkommen schließlich auf den fünften Kontinent vordrangen. Wann und wie sie die Meeresbarriere überwanden, wird wohl immer Spekulation bleiben, aber wenn man die im Pleistozän herrschenden Verhältnisse mit niedrigem Meeresspiegel und der Leeuwin-Strömung in Betracht zieht, dann wird offenbar, daß die Überwindung dieses letzten Hindernisses nicht nur möglich, sondern geradezu unvermeidlich war.

Die warme, weniger Salz als das Meer enthaltende Leeuwin-Strömung fließt in etwa fünfzig Kilometer Breite und mit einer Tiefe von rund zweihundert Metern von den Tropen nach Süden. Ihr Ursprung liegt vermutlich in den tropischen Gewässern des Westpazifiks; von dort aus windet sie sich den Indonesischen Archipel entlang und trifft dann auf den nordwestlichen Festlandssockel Australiens. Ihr weiterer Verlauf führt sie entlang der australischen Westküste, von Exmouth bis zum Kap Leeuwin, wo sie sich nach Osten wendet und zusammen mit anderen Strömungen schließlich Tasmanien erreicht. Während des Herbsts und im Winter ist die Strömung am stärksten; die Fließgeschwindigkeit beträgt zwischen einem und drei Seemeilen in der Stunde. Während des Pleistozäns, also in der Zeit bis vor 10 000 Jahren, floß die Strömung in den engeren Meereskanälen wahrscheinlich noch schneller. Dies war zu allen Zeiten die schnellste Route nach Australien.

Zu welchem Zeitpunkt auch immer die frühen Menschen auf Java und den anderen Inseln damit begannen, in den küstennahen Gewässern mit Bambusflößen und anderen schwimmenden Untersätzen auf Fischzug zu gehen: Sie waren die ersten, die – ob sie wollten oder nicht – nach Australien gelangten. Wahrscheinlich kamen die ersten Australier unfreiwillig hierher, durch irgendeinen Zufall, vor mehr als einer halben Million Jahren. Die frühen Fischer wurden der gefährlichen jahreszeitlichen Strömung wohl sehr schnell gewahr, und die Menschen auf den Australien am nächsten gelegenen Inseln dürften recht bald die Landmasse bemerkt haben, die sich am Horizont abzeichnete. Wenn die Monsunzeit anbrach, konnten sie sehen, wie sich dort gewaltige Gewitterwolken zusammenballten und in der Nacht zuckende Blitze die Szenerie erhellten.

Es lag nur nahe, daß die Menschen späterer Zeiten unter dem Druck der Überbevölkerung sich der Leeuwin-Strömung anvertrauten und jenes Land aufsuchten, das sich vor ihren Augen erstreckte. Sie haben vermutlich große Flöße gebaut, die stabil genug waren, um ganze Familienverbände mitsamt Nahrungsvorrat und Wasserbehältern aus Tierhäuten zu transportieren. Vielleicht brachten einige sogar ihre Hunde mit, die hellfüßigen Nachkommen des asiatischen Wolfes, die sie schon seit langem gezähmt hatten.

Jenes Australien, das die ersten Siedler betraten, bot einen ganz anderen Anblick als heute. Der Kontinent war wesentlich größer, etwa um ein Siebtel, und schloß im Norden durch den Sahulschelf an Neuguinea und im Süden an Tasmanien an. Wenn man dieses im Süden gelegene Paradies betreten wollte, brauchte man nur sein Wasserfahrzeug irgendwo an der Nordwestküste Australiens zurückzulassen, einem nach Westen abfließenden Fluß bis zu seinem Quellgebiet zu folgen, eine niedrige Wasserscheide zu überqueren und weiter nach Osten hin einen anderen Wasserlauf entlangzugehen, der schließlich in einen der zahlreichen Süßwasserseen im bewaldeten Inneren Australiens mündete. Die frühen Menschen trafen auf optimale klimatische Bedingungen und ein reichhaltiges Nahrungsangebot. Sie konnten umherziehen, wie ihnen der Sinn stand, und innerhalb weniger Jahrtausende den gesamten Kontinent besiedeln.

Dem Hominidenschädel Nummer 50 von den Willandra-Seen ist zu entnehmen, wie die ersten Australier aussahen: Sie hatten einen massiven, dickknochigen Schädel mit einem Gehirnvolumen von 1300 Kubikzentimetern, vorstehenden Augenbrauenwülsten und fliehender Stirn. Aus den Knochenüberresten von Ellbogen und Bein geht hervor, daß der Körper kräftig gebaut war. WLH 50 – so lautet die Signatur des Fundes – blickte vor mehr als hunderttausend Jahren staunend auf seine Umgebung. Dieses Alter ergibt sich aus der Menge der Silikate (Salze der Kieselsäure), die im Laufe der Zeit die im Knochen vorkommenden Phosphate ersetzten.

Ich hörte von diesen robusten Schädeln erstmals in den frühen fünfziger Jahren, als ich auf den nahe beieinander gelegenen Flüssen Murray und Wakool fischte. Das Gelände gehörte Bruce Martin, der sich sehr für die frühe Geschichte der Aborigines interessierte. Bei unseren gemeinsamen Fischzügen erzählte er mir, wie er beim Umpflügen alter Sandhügel in den Weizenfeldern auf verschiedene Schädel gestoßen war. Er behauptete, daß einst zwei deutlich unterschiedene Menschenrassen gemeinsam in diesem Gebiet gelebt hatten: die eine besaß einen abgerundeten dünnknochigen Schädel, die andere einen sehr schweren dickknochigen, mit fliehender Stirn. Bruce hatte einem in der Nähe lebenden Arzt einen dieser robusten Schädel gegeben in der Hoffnung, nähere Auskünfte zu erlangen; aber der Schädel verwitterte hinter der Garage des Arztes und zerfiel schließlich ganz. So schlummerte das Geheimnis um die robusten Schädel etliche Jahre weiter, bis schließlich Alan Thorne ein verstaubtes Exemplar in einem Melbourner Museum entdeckte. Er verfolgte seine Spur bis zum Sumpfgebiet von Kow in der Nähe des Murray-Flusses zurück. Dort stieß er bei Grabungen auf zahlreiche weitere Skelette des robusten Menschentypus.

Die Menschen, deren Reste man in der Umgebung des Mungo-Sees gefunden hat, waren hingegen wesentlich später angekommen. Sie gehörten wie wir der Unterart *Homo sapiens sapiens* an, hatten dünnknochige, völlig abgerundete Schädel, und ihre feingliedrigen Skelette von leichter Statur standen in schroffem Kontrast zu den wuchtigen und kraftvollen Erstbesiedlern. Dieser neue Menschentypus hatte sich vermutlich irgendwo in Asien entwickelt und war über die Leeuwin-Strömung in einer Zeitspanne vor etwa 70 000 bis 40 000 Jahren nach Australien gelangt. Die verbrannten und zertrümmerten Knochenreste in ihren über 26 000 Jahre alten Begräbnisstätten weisen darauf hin, daß sie bereits eine Religion besaßen und sich offenkundig Gedanken über das Leben nach dem Tod machten.

Diese zwei deutlich unterscheidbaren Menschentypen, die robuste und die grazile, kreuzten sich schließlich und brachten den australischen Aborigine der Gegenwart hervor. Dies belegen Funde von modifizierten robusten Skeletten aus dem Sumpfgebiet von Kow, deren Alter auf 10 000–13 000 Jahre bestimmt werden konnte. Wie Alan Thorne bemerkte, nehmen sie sich neben den älteren Hominiden der Willandra-Seen schon beinahe grazil aus. Prähistoriker machen darauf aufmerksam, daß der robuste Menschentypus, der sich in Afrika entwickelt hatte, überall in der Welt zuerst in Erscheinung trat und daß die feingliedrigen Menschen, die vermutlich aus Asien stammten, erst etliches später folgten. Diese beiden unterschiedlich ausgeprägten Menschentypen vermischten sich schließlich weltweit vor zahlreichen Jahrtausenden.

Die mündliche Überlieferung der Aborigines weiß von Konflikten zwischen diesen beiden Menschentypen zu berichten, bei denen es um Landbesitz, Frauen und Kannibalismus ging. In einer Legende vom Olga-Berg in Zentralaustralien ist davon die Rede, wie der letzte dieser menschenfressenden robusten Hominiden mit einem Speer getötet wurde, den man mit einer Speerschleuder geworfen hatte. Diese Langstreckenwaffe der Steinzeit ist zweifelsohne von den feingliedrigen Menschen erfunden worden, um die kräftigen robusten Rivalen überwältigen zu können. Nichts anderes trug sich vermutlich vor 35 000 Jahren in Europa zu, als die Cro-Magnon-Menschen mit derselben Entdeckung die Neandertaler besiegten.

Während des langen Zeitraumes, in dem sich die robusten und die feingliedrigen Menschen vermischten, spielten Klimaveränderungen in Australien eine herausragende Rolle. Gegen Ende des Pleistozäns traten, einer Studie von J. M. Bowler zufolge, geradezu dramatische Klimawechsel ein:

- Vor 120 000–60 000 Jahren war das Klima wie heute oder sogar geringfügig besser.
- Vor 60 000–40 000 Jahren herrschte ein sehr feuchtes und gemäßigtes Klima, das der Pflanzen- und Tierwelt sowie dem Menschen vorzügliche Lebensbedingungen bot.
- Vor 40 000–17 000 Jahren trocknete der Kontinent aus. Nach Bowler war das Innere Australiens vor etwa 20 000 Jahren mit Wanderdünen bedeckt.

- Vor 17 000–15 000 Jahren gab es eine strenge Trockenperiode mit sengenden Dürrephasen.
- Vor 15 000 Jahren schwächte sich die Trockenperiode allmählich ab; das Klima wurde nach und nach feuchter, bis der heutige Zustand erreicht war. Angaben von Klimatologen zufolge setzte vor ungefähr 8000–5000 Jahren eine feuchtere Klimaphase ein, die eine zügige Wiederbesiedlung einst aufgegebenen Trockenlandes ermöglichte.

Vergleicht man diese Befunde mit den Ergebnissen der Paläontologie, Geomorphologie, Archäologie und Anthropologie und zieht zusätzlich die Mythen der Aborigines sowie ihre Felskunst hinzu, dann kristallisiert sich ein Zeitmuster mit dem Ablauf der Ereignisse heraus, das uns über das Leben zahlloser Generationen der australischen Urbevölkerung wertvolle Auskünfte erteilt. Vor vielleicht 120 000 Jahren kamen erste Vertreter des robusten *Homo sapiens,* Nachfahren des Java-Menschen, in Nordaustralien an. Zunächst hatte sie vermutlich der Zufall hierher verschlagen, dann aber ließen sie sich in Flößen oder Kanus absichtlich von der Leeuwin-Strömung treiben. Sie stießen auf einen Kontinent, dessen Klima im Vergleich zu heute kühler und feuchter war. Seine Regen- und Hartlaubwälder, offenen Waldlandschaften, Seen und Flußläufe waren durchweg einer Besiedlung günstig. Da sich die Leeuwin-Strömung zu manchen Zeiten bis nach Tasmanien erstreckte, könnten sowohl die West- als auch die Südküste Australiens innerhalb weniger Jahrzehnte besiedelt worden sein. Vielleicht erklären sich hieraus einige der Unterschiede, die man zwischen den Menschen des Festlands und der Bevölkerung Tasmaniens feststellen konnte. Weder Wüsten noch ausgedehnte Wasserflächen stellten sich den Menschen als Hindernisse entgegen; sie konnten sich ungestört ausbreiten und binnen weniger Jahrtausende weite Teile des Kontinents besiedeln. Es spricht demnach etliches für Bowlers Annahme, daß unter den Sanddünen, die heute im Landesinneren die früheren Flußläufe und Seen bedecken, auch Reste aus dieser frühen Siedlungsphase verborgen liegen.

Die Vielfalt des Nahrungsangebots, das die robusten Menschen vorfanden, war beträchtlich und hatte vermutlich auf der ganzen Welt nicht ihresgleichen. Sie begegneten all den verschiedenen Arten riesiger, mittlerweile ausgestorbener Beuteltiere, insbesondere dem imposanten Diprotodon, jenem Tier mit kleinem Gehirn und verhältnismäßig langsamer Fortbewegungsweise, das offenkundig keinerlei Verteidigungsmöglichkeiten gegen die Jäger besaß. Das Gehirn der Beuteltiere ist so strukturiert, daß sie niemals aus Erfahrung lernen: Ein Wallaby* oder Wombat kann Tag für Tag in derselben Falle gefangen werden. Diprotodonten und andere Vertreter aus der Megafauna der Beuteltiere sind vermutlich einzeln aufgespürt und getötet worden; die Jäger zerlegten dann das Tier und nahmen die Fleischstücke mit, oder der Familienverband lagerte bei dem Kadaver, bis er aufgezehrt war. Das Fleisch konnte sich bis zu zwei Wochen halten, wenn man es in einem erhitzten Erdofen aufbewahrte.

An vielen Stellen Australiens und Neuguineas stieß man in alten Ablagerungen auf sehr große Beilklingen aus Stein, die auf Schäften eingesetzt waren. Man hatte vor langem die Vermutung geäußert, daß sie zum Erlegen großer Tiere verwendet worden waren. Wir fanden

*»Alle (...) kleinen und großen Hüpf-Beuteltiere heißen in der deutschen Sprache ›Känguruhs‹, während die Engländer, und noch mehr die Australier, das englische Wort ›Kangaroo‹ meist auf die drei Riesenkänguruharten beschränken, das Graue, das Rote und das Bergkänguruh; die zahlreichen kleineren Arten heißen bei ihnen ›Wallaby‹.« Dietrich HEINEMANN: Känguruhs, in: Grzimeks Tierleben Bd. 10 (Säugetiere 1), München 1993, S. 139 [Anm. d. Übersetzers].

eine solche Klinge, deren Schnittkante scharf geschliffen war, in drei Metern Tiefe bei unserer Grabungsexpedition am Sandy Creek; Mike Morwood datierte sie auf ein Alter von ungefähr 32 000 Jahren BP (*before present* = vor 1950). Auf der Bodenoberfläche entdeckten wir weitere schmale Beilklingen aus Stein mit geschliffener Kante. Damit ist erwiesen, daß dieses Werkzeug seit über 30 000 Jahren hergestellt worden und in Gebrauch gewesen ist.

Die Bandbreite von Nahrungsmitteln, die die frühen Menschen zu sich nahmen, hing wohl im wesentlichen davon ab, ob sie den Gebrauch von Feuer kannten. Viele Wurzeln und andere pflanzliche Kost müssen gekocht werden, um giftige Substanzen zu entfernen. Nach Hinweisen, die wir aus Europa besitzen, machte *Homo erectus* vor 300 000 bis 400 000 Jahren gelegentlich vom Feuer Gebrauch, aber Feuerstellen kommen erst mit den Neandertalern vor etwa 100 000 Jahren auf. Man konnte Feuer aus natürlichen Vorgängen wie Blitzeinschlägen und Vulkanausbrüchen gewinnen. Die Fähigkeit, Feuer nach Bedarf zu erzeugen, war eine Errungenschaft, deren Tragweite für den frühen Menschen schwerlich überschätzt werden kann. Die plötzliche Zunahme von Holzkohlestücken in den Ablagerungen des George-Sees vor rund 120 000 Jahren könnte als stummer Zeuge diesen Wandel in Australien belegen.

Die Skelette der feingliedrigen Menschen, die man am Mungo-See entdeckt hat, sind weniger als 40 000 Jahre alt; man wird jedoch mit Sicherheit auf weitere Funde stoßen, die eine frühere Anwesenheit belegen. Die Kenntnis der Feuerherstellung gehörte vermutlich zum unsichtbaren Rüstzeug der grazilen Menschen, als sie auf dem Kontinent eintrafen, und vielleicht waren sie es, die die Holzkohlestücke am George-See zurückließen.

Die grazilen Menschen fanden bei ihrer Ankunft eine üppige Landschaft vor, die Nahrung in Fülle bot. Die Angehörigen des robusten Menschentypus, auf die sie stießen, streiften wahrscheinlich in verhältnismäßig großen Verbänden umher und fristeten als Nomaden ein zufriedenes Dasein. Sie wechselten ihr Lager wohl hauptsächlich, um neue Nahrungsquellen aufzutun, und dies ohne sonderliche Mühe. Die beiden Menschenrassen gingen sich vermutlich aus dem Wege, und dazu hatten insbesondere die grazilen Menschen allen Grund, denn sie waren von kleinerer Statur und geringerer Anzahl. Da der riesige Kontinent überall bewohnbar war, über ein gemäßigtes Klima und ausreichend Nahrungs- sowie Wasserressourcen verfügte, gab es keinen Grund für Auseinandersetzungen; allerdings durften Raubzuge nach Frauen gelegentlich vorgekommen sein. Wenn man davon ausgeht, daß die Grazilen hier vor 60 000 Jahren angekommen waren, dann verbrachten beide Rassen viele Jahrtausende des Überflusses in gegenseitigem Einklang. Diese idyllischen Zustände wurden zur »Traumzeit« im Gedächtnisschatz der Aborigines. Aber sie sollten nicht von Dauer sein.

Allmählich begann der Kontinent auszutrocknen, und die Tiere der Megafauna gingen dazu über, Salzsträucher zu fressen und andere pflanzliche Nahrung zu sich zu nehmen, die in ähnlicher Weise auch heute noch in Australien vorkommt. Die Austrocknung setzte vermutlich vor ungefähr 40 000 Jahren ein und schritt so langsam voran, daß sich die Tier- und Pflanzenwelt über mehrere Jahrtausende anpassen konnte. Aus den großen Wasserflächen wurden allmählich ständige, weit voneinander entfernte Wasserlöcher, aber es gab noch keine länger anhaltende Dürreperiode. Als die Dürre schließlich mit aller Wucht hereinbrach, waren ihre Auswirkungen verheerend: Die verbliebenen Wasserstellen lagen nun weit voneinander entfernt, und wenn die Pflanzen in der näheren Umgebung des Wassers erst einmal aufgebraucht waren, so bedeutete dies das Todesurteil für die Megafauna.

Wir verfügen gegenwärtig nur über unzureichende Informationen, wie viele Menschen vor dem Anbruch der großen Dürre in Australien lebten, und sind daher auf Mutmaßungen angewiesen. Wenn wir annehmen, daß über einen Zeitraum von 20 000 Jahren die besten Lebensbedingungen in ganz Australien herrschten, dann könnte die Einwohnerzahl beträchtlich gewesen sein, vielleicht zwei bis drei Millionen Menschen betragen haben. Die Belastungen und Konflikte beim Einbruch der Dürre könnten gewaltige Ausmaße besessen und mit jedem Jahrzehnt, in dem sich Tiere und Pflanzen weiter zurückzogen, an Heftigkeit zugenommen haben. Schließlich blieben nur noch wenige Zufluchtsgebiete an Flüssen und Seen, an Küsten und in den küstennahen Regionen übrig. Viele Klane waren – insbesondere im Innern des Kontinents – in eine Falle geraten: Ihre Wasservorräte schwanden, und sie kamen entweder elend ums Leben oder machten sich mit dem letzten Wasser in Schläuchen aus Tierhaut auf, um sich in einem verzweifelten Exodus mit vermutlich tödlichem Ausgang zu einem anderen Wasserloch durchzuschlagen. Aus einer 23 000 Jahre alten Siedlungsschicht in Zentralaustralien geht hervor, daß einigen die Anpassung gelang und sie unter widrigsten Umständen überleben konnten; Angehörige des Dieri-Klans überstanden die Dürrezeiten am Eyre-See bis ins 20. Jahrhundert.

Die robusten und die grazilen Menschen konnten in den Jahrtausenden des Überflusses ohne Reibungen nebeneinander leben, und es kam wohl nur zu einem beschränkten Genaustausch zwischen ihnen. Als sich aber während der Dürrezeiten riesige Gebiete in Wüsten verwandelten, wurden sie um die zur Neige gehenden Wasserstellen zusammengedrängt. Es fand eine Vermischung in größerem Maßstab statt, und auch Fälle von Kannibalismus dürften vorgekommen sein.

Die meisten großen Süßwasserseen, die in den Jahrtausenden der Trockenheit Zuflucht geboten hatten, trockneten schließlich aus, versalzten oder wurden vom Meer gegen Ende der Kaltzeit überflutet. Dies geschah beispielsweise mit den Seen der Tasmanischen Landbrücke, dem Spencergolf in Südaustralien und mehreren Seen im nördlichen Sahulschelf. Der größte See auf dem nördlichen Festlandssockel, der Sahul-See, lag größtenteils in dem Gebiet, das heute der Carpentariagolf einnimmt.

Tom Torgersen vermaß den Sahul-See im Jahre 1985 und schätzte seinen Umfang auf rund 165 000 Quadratkilometer. Damit zählte dieses Gewässer zu den größten Süßwasserseen der Welt, aber seine tiefste Stelle reichte keine 16 Meter hinab, und seine durchschnittliche Tiefe betrug weniger als fünf Meter. Vor 36 000 Jahren war das Gebiet noch trocken, aber etwa 10 000 Jahre später hatte der See bereits seine größten Ausmaße erreicht. Sein Einzugsgebiet erstreckte sich aller Wahrscheinlichkeit nach bis nach Papua-Neuguinea und zum Isa-Berg und vom Tennant Creek bis zur Großen Wasserscheide (*Great Dividing Range*) auf der Kap York-Halbinsel – eine Fläche von 1,1 Millionen Quadratkilometern. Frösche und Wasserschildkröten, die heute nur noch in Papua-Neuguinea, im indonesischen Teil Neuguineas (Irian-Jaya) und in Arnhemland vorkommen, tummelten sich in seinen Gewässern. Der See zog vermutlich auch die umherwandernden Verbände an und beeinflußte ihre Verteilung an den Ufern, die entgegen früheren Auffassungen recht günstige Siedlungsbedingungen boten.

Für die Menschen der Kap York-Halbinsel und des östlichen Arnhemlands war dieser große See wohl die wichtigste Zufluchtsstätte. Als die Dürre mit unerbittlicher Hand nach den Menschen griff, verließen sie das Land und ließen dabei Gegenstände wie die Beilklinge mit geschliffener Kante am Sandy Creek zurück (siehe S. 115 f.). Sie folgten den Flüssen, die in den großen See mündeten; die Klane eigneten sich neue Gebiete an dem 2000 Kilometer langen Seeufer an und ließen sich dort für die nächsten Jahrtausende nieder, während ihr alter

Klanbesitz unter den Wanderdünen verschwand. Vor etwa 8000 Jahren stieg der Meeresspiegel an und durchbrach schließlich die Arafura-Landschwelle von Sahul. Meerwasser ergoß sich in den See, füllte ihn auf und bildete den Carpentariagolf. Dies war vermutlich die größte Katastrophe, die die Überlebenden der Dürrezeiten im Pleistozän verschlang.

Die Wüstengebiete im Inneren Australiens erholten sich nur allmählich von der langanhaltenden Trockenperiode. Die Klangebiete, die man hier in der Folge wieder einrichtete, waren sehr weitläufig und dünn besiedelt. Außerhalb der Wüstenregionen herrschte auf dem Kontinent nun ein gemäßigteres Klima. Man nahm die alten Klanterritorien auch hier wieder in Besitz; sie waren jetzt dichter bewohnt als das öde Landesinnere. Die Felskunst auf der Kap York-Halbinsel ist ein aufregender Beleg, daß sich die Aborigines in Australien zu einer neuen Blüte aufschwangen.

Wind in den Blutwäldern

Inspektionen aus der Luft hatten ergeben, daß die Sandsteinformationen, die sich hauptsächlich nördlich von Cooktown an der Ostküste und westlich des Palmer-Flusses hinzogen, eine Fläche von ungefähr 10 000 Quadratkilometern einnahmen. Geologische Karten zeigten zwei Schichten von Sandstein an, jeweils Ablagerungen ehemaliger Seen im Landesinneren. Die untere Schicht aus dem Jura war ein schweres Gemisch aus Sand und Flußgeröllen; die obere Schicht aus der frühen Kreidezeit bestand überwiegend aus weichem, verschiedenfarbigem Sandstein mit grauer, roter, creme- und rosafarbener Tönung. In der unteren Schicht waren zahlreiche Ockerknollen (eisenhaltige Konkretionen)in unterschiedlichen Farben eingebettet, mit denen einst die weichen Wände der Abris in der oberen Sandsteinschicht bemalt worden waren.

Über Jahrmillionen haben sich Wasserläufe in das weiche Gestein eingegraben und tiefe Schluchten und Täler ausgeschnitten, während die härteren Bereiche als Plateaus stehenblieben. Ihre senkrechten Steilwände leuchten in Rosa, Rot und Grau und thronen über schräg ansteigenden, oftmals mit Geröll bedeckten kleinen Anhöhen. Das ganze Land ist eine prächtige Wildnis, mit offenen Wäldern aus Eukalyptusbäumen und Mimosen. Wir machten uns mit ungezügelter Begeisterung auf, um es vollständig zu erkunden; glücklicherweise wußten wir damals noch nicht, daß wir drei Jahrzehnte später immer noch damit beschäftigt sein würden.

Der erste Ausflug in die Umgebung von Cooktown bescherte uns gleich eine neue Entdeckung, die allerdings im Vergleich zu den Galerien von Split Rock, unserem ersten Fund, bescheidener ausfiel. Die wertvollste Erfahrung der ersten Expedition bestand darin, daß wir uns in dem zerklüfteten Terrain zurechtfinden mußten und daß wir mit den üblichen Unannehmlichkeiten – Hitze, Müdigkeit, grüne Ameisen, wilde Stiere, Schlangen und die gewaltigen Wildeber, die gefährlichen Nachfahren der von Captain Cook ausgesetzten Schweine – umzugehen lernten. Unsere erste Entdeckung in der Schlucht des Isabella Creeks nannten wir Plattform-Galerie, denn dort waren wegen des feuchten Felsbodens ein paar ungefüge Schlafgestelle aus Buschholz und Ästen vom Papierrindenbaum aufgestellt worden. Die wenigen Malereien stellten Männer und Frauen dar, ferner einige eigenartige Geistwesen. In diesem Gebiet herrschten nach wie vor die Legenden, und als wir erfuhren, daß diese Geistwesen Quinkins hießen, die immer noch die Hügel in der Wildnis bewohnten, nannten wir es Quinkinland.

Unsere ganze Familie war schließlich vom Entdeckungsfieber gepackt, und die Schulferien wurden bald zu Familienexpeditionen, auf denen wir die zuvor mit dem Flugzeug ausgemachten Stellen erkundeten. Stephen, der jüngere unserer beiden Söhne, entdeckte die imposanten Krokodil-Galerien im Alter von zehn Jahren, und sein älterer Bruder Matthew gab keine Ruhe, bis er seinen Rivalen überflügelt hatte: Er fand die schönste und vielschichtigste aller Galerien, die Schweine-Galerie, die ihren Namen einem ausgezeichnet gemalten Schwein verdankt, das aus dem Ensemble der Figuren herausragt. Meine Frau Beverley und deren zwei

Schwestern Vicki und Anna waren an Eifer nicht zu übertreffen; jede von ihnen machte mehrere Galerien ausfindig, die ihren Namen von den Entdeckerinnen erhielten.

Der Kitzel, den man bei einer neuen Entdeckung verspürt, ist stets von derselben Intensität, denn jede Galerie ist etwas Besonderes, unterscheidet sich von den anderen in irgendeiner Hinsicht. Wir fanden alte Gravierungen, die mit einem braunen Silikatüberzug bedeckt waren. Die verschiedenen Stile der in Schichten übereinandergelagerten Malereien legten nahe, daß die Kunstwerke in einem sehr langen Zeitraum entstanden waren, einer Tradition entstammten, die in entfernten Zeiten wurzelte und bis zu diesem Jahrhundert anhielt. Wir waren uns sicher, daß die Malereien mit einer Mythologie in Bezug standen, daß in ihnen religiöse Überzeugungen und andere Glaubensinhalte der verschwundenen Stämme zum Ausdruck kamen. Ich begann, mich nach Aborigines zu erkundigen, die vielleicht etwas über die Malereien und ihren mythologischen Hintergrund wußten.

In der Nähe von Laura hatten ungefähr sechzig Aborigines ihr Lager am Fluß aufgeschlagen. Unter ihnen befanden sich einige alte Männer, die Spuren von Initiationsriten trugen: durchbohrte Nasenwände und Ohrläppchen, einen fehlenden oberen Schneidezahn und Narben auf Armen und Körper. Sie waren freundlich, aber zurückhaltend und gaben auf Fragen nach den Malereien nur ausweichende Antworten. Offenkundig waren sie nicht gewillt, einem Weißen Vertrauensvorschuß zu gewähren. Ich brauchte nicht weit in die Geschichte zurückzuschauen, um die Gründe für dieses Mißtrauen zu finden.

Die ersten Europäer, die das Quinkinland durchquerten, waren Teilnehmer der unglückseligen Edmund Kennedy-Expedition von 1848 und der William Hann-Expedition von 1872. Beide Male kam es zu Zusammenstößen mit bewaffneten einheimischen Kriegern. Hann scheint sie fortwährend »versprengt« zu haben, aber das verhängnisvollste Ergebnis seiner Expedition waren Berichte über Goldvorkommen im Palmer-Fluß, der die südliche Grenze des Quinkinlandes bildete. Innerhalb weniger Monate hatte der Goldsucher James Venture Mulligan den Palmer-Goldrausch ins Rollen gebracht, und bereits 1873 strömten Tausende bewaffneter und goldgieriger Europäer und Chinesen ins Quinkinland. Sofort setzte ein Zermürbungskrieg zwischen Schwarz und Weiß ein, und nach wenigen Jahren war die traditionelle Lebensweise der Ureinwohner, die sich über unzählige Jahrtausende entwickelt und geblüht hatte, für immer verschwunden.

Ich war zur Zeit unserer ersten Entdeckungen eng mit einem Aborigine befreundet, Dick Roughsey, dem ich dabei behilflich war, eine Karriere als Künstler zu beginnen. Dick war Angehöriger der Lardil auf der Mornington-Insel im Carpentariagolf, und sein Stammesname lautete Goobalathaldin, was wörtlich übersetzt »rauhe See« bedeutet. Ich traf ihn zum ersten Mal im Ferienhotel von Karumba, wo er als Verwalter arbeitete. Die Unterkunft lag an der Mündung des Norman-Flusses, über den grauen Gewässern des Golfs. Wir übernachteten in diesem Hotel immer während des wöchentlich stattfindenden zweitägigen Rundflugs, der von Cairns ausging. In einer DC3 der Ansett-Fluggesellschaft flogen wir Woche für Woche etwa siebzehn Niederlassungen am Carpentariagolf wie beispielsweise Normington an und besuchten außerdem große Rinderfarmen und Missionsstationen, in denen Aborigines lebten.

Zu jener Zeit stellte Dick Bumerangs her, die er an Touristen verkaufte. Da die auf den Bumerangs angebrachten Verzierungen künstlerische Fertigkeit verrieten, beschloß ich, ihm zu helfen. Die traditionelle Kunst bei den Lardil beschränkte sich auf Körperschmuck mit Ockerfarben und Flaumfedern von Vögeln; ihre Waffen und Zeremonialgegenstände wiesen ähnliche Dekorationen auf. Es gab auf Mornington keine Felsdächer, und auch die Kunst der

Rindenmalerei war dort unbekannt. Da man auf Rinde gemalte Bilder gut verkaufen konnte, schlug ich Dick vor, es damit zu versuchen. Als Motive empfahl ich die Mythen und Legenden aus seinem Kulturkreis. Ich besorgte ihm Eukalyptusrinde und Ockerfarben und überließ ihn dann sich selbst; falls nötig, konnte ich ihm mit Rat und Tat beiseitestehen. Seine natürliche Begabung trat schnell zutage, und schon nach sechs Monaten hatte Goobalathaldin seine erste Ausstellung in Cairns. Sie war ein großer Erfolg, und einige Monate später ging ich mit Dick auf die Mornington-Insel, um weitere Lardil-Künstler zu unterstützen.

Wir verbrachten die meiste Zeit im Busch, wo wir Rinde sammelten und präparierten, jagten, fischten und über die Stammestraditionen und Mythen redeten. Ich war wesentlich häufiger Lernender als Lehrender. Die Aborigines besitzen ein sehr kompliziertes Verwandtschaftssystem; sie fühlen sich unbehaglich, wenn das Verwandtschaftsverhältnis zwischen ihnen und einer beliebigen Person – ob es nun tatsächlich existiert oder stillschweigend vorausgesetzt wird – nicht klar umrissen ist. Jeder, mit dem sie über längere Zeit näher zu tun haben, muß daher einen Platz in diesem Verwandtschaftssystem bekommen, so daß der ganze Stamm weiß, wie man sich ihm gegenüber zu verhalten hat.

Man hatte mich spontan als Dicks Bruder vom Leelumbanda-Klan der Südwind-Lardil im Distrikt Booralungi angesehen, in dem sich Traumstätten des Brolga-Kranichs und Stachelrochens befinden. Ich erhielt den Namen Warrenby, der von einem legendären Krieger und Anführer der Lardil stammte. Man teilte mir dies während eines *corroboree*, einer beeindruckenden zeremoniellen Zusammenkunft mit, bei der sie Warrenby-Tänze aufführten und damit verbundene Liederzyklen sangen. Sie hatten ungefähr zwei Wochen gebraucht, um die farbenprächtige Tracht für die Feierlichkeiten herzustellen, insbesondere den spitz zulaufenden Kopfschmuck aus Rinde und geflochtenem Menschenhaar, den sie mit rotem Ocker, weißem Lehm sowie kleinen Knäueln aus weißen Flaumfedern von Vögeln schmückten und mit einem Bündel hin und her schwankender Emufedern krönten. So mancher unglückliche Emu, schwarze Kakadu und eine Unmenge kleiner weißer Kakadus mußten ihren Tribut für diese Zeremonie zollen, die es mir ermöglichte, festen Schrittes meine eigene Traumstraße zu betreten. Es sollten jedoch noch mehrere Jahre vergehen, bevor ich mir genügend Kenntnisse angeeignet hatte, um eine sorgsam behütete heilige Stätte besuchen zu können: die Traumstätte von Margara, der Wallaby-Frau, nach der meine Frau Beverley seit der nächtlichen Zeremonie benannt wurde.

Ich meinte, daß es Dick möglich sein müßte, mir Zutritt zu den Aborigines von Laura zu verschaffen und das Eis ihrer nur allzu verständlichen Zurückhaltung zu brechen. Eine solche Gelegenheit bot sich, als Frank Woolston, einer meiner Freunde aus Brisbane, ein von Aborigines bemaltes Felsdach auf Kap York abzeichnen wollte. Nach einigem Hin und Her entschieden wir uns für die Plattform-Galerie, die ich zuvor zusammen mit Xavier Herbert entdeckt hatte. Ich arrangierte für Dick einen Flug, damit er sich uns anschließen konnte.

Bevor wir nach Laura aufbrachen, verbrachten wir einen Tag und eine Nacht in Cooktown, um Informationen über die Angehörigen der Gugu-Imudji einzuholen und unsere Vorräte aufzufüllen. Dick schloß Bekanntschaft mit einem Mann der Gugu-Almura, Mitchell MacGreen, dessen Stammesname Papi-tharagen lautete. Sein Klanland lag um die Barrow-Landspitze, etwa 100 Kilometer nordwestlich von Cooktown. Dick war der Ansicht, daß Mitchell über die Tradition und Mythologie der Stämme hervorragend Bescheid wußte, und da er ebenso die Leute von Laura kannte, wollten wir ihn mitnehmen. Mitchell war auf dieses Abenteuer ganz versessen, und so stimmte ich zu.

Wir wollten das Gebiet nördlich unseres wichtigsten Fundes vom vorigen Jahr erkunden, wo Steve und ich zwei große Bildgalerien entdeckt hatten. Sie lagen auf dem Gelände der Krokodil-Rinderfarm, und wir hatten sie deshalb Krokodil 1 und 2 genannt. Ein Überflug hatte ergeben, daß auf der anderen Seite des Hochplateaus viele große Sandsteinblöcke auf einer Felsterrasse lagen.

Wir schlugen unser Lager am Laura-Fluß auf und verpackten die Ausrüstung für die Expedition am nächsten Morgen in unsere Rucksäcke. Wir erklommen das hochgelegene Gebiet über einen steilen, rasiermesserscharfen Felsgrat, der prächtige Ausblicke ringsum in das ausladende Laura-Tal und nach Süden auf die in Dunst gehüllten Bergketten der Großen Wasserscheide bot. Aber wir waren froh, nach etlichen Stunden unser schweres Gepäck unter den bemalten Felsdächern der Krokodil-Galerien abwerfen zu können. Dort wollten wir über Nacht bleiben, bevor wir das neue Gelände erkundeten.

Meine drei Begleiter waren über die kraftvollen Figuren in den Krokodil-Galerien erstaunt. Dort befand sich ein großes rotes Känguruh mit weißer Umrißzeichnung und einer Liniendekoration über der gesamten Körperfläche. Es war über andere verblichene Figuren gemalt worden, von denen manche Wasserlilien wiederzugeben schienen. Das östliche Ende des einen Felsdachs war zylindrisch geformt; Rückwand und Gewölbe waren mit unzähligen Figuren bedeckt, die in Schichten einander überlagerten. Wir konnten einen dunkelroten und einen weißen Schnabeligel erkennen, ferner eine große orangene Jamswurzel, ein gelbes Buschhuhn, das teilweise über einem dunkelroten Emu angebracht war, sowie mehrere segmentierte, halbmondförmige Gebilde, die Mitchell als große weiße Larven interpretierte, welche man in den Stämmen der Grasbäume finden konnte und die er *jumboon* nannte. Dann gab es mehrere Figuren, bei denen man unmöglich sagen konnte, was sie bedeuteten. Mir wurde klar, daß man sich zunächst umfassende und gründliche Kenntnisse über die örtliche Tier- und Pflanzenwelt sowie über die althergebrachte Kultur der einst hier lebenden Aborigines aneignen mußte, bevor man darangehen konnte, diese Kunstwerke zu interpretieren.

Die vielen Menschenfiguren waren in jeder Malschicht leicht auszumachen. Es waren Gestalten von Männern und Frauen, deren Maße zwischen wenigen Zentimetern und Überlebensgröße schwankten. Wir sahen auch viele hauptsächlich in weißer Farbe gehaltene Handnegative, die oftmals oberhalb einer Figur angebracht waren, als ob sie mit ihr in Beziehung stünden. Die aufsehenerregendsten Figuren waren zwei nahezu lebensgroße, dunkelrot gemalte Männer, die viele andere Darstellungen überlagerten. Ihre Umrisse und die Innenzeichnungen bestanden aus dicken weißen Linien, und ihre weißen Augen starrten den Betrachter an. Sie waren offensichtlich als letzte Figuren dieses Abschnitts gemalt worden, und von ihnen ging eine eindringliche, ja bedrohliche Wirkung aus. Dick und Mitchell waren sich sicher, daß sie mit irgendeinem Beschwörungszauber in Verbindung standen.

Nach Osten hin befand sich ein zweites, nicht so tiefes Felsdach, das ebenfalls Malereien enthielt. Eine Reihe dunkelroter Hufeisenspuren, die sich mäanderförmig über die Wand und das Gewölbe zogen, belegten als stumme Zeugen, daß Kontakte mit den Europäern stattgefunden hatten. Die Hauptfiguren waren hier eine fünf Meter lange Schlange und zwei große Männer, die waagerecht lagen und jeweils mit einem langen schmalen Gegenstand ausgerüstet waren, der zwischen Unterarm und Körper eingetragen war; beide Darstellungen besaßen dunkelrote Konturen und waren hellgelb ausgemalt. Beide Männer waren barfuß, schienen aber Hemden zu tragen, hatten graublaue Augen und dunkelrote Ovale auf ihren Köpfen. Wir mutmaßten, daß hier vielleicht Weiße oder Chinesen aus den Goldgräbertagen abgebildet waren.

Wir machten unsere Essenspakete zurecht und brachen auf, um das neue Terrain zu erforschen. Es stellte sich schnell heraus, daß die offene Waldlandschaft äußerst steil und zerklüftet war; hohes Gras, dichtes Gestrüpp, umgestürzte Baumstämme und grüne Ameisen erschwerten das Vorankommen. Als erstes stießen wir auf einen haushohen Sandsteinblock unmittelbar unterhalb eines Abhangs im Westen; ein kleines Felsdach enthielt zwei schön gezeichnete, lebensgroße Wasserschildkröten in rotem Ocker und weißer Farbe sowie einige kleine gravierte Strichmännchen. Wir schlugen uns weiter nach Osten den Abhang entlang durch. Frank und Mitchell erkundeten die oberen Abschnitte, während Dick und ich die großen Felsblöcke inspizierten, die weiter unten im weniger abschüssigen Gefälle verstreut umherlagen.

Bis zum späten Nachmittag hatten wir in den zahlreichen Felsdächern nur ein paar weitere Handnegative und kleine gemalte Figuren entdeckt. Als ich gerade um einen großen Felsblock bog, traf ich auf Dick, der einen lebhaften Grüne-Ameisen-Tanz aufführte. Nachdem er sich seiner Peiniger entledigt hatte, ließ er sich schwitzend und stöhnend zu Boden fallen. »Ich geb's auf, Warrenby. Ich bin ein Mann vom Flachland, der die ganze Zeit sein Kinn nicht von den Knien wegkriegt. Ich bin fix und fertig.« Da er wirklich sehr erschöpft aussah, rief ich die anderen herbei und schlug vor, daß wir es für heute genug sein lassen sollten. Wir hatten einen großen Halbkreis abgeschritten, und unser Lager an der Krokodilstätte war nur ungefähr zwei Kilometer jenseits des Plateaus entfernt.

Dick stand auf und schloß sich den anderen an, während ich noch einen letzten Blick auf mehrere Felsblöcke in hundert Metern Entfernung werfen wollte. Im ersten kleinen Felsdach starrte mich die Figur eines waagerecht liegenden, in Cremefarben und Rot gemalten großen Mannes an. Wenig weiter erblickte ich unter einem Abri eine weitläufige Galerie mit Malereien. Auf meine Rufe kamen die anderen herbeigeeilt, und ihre Müdigkeit war durch die Aufregung angesichts einer neuen Entdeckung wie verflogen.

Dieses Felsdach, das etwa sechzig Figuren enthielt, hatte einst als häufig besuchter Lagerplatz gedient. Große, trefflich in Dunkelrot gemalte Känguruhs mit weißen Verzierungen bedeckten verblichene menschliche Ahnwesen mit strahlenförmigem Kopfschmuck. Andere weiße und rosafarbene Menschenfiguren besaßen eine eigenartige Gestalt; ihre Innenflächen waren sorgfältig mit roten Linien und Punkten ausgefüllt. Ein großer Barramundi – die Barschart *Lates calcarifer* – war in ähnlicher Weise dargestellt worden. Ein zwei Meter langes, cremefarbenes Känguruh mit rotem Umriß und weißen Linien im Inneren war besonders schön gestaltet; aus seinem Rücken ragte ein kurzer Speer hervor. Einige der jüngeren Figuren waren offenkundig aus zauberischen Zwecken gemalt worden, etwa um den Tod irgendeiner Person durch Beschwörungen herbeizuführen. Unter einem Felssims fanden wir ein Behältnis aus Baumrinde für Nahrungsmittel und kleine Steinwerkzeuge.

Mittlerweile war die Sonne hinter den Blutbäumen* untergegangen, und wir machten uns, zufrieden mit unserem Tagwerk, zum Lager auf. Wir entschlossen uns, diesen Platz Woolston-Galerie zu nennen. Als wir schließlich am Lager ankamen, war Dick und Mitchell, die beide die Strapazen einer Bergwanderung nicht gewohnt waren, die Puste ausgegangen. Wir ließen sie auf ihren Bündeln sitzen und holten Wasser. Heißer süßer Tee half ihnen schließlich wieder auf die Beine. Wir bemerkten, daß unsere einheimischen Begleiter, die tagsüber in den Gale-

* Als »Blutbäume« werden mehrere Arten von Eukalypten bezeichnet, so *Eucalyptus eximia* (»yellow bloodwood«), *Eucalyptus gummifera* (»red bloodwood«) und andere Eukalypten. Der Name rührt von der dunkelrotbräunlichen Farbe ihres Harzes her, das an geronnenes Blut erinnert (siehe Abb. 8) [Anm. d. Übersetzers].

rien so munter und bester Dinge waren, nun unruhig und nervös wurden, als eine mondlose Nacht hereinbrach und die in der Finsternis flackernden Flammen die gemalten Figuren an den Wänden belebten. Kurz zuvor war eine schwarze Würgerkrähe auf einem abgestorbenen Baum vor dem Felsdach gelandet, die nun zu uns herüberspähte, zuerst mit dem einen, dann mit dem anderen Auge. Dick und Mitchell tauschten besorgte Blicke aus und sagten, der Vogel könnte ein Kundschafter sein, ausgesandt, um uns zu überwachen.

Nach dem Abendessen, das aus geschmortem Rinderpökelfleisch bestand, setzten wir uns ums Feuer, und Dick erzählte uns, wie die alten Leute seines Stammes die Geister beschwichtigten, wenn sie fremdes Land betraten: Sie riefen laut, wer sie waren, warum sie hierher gekommen waren und daß sie friedliche Absichten hätten. Mitchell erwies sich als eine unerschöpfliche Fundgrube für Informationen zur Mythologie der australischen Ureinwohner. Er erzählte uns seine Version der Schöpfungsgeschichte, in der die Traumstätte der Süßwasserschildkröte am Kap Flattery, nördlich von Cooktown, eine Rolle spielte. Hinter den Sanddünen am Strand ragte dort die ovale Spitze eines gewaltigen Granitfelsens aus dem sandigen Boden. Dies war der Rückenschild von Dugol, der Wasserschildkröte.

Ganz zu Anfang, als alle Tiere noch Menschen waren, versammelten sie sich am Kap Flattery, um ihren ersten großen gemeinsamen Tanz abzuhalten. Sie kamen von überall her und sprachen verschiedene Sprachen. Jaju, die Känguruhratte, hatte sie mit einem Nachrichtenstab zusammengerufen.

Unter den Anwesenden befanden sich auch Dugol die Wasserschildkröte, Guraway der Emu, Bonjul die Kragenechse, Wandar der Weiße Kakadu, Ngalculli das Rote Riesenkänguruh, Barwoor das Bergwallaby, Kargna der Waran, Balinga der Schnabeligel, Kalpala das Langohrkänguruh, Wallanga die Todesotter, Girrapati der Dugong und Goorlu der Seeigel.

Alle übten für ihr großes *corroboree*, ihre erste rituelle Feier. Dugol die Wasserschildkröte schlug die Trommel, und Jaju die Känguruhratte, der erste Sänger, klapperte mit Holzrasseln. Nachdem sie den Boden für den Tanz zurechtgemacht und geübt hatten, verspürten sie großen Durst, aber als sie zum Wasserloch kamen, war es trocken. Jemand hatte das ganze Wasser weggetrunken.

Sie rannten gerade hierhin und dorthin, um Wasser zu suchen, als Wallanga die Todesotter herbeikam und ihnen erzählte, sie habe gesehen, wie Dugol die Schildkrötenfrau alles Wasser getrunken habe. Sie traten zu einer Beratung zusammen und beschlossen, Dugol heimlich zu beobachten, um herauszufinden, wo sie das Wasser versteckt hatte. Sie sagten Kargna dem Waran, er solle auf einen Baum klettern und nach Dugol Ausschau halten, aber Kargna konnte nicht weit genug sehen. Dann machte sich Guraway der Emu auf den Weg; er versteckte sich in den Büschen und rief: »Könnt ihr mich sehen?«

»Das taugt nichts«, sagten die andern. »Du bist zu groß, wir können dich immer noch sehen.« Dann ging Kalpala das Langohrkänguruh und verbarg sich, aber wieder sagten alle: »Nein, wir können dich gut sehen.«

So versuchte sich ein jeder als Spion, aber niemand konnte sich so verstecken, daß er unsichtbar war. Schließlich kam die Reihe an Wallanga die Todesotter. Sie kroch in die Büsche und verbarg sich unter totem Laub, bevor sie ausrief: »Könnt ihr mich sehen?« Keiner konnte Wallanga sehen, und so kroch sie davon, um Dugol die Wasserschildkröte auszukundschaften.

Wallanga beobachtete Dugol aufmerksam. Dann kehrte sie zurück und erzählte ihnen, daß Dugol das Wasser in Beuteln entlang ihren Schenkeln versteckt habe. Sie berieten sich abermals, um einen Entschluß zu fällen, wie sie das Wasser zurückbekommen könnten. Ngalculli das Rote Riesenkänguruh sagte: »Ich bin der erste Tänzer. Wenn ich nahe an sie herankomme, werde ich sie treten und die Beutel zerreißen.« Aber Guraway der Emu sagte: »Nein, dafür bist du zu langsam. Es ist besser, wenn ich Dugol trete und ihren Beutel mit meinem großen Zeh aufschlitze.«

Der Tanz begann, und bald waren alle durstig, denn der Staub hatte ihre Kehlen ausgedörrt. Als der Tanz sich dem Ende zuneigte, rückte Guraway näher an die auf dem Boden sitzende und trommelnde Dugol heran und trat ihr gegen den Schenkel. Das Wasser ergoß sich wie ein Fluß. Alle hörten auf zu tanzen, stürzten herbei und tranken.

Als die große Feier zu Ende war, tauschten alle Geschenke aus. Dugol gab ihren riesigen Rückenpanzer der Meeresschildkröte und erhielt von dieser ihren kleinen Rückenschild. Balinga der Schnabeligel schenkte sein

Fett dem Dugong und seine Stacheln dem Seeigel. Die Seeschlange gab ihre Haut der Giftnatter; alle machten sie sich gegenseitig Geschenke. Dann gingen sie auseinander und verwandelten sich in Landtiere, Vögel, Fische, Reptilien, Insekten, Pflanzen und in all die anderen Lebewesen. Einige blieben an Land, andere gingen ins Wasser und lebten so für alle Zeiten.

Der Ort, an dem der erste große Tanz stattfand, ist jetzt die Süßwasserlagune Ngabar, die viele Wasserschildkröten beherbergt. Wenn in Trockenzeiten das Wasser zu verdunsten beginnt, trinken die Schildkröten so viel Wasser, wie sie können, und speichern es in Beuteln unter ihren Schenkeln. Dann graben sie sich tief im Schlamm ein und warten, bis der Regen wiederkommt.

Dick erzählte die Legenden seines Stammes, von Thuwathu der Regenbogenschlange und Gidegal, dem gefräßigen Mondmann. Mitchell nannte die übernatürlichen bösen Geister Quinkins, aber bei Dick hießen sie Mulgans oder Narbiahs. Wie ihre Namen auch lauten mochten – die Erinnerung hielt fest, daß sie sich dort draußen herumtrieben, und Dick wie Mitchell wollten es sich mit den Quinkins in diesen Hügeln auf keinen Fall verderben. Sie legten ihre Bündel für die Nacht so hin, daß Frank und ich zu ihrer einen Seite schliefen, während sie auf der anderen Seite durch das Feuer geschützt waren. Frank schlug vor, daß sie in ihren Schuhen schlafen sollten; wenn ein Quinkin sie dann in der Nacht verschleppte, könnten wir am nächsten Morgen den Schleifspuren ihrer Absätze folgen. Sie wechselten sich die ganze Nacht über ab, um das Feuer am Lodern zu halten. Matte Glieder, ein Wiegenlied der nachtaktiven Roten Kuckuckskäuze und das Säuseln des Windes durch die Blutwälder wiegten uns bald in Schlaf.

Am nächsten Morgen machten wir uns in aller Frühe auf, um das nähere Gelände zu erkunden, aber wir fanden nichts Nennenswertes. Ich nahm mir vor, später im Jahr zu den Krokodilstätten zurückzukehren, um dort die Felsmalereien genau abzuzeichnen. Da das Wasser in dieser Zeit knapp sein würde, füllten wir Plastikbehälter mit Wasser, das am Felsen herabrieselte, und verstauten sie unter dem Felsdach.

Auf dem Weg nach Laura besichtigten wir die Split Rock-Galerie und kamen schließlich gegen Sonnenuntergang in dem verschlafenen Weiler an. Milane zogen ihre Kreise über dem baufälligen Schuppen, in dem man Materialteile für die Eisenbahn aufbewahrt hatte, bevor die Linie stillgelegt wurde. Vor der mit Wellblech bedeckten alten Kneipe in Laura räkelten sich ein paar Köter im Staub. Große Mangobäume warfen ihre Schatten auf die Veranda, wo einige Viehzüchter in hochhackigen Stiefeln und mit breitkrempigen Hüten auf Holzbänken saßen oder mit einem Bier in der Hand herumstanden. Ein Einkaufsladen, der zugleich das Postamt war, und eine Polizeistation, die auch als Amtssitz diente, machten den Rest von Laura aus. Wir besorgten uns kaltes Bier und gingen zu unserem Lager am Laura-Fluß hinunter, das etwa einen Kilometer entfernt war.

Am nächsten Tag knüpften wir erste freundschaftliche Kontakte mit den Einheimischen von Laura, die in einer Siedlung einen Kilometer flußaufwärts lebten. Ihr Lager befand sich auf einer Flußterrasse, die Schutz gegen Hochwasser bot. Es bestand aus einer einzigen Reihe verwahrloster Wellblechbaracken – nach Auffassung der Regierung von Queensland die angemessene Unterkunft für die enteigneten ersten Australier. Blumenbeete und Gemüseecken zeigten immerhin an, daß sie sich ihre Eigenständigkeit bewahrt hatten. Ein Rudel wilder und ausgemergelter Hunde von allen Größen, Formen und Farben brach aus dem üppig wuchernden Unkraut hervor, umzingelte unser Auto und stellte sich uns Störenfrieden zähnefletschend entgegen. Ihre ausgefransten Ohren waren Unterschlupf für Heere von Zecken, und ihre mit Narben bedeckten Schultern und Flanken zeugten von heftigen Kämpfen mit Wildebern, die die Leute hier jagten.

Eine alte Stammesfrau, die einst noch im Busch gelebt hatte, saß nackt im Staub, ihre dünnen Arme um ein erschrockenes Kind geschlungen. Kleine Lockenköpfe äugten vorsichtig um die Ecken, und ein älterer Mann in der Aufmachung eines Viehhüters tauchte aus der Finsternis einer Hütte auf, bedachte die Hunde mit Flüchen und verabreichte ihnen mit einer Speerschleuder eine Tracht Prügel. Die Atmosphäre gedämpften Mißtrauens schwand, als Mitchell aus dem Auto stieg und den Mann als seinen Onkel begrüßte. Die Hunde kehrten mißmutig zu ihren Staublöchern zurück, ohne recht von der Sache überzeugt zu sein, und bald waren wir von einer Gruppe scheuer, aber neugieriger Männer, Frauen und Kinder umringt. Mitchell stellte uns vor und zog sich dann unter den Schatten einer gewaltigen Kiefer zurück, um mit den Eingeborenen zu reden und ihnen unser Vorhaben zu erklären. Die Frauen und Kinder saßen im Schatten ihrer Behausungen und beobachteten unauffällig unsere Erscheinung und jede unserer Gesten.

Dick stand mit den Männern bald auf vertrautem Fuß. Sein geselliges, gutmütiges Naturell und sein schlagfertiger Witz festigten in kurzer Zeit die Freundschaftsbande. Er erzählte Episoden aus unserer langjährigen Freundschaft und erörterte ausführlich meinen Plan, die alte Felskunst aufzuspüren und in Zeichnungen festzuhalten, bevor sie für immer verloren war. Während er seine Ausführungen machte, achtete Dick, der das Urteilsvermögen eines weisen Richters besaß, sorgfältig auf unterschwellige Gefühle bei den Männern und ermittelte so ihren mutmaßlichen Rang in der Stammeshierarchie. Er beobachtete ihr »Augengespräch«.

Bevor wir in unser Lager zurückkehrten, luden wir mehrere alte Männer zu einem Besuch bei uns ein, um am Abend ein wenig zu essen und zu plaudern. Ich hatte für die Kinder einige Früchte mitgebracht, und während sie verteilt wurden, fuhren wir los, begleitet von einer Eskorte kläffender Hunde, die uns ein beträchtliches Stück nachjagten, bevor sie schließlich zurücktrotteten, stolz darauf, die Eindringlinge letztendlich doch noch vertrieben zu haben.

Der Himmel im Westen erstrahlte im letzten Abendglanz, als vier alte Männer durch die Papierrindenbäume zum Flußbett herabkamen. Sie nahmen unsere Gastfreundschaft sehr würdevoll an und wurden nach dem Essen und einigen Bechern heißen süßen Tees etwas entspannter. Wie Dick herausfand, handelte es sich um George Pegus, ungefähr siebzig Jahre alt, vom Stamm der Gugu-Yalanji, dessen Klanname Joogumu oder Grauer Buchsbaum lautete; um Willy Long, der ebenfalls über Siebzig war, dem Olcula-Stamm angehörte und den Namen Toomacalin oder Weißer Eukalyptus trug, sowie um Jerry Shepherd und Joe Musgrave, beide vom Stamm der Taipanschlange weiter nördlich auf der Halbinsel.

George Pegus und Willy Long waren gute Gefährten, die, wie sich herausstellen sollte, über sehr viel Wissen verfügten und äußerst zuverlässig und vertrauenswürdig waren. George hatte seine frühen Jahre im Stammesverband auf dem Klanland um den Palmer- und Laura-Fluß verbracht. Später schloß er sich seinem Vater an, der Vieh hütete, und fand eine Anstellung auf den gerade entstehenden Rinderfarmen. Auch Willy Long hatte das traditionelle Leben im Stammesverband auf dem Klangebiet zwischen dem Alice- und dem Coleman-Fluß geführt, bis er etwa fünfzig Jahre alt war. Während des Zweiten Weltkriegs hatte es ihn dann auf die Rinderfarmen verschlagen. Willy war voll initiiert und sprach nur dürftig Englisch, dafür aber mehrere Stammessprachen fließend. Beide alten Männer verhielten sich sehr würdevoll und selbstbewußt; sie legten in späteren Jahren eine beträchtliche Geduld an den Tag, als sie mich in ihre Traditionen und kulturellen Gebräuche einführten.

Jerry Shepherd war ungefähr sechzig Jahre alt und arbeitete als Spurenleser bei der Polizei von Laura; Joe Musgrave mußte demnächst wieder auf eine Rinderfarm zur Arbeit. George und

Willy waren ganz darauf erpicht, sich einer unserer Expeditionen in naher Zukunft anzuschließen, und ich richtete es so ein, daß man ihnen in etwa einem Monat Bescheid sagte.

Wir blieben noch einige Tage in der Umgebung von Laura und entdeckten dort eine kleine Galerie mit Malereien, unten am östlichen Abhang des Mingaroo-Berges. Während Frank und ich auf Erkundigungen ausgingen, war Mitchell Dick dabei behilflich, Rinde für weitere Malereien zu schneiden und zu präparieren. Schließlich hatte Dick genug beisammen, um später im Jahr Ausstellungen in Cairns und Brisbane bestreiten zu können. Da Mitchell lieber Verwandte in Mossman besuchen als nach Cooktown zurückkehren wollte, setzten wir ihn auf unserem Weg nach Cairns dort ab. Er tauchte regelmäßig wieder auf, um uns bei zahlreichen Feldexkursionen zu begleiten.

Legenden des Landes

Als ich einige Wochen später nach Laura zurückkehrte, war Willy Long nicht da, aber George Pegus hatte sein Bündel schnell gepackt und begleitete mich und meinen Sohn Matthew in ein Gebiet nordwestlich von Cooktown. Ich hatte dort zuvor eine Reihe wichtiger Galerien am Bull Creek, einem Nebenflüßchen des Normanby-Flusses, gefunden und wollte nun detaillierte Zeichnungen von den Malereien anfertigen. Das Areal lag im Territorium der Gugu-Imudji, außerhalb von Georges Klanland, aber mich interessierte seine Meinung zu den Felsdarstellungen, und außerdem wollte ich einige der von ihm erzählten Legenden und Berichte aus dem Sagengut der im Busch lebenden Eingeborenen aufzeichnen.

Wir mußten von unserem Auto fünf Kilometer zu Fuß bis zu den Galerien zurücklegen. Wir brachen am späten Nachmittag auf, mit ausreichend Gepäck und Nahrungsmitteln für mehrere Tage ausgestattet. In dem offenen Eukalyptuswald wuchsen Tausende von Grasbäumen, und als wir unseren Weg durch eine Gruppe dieser gedrungenen »Black Boys« bahnten, lenkte George meine Aufmerksamkeit auf einige offenkundig absterbende Exemplare, deren dunkelgrüne Büschel sich gelb verfärbt hatten. George stieß einen von ihnen um, lieh sich mein Beil und begann den weichen Stamm aufzuspalten. Das Holz im Innern war von Löchern durchsiebt; sie stammten von großen weißen Larven, die George *jumboons* nannte. Da er meinte, daß sie ausgezeichnet schmeckten, fällten wir noch weitere absterbende Bäume und sammelten etliche Larven ein, die wir in unserem Feldkessel zubereiten wollten.

Die meisten Felsdächer sind schon bei Tageslicht dunkel und düster, und George fühlte sich daher unbehaglich. Nachdem er die verschiedenen Malereien eingehend betrachtet hatte, meinte er, daß »nur schlechte Leute hierher kamen«, also solche, die sich mit Zauberpraktiken und anderen magischen Tätigkeiten befaßten. Er wies darauf hin, daß sich unter den Felsdächern einige Holzkohlenreste und andere Spuren befanden, die auf wiederholte Aufenthalte hindeuteten. Eine Malerei war besonders eigenartig; sie zeigte einen etwa eineinhalb Meter großen, hellgelb ausgemalten Mann mit dunkelroten Umrißlinien und Innendekorationen. Der unförmige Körper war mit einem großen häßlichen Kopf, dünnen Armen und Beinen sowie einem überdimensionalen, an seinem Ende dreifach gezackten Penis ausgestattet worden. Die Arme hatte man absichtlich ohne Hände gezeichnet. George war der Ansicht, es handle sich hier entweder um einen bösen Quinkin oder um eine Warnung vor Entstellungen, die unweigerlich jeden heimsuchten, der die Stammesgesetze – insbesondere Vorschriften bezüglich des sexuellen Verhaltens – überschritt.

Wir lagerten unter einem Felsüberhang und ließen ein prächtiges Feuer prasseln, nicht der Wärme wegen, sondern um die Quinkins in Schach zu halten und weil Georges rollende Augen verrieten, daß ihm jeder andere Platz auf der Welt lieber gewesen wäre. Er bereitete die Larven zu, indem er sie fünf Minuten auf Holzkohle abseits vom Feuer leicht anröstete. Als sie gar waren, hielt er sie am Kopf, steckte die Larve in den Mund, biß den Rumpf ab und warf den Kopf weg. Ich folgte seinem Beispiel und fand, daß sie sehr angenehm schmeckten, wie zerdrückte Mandeln. Ich vermutete, daß es Larven von Bockkäfern waren, und tatsächlich fand ich später ausgewachsene Käfer mit genau denselben Larven.

George hatte unterdessen weiter über die abstoßende Quinkinfigur in unserer Nähe nachgedacht. Später am Abend erzählte er uns eine Geschichte der Gugu-Imudji, die eventuell einen Zusammenhang mit der mißgestalteten männlichen Darstellung aufwies. Sie handelte von der Kragenechse, die in den Legenden der Einheimischen des öfteren den Bösewicht spielte.

> Bonjul die Kragenechse kam in Begleitung seiner beiden jüngeren Schwestern vom Norden herab. Sie waren bereits eine lange Strecke Wegs gegangen und daher sehr durstig, als sie an einem sandigen Bachbett anlangten. Die beiden Mädchen saßen im Schatten, während sich Bonjul aufmachte, um im ausgetrockneten Bachlauf nach Wasser zu suchen. Schließlich entdeckte er eine feuchte Stelle und grub im Sand, bis er auf Wasser stieß. Bonjul löschte seinen Durst und machte das Loch noch um einiges tiefer.
>
> Da kamen die beiden Mädchen herbei, baten Bonjul um Wasser und sagten: »Wir kommen nicht so weit hinunter; der Brunnen ist zu tief.«
>
> »Steckt eure Köpfe nur in den Brunnen, dann werdet ihr schon an das Wasser herankommen«, erwiderte Bonjul.
>
> Also steckten die Mädchen ihre Köpfe bis zu den Schultern in die Brunnenöffnung, und ihre Schwänze ragten in die Luft. Als seine Schwestern so tranken, näherte sich Bonjul ihnen von hinten und verkehrte mit beiden. Die Mädchen schrien: »Du machst ganz üble Sachen! Hör sofort damit auf!« Aber da war es schon zu spät. Als die anderen Leute erfuhren, was Bonjul mit seinen Schwestern angestellt hatte, verfluchten sie ihn und sagten: »Von nun an sollen jedem Mann, der es mit seiner Schwester oder einer anderen Verwandten treibt, ein gegabelter Penis, große Ohren und ein gewaltiger häßlicher Schädel wachsen.«

Es gab noch viele weitere interessante Figuren in den kleinen Galerien. Die erste, die ich betrat, enthielt ein hervorragend ausgeführtes, über zwei Meter langes Süßwasserkrokodil. Seine Kontur war in Dunkelrot gezeichnet, und das Innendekor bestand aus verschlungenen roten Linien, die auch einige Organe wiedergaben. Bei einem Känguruh, einem Emu und einem Fisch – alle weiß gemalt mit rotem Umriß und roter Innenzeichnung – waren ebenfalls die inneren Organe dargestellt. Offenkundig standen wir hier vor den Anfängen der Röntgentechnik, die freilich nicht so verfeinert war wie der Röntgenstil in der Kunst des Arnhemlands. In einem anderen Felsdach stießen wir auf zweifarbige Figuren aus Gelb und Rot, drei Männer und einen Schnabeligel. Beim Schnabeligel waren die Eingeweide abgebildet, und zwei der Männer hatten ihre Haare am Hinterkopf zu mächtigen Schöpfen zusammengebunden; die dritte Figur war etwas kleiner und hatte entweder eine wilde »Afro-Frisur« oder trug einen Kopfschmuck. Insgesamt erinnerten die Darstellungen eher an die Kunst des Arnhemlands als an den typischen Stil von Kap York. Diese recht ursprüngliche Röntgentechnik könnte einen Einfluß aus dem Arnhemland widerspiegeln, der sich zu irgendeinem Zeitpunkt in der Vergangenheit auf der Kap York-Halbinsel niedergeschlagen hatte. Ich blieb zwei Tage hier, fertigte Zeichnungen an und photographierte die Bilder. Dann verließen wir zu Georges großer Erleichterung den Platz. Als wir uns später mit Männern der Gugu-Imudji in Cooktown unterhielten, hörte ich George sagen, es gebe dort »zu viele von den verdammten Quinkins«.

George wollte in Cooktown bleiben, um Harry Mole zu treffen, einen seiner Gefährten aus der Zeit, als er in der Stadt lebte. Harry war über sechzig Jahre lang Spurenleser bei der Polizei in Laura gewesen. Im Alter von etwa zwölf Jahren hatten ihn Teilnehmer einer Strafexpedition, die nahezu alle seine Angehörigen vom Gugu Warra-Stamm niedergemetzelt hatten, nach Laura verschleppt. Das Massaker fand bei den Jack-Seen statt, etwa 170 Kilometer nordwestlich von Cooktown.

Abb. 1 Schraubenbaum

Abb. 2 Auf dem Weg ins Quinkinland: See zwischen Mareeba und dem Mount Molloy

Abb. 3 Lichte Waldlandschaft mit Termitenbauten (Lakefield)

Abb. 4 Sandsteinplateau mit roten Steilwänden (Jowalbinna)

Abb. 5 Livistona-Palme

Abb. 6 Felsdach am Sandy Creek

Abb. 7 Lichtung mit Grasbäumen, den sogenannten »black boys«

Abb. 8 Einige Eukalyptenarten haben wegen des rotbraunen Harzes, das an geronnenes Blut erinnert, den Namen »Blutbäume« erhalten

Abb. 9, 10 Blattnester der wegen ihrer Beißwut gefürchteten grünen Ameisen

Abb. 11 Ein »goanna« (Waran)

Abb. 12 Wasserschildkröte und Fische in einem Bachlauf

Abb. 13 Darstellung einer Wasserschildkröte. Die Innenzeichnung gibt die Musterung des Rückenpanzers an (Jowalbinna)

Abb. 14 Gepickte Känguruhspur (Sandy Creek)

Abb. 15 Känguruhfährte am Meeresstrand

Ich wollte im November für drei Wochen in das Gebiet um Laura gehen und machte mit George und Harry aus, daß ich sie zuvor in Cooktown abholte. Harry schien mir sehr alt und gebrechlich zu sein, aber George versicherte mir, daß er über die Sitten und Gebräuche der Stämme ausgezeichnet Bescheid wisse; er könne auf unser Lager aufpassen, während wir in den Bergen unterwegs seien.

Es ergab sich allerdings, daß ich George noch etliche Male sehen sollte, bevor wir zu dieser Unternehmung aufbrachen. Mein Vorhaben, eine Gruppe farbenprächtiger Lardil-Tänzer nach Cairns zu einer zeremoniellen Feier einzuladen, war auf Zustimmung gestoßen und für August anberaumt worden. Während der aufwendigen Vorbereitungen für das *corroboree* kam mir der Gedanke, daß es meine Freundschaft mit George festigen würde, wenn ich ihn zu dem Fest einlud und ihn meinen Lardil-Freunden vorstellte. Ich verschickte die hierfür unerläßlichen Nachrichtenstäbe, und George traf pünktlich mit dem Flugzeug ein. Er kam bei den Lardil-Leuten unter und genoß alle sechs Vorführungen, die das Publikum in Cairns hellauf begeisterten. Die ganze Aufregung war für George allerdings zuviel gewesen; er bekam eine Lungenentzündung und war für längere Zeit ans Krankenlager gefesselt. Wir besuchten ihn im Krankenhaus, und nach seiner Entlassung kümmerte sich meine Familie um ihn. Als wir im November unser Unternehmen endlich in Angriff nehmen konnten, waren wir feste Freunde geworden.

Mit George zusammen in den Norden zu reisen, das bedeutete, in ein Land der Legenden einzutreten: das Gebiet war voller Leben, seine Felsen und Bäume beherbergten Geister, die all jenen Geheimnisse zuwisperten, die sie hören wollten. George war seit einigen Monaten nicht mehr in seinem Land gewesen, und nun saß nicht mehr George Pegus neben mir – es war Joogumu, der Graue Buchsbaum, der in seine Heimat zurückkehrte. George war ein stattlicher Mann, der in der langen Zeit seines Krankenhausaufenthalts und der Wiedergenesung etwas korpulent geworden war. Sein kräftiges, gelocktes eisengraues Haar und sein freundliches Gesicht ließen kaum die Spuren von siebzig Jahren erkennen, und seine tiefliegenden braunen Augen blickten so klar wie zu jener Zeit, als er sein erstes Känguruh mit dem Speer erlegte. Er freute sich auf die Buschmahlzeiten – er nannte es »hartes Futter« –, die ihn stärken würden, nachdem ihn das Essen der Weißen so schlaff und verweichlicht gemacht hatte. Als wir so entlangfuhren, sprachen wir von Wildenten in der Morgendämmerung, von Buschhühnern, Tauben, Barramundis und anderen Fischen in den Wasserlöchern, und wir nahmen uns vor, eine Jagd auf Flughunde zu veranstalten.

Als wir den Mount Molloy überquert hatten, befanden wir uns in Georges Land. Die holprige Straße wand sich an Granitbergen entlang und durchlief ein kümmerliches Gebiet, auf dem nur lichte Wälder aus unansehnlichen Eukalyptusbäumen und Termitenhügel gediehen. Es war Anfang November, und der von der Dürre ausgebleichte Landstrich ächzte unter einer unbarmherzigen Sonne. Bachläufe, die gewöhnlich etwas Wasser führten, waren ausgetrocknet und staubig; ihre Ufer waren von welken Schraubenbäumen gesäumt, die sich matt nach der Regenzeit sehnten.

Etwa fünfzehn Kilometer nach dem Mount Molloy bat mich George, anzuhalten. Er zeigte auf eine hohe Säule aus hellem Granit, die in vier Kilometer Entfernung westlich von der Straße wie ein Wächter auf einem mit Geröll bedeckten Berg emporragte. »Dieser Fels«, sagte er, »ist Milkee der Schwalm. Sein Vater Ngalculli, das Rote Riesenkänguruh, liegt zusammengerollt zu seinen Füßen.« George erzählte die Geschichte von Ngalcullis und Milkees Reise, als wir weiterfuhren.

Ngalculli und die ganze Sippschaft der Roten Riesenkänguruhs kamen einst von Norden herunter, aus einer Gegend jenseits der Prinzessin Charlotte-Bucht. Zur selben Zeit waren alle Vogelmänner unterwegs, um Känguruhs zu jagen. Man hatte die jungen Männer und Heranwachsenden ausgeschickt, um die Känguruhs zu den erfahrenen Männern zu treiben, die sie dann mit dem Speer erlegten. Goodbulbun die Würgerkrähe sagte Milkee, er solle sich mit den Jüngeren auf den Weg machen.

»Nein, Großvater«, sagte Milkee. »Ich möchte hierbleiben und selbst mit dem Speer ein Känguruh zur Strecke bringen.« Der alte Mann gab schließlich nach und sagte Milkee, er könne hierbleiben, müsse sich aber weiter hinten halten.

Als die Känguruhs in großer Zahl ankamen, schleuderten die Vogelmänner ihre Speere auf sie. Milkee wartete, bis das größte Känguruh am Ende des Rudels vorbeikam. Milkee warf seinen Speer auf das Riesentier; es war der alte Ngalculli. Er zog den Speer aus seinem Körper, schnupperte daran, schaute umher und nahm Witterung auf, um herauszufinden, wer ihn mit dem Speer verletzt hatte. Schließlich entdeckte er Milkee. Er packte ihn, stopfte ihn in eine Tragetasche auf seinem Rücken und hoppelte weg.

Als die Vogelmänner bemerkten, daß Milkee fehlte, suchten sie nach Spuren, konnten aber keine finden. Goodbulbun sandte zwei Schwalbenmänner aus, die Warrenjugu-Brüder, die die Suche aufnehmen sollten. Sie flogen davon und drehten jeder einen großen Halbkreis. Als sie sich wieder trafen, hatten sie nicht die geringste Spur von Milkee entdeckt. Also flogen sie einen weiteren großen Kreis. »Nein, er ist nicht da. Er muß in eine andere Richtung gegangen sein.«

Ngalculli reiste unterdessen mit Milkee nach Süden weiter; er hatte ihn an Sohnes Statt angenommen. Jede Nacht bereitete er für sie ein Lager, und am nächsten Tag ging es weiter. Einer seiner Lagerplätze befand sich in der Nähe des St. George-Flusses.

Die Warrenjugu-Brüder waren weit nach Süden geflogen, saßen da und warteten. Plötzlich hörten sie Milkee laut rufen – »Milkee, Milkee!« –, und sie sahen, wie Ngalculli ihn auf seinem Rücken davontrug. Sie erhoben sich in die Luft, stießen herab, und jeder bekam Milkee an einem Arm zu fassen. Sie flogen mit ihm weg und versteckten ihn auf einem Berg hinter einem Baum. Als Ngalculli hierherkam und sich ausruhte, verwandelten sie sich beide in Steine.

Die Geschichte beschrieb einen Teil von Ngalcullis Reise auf seiner Traumstraße. Georges Vater, eine bedeutende Persönlichkeit im Stamm der Gugu-Yalanji, hatte dem Jungen einst die Traumstraße gezeigt. Man hieß ihn Namuwalbidgee, und sein heiliger Name lautete Yanbun. Als George ein kleiner Junge war, wanderte er mit seinem Vater über das Land. Dieser hatte seinen Sohn darin unterwiesen, wo die Traumstätten lagen, wo sich die Wasserstellen hoch oben in den Bergen befanden und wo die Leute früher unter Felsdächern aus massiven Granitblöcken ihr Lager aufgeschlagen hatten. Ich beschloß, mehr über die nördlichen Bereiche von Ngalcullis Traumstraße in Erfahrung zu bringen, sobald sich die Gelegenheit dazu bot.

Wir setzten unsere staubige Fahrt weiter nach Norden fort, als George ungefähr drei Kilometer südlich vom Desailly Creek mich abermals anhalten hieß. Er hatte mir zuvor eine Legende von Gidja dem Mondmann erzählt, und nun wollte er mir den Ort des Geschehens zeigen. Er machte mich auf den Mount Elephant aufmerksam, der fünf Kilometer von uns entfernt in nördlicher Richtung lag. Neben der Bergspitze ragte ein beeindruckender grauer Granitblock empor, durch den diagonal ein Spalt verlief. Von Osten sah er wie ein Elefant in Vorderansicht aus, aber für George war es der verhängnisvolle Platz, wo Gidja seine beiden Enkel gebraten und gefressen hatte.

Gidja reiste einst mit seiner Tochter Boolbuh, der Spornkuckucksfrau, und deren Ehemann Yalngool, dem Keilschwanzadler. Boolbuh hatte zwei Söhne, die Bil-bil oder Regenbogenloris.

Gidja war auf die Jagd gegangen. Oben in den Bergen erspähte er ein Felskänguruh; er warf seinen Speer, der dem Känguruh die Schwanzspitze abtrennte. Gidja hob das Schwanzstück auf, brachte es zum Lager und sagte seiner Tochter, sie könne das Känguruh haben, wenn sie ihre beiden Söhne auf die Suche schickte.

Gidja führte die Jungen den Berg empor und zeigte ihnen, wo das Känguruh vermutlich lag. Er ging mit ihnen zu einem gewaltigen Felsen auf dem Bergabhang, durch den ein großer Spalt verlief. Er sagte den Jungen, sie sollten dort hineingehen und nach dem Känguruh suchen. Als die Loribrüder drinnen waren, packte Gidja seine Feuerhölzer aus, sammelte trockenes Gras und Geäst und begann die Feuerhölzer schnell gegeneinanderzureiben; er wollte ein Feuer entfachen und die Jungen braten. Als die Loribrüder die Feuerhölzer knarren hörten, kamen sie heraus und fragten Gidja, was das für ein Geräusch sei.

»Nichts weiter, nur Papageiengekreisch. Geht wieder rein und sucht das Känguruh.« Er stieß die Jungen zurück in den Spalt, zündete am Eingang ein großes Feuer an und briet sie.

Als die Loribrüder gar waren, zog Gidja sie aus dem Spalt heraus und fraß sie bis auf die Füße auf. Denn als er zu den Füßen kam, war sein Bauch zum Platzen voll; also wickelte er sie in Papierrinde und versteckte das Päckchen in einem Baum, bevor er zum Lager zurückkehrte.

Boolbuh fragte Gidja, wo ihre Söhne seien. »Sie spielen dort draußen irgendwo herum«, antwortete er. »Sie müssen bald hier sein.«

Als die Jungen aber nicht zurückkamen, machte sich Boolbuh auf die Suche; sie folgte Gidjas Spuren auf den Berg und schaute umher. Schließlich entdeckte sie das Rindenpaket mit den Füßen. Sie warf sich zu Boden, schor sich den Kopf mit scharfen Steinen und weinte um ihre verlorenen Söhne.

Als sie ins Lager zurückkam, erzählte sie ihrem Mann Yalngool, daß Gidja ihre beiden Söhne gefressen hatte. Yalngool nahm seine Speere und jagte hinter dem fliehenden Gidja her. Schließlich stellte er ihn und brachte ihn mit seinen Speeren um.

Als wir die zahlreichen Windungen zur Desailly-Bergkette emporfuhren, stand die Sonne im Zenit. Flimmernde Hitzewellen spiegelten wie Seen auf der Straße vor uns, aber diese Fata Morgana sollte erst in einigen Wochen Wirklichkeit werden. Der einzige Luftzug kam von kleinen Wirbelwinden, die über die Straße fegten und zwischen den glühenden Felsen am Berghang verschwanden. Kein Lebewesen rührte sich von dem Stückchen Schatten, das es aufgetan hatte. Als wir gerade einen von mehreren Zuläufen des St. George-Flusses überquerten, die alle völlig ausgetrocknet waren, zeigte George auf einen anderen Schauplatz, an den sich Legenden knüpften. Es war ohnehin Zeit für einen kleinen Imbiß und einen Schluck aus der kühlen Wasserflasche, und so hielt ich am spärlichen Schatten eines Eisenrindenbaumes an, unter dem wir unsere Füße ausstreckten. Ungefähr zwei Kilometer östlich der Straße, jenseits des Tales, saß Noolgu die Roteule auf der Spitze des Birra-Berges und schaute uns beim Essen zu. Mit Noolgu hatte es folgende Bewandtnis:

Die zwei Noolgu-Brüder, die roten Eulenmänner, gingen auf Fischfang. Sie wollten Fische in einem Wasserloch des Palmer-Flusses betäuben, und dafür benutzten sie die giftige Rinde und Wurzeln der Süßwassermangroven, die an den Ufern wuchsen. Mit ihren Grabstöcken und Steinbeilen schnitten und zerstampften sie Rinde und Wurzeln; den Klumpen zogen sie dann mit einem Seil durch das Wasserloch hin und her und versenkten ihn schließlich an der tiefsten Stelle.

Die Eulenmänner saßen im Schatten und warteten, bis das Gift seine Wirkung tat und die Fische nach Luft japsend an die Oberfläche kamen. Da sahen sie, wie ein Junge daherkam; es war ihr Enkel Jimlinch, der Kuckuck. Er fragte die beiden, ob sie schon einen Fisch gefangen hätten, und sie antworteten: »Noch nicht, aber sie werden bald an die Oberfläche kommen.«

Jimlinch ging um das Wasserloch herum. Als er sah, wie der erste Fisch nach oben kam und nach Luft schnappte, wollte er ihn mit dem Speer erlegen. Die Eulenmänner sagten ihm, er solle damit aufhören, denn man würde die Fische bald mühelos fangen können. Aber Jimlinch hörte nicht auf sie und versuchte weiter, die Fische mit dem Speer zu erlegen.

Immer und immer wieder ermahnten sie ihn, einzuhalten, aber als es nichts fruchtete, fragte der jüngere Bruder: »Was können wir tun, damit er endlich aufhört, die Fische zu erschrecken?«

Der ältere Bruder antwortete: »Wir werden ihn töten müssen.«

Also gingen sie hinunter, packten Jimlinch und tauchten ihn unter Wasser, bis er ertrunken war. Dann wickelten sie seinen Leichnam in die giftige Rinde und versteckten ihn unter den Wurzeln im Wasser.

Die Eulenbrüder legten ihre Fische in Behälter aus Papierrinde. Es tat ihnen jetzt leid, daß sie Jimlinch umgebracht hatten, und sie waren voller Angst, wie die Leute darauf reagieren würden. Sie entschlossen, wegzulaufen und in ein neues Land jenseits des Flusses zu fliehen.

Als die Leute den toten Jimlinch fanden, hielten sie nach Spuren Ausschau. Sie entdeckten die Fährten der Eulenmänner und setzten eine Abteilung Krieger auf sie an, die die Täter verfolgen und bestrafen sollten. Die Krieger folgten tagelang den Spuren der Eulenmänner, bis sie sie schließlich am Bongaar Creek stellten.

Als die Eulenmänner sahen, wie die mit Speeren bewaffneten Krieger kampfbereit heraneilten, wendeten sie sich erneut zur Flucht. Die Rächer warfen ihre Speere und töteten den älteren Eulenbruder, der in ein Flußbett fiel und sich in einen großen Stein verwandelte. Der jüngere Bruder rannte den Birra-Berg empor, aber die Verfolger faßten ihn oben auf der Bergkuppe und brachten ihn um. Sie hoben seinen Leichnam auf die Spitze eines großen Felsens und sagten: »Das ist dein Platz für alle Ewigkeit. Schau immer nach Westen, zu der Stelle, wo du Jimlinch ums Leben gebracht hast.«

Ich war neugierig, was es mit Jimlinch auf sich hatte, und George erzählte mir, es sei der rotbrüstige Kuckuck, der immer kurz vor Beginn der Regenzeit ins Land komme. George ahmte seine Rufe nach – sechs oder sieben schrille Pfeiftöne, die eintönig abfielen. Noolgu, die Roteule, sitzt immer noch auf dem Birra-Berg. Die untergehende Sonne rötet ihre Brust, als ob das Blut aus den Speerwunden fließe, und sie schaut nach Westen, zum Ort ihres Verbrechens in der Traumzeit, als alle Lebewesen noch Menschen waren.

Während unserer Fahrt durch das ausgedörrte Land hatte George den ganzen Tag über die Traumzeit wiedererstehen lassen, hatte er die Ahnwesen und totemistischen Helden wieder zum Leben erweckt. Ich sah die Traumstätten und hörte die Geschichten von Marngu, der alten Wasserschildkrötenfrau, von der Regenbogenschlange Nuramulli und dem tiefen Einschnitt, den sie hinterließ, als sie mit einem Speer im Leib davonkroch, den Munnobungle der Aal in sie gestoßen hatte. Doolka der Beuteldachs stand wieder auf zum Tanz, und wir kamen an dem Platz vorbei, wo die Leichen der Flughundkrieger in schwarzen Haufen aufgetürmt lagen. Sie waren jetzt in Steine verwandelt und schlummerten unruhig in der sengenden Sommersonne. Dieser Ort befindet sich zwanzig Kilometer südlich von Cooktown und heißt Black Mountains; tatsächlich sind es jedoch gewaltige Anhäufungen aus großen, abgerundeten Granitblöcken, die mit schwarzen Flechten bedeckt sind. George bestand aber darauf, daß es die Kalkajagga waren, und er erzählte mir ihre Geschichte, wie sie der Stamm der Gugu-Bullanji überlieferte.

In jener Zeit, als alle Vögel und anderen Tiere Menschen waren, hatten die Joonging oder Flughundleute wieder einmal drei verheiratete Frauen von den Vogelmenschen gestohlen. Sie raubten immer Vogelfrauen, und daher hielten die alten Männer des Vogelvolks – der Emu, das Buschhuhn, der Brolga-Kranich, der Kakadu und viele andere – eine Versammlung ab.

Goorangi der Emu sagte: »Die Flughundkrieger haben schon wieder drei unserer jungen Frauen entführt. Was sollen wir unternehmen?«

»Wir müssen die Joonging bekämpfen und unsere Frauen zurückholen«, sagten die anderen wie aus einem Mund.

Goorangi fuhr fort: »Die Flughundleute sind zahlreich. Wir müssen Späher ausschicken, die ihr Hauptlager ausfindig machen und erkunden, wie viele Krieger sie haben.« Also machten sich junge Männer in alle Richtungen davon, um die Joonging auszukundschaften.

Eine Abteilung der Vogelmänner erblickte von einer Bergspitze aus das Hauptlager der Flughundleute – es erstreckte sich in alle Richtungen bis zum Horizont. Als sie dies den alten Männern berichteten, sagte Goorangi: »Die Joonging haben zu viele Krieger; wir können nicht gegen sie kämpfen. Wir müssen unsere magischen Feuerhölzer einsetzen und um sie herum einen großen Brand entfachen, ein magisches Feuer, das ohne Rauch oder Geräusche brennt, reine Flamme ist, und sie dann in einem Überraschungsangriff überrennen.«

Als der Wind in die richtige Richtung blies, legten die Vogelkrieger ein großes Buschfeuer rings um das Lager der Flughunde. Die Flughundleute rannten verzweifelt durcheinander und versuchten zu entkommen. Manchen von ihnen wuchsen Flügel, und sie flogen über das Feuer, aber die meisten fielen in Scharen herab und verbrannten jämmerlich.

Als wir den Kalkajagga-Paß überquerten, flimmerten die Hitzewellen über den schwarzen Steinhaufen, und die Leichname der Flughundleute schienen kein bißchen kalt geworden zu sein.

DIE ALTEN MÄNNER

Cooktown lag noch in tiefem Schlaf, als ich an einem warmen Novembermorgen zur Siedlung vor der Stadt fuhr, um George und Harry Mole nach Laura mitzunehmen. Sie hatten gerade ihr Frühstück beendet, und ich war ihnen dabei behilflich, im ausrangierten Eisenbahnwaggon ihr Bündel zu packen und die Ausrüstung zu verstauen, wobei ich die knurrenden Hunde nicht aus den Augen ließ. Das Mißtrauen der Aborigines gegenüber den Weißen trat im Verhalten ihrer bösartigen und heruntergekommenen, aber ergebenen Hunde eindrucksvoll zutage. Harry war beinahe zwei Jahre lang nicht mehr in Laura gewesen und freute sich, dorthin zurückzukehren; er und George tauschten Erinnerungen aus, als wir an ihnen vertrauten Plätzen vorbeifuhren. Wir waren nur zwei Stunden in der angenehmen Kühle eines frühen Morgens unterwegs. Bei den King's-Ebenen überquerte ein großes Rudel Wildschweine vor uns die Straße. Ich sprang mit dem Gewehr in der Hand aus dem Auto, um einen kleinen Schwarzkittel für das Lager in Laura zu erlegen, aber die Tiere waren im Handumdrehen im hohen Gras verschwunden.

Als wir in Laura ankamen, war die Siedlung menschenleer; ein paar riesige ausgemergelte Kater waren das einzige Lebenszeichen. Das Wasserloch unterhalb der Hütten war ausgetrocknet, und die wenigen Familien lebten nun einige hundert Meter weiter flußaufwärts in Zelten. Wir luden Willy Long ein und fuhren noch einen Kilometer weiter den Fluß entlang, bis wir an ein tiefes Wasserloch kamen. Dort richteten wir während des Nachmittags ein bequemes Lager ein, denn wir wollten hier eine Woche bleiben, bevor wir in ein neues Gebiet aufbrachen.

Die Temperatur war tagsüber in die Höhe geschnellt, und es war eine Wohltat, am Abend im Wasserloch zu schwimmen, als die Sonne blutrot hinter einem niedrigen Dunstschleier unterging. Wir saßen im seichten Wasser und redeten gerade über Legenden, als der erste Flughundschwarm auf der Suche nach süßen Blüten herangeflattert kam. Ich war darauf bedacht, die Erzählungen aufzunehmen, solange die alten Männer noch munter waren, und deshalb saßen wir nach dem Abendessen im Schein des Vollmonds um das Tonbandgerät und lauschten Harry Moles *bora*-Geschichte. Harrys wichtigste Traumstätte war das Dingo-Heiligtum, und seine Erzählung spielte auf jenem Abschnitt der Kap York-Halbinsel, wo die Dingo-Traumstraße verlief. Tod und Wiedergeburt dieses legendären Hundes spielten eine maßgebliche Rolle bei den Initiationszeremonien, denen sich die Jungen des Dingo-Klans unterziehen mußten. Dick hatte mir zuvor mitgeteilt, daß einer Legende der Lardil zufolge der Dingo von Westen her auf die Mornington-Insel gekommen war. Es gab dort zwei Dingo-Traumstätten, eine auf der Denham-Insel und die andere auf der Mornington-Insel, in der Nähe der Charlie Busch-Bucht. Auch in Harrys Bericht wanderte der Dingo von Westen ein.

> Die alte Eelgin, die Heuschreckenfrau, und der riesige Höllenhund Gaiya kamen einst aus dem Westen. Gaiya war gewaltig, viel größer als ein Pferd. Die alte Eelgin war Herrin des Dingos; sie setzte ihn zur Jagd auf Menschen ein, die sie dann gemeinsam auffraßen. Wenn Gaiya bei einer solchen Gelegenheit die Witterung

von jemandem aufgenommen hatte, war sein gräßliches Geheul schon von weitem zu hören. Sein Galopp erschütterte den Boden und klang wie entferntes Donnerrollen.

Als Gaiya eines Tages gerade auf Jagd war, kamen zwei junge Männer an Eelgins Lager vorbei. Es waren die Chooku-chooku, die Würgerkrähen-Brüder. Die alte Eelgin sah, wie die beiden sich näherten, und rief: »Hallo, hier sind ja zwei meiner Enkel. Wohin des Weges?«

»Wir sind auf Tierjagd«, antwortete der ältere Bruder. »Schön, ihr könnt hier bleiben, Jungs.«

Aber die Chooku-chooku fürchteten sich vor Gaiya und fragten: »Wo ist dein Riesenhund, Großmütterchen?«

»Das ist schon in Ordnung«, sagte Eelgin. »Er ist auf der Jagd und wird vor morgen früh nicht zurück sein. Ihr könnt hier bleiben, wirklich.«

Aber die Brüder trauten der alten Eelgin nicht und sagten: »Nichts für ungut, wir haben noch einen weiten Weg vor uns und müssen weiter.« Sobald sie weit genug entfernt waren und die Alte sie im Bachbett nicht mehr sehen konnte, begannen die Würgerkrähen-Brüder schnell wegzulaufen.

Als Gaiya einige Zeit später zurückkam, schalt ihn Eelgin: » Wo hast du dich herumgetrieben? Jetzt bist du zu spät. Es waren zwei leckere feiste junge Männer hier, aber sie sind wieder weggegangen. Komm, ich setze dich auf ihre Fährten an.« Und die alte Eelgin ließ ihren Höllenhund die Witterung der Würgerkrähen-Brüder aufnehmen.

Die Brüder wußten, daß Gaiya bald hinter ihnen hersein würde, und daher waren sie unentwegt auf den Beinen, gönnten sich keine Ruhe, rannten, so schnell sie konnten. Als sie das entsetzliche Heulen von Gaiya hörten, das der Wind schwach zu ihnen trug, beschleunigten sie ihren Schritt und flohen weiter nach Osten.

Gaiya jagte die Würgerkrähen-Brüder quer über die ganze Kap York-Halbinsel. Sein Geheul hallte in ihren Ohren; er kam näher und näher, und sie wußten, daß sie ihm nicht entkommen konnten. Die beiden Brüder rannten, bis sie an eine Stelle nahe bei der Barrow-Landspitze ankamen. Dort führte ein hoher Felspaß, den man Bulinmore nannte, über die Berge. Der jüngere Bruder sagte: »Ich kann nicht mehr weiter. Was sollen wir jetzt tun?«

»Wir müssen versuchen, ihn mit unseren Speeren zu erlegen. Du kletterst auf dieser Seite hoch, ich auf der anderen. Wir verstecken uns, und wenn er hier durchkommt, werfen wir unsere Speere auf ihn.« Also kletterten sie an beiden Seiten des Passes hoch und verbargen sich zwischen den Felsen. Der heulende Hund kam näher, immer ihren Spuren entlang. Hinter ihm humpelte, auf ihren Stock gestützt, die alte Eelgin und hetzte ihren Hund in einem fort.

Die Würgerkrähen-Brüder lauschten auf die Geräusche des Hundes, der immer noch ziemlich weit entfernt war. Dann kam er jedoch immer näher, und sein Geheul wurde lauter und lauter. Der jüngere Bruder rief: »Da ist er! Ich werde ihn mit dem Speer erlegen.«

»Nein«, sagte der ältere Bruder, »das ist nur seine Zunge. Warte!«

Wieder rief der jüngere Bruder: »Hier ist er! Jetzt werde ich ihn speeren.«

Aber der ältere Bruder sagte nochmals: »Nein. Das ist nur sein Kopf. Warte ab und werfe deinen Speer von hinten auf den Hund.«

Als die Schultern des Hundes im Paß auftauchten, begann der ältere Bruder seine Speere auf Gaiya zu schleudern. Er warf Speer um Speer, und als sie ihm ausgegangen waren, machte der jüngere Bruder auf der anderen Seite weiter. Er warf seine Speere so lange, bis Gaiya tot war.

Dann kletterten die Würgerkrähen-Brüder herab und riefen alle Leute zusammen, um den Riesenhund aufzuschneiden und sein Fleisch zu verteilen. Die Brüder trennten die Spitze von Gaiyas Schwanz ab. In diesem Körperteil befand sich Gaiyas Geist, und der ältere Bruder sagte zu ihm: »Geh jetzt zurück zu deiner Herrin.«

Die alte Eelgin kam dahergehumpelt und feuerte ihren Hund immer noch an. Da sah sie, wie Gaiya sich ihr näherte, und voller Freude sagte sie zu ihm: »Ah, mein Hündchen ist zurück. Hast du die leckeren fetten Jungs gefangen?«

Aber Gaiyas Geist war zornig auf Eelgin, weil sie ihn auf die Fährte der Würgerkrähen-Brüder gesetzt hatte, und er biß sie in die Nase.

Die alte Eelgin schrie: »Warum beißt du mich?«

Da kamen die beiden Brüder und töteten die Alte. Zu ihrem Geist sprachen sie: »Geh runter zum Meeresarm an der Barrow-Spitze und bleib dort; das wird deine Traumstätte sein.«

Seitdem lebt der Geist der alten Eelgin in einem großen Felsen am Meeresarm, und seit dieser Zeit kann man an den Nasen aller Heuschrecken die Spuren von Gaiyas Biß sehen.

Als die Leute Gaiya zerlegt hatten, fragten sie den klugen Woodbarl, die Weiße Wolke, welche Stücke er wolle. »Ich will die Nieren und den Kopf«, sagte Woodbarl. »Ihr könnt das ganze Fleisch haben, aber mir laßt auch die Knochen.« Später las er alle Knochen auf und trug sie auf die Spitze eines Berges. Die Haut nahm er ebenfalls mit.

Aus den Knochen schuf Woodbarl zwei kleine Dingos, ein männliches und ein weibliches Tier. Dann blies er seinen Odem in die Mäuler der Hunde, und sie wurden lebendig. Woodbarl sagte zum männlichen Dingo: »Auf, heule.« Der Dingo heulte. »So ist es gut. Jetzt heb dein Hinterbein hoch. Richtig, bist ein braver Hund. Von nun an bist du ein Dingo, und du wirst keine Menschen fressen. Du wirst ein Freund der Menschen sein.«

Heute ist der Dingo des Menschen Freund; Eelgin lebt im Felsen bei der Barrow-Spitze; die Würgerkrähen haben Schnäbel wie Speere, und der Geist Woodbarls ist auf der Woolcooldin-Insel zuhause.

Die Erzählung wurde wie immer von Fragen oder Ergänzungen der anderen alten Männer unterbrochen, insbesondere wenn ihre Versionen nachhaltig von dem Bericht abwichen. Willys Dingo-Legende unterschied sich offenkundig beträchtlich von Harrys Darstellung, und daher nahm ich seine Variante eine Woche später auf. Am nächsten Tag fanden wir die ausgezeichnete große Malerei eines Dingos in einer Gruppe von Galerien.

Ich hatte es bislang versäumt, die auf der Halbinsel verbreitete Saga der Regenbogenschlange in ihrer vollen Länge aufzuzeichnen. George kannte die Überlieferung der südlichen Regionen, Harry dagegen des nördlichen Teils, und nach so mancher Rede und Widerrede hatte ich Folgendes auf dem Tonband festgehalten:

Ganz zu Anfang war alles Land flach. Es gab weit und breit keine Berge, außer einem einzigen, riesigen, den man Borabunaru hieß. Goorialla, die große Regenbogenschlange, zog um diese Zeit vom Süden her durchs Land. Schließlich machte sie Halt an einer Stelle mit dem Namen Narabullgan, die man heute als Mount Mulligan bezeichnet. Goorialla schuf Narabullgan aus ihren Exkrementen und hinterließ auf seiner Spitze einen großen See mit Wasserlilien. Die Kohlenflöze, die die weißen Männer später ausgruben, waren die Reste ihres Lagerfeuers. Sie selbst lebte in großen Höhlen ganz oben auf dem Berg.

Goorialla saß auf der Spitze des Narabullgan und lauschte dem Wind. Sie hörte den vier Winden zu und vernahm die Stimmen vieler Menschen, die zu ihr getragen wurden. Lange hörte sie so und sagte schließlich: »Das ist nicht mein Land. Die Menschen sprechen in verschiedenen Sprachen zu mir, also werde ich weiter nach Norden ziehen und nach meinem Volk Ausschau halten.«

Am Mount Mulgrave hielt sie das nächste Mal an. Auch hier formte sie aus ihren Exkrementen einen langgezogenen Berg aus Granit, der wie eine Schlange aussieht. Goorialla blieb hier eine Weile und setzte dann ihren Weg nach Norden fort. Als sie beim Palmer-Fluß ankam, lauschte sie wieder dem Wind. Sie konnte nun die Menschen hören, die weiter im Norden lebten, und sie redeten in ihrer Sprache. Sie reiste weiter nach Fairlight und ließ dort einen großen Hügel aus Kalkstein zurück, der sich hoch erhebt und scharf von der Umgebung abzeichnet, wie eine Windmühle mit fünf Fenstern, von denen jedes in eine andere Richtung schaut. Goorialla kletterte die Erhebung hoch und schaute rings umher, bevor sie weiter nach Norden wanderte.

Ihr nächster Halt war Fairview, auf der Spitze eines breiten Felsgrats. Hier wollte sie einen weiteren großen See mit Wasserlilien hinterlassen. Sie kroch im Kreis, wieder und wieder, um das Loch tiefer zu machen, aber der Boden war zu hart. Also verließ sie den Platz und ging weiter nach Norden. Als sie beim Scrubby Creek ankam, beschloß sie, hier eine große *gunyah*, eine Hütte aus Rinde zu bauen und eine Zeitlang dort zu bleiben, bis einige ihrer Leute vorbeikamen. Eines Tages hörte sie, wie der Wind Gesang zu ihr hertrug; sie lauschte genauer und vernahm den Laut »Ahrrrr, Ahrrrr, Ahrrr«.

»So singen meine Leute«, sagte sie. »Sie halten ein großes *bora*-Fest ab.« Goorialla reiste weiter nach Norden, und der Gesang wurde lauter. Als sie jene Stelle erreichte, wo Kennedy- und Normanby-Fluß zusammentreffen, sah sie endlich ihre Leute. Goorialla bewegte sich behutsam vorwärts und versteckte sich im hohen Gras. Sie konnte die Männer tanzen sehen: den Emu, Kakadu, Brolga-Kranich, Jabiru-Storch, Ibis, das Känguruh und all die anderen großen Männer. Sie tanzten und sangen die *bora*-Zeremonie.

Da sah Pink-pink der zweigestreifte Fink, wie sich das Gras bewegte, und er rief, daß jemand komme. Der Lachende Hans hörte ihn und schickte eines seiner Kinder weg, um nachzuschauen, wer das sei. Als sich das

Kind näherte, flüsterte Goorialla ihm zu: »Geh wieder zurück und sag den anderen, du hättest nichts gesehen. Ich möchte die Männer beim Tanz beobachten.« Der Junge ging zurück und sagte, er habe niemanden entdecken können.

Die großen Männer begannen wieder zu tanzen. Ihre Sänger hatten *didjeridus*, große hölzerne Rohre, die sie aber nicht als Blasinstrumente benutzten, sondern durch die sie sangen und riefen. Goorialla sah dem Tanz lange Zeit zu, bevor er sein Versteck verließ und von den Leuten begrüßt wurde.

»Ihr tanzt nicht, wie es sich gehört, und ihr seid nicht passend gekleidet«, sagte Goorialla zu den Männern. »Schaut her, wie ich es mache.«

Sie setzte einen Klumpen Bienenwachs auf seinen Hinterkopf und steckte Kakadufedern hinein, so daß ein strahlenförmiger Kopfschmuck entstand. Dann fertigte sie Armbänder aus den Blättern des Schraubenbaums an, einen Anhänger aus einer Perlmuttmuschel, perlartige Verzierungen aus Knäueln von gelbem Gras und steckte sich einen weißen Knochen durch die Nase. Anschließend malte sie mit weißem Lehm Ziermuster auf ihren Körper und begann zu tanzen.

Die Männer beobachteten Goorialla aufmerksam und ahmten sie nach. Sie tanzten und tanzten, bis sie nicht mehr konnten. Goorialla verließ die Zeremonialstätte, baute sich eine *gunyah* und legte sich schlafen. Auch die Leute gingen in ihre Rindenhütten und legten sich zur Ruhe.

In der Nacht erhob sich ein heftiger Sturm. Der Regen fiel in schweren Tropfen, Blitze zuckten, und der Wind blies ungestüm. Da kamen zwei junge Regenbogenlori-Männer angerannt; es waren die Bil-bil-Brüder, die Unterschlupf suchten. Sie gingen zur Hütte ihrer Großmutter, der alten Starenfrau, und baten um Einlaß.

»Ich kann euch nicht hereinlassen, Jungs, ich habe zu viele Hunde.«

Dann fragten sie bei Goorangi dem Emu, der zur Antwort gab: »Nein, ich habe keinen Platz, ich habe zu viele Kinder.« Wo die Jungen auch fragten, sie konnten nirgendwo unterkommen.

Schließlich versuchten sie es bei Goorialla. »Nein, ich habe keinen Platz«, lautete die Antwort.

»Aber es regnet in Strömen, gute Alte. Wir brauchen ein Dach über dem Kopf.«

»Ist schon recht, wartet einen Moment. Ich mache meine Hütte etwas größer, und dann könnt ihr reinkommen.« Sie öffnete ihr Maul, riß es sperrangelweit auf, bis hinauf zum Dach, und sagte: »Alles in Ordnung, jetzt könnt ihr kommen.« Die Jungen rannten in die Hütte, direkt in Gooriallas Maul, und wurden verschluckt.

Nachdem sie die Bil-bil-Brüder verschlungen hatte, fragte sich Goorialla besorgt, was wohl die anderen tun würden, wenn sie die beiden vermißten. Sie beschloß, sich davonzumachen, und zog wieder weiter nach Norden. Sie wanderte ohne Unterlaß, bis sie zur Barrow-Landzunge an der Küste kam. Dort lag Borabunaru, der einzige Berg der Welt. Er hatte gewaltige Ausmaße, und ringsum ragten die Wände senkrecht empor. Goorialla erklomm die Spitze des Berges und legte sich dort mit den beiden Bil-bil-Brüdern im Bauch schlafen.

Als die Leute bemerkten, daß Goorialla verschwunden war, suchten sie die Umgebung ab und stießen auf Spuren. Goorangi der Emu sagte: »Goorialla hat die Bil-bil-Brüder verschluckt. Wir müssen ihr folgen und die beiden zurückholen.« Alle setzten Goorialla nach, bis sie am Fuß des großen Berges anlangten.

Jeder versuchte, den Berg hochzusteigen – der alte Emu, der Brolga-Kranich, das Buschhuhn, die Wasserschildkröte, die Beutelratte, der Barramundi –, aber alle fielen sie wieder herunter. Da kamen zwei Baumwarane, die Wangu-Männer, des Wegs. Goorangi sprach sie an: »Wir kommen den Berg nicht hoch. Könnt ihr es versuchen und die Bil-bil-Brüder retten?«

»Das können wir tun, aber es wird großen Ärger geben. Goorialla wird sehr zornig sein. Also geht alle weg, entfernt euch und verwandelt euch in Vögel, Landtiere und andere Lebewesen.«

Alle Leute rannten weg. Die Wangu-Männer fanden einen weißen Quarz, aus dem sie für jeden ein Messer herstellten. Dann kletterten sie den Berg empor, immer weiter, immer höher. Endlich erreichten sie die Bergspitze und sahen dort Goorialla in tiefem Schlaf; sie schnarchte. Die Wangu-Männer schlichen sich an Goorialla heran. »Du schneidest sie auf dieser Seite auf«, sagte der ältere Bruder, »und ich werde sie auf der anderen Seite aufschlitzen.«

So schnitten sie Goorialla vom Hals bis zur Schwanzspitze auf und entdeckten die Bil-bil-Brüder. Sie hatten sich in Regenbogenloris verwandelt, in ein Männchen und ein Weibchen. Der eine Wangu-Mann sagte: »Es ist alles in Ordnung. Ihr könnt herauskommen. Ihr seid jetzt Regenbogenloris; ihr habt Flügel und könnt wegfliegen.« Die Bil-bil flatterten davon, und die Wangu-Männer kletterten den Berg hinab. Dann rannten sie schnell weg, um sich den anderen anzuschließen, und verwandelten sich in Baumwarane.

Goorialla schlief und schnarchte weiter. Da erhob sich ein kalter Wind; er blies ihr in den leeren Magen und weckte sie auf. Sie schaute umher und sagte: »Irgend etwas stimmt mit mir nicht. Irgend jemand hat mich aufgeschnitten und mein Abendessen weggenommen.« Sie geriet in fürchterliche Wut, brüllte und schlug um sich. Sie zerriß den großen Berg in Stücke und schleuderte die Steinbrocken über das ganze Land. Aus den Felsblöcken dieses Gebirges entstanden die Hügel und Bergketten, wie wir sie heute kennen, und wo einst der erste Berg emporragte, ist nur noch eine kleine Erhebung übriggeblieben.

Goorialla war anschließend zum Meer in der Nähe der Barrow-Landspitze hinabgekrochen. Sie ging ins Meer und blieb dort. Wenn jemand versucht, diese Stelle mit einem Boot zu überqueren, wirkt die alte Goorialla wie ein Magnet und zieht ihn unter Wasser. Die Sternschnuppe ist das Auge von Goorialla, mit dem sie alles überwacht.

Der Mond stand nun hoch am Himmel, und wir beobachteten, wie die Flughunde auf das Wasserloch herabstießen, über die Oberfläche des Tümpels glitten und Wasser mit dem Flügel schöpften. Dies sei die Zeit, sagte George, in der Narwul das Süßwasserkrokodil seinen Anteil an saftigem Flughundfleisch ergatterte, denn dann lag es lauernd, nur mit den Augenwülsten über dem Wasser, und schnappte sich einen unglücklichen Flatterer. George schlug vor, daß wir am nächsten Tag ein Gewehr mitnehmen sollten, da wir an der Kolonie der Flughunde vorbeikämen. Als wir uns zum Schlafen niederlegten, trug eine schwache Brise das wehklagende Geheul der Brachvögel zu uns herüber. George sagte, diese Vögel stellten den herumirrenden Geistern ungeborener Kinder nach. Der Name des Vogels sei Nuyumul, und morgen abend wolle er uns die Geschichte erzählen, wie Nuyumul und Algarumba der Beuteldachs zum ersten Mal Feuerhölzer ins Land brachten.

Man braucht keinen Wecker, wenn man sein Lager am Laura-Fluß aufschlägt. Mit dem ersten Dämmerlicht setzt ein Durcheinander von Vogelrufen ein, die den Schläfer auch aus dem tiefsten Schlummer reißen. Der blaugeflügelte Kookaburra eröffnet das Spektakel mit lauten, heiseren Glucksern, und dann folgt sein etwas musikalischerer Verwandter, der Lachende Hans. Ihr Geschepper weckt die Honigesser und das ganze kleinere Vogelvolk, und innerhalb weniger Minuten pulsiert die Morgenluft von den verschiedensten Vogelstimmen. Kakadus mit schwefelfarbener Brust krächzen von den Baumwipfeln, und Scharen von Regenbogenloris schießen leuchtend über den Himmel. Bei ihrem kreischenden Eifer käme man sich im Bett wie ein Faulpelz vor.

Harry blieb am Fluß, um auf das Lager achtzugeben und im Schatten ein wenig zu dösen, während George, Willy und ich uns aufmachten, um ein Gebiet zwölf Kilometer weiter östlich zu erkunden, das mir zuvor bei einem Überflug aufgefallen war. Es handelte sich um ein niedriges Sandsteinplateau, das mit Eukalyptuswäldern bewachsen war. Ein alter Pfad aus den Goldgräbertagen führte direkt an dem Plateau entlang, und wir rumpelten mit unserem Wagen langsam zwischen den Bäumen vorwärts. Nach etwa sechs Kilometern erreichten wir die Flughundkolonie. Eine beständig fließende Quelle versorgte ein winziges, von wilden Weinreben bestandenes Fleckchen, und die hohen Bäume ringsum hingen voll mit Girlanden aus tausenden früchtefressender Flughunde. Es waren Angehörige der kleineren Art, Graukopf-Flughunde mit lohfarbenem Mantel um Nacken und Hals. Der Platz war, was Geruch und Lärm anging, gleichermaßen unangenehm. Die kopfüber hängenden Tiere kreischten in einem fort und flatterten mit den Flügeln, um sich kühle Luft zuzufächeln. George versicherte mir, daß die Flughunde mit rotem Nackenstreifen sich am besten zum Verzehr eigneten und nicht so übel stanken wie die größeren schwarzen Flughunde. Er freute sich schon auf das abendliche Festmahl.

Als wir weiterfuhren, erzählte George in seinem holprigen Englisch von Joonging dem Flughund: »Is mal'n Mensch gewesen; brachte Leuten bei, wie man Lager baut: Verheiratete in die Mitte, ledige Männer hier, ledige Mädchen dort, getrennt. Die alten Joongings machen's noch immer so.« Willy ergänzte, daß Joonging die Menschen auch darin unterwiesen habe, wie man sich vor schlechtem Wetter schützt. Bei heftigen Regenfällen hängen die Flughunde unter den Wedeln ganz oben in den Schraubenbäumen und brachten die Menschen so auf die Idee, Unterstände aus ähnlichen Materialien zu bauen. George beschrieb, wie die Muttertiere ihre Kleinen transportierten: Die Neugeborenen wurden auf der Bauchseite befördert, wo sie sich an einer Zitze festsaugten; waren sie älter, klammerten sie sich am Rücken fest. Wenn sich die weiblichen Tiere zwischen Blüten oder Früchten niederließen, schwangen sich die Kleinen selbständig von Zweig zu Zweig; wenn die erwachsenen Flughunde weiterwollten, pfiffen sie die Jungtiere zu sich zurück.

Die letzten drei Kilometer mußten wir zu Fuß zurücklegen. Da es bereits heiß war, ließ ich George und Willy vorangehen, damit sie das Tempo bestimmen konnten. Als wir schließlich auf dem Plateau angelangt waren und die haushohen Sandsteinblöcke sahen, die Felsdächer enthielten, wußte ich, daß wir es wieder einmal gut getroffen hatten. Die Galerien waren zwar nicht besonders geräumig oder ausgiebig bemalt, aber sie bargen einige außerordentlich feine Figuren, darunter einen sehr großen Dingo und zwei Schnabeligel in Lebensgröße. Ich hatte bereits mein Zeichengitter aufgestellt und fertigte gerade maßstabsgerechte Kopien an, als George und Willy eintrafen.

Dem armen alten George, der etwas korpulent war, machte die Hitze zu schaffen, aber dem langgewachsenen, mageren und würdevoll einherschreitenden Willy schien sie nichts anzuhaben. Frühere Besucher hatten Matten aus Papierrinde zurückgelassen, die den harten Felsboden etwas abfederten; die alten Männer nahmen auf ihnen Platz und studierten die Malereien, während ich sie abzeichnete. George nannte den Schnabeligel Bulinmore und sagte, es sei ein besonders heiliges Tier, dessen saftiges Fleisch nur die Vorfahren essen durften. Ich fragte George, ob es mit dem Schnabeligel eine bestimmte Bewandtnis auf sich habe, und nach einigem Überlegen erzählte er die folgende Geschichte:

> Als die Leute bei Wahwingee lagerten, einem Wasserloch am nördlichen Abschnitt des Palmer-Flusses, begaben sich alle in den Busch, um Honig zu suchen. Bulinmore der Schnabeligel entdeckte einen Bienenstock in einem hohlen Baumstamm. Da er kein Steinbeil bei sich hatte, mit dem er den Baum aufschlagen und den Honig herausholen konnte, bat er Gulna den Schwarzen Kakadu, der gerade des Wegs kam, ihm seine Axt auszuleihen. Aber Gulna wollte sie nicht hergeben, weil ein Gesetz zu jener Zeit bestimmte, daß das Steinbeil des Vaters ausschließlich dessen Kindern gehörte und niemandem ausgeliehen werden durfte.
>
> Bulinmore fragte jeden, der vorbeikam, er fragte den Kookaburra, den Brolga-Kranich, den Emu und das Savannenhuhn, wirklich jeden, aber keiner wollte ihm ein Steinbeil geben. Da wurde Bulinmore sehr zornig und ging zu seinem Lager bei Wahwingee zurück. Er begab sich zum Wasserloch und trank so viel Wasser, wie er nur konnte; als fast nichts mehr übrig war, setzte er sich in das Loch und bedeckte das restliche Wasser mit seinem Körper.
>
> Als die Leute von ihren Streifzügen zurückkamen, waren sie sehr durstig, weil sie Honig gegessen hatten. Sie gingen direkt zum Wasserloch und trafen dort Bulinmore, der sich über den Wasserresten breitgemacht hatte. Sie baten ihn um Wasser und sagten: »Komm schon, Bulinmore, gib uns ein bißchen Wasser für unsere durstigen Kinder.« Bulinmore brummte nur und bewegte sich nicht vom Fleck.
>
> Da berieten die Leute miteinander, was sie tun sollten. Sie beschlossen, Bulinmore mit ihren Speeren zu töten. Sie sammelten alle ihre Speere, umringten Bulinmore und warfen Speer um Speer auf ihn, bis er damit ganz gespickt war. Dann zogen sie ihn aus dem Loch heraus, drehten ihn auf den Rücken und schnitten ihn auf. Das Wasser floß in Strömen aus Bulinmore heraus und füllte das Wasserloch wieder auf. Die Leute riefen: »Schuu-uu. Von nun an kann niemand mehr den Zugang zum Wasser verwehren. Das Wasser gehört allen. Schuu-uu. Von nun an werden wir unsere Steinbeile jedem leihen, der sie braucht. Wir werden alles teilen.«

Bulinmores Körper, der vor mir auf der Felswand abgebildet war, bestand aus einem kräftigen roten Ockerton und besaß weiße Konturen. Kurze weiße Streifen über der ganzen Silhouette gaben seine Stacheln an. Sein Kopf war leicht zur Seite gedreht, als wollte er sich vergewissern, daß seine uralte Geschichte auch richtig erzählt wurde. In einem kleinen Felsdach gegenüber schien der Höllenhund Gaiya mit nach vorne gestreckten Ohren und flatterndem buschigem Schwanz die tapferen Würgerkrähen-Brüder unbarmherzig zu verfolgen. Ich fertigte weiter meine maßstabsgerechten Zeichnungen an, während die alten Männer herumstöberten oder im Schatten einnickten. Willy entdeckte in einem engen Felsspalt auf einem Stück Papierrinde eine kleine Beilklinge aus Stein mit geschliffener Kante, ein paar Messerklingen aus behauenem Stein sowie eine Tragetasche aus Gras, die zu Staub zerfiel, als er sie berührte. Wir nannten diesen Platz Scattered Group-Galerien.

Die Nachmittagssonne hatte schon an Kraft verloren, als wir wieder bei der Flughundkolonie ankamen. Ihr unaufhörliches Geplapper schwoll an, als wir unter die vollbeladenen Bäume traten, und es explodierte zu einem kreischenden Tumult, als George beide Läufe in die Menge rotbrauner und schwarzer Leiber abfeuerte. Tote Flughunde prasselten von den Ästen herab, und die weiteren Schüsse gingen in einem Gemisch aus Lärm und umherflatterndem Durcheinander unter. Wir lasen ungefähr fünfzig dieser kleinen Tiere vom Boden auf – genug, um die ganze Siedlung und uns mit einer Mahlzeit zu versorgen. Wir steckten sie gerade in unsere Taschen, als Willy plötzlich aufschrie, sein Bündel mit den Flughunden fallen ließ und mit einer Behendigkeit herumhüpfte, die für einen Mann in seinem Alter erstaunlich war. Ein für tot gehaltener Flughund hatte sich mit seinen scharfen Zähnen in seinem Oberschenkel verbissen. Nur George und ich konnten allerdings die Komik dieser Situation würdigen.

Mir fiel auf, daß das Geschlechtsorgan eines männlichen Flughunds einem beschnittenen Penis auffallend ähnelte. Als ich dies erwähnte, meinte George: »Tja, der alte Joonging is eben mal'n Mensch gewesen.«

In der Siedlung gaben wir die Flughunde in begierige Hände und kehrten dann mit unserem Anteil zum Lager zurück. Ich sammelte Holz, während George und Willy einen Erdofen vorbereiteten, in dem unsere Beute schmoren sollte. Sie hoben eine flache Grube im Sand des Flußbetts aus und legten sie mit großen Kieselsteinen aus. Darauf schichteten sie Holz, in das sie wiederum Steine legten. Als das Feuer heftig brannte, warfen sie die Flughunde in die lodernden Flammen. Fell und Flügel verbrannten in wenigen Minuten, und sie nahmen die geschwärzten Körper zum Abkühlen heraus. Nachdem das Feuer abgebrannt war, kratzten sie die Kohlen aus der Grube und bedeckten die heißen Steine mit einer Schicht aus Eukalyptusblättern. Dann legten sie die Flughunde auf einen ebenen Felsen und zerschlugen ihnen sämtliche Knochen mit großen Steinen. Die Tiere wurden nun auf die Blätter gelegt und mit Papierrindenstücken zugedeckt, dann mit Sand überschüttet. Das Ganze mußte nun ungefähr eine Stunde garen. Ich machte mich in dieser Zeit nützlich und bereitete Teig für Fladenbrote zu, füllte eine Vertiefung im Boden mit glühenden Kohlen aus und buk in diesem Erdofen das Brot. Als alle Vorbereitungen abgeschlossen waren, zogen wir uns aus und tauchten im Wasserloch.

Ich hatte mich die ganze Zeit über gewundert, warum die Knochen der Flughunde vor der Zubereitung in Stücke geschlagen wurden. Es war mir völlig unverständlich, wie das Essen an Qualität gewinnen sollte, wenn im Fleisch lauter Knochensplitter steckten. Ich erkundigte mich bei George, aber der verwies mich an Willy. Von ihm erfuhr ich, daß Joonging in der Traumzeit ein sehr weiser, bedeutender und mächtiger Mann gewesen sei. Man müsse die

Knochen aller Joongings unbedingt brechen, denn dann hätten ihre Geistwesen nachgiebige Gliedmaßen und könnten die Welt der Geister nicht mehr verlassen, um den Menschen Schwierigkeiten zu bereiten.

Die Flughunde mundeten köstlich, obwohl das dunkle Fleisch einen starken Eigengeschmack hatte, der vielleicht von der Ernährung mit Blüten und Früchten herrührte. Ich hatte seit einigen Jahren meine eigene Einstellung zur Buschnahrung: Da ich gerne Austern mag, ist mir alles, was mit Larven oder Insekten zu tun hat, wie eine Auster; im Wasser lebende Tiere – ob es nun Schildkröte, Aal oder Krokodil ist – werden zu Fischen, und alles, was fliegt, wird Wildente. So aß ich also an diesem Abend Wildente mit ungesäuertem Brot und hatte meine Freude an dem Mahl. Anschließend erinnerte ich Willy daran, daß er uns die Legende von Algarumba dem Beuteldachs und Nuyumul dem Brachvogel erzählen wollte.

Algarumba der Beuteldachs und Nuyumul der Brachvogel trafen sich am Mitchell-Fluß, nahe bei der heutigen Koolatah-Rinderfarm, und beschlossen, zusammen weiterzureisen. Nuyumul hatte Feuerhölzer in seiner Tragetasche.

Sie wanderten nach Norden, bis sie an die Stelle kamen, wo Coleman- und Crosbie-Fluß aufeinandertreffen. Hier nahmen sie Gestank wahr. Sie schauten sich um und sahen, daß in einem Kreis von Bäumen Känguruhfleisch aufgehängt war; das Fleisch war roh und begann übel zu riechen. Nuyumul sagte: »Das Fleisch wird schlecht. Wenn die Leute, denen es gehört, zurückkommen, werden sie hungrig sein. Es ist besser, wenn wir es für sie zubereiten.« Er holte seine Feuerhölzer heraus, zerrieb trockenes Gras zu Zunder und drehte seine Feuerstöcke, bis er Feuer hatte. Dann sagte er zum Beuteldachs: »Du gehst hier herum und brätst das Fleisch, und ich tu dasselbe auf meiner Seite.«

Das Lager gehörte den Flughundleuten. Es war in einem Kreis angeordnet: Die Verheirateten wohnten im mittleren Abschnitt, links und rechts von ihnen lebten, voneinander getrennt, die ledigen Männer und Frauen. Das Lager der Flughundleute ist heute noch so aufgebaut, und sie waren es auch, die allen anderen zeigten, wie man ein Lager gehörig einrichtet. Die Flughundleute waren gerade in den Bergen; sie ließen ihre jungen Männer mit den Mädchen verkehren, damit sie Erfahrungen sammeln konnten und sich schließlich verheirateten.

Als die Flughundleute zu ihrem Lager zurückkehrten, sahen sie, wie Beuteldachs und Brachvogel eifrig damit beschäftigt waren, ihr ganzes Fleisch zu braten. Es war fast gar und roch gut. Die Flughundleute sagten: »Schaut, welche Mühe sich die jungen Männer für uns machen. Wir müssen jedem von ihnen ein junges Mädchen zur Belohnung geben.«

»Was sollen wir tun?« fragte der Beuteldachs den Brachvogel. »Sollen etwa wir diese jungen Mädchen jetzt unterweisen?«

Aber der Brachvogel war schüchtern und sagte: »Hier gibt es zu viele Leute; es ist noch taghell, und sie können uns sehen.«

Der Beuteldachs sagte: »Das geht in Ordnung, du wirst schon sehen.«

Also legten sie sich mit den beiden Mädchen nieder. Sobald die Mädchen aber ihre Beine spreizten, quoll aus ihren Körpern eine tiefe Finsternis hervor. Es wurde so dunkel, als ob ein großer Sturm heraufzöge; der Wind blies heftig, und es regnete. Die Flughundleute liefen voller Angst zu ihren Lagerstätten und riefen: »Was ist passiert? Es sollte jetzt nicht dunkel sein.«

Der Beuteldachs sagte zu ihnen: »Macht euch keine Sorgen. Ihr werdet es bald wieder hell haben; ihr werdet den Morgenstern sehen.«

Beuteldachs und Brachvogel brachten ihre Sache mit den beiden Mädchen zu Ende, und im Augenblick schwand die Dunkelheit; es war wie bei einer Sonnenfinsternis. Die Leute kamen wieder aus ihren Hütten heraus. Brachvogel mischte sich unter sie, verteilte an jeden Feuerhölzer und sagte: »Das ist für dich, verheirateter Mann; für dich, Lediger, und für dich, Junge. Jetzt habt ihr Feuer und braucht euch nie mehr vor der Dunkelheit zu ängstigen.«

Da die Flughundleute aber nicht wußten, was sie mit den Feuerhölzern anstellen sollten, sagte Brachvogel: »Schaut mir jetzt genau zu, beobachtet meine Hände.« Als erstes brachte er auf einem der Hölzer eine kleine Vertiefung an; dann schnitt er, von diesem Loch ausgehend, eine Kerbe an der Seite des Stockes, so daß das zerriebene und schwelende Holz herunterrieseln konnte. Er zerkrümelte trockenes Gras, streute es auf ein kleines Stück Rinde auf dem Boden und legte den Stock mit dem Loch auf die Rinde. Nun steckte er den anderen Stock senkrecht in das Loch und hielt den unteren Stock mit seinen Füßen am Boden fest. Er drehte den oberen Stock schnell zwischen seinen Händen hin und her und preßte ihn zugleich gegen den unteren Stock. Die zerriebenen Holzteilchen rieselten die Kerbe hinunter; sie wurden heißer und heißer, bis sie schließlich auf dem trockenen Gras zu glimmen begannen. Brachvogel hob die Rinde mit dem Gras vom Boden auf und fächelte Luft zu, bis die erste Flamme züngelte.

Seit dieser Zeit hat der Mensch immer Feuer, um sein Essen zuzubereiten und sich bei Nacht mit Licht und Wärme zu versorgen.

Wir brauchten in dieser Nacht gewiß kein Feuer, um uns zu wärmen, und der gelbschimmernde Mond sorgte für genügend Helligkeit. Aber ein Feuer ist der Mittelpunkt eines jeden Lagers und verschafft dem Einsamen Gefährten. Für den frühen Menschen begann das gesellige Leben in der Nacht vermutlich zu dem Zeitpunkt, als er die Kunst beherrschte, Feuer zu erzeugen. Wahrscheinlich war das Feuer schon lange Zeit zuvor in Gebrauch; man hatte es aus Blitzeinschlägen und Vulkanausbrüchen gewonnen, bevor man die Kenntnis erwarb, Feuer nach Bedarf herzustellen. Dann war es keine Katastrophe mehr, wenn bei überraschend einsetzenden Regenfällen und Stürmen das Feuer erlosch.

Die alten Männer erzählten, daß man Feuerhölzer aus vielerlei Bäumen anfertigen könne, auch aus dem Blütenstiel des Grasbaums, der als unterer oder weiblicher Stock verwendet wurde. Am gebräuchlichsten war jedoch der »Streichholz«- oder »Feuerholz«-Baum, und dies dürfte auch der Grund sein, warum gerade dieser Baum bei den Begräbnisriten in ganz Nordaustralien eine so bedeutende Rolle spielte. Ein Baum, mit dessen Holz man so leicht ein Feuer entfachen konnte, mußte auch die Geister der Toten zu neuem Leben erwecken können.

Es war immer noch zu heiß zum Schlafen, und so bat ich Willy, uns die Olcula-Version der Dingolegende zu erzählen. An ihm war einst die *bora*-Zeremonie vollzogen worden, in welcher dem Dingo eine zentrale Bedeutung zukam und die Bestandteil der Dingo-Traumstraße war.

Die Eule mit dem weißen Gesicht und der Rote Kuckuckskauz waren Brüder. Sie wanderten gemeinsam nach Norden und überquerten den Mitchell-Fluß an der Furt nahe bei der heutigen Koolatah-Rinderfarm. Sie setzten ihre Reise nach Norden weitere drei Tage lang fort und ernährten sich von Menschen, die sie jagten und töteten. In der Nähe des Palmer-Flusses stießen die Eulenbrüder auf eine Lagerstätte, die vor kurzer Zeit verlassen worden sein mußte, denn die Asche an den Feuerstellen war noch warm. Sie hielten nach Spuren Ausschau und folgten ihnen, bis sie einen jungen Mann stellten. Es war Alpudda der Spornkuckuck; er sah so appetitlich und feist aus, daß ihn die Eulenmänner mit ihren Speeren töteten.

Die Eulenmänner hatten zwei junge Eulenmädchen, die fürs Kochen zuständig waren. Die Mädchen schnitten Rinde und fertigten daraus Gefäße, in denen sie Alpudda zubereiteten. Sie zerlegten ihn, warfen die Fleischstücke in die Behälter aus Rinde, gossen Wasser hinein und fügten heiße Steine hinzu. Dann reihten sie rundherum weitere heiße Steine auf, bedeckten sie mit großen Streifen Papierrinde und schütteten Sand darüber.

Als das Fleisch gar war, kratzten die Mädchen den Sand weg, entfernten die Rinde und nahmen die Gefäße heraus. Das Fleisch schwamm in der Suppe, und daher machten sich die Eulenleute Knäuel aus dünnem Gras, setzten sich im Kreis hin und tunkten die Suppe auf. Das Fleisch hängten sie für den nächsten Tag in einen Baum.

Etwas weiter am Fluß entlang lebte eine alte Frau. Die Eulenmänner gingen zu ihr hin und schlugen dort ihr Lager auf. Die alte Frau besaß einen riesigen Hund; er war so groß wie ein Ochse und hatte ein kleines Junges.

Alle Eulenleute gingen auf Jagd, um noch mehr Menschen zu erbeuten. Sie entdeckten ein Lager mit Feuerstellen und Rindenresten. Die alte Frau setzte ihren Hund auf die Spuren der Männer an, die hier gelagert hatten; er fing einen von ihnen und biß ihn tot. Die anderen Männer rannten weg und schrien »yackai, yackai, yackai«.

Der junge Dingo stöberte zwei Männer in einem anderen Lager auf; es waren Jimbal der Baumwaran und Andidjeri der Gleitbeutler. Jimbal versetzte dem Welpen einen heftigen Tritt, so daß er sich überschlug und sich heulend davonmachte.

Jimbal und Andidjeri wußten nur zu gut, daß der kleine Dingo bald in Begleitung des Riesenhundes zurückkommen würde. Sie beschlossen daher, einen Morast zu machen, in dem der große Hund steckenblieb, so daß sie ihn mit ihren Speeren erlegen konnten. Sie nahmen einen magischen Quarz und beschwörten den Regen, indem sie im Kreis herumliefen. Als der Regen kam, traten sie in diesen Kreis und bohrten ihre Speere in den Boden, so daß er weich und morastig wurde. Als der Sumpf fertig war, übten sich Jimbal und Andidjeri im Kampf und heckten Pläne aus, wie sie den Riesenhund angreifen und töten könnten. Andidjeri sagte: »Wir werden beide unsere Speere auf ihn werfen, und dann springe ich ihm auf den Rücken und schlage ihm mit meiner großen Axt den Schädel ein. Wirf keine Speere mehr, wenn ich auf ihn springe.«

Die Männer hörten den Hund schon, als er noch weit entfernt war; er heulte, als er sich in Sprüngen näherte. Jimbal und Andidjeri standen auf der anderen Seite des Sumpfes und warteten. Der gräßliche Hund erschien auf einem Hügel, sah die Männer und stürzte auf sie zu, geriet aber in den Morast und blieb darin stecken. Die beiden Männer schleuderten ihre Speere auf ihn, und dann sprang Andidjeri auf seinen Rücken und erschlug ihn mit seiner Steinaxt. Sie zogen den Riesenhund aus dem Sumpf, zerlegten ihn in Stücke und verstreuten sie über das ganze Land. Die Fleischstücke verwandelten sich in kleine Dingos, die keine Menschen mehr angriffen. Jedermann hatte nun Dingos, die bei der Jagd behilflich waren.

Jimbal und Andidjeri töteten alle Eulenleute, mit Ausnahme der zwei Mädchen. Sie nahmen sich jeder eines dieser jungen Eulenmädchen und zogen nach Norden, in ihr eigenes Land am Coleman-Fluß.

Nach einem Schlummertrunk aus Rum und Flußwasser legte ich mich nieder und dachte über die Legenden von den riesigen Höllendingos nach. Seit wann war der Dingo in Australien, und welche Menschen hatten die Wasserfahrzeuge gebaut, um ihn hierherzubringen? Waren die ersten Dingos größer als die heutige Spezies? Setzte eine Menschenrasse, die Kannibalen waren, die Dingos zur Jagd auf andere Menschen ein? Verwiesen die alten Frauen, die die Riesenhunde besaßen, auf eine matriarchalische Gesellschaft, oder besagte dies einfach nur, daß Frauen im Unterschied zu Männern Dingos eher zur Jagd verwendeten? Die Dingos konnten nur als vom Menschen gezähmte Tiere auf den Kontinent gekommen sein. Wie lange hatten sie dann aber zuvor in freier Wildbahn gelebt?

Am nächsten Morgen war der Himmel bewölkt. George hatte mir früher einmal von einer aufsehenerregenden Galerie erzählt, die er als junger Mann besucht hatte. Sie war das Beste, was er je gesehen hatte. Seinen Ausführungen zufolge war sie sehr lang und so hoch, daß man auf ihrer ganzen Länge auf einem Pferd hindurchreiten konnte. Die Rückwand war vom Boden bis zum Gewölbe mit Malereien bedeckt. Seiner Meinung nach lag sie an einem Seitenarm des Ginger Creeks, ungefähr fünfzehn Kilometer von uns entfernt.

Wir gingen zum Wasserloch, über das große Papierrindenbäume ihre Schatten warfen, setzten uns bis zum Kinn ins Wasser und redeten über die verlorengegangene Galerie. Harry Mole hatte sie noch nie gesehen, aber schon von ihr gehört. Vor vielen Jahren hatte Harrys Onkel, den man Dingo nannte, am Ginger Creek zusammen mit seiner ersten Frau Maggie sein Lager aufgeschlagen. Als Maggie ihn wegen eines anderen Mannes verließ, beschloß Dingo, sie durch Zauberei zu töten. In einem kleinen Felsdach neben der Hauptgalerie malte er mit weißem Lehm eine Frauenfigur und eine Schlange, die der Frau in die Ferse biß. Während er malte, »sang« er Maggie zu Tode.

Nachdem Maggie wegen des Zaubers gestorben war, wollten ihre Verwandten im Gegenzug Dingo durch Zauberei umbringen. Dies ereignete sich ungefähr zur Zeit der letzten *bora*-Zeremonie, vor etwa fünfzig Jahren. Während der Diskussion, die Harrys Bericht folgte, beklagten die alten Männer lebhaft den Umstand, daß von ihrer Kultur einzig die Relikte zauberischer Tätigkeiten übriggeblieben seien, an denen immer noch Menschen stürben. In den nächsten Wochen zeigten sie mir in den Galerien viele solcher Zauberfiguren, manche in Menschengestalt, andere in Verbindung mit Schlangen und Drachenfischen. Die meisten

Zauberfiguren, Männer wie Frauen, waren einfache monochrome Silhouetten; einige waren feiner gestaltet, und manche trugen aufwendige Verzierungen. Ich fragte George, warum einige der Zauberfiguren mit dem Kopf nach unten abgebildet waren. Er führte aus: »Nun, dieser Mann ist dein Feind – aber du kannst ihn nicht mit dem Speer erledigen, weil er ein zu guter Kämpfer ist. Also besorgst du es ihm auf diese Weise. Kopfüber stehende Figuren bedeuten, daß die entsprechenden Personen in dieser Haltung begraben werden, und das ist das Schlimmste, was einem zustoßen kann. Denn das heißt, daß sich der Geist des Toten nicht aus der Erde befreien kann, um nach Woolunda, das Gefilde der Verstorbenen, zu gelangen. Aus diesem Grund werden die Menschen in sitzender Haltung begraben, damit ihr Geist aus der unmittelbar unter der Erdoberfläche befindlichen Nase entweichen und seine Reise antreten kann.«

Auf vielen Zauberfiguren befanden sich Handnegative und andere Hinzufügungen wie Speere mit Widerhaken, die die Körper durchbohrten, wobei weitere Widerhaken später in verschiedenen Farbschattierungen hinzugemalt worden waren, um die magische Wirkung zu erneuern. Eine dunkelrote Männerfigur wies überall Schlagspuren auf, die von einem scharfkantigen Gegenstand – vermutlich einer Speerspitze – herrührten. Es gab offenkundig zwei Kategorien von Zauberfiguren. Der eine, häufig vorkommende Darstellungstypus bestand aus meist lebensgroßen Menschenbildern, die an Siedlungsplätzen allen Blicken preisgegeben waren; hier wurden die Angehörigen eines anderen Klans »besungen«. Die zweite Figurengruppe war dagegen insgeheim an entlegenen und verborgenen Stellen angebracht worden; hier handelte es sich um Vergeltungszauber mit Tötungsabsicht gegen Mitglieder des eigenen Klans.

Wir sprachen auch über einige Figuren in den Split Rock-Galerien, und Harry meinte, daß dies nicht der Hauptsiedlungsplatz in der jüngeren Vergangenheit gewesen sei. Die alten Myalls hatten ihm erzählt, daß sich ihr wichtigster Aufenthaltsort oben auf dem Plateau befunden hätte, etwa zwei Kilometer westlich von Split Rock, denn dieser entlegene Platz war für die berittene Schwarze Polizei unzugänglich.

Da die Hitzewelle den alten Männern sehr zusetzte, beschloß ich, das Gebiet am nächsten Tag allein zu erkunden. Die Sonne war untergegangen, und wir wollten gerade aus dem Wasser steigen, als Willy sagte: »Seht, dort ist meine Frau!« Ich konnte weit und breit keine Frau sehen und wußte außerdem, daß Willys Frau schon seit vielen Jahren tot war. Aber es dämmerte mir langsam, als Willy mit seinem Kinn zu zwei kleinen, rotfüßigen Flußuferläufern hinüberzeigte, die eben am Wasserloch angekommen waren. Dieser Vogel war eines der Totemtiere seiner verstorbenen Frau gewesen, und jetzt war ihr Vogelgeist eingetroffen, um ihn im Auge zu behalten. Als die Vögel über unsere Köpfe hinwegflogen, tauchte Willy unter, kam erst nach einiger Zeit wieder hoch und sagte: »Ich muß heute nacht auf der Hut sein, sonst macht sie in nullkommanichts Hackfleisch aus mir.« Die Geister der Verstorbenen können den Lebenden grundsätzlich Leid zufügen, und ich bemerkte, daß Willy alle Tabus, die mit dem Tod seiner Frau zusammenhingen, stets peinlich genau beachtete, beispielsweise das ihm auferlegte Verbot, Känguruhfleisch oder Barramundi zu essen.

Am nächsten Tag ließ ich die drei alten Männer zur Erholung im Lager zurück und machte mich allein auf die Suche nach dem Flüchtlingslager oben auf dem Plateau. Die Sonne verursachte mir eine wahre Höllenpein, als ich zwischen den rosafarbenen Sandsteinfelsen emporkletterte. Oben angekommen, ging es leichter voran, denn hier wuchs ein offener Wald aus Eukalyptus- und Grasbäumen, und eine leichte Brise machte die Hitze erträglicher. Weit unten zeigte, nach Norden hin, eine sich durch die graugrüne Fläche aus Eukalyptusbäumen windende dunkelgrüne Linie den Verlauf des Laura-Flusses an, der nun allerdings nur aus einigen tümpelartigen Wasserlöchern bestand. Kleine Scharen schwarzer Kakadus knabberten an den Nüssen des Blutbaums, und ihre grellen, schaurigen Schreie warnten das Felskänguruh, daß sich ein Mensch näherte. Ich hatte damit gerechnet, auf dem Plateau große Sandsteinblöcke anzutreffen. Aber dies war erst der Fall, als ich plötzlich in ein Gebiet kam, wo die obere Sandsteinschicht aufgesprungen und in gewaltige Stücke auseinandergebrochen war, die jetzt zehn Meter unterhalb des Plateaus auf einer Felsterrasse lagen. Ein steil abfallender Spalt führte dorthin; ich rutschte ihn hinunter und trat in eine Mondlandschaft aus bunt durcheinandergewürfelten Felsblöcken ein, die von Wind und Wetter tief zerfurcht waren.

Ich schaute in eine kleine Höhle, die wie ein Iglu aussah, und entdeckte viele rote Handnegative auf den Wänden und dem Gewölbe. Einige waren sehr verblichen; Siedlungsreste gab es keine. Um die Ecke neigte sich eine hohe Sandsteinwand nach vorne und bot so Schutz für eine Vielzahl von Negativabdrücken – von Händen, Füßen, Waffen, Steinbeilen und anderen Geräten. Sie waren alle auf den unteren zwei Metern der Wand angebracht worden und deutlich von einer Gruppe mit Handnegativen abgesondert, die sich etwa zehn Meter über dem Bodenniveau befand. Offenkundig hatte hier einst ein Baum nahe bei der Steilwand gestanden, aber von ihm war keine Spur mehr übriggeblieben.

Einige Fußnegative stammten von kleinen Kindern; ihre Eltern müssen sie hochgehoben, ihren Fuß gegen die Felswand gedrückt und dann mit dem Mund roten Ocker versprüht haben. Auch der Abdruck einer Echse mit rundem Kopf war zu sehen, und ich stellte mir vor, welchen Widerwillen sie wohl empfunden haben mußte, als man sie mit rotem Ocker bespuckte. Bei einigen Handnegativen fehlten ein oder zwei Finger, die auch umgeknickt worden sein konnten. Dies erschien mir sogar wahrscheinlicher, da bei keiner der Handdarstellungen nur das obere Fingerglied fehlte. Die alten Männer hatten mir erzählt, die Handnegative bedeuteten soviel wie »seinen Namen auf der Wand zu hinterlassen«, und vielleicht erleichterten die unvollständigen Handabdrücke das Wiedererkennen in späteren Zeiten.

Ich fand sieben weitere Galerien, die jeweils zwanzig bis dreißig Figuren enthielten, wobei die Menschendarstellungen überwogen. Die Malereien schienen entweder sehr alt oder recht jung zu sein. Es lag demnach die Vermutung nahe, daß eine ehemals unregelmäßig besuchte Stätte vor nicht allzulanger Zeit plötzlich von vielen Menschen aufgesucht worden war. Harrys Behauptung, dies sei eines der Hauptlager der Gugu-Yalanji zu Beginn der europäischen Invasion gewesen, schien also richtig zu sein. An diesem Platz sprudelte eine kleine Quelle, und die wenigen, von oben mühelos zu erkennenden steilen Zugänge gaben die Gewähr, daß dieser Ort vor Überraschungsangriffen der berittenen Schwarzen Polizei sicher war.

Die älteren Malereien waren hauptsächlich in dunkelroten Ockerfarben ausgeführt worden. Die Überreste einer großen zweifarbigen Schlange und einiger verblichener Menschenfiguren schienen zeremoniellen Ursprungs zu sein. Die neueren Figuren waren cremefarben oder bestanden aus hellgelbem Lehm; sie waren eher säkularer Natur und dienten vielleicht der Beschwörung, der Liebesmagie oder dem Jagdzauber. Die am weitesten westlich gelegene Galerie war von der Hauptgruppe isoliert und schien eine Zeremonialstätte aus der jüngeren Vergangenheit zu sein; vielleicht hatte man sie während der letzten Besiedlungsphase ausgestaltet. Sie enthielt lediglich vier Figuren in derselben Ausführung, mit dunkelrotem Ocker, weißer Umrißzeichnung und Streifen auf der Körperfläche. Eine ungefähr einen Meter große Männerfigur, vermutlich ein Ahnwesen, trug ein Stirnband und hatte gedehnte Ohrläppchen.

Die anderen drei Malereien stellten Vögel dar: zwei waren eindeutig als Buschhühner zu erkennen, während der dritte Vogel entweder ein unvollständiges Buschhuhn mit fehlendem Schwanzgefieder oder ein Emu war.

Als ich unter dem Felsdach hervortrat, erschreckte mich ein großer schwarzer Vogel, der aus dem Unterholz aufstob und geräuschvoll über meinen Kopf hinwegflatterte – es war ein Buschhuhn.

Am nächsten Tag war es kühler, und ich kehrte in Begleitung von George und Willy zu den Galerien zurück. Wir hatten unsere Ausrüstung, Essen und Trinkwasser sowie das Zeichengerät mitgebracht, denn ich wollte hier einige Tage verbringen, um Kopien von den Malereien anzufertigen. Die beiden erklärten mir einige Figuren; wie vermutet, stand ein Teil von ihnen mit zauberischer Beschwörung und Liebesmagie in Zusammenhang. Eine andere Darstellung wurde als Rindenkorb für die sterblichen Überreste identifiziert, in dem man die Knochen Verstorbener für das zweite Begräbnis aufbewahrte. Ein Negativ entpuppte sich als Abdruck eines Beiles, dessen Klinge aus einem Hufeisen bestand. Willy erzählte, daß ein zufällig gefundenes Hufeisen für die Aborigines geradezu einem Schatz gleichkam. Sie zerbrachen es in zwei Hälften, indem sie es gegen Sandstein scheuerten, und stellten damit zwei Stahläxte her. Am nächsten Tag fand er tatsächlich die verrostete Hälfte eines Hufeisens unter einem Felsdach; der hölzerne Schaft war von Termiten gefressen worden.

Allmählich versanken die Galerien im Dunkel der hereinbrechenden Nacht, und damit brach die Stunde der Quinkins an, die George und Willy schwer zusetzten. Ihre dünnen, abgemagerten Körper glitten lautlos aus den Löchern und Spalten im Fels und ließen sich am Rand des Feuerscheins nieder – stille, drohende Gestalten, die von den alten Männern heimlich beobachtet wurden. Sie ermutigten sich allerdings gegenseitig, und meine Anwesenheit beruhigte sie, so daß wir in der heißen Nacht leise weiterredeten.

Eine Galerie enthielt mehrere paarweise angeordnete Känguruhspuren; sie erinnerten mich an ähnliche Zeichen, die in das felsige Bett des Laura-Flusses eingraviert waren. Der alte Jerry Shepherd, ehemals Spurenleser der Polizei, meinte, mit diesen Spuren sollte »den jungen Männern beigebracht werden, wie man den Känguruhfuß mit einem Bannfluch belegt«. Jerry sagte, er wisse nicht, wie man »das Känguruh beschwört«, aber Willy wußte Bescheid. Er hatte es früher abgelehnt, die Beschwörungsformel auszusprechen – wahrscheinlich weil uninitiierte junge Männer anwesend waren –, aber jetzt war er dazu bereit. Er führte aus, daß nur die roten und grauen Känguruhs auf diese Weise gejagt würden, da sie in Herden lebten. Das Rote Riesenkänguruh der Kap York-Halbinsel wird auch Antilopen-Wallaroo genannt, da das Fell bei den männlichen Tieren dieser Art rötlich gefärbt ist. Diese großen Bergkänguruhs oder Wallaroos leben einzeln oder in Paaren und werden mit Dingos gejagt. Das agile Wallaby, eine kleinere Känguruhart, wird mit gezielt angelegten Bränden gehetzt. Diese Jagdform ist zugleich jedoch eine Art Tierhaltung mit Feuerhölzern, denn durch das Abbrennen einzelner verdorrter Grasflächen wächst grünes Gras für die Känguruhs und anderen Tiere nach. Die Känguruhs waren offenkundig eine Fleischreserve in der Regenzeit, denn Willy sagte, sie würden nur zu dieser Jahreszeit erlegt. Wenn die Regenfälle für eine Weile aussetzten, brachen die Männer zur Jagd auf.

Die Männer schwärmen in alle Richtungen aus, bis sie auf eine Herde von Känguruhs stoßen. Schön, da sind sie also. Ein Mann hebt einen Holzstock vom Boden auf und folgt den Spuren des größten männlichen Känguruhs. Er schwenkt seinen Stock über diese Spuren, hin und her, und singt dabei laut: »Wonk, wonk, wonk, millard. Wonk, wonk, amirrid. Wonk, wonk, larrard. Wonk, wonk, atubard, wonk, wonk, togard. Wonk, wonk, anitumid. Wonk, wonk, gebard. Wonk, wonk, oridard!«

Der Jäger schwingt seinen Stock weiter und singt: »Ich banne dein Auge, wonk, wonk, deinen Hals, wonk, wonk, dein Ohr, wonk, wonk, deine Schulter, wonk, wonk, dein Herz, wonk, wonk, deinen Schwanz, wonk, wonk, deinen Fuß.«

Dann wird das Känguruh einen gewaltigen Sprung zur Seite machen und in eine andere Richtung fliehen. Die anderen Männer schwärmen in Halbkreisen aus, bis sie wieder auf die Spuren des Känguruhs stoßen. »Da ist es! Wonk, wonk, millard. Wonk, wonk, amirrid.« Das Känguruh kann nicht mehr viel weiter, vielleicht noch eine halbe Meile, und dann beginnt es wie ein Betrunkener zu schwanken. Man braucht es nicht mit dem Speer zu erlegen, das ist gar nicht nötig. Man geht einfach hin, erschlägt es mit dem Stock und schleppt es ins Lager.

Nur die roten und grauen Känguruhs werden, wie erwähnt, mit diesem Bannfluch zur Strecke gebracht, nicht aber der Emu oder anderes Jagdwild, die alle mit dem Speer erlegt werden. Die alten Männer konnten nicht zufriedenstellend erklären, warum dieses »Besingen« das Känguruh schwächt, aber sie waren felsenfest davon überzeugt, daß die Methode funktionierte. Vielleicht bewirkt die gnadenlose Verfolgung in Verbindung mit den monotonen »wonk wonk«-Rufen, denen man sich nicht durch Sprünge entziehen kann, daß das gehetzte Känguruh seine hoffnungslose Lage spürt und von Furcht gelähmt wird. Die Känguruhs sind vermutlich seit vielen Jahrtausenden so gejagt worden, so daß mittlerweile selbst sie die Spielregeln kennen.

Die Dingos praktizieren dieselbe Technik des unerbittlichen Nachsetzens: Sie suchen sich ein einzelnes Tier aus, und wenn das Wallaby dann panisch durch eine Gruppe von Artgenossen springt, die der Jagd zuschauen, heftet sich der Dingo ausschließlich an sein auserwähltes Opfer, für das es meist kein Entkommen gibt. Die anderen Wallabys, die das Treiben beobachten, scheinen sich absolut sicher zu sein, daß ihnen keine Gefahr droht: Der Dingo hat seine Beute auserkoren, und dabei bleibt es.

Wir redeten noch lange weiter, bis Gidja der Mondmann sein schimmerndes Licht durch die Blutbäume sandte, den schweigenden Busch in silbrigen Glanz tauchte und die auf der Lauer liegenden Quinkins verscheuchte. Jetzt konnten wir uns zur Ruhe legen und unbesorgt schlafen. Aber George und Willy fachten das Feuer immer wieder an – für alle Fälle.

Nachdem wir unsere Angelegenheiten im Hauptlager der Gugu-Yalanji geregelt hatten, verbrachte ich die nächsten Tage am Mushroom Rock und in den Galerien des Mingaroo-Hügels, um Abzeichnungen anzufertigen. Ich arbeitete dort von den frühen Morgenstunden bis zum späten Nachmittag, um bei der schlimmsten Hitze nicht unterwegs sein zu müssen. Wir statteten der Flughundkolonie weitere Besuche ab, und Willy erlegte zu alledem ein Wallaby und ein Savannenhuhn, so daß für Georges »hartes Buschfutter« gesorgt war.

Als ich eines Morgens zu unserem Wasserloch hinunterging, sah ich dort eine tote Kuh treiben. Das Tier war, von Hunger und Durst geschwächt, im Morast steckengeblieben und langsam verendet. Außerdem planschten dort drei feiste schwarze Enten sorglos im Morgengrauen. Ich sagte Willy Bescheid, der sein Gewehr nahm und im hohen trockenen Ufergras verschwand. Zwei Minuten später hatte er die drei zur Strecke gebracht. Da wir wegen des Tierkadavers ein anderes Wasserloch aufsuchen mußten, packten wir unsere Sachen und gingen ungefähr fünfzehn Kilometer flußaufwärts, näher an die Stelle, wo ich meine Arbeit fortsetzen wollte. Unser neues Wasserloch war kleiner und tiefer als das vorige, aber zu unserer großen Freude tummelten sich dort Fische und andere Wasserbewohner. Am Abend rösteten wir die Wildenten überm Feuer und beschlossen, einen Ruhetag einzulegen, den wir mit Fischfang verbringen wollten.

Am nächsten Morgen reparierte Willy sein traditionelles Fischernetz. Es war ein kreisrundes Netz zum Schöpfen, mit einem Durchmesser von einem halben Meter. Es bestand aus Rohrgeflecht, das man mit Pflanzenfasern zusammengebunden hatte. Große blühende Myrten spendeten Schatten, und im Wasserloch lagen einige kleinere hohle Baumstämme, die einen idealen Unterschlupf für die Fische boten. Das Wasser war nicht viel tiefer als einen Meter und vom Schlamm etwas trübe. George sagte, daß die Schützenfische und Brassen den Schlick aufwühlten, um sich vor dem gefräßigen Barramundi zu verbergen. Wir verbrachten einige Stunden ausgelassen damit, die Fische umherzuscheuchen. Wir trieben sie in einer Ecke hinter einem Baumstamm zusammen, aber die Fische sprangen einfach über den Stamm und flüchteten ins offene Wasser zurück. Beim nächsten Versuch stellte sich Willy mit seinem Netz auf der anderen Seite auf, während wir die Fische in die Enge trieben, und tatsächlich landeten diesmal einige bei ihrem Fluchtversuch im Netz. Von den drei oder vier großen Barramundis, die in diesem Wasserloch schwammen, konnte Willy schließlich einen mit dem Speer erlegen. Außerdem fingen wir einen Aal, mehrere Welse, deren Schwanzflosse ähnlich wie bei Aalen gestaltet war, sowie einige Brassen und Schützenfische. Mir bot sich nun die Gelegenheit, manche jener Arten näher zu betrachten, die in den Galerien abgebildet waren. Wir bereiteten sie in einem Erdofen zu, und die in ihrem eigenen Saft gegarten Fische, die zudem einen leichten Geschmack von Rinde und Blättern der Myrten angenommen hatten, mundeten ganz vorzüglich.

Den ganzen Tag über hatten sich Scharen von Regenbogenloris lärmend in den blühenden Papierrindenbäumen gezankt, und da ich beabsichtigte, weitere Berichte mit dem Tonbandgerät aufzunehmen, wollte ich bis zum Sonnenuntergang warten, weil dann das Gekreische verstummt sein würde. Aber ich hatte nicht mit Joonging dem Flughund gerechnet: kaum war das letzte Krächzen der Loris verklungen, als schon der erste Flughund ankam, mit Hunderten von Artgenossen im Gefolge, die unermüdlich umherflatterten, um die Blütenfülle feilschten und mit ihrem Lärmpegel für eine ständige Geräuschkulisse bei meinen Aufnahmen sorgten.

Willy hatte mich zuvor bereits in die Vorstellungswelt der Aborigines eingeführt und mir insbesondere von den Mythen über das Leben nach dem Tod und den damit in Zusammenhang stehenden Zeremonien erzählt. Ich hatte also schon einige Kenntnisse erworben und wollte sie jetzt auf Band festhalten. Nun zeigte Willy zu einem niedrigen buschigen Baum, der bis zu zehn Meter hoch werden konnte. Äußerlich glich er dem hier vorkommenden *kurrajong*, dem Flaschenbaum *Brachychiton* aus der Familie der Sterculiaceae, und wechselte wie dieser jährlich sein Laub. Man nennt ihn Streichholzbaum, weil er sich am besten zur Herstellung von Feuerhölzern eignet. Sein harziges Holz brennt außerordentlich gut und sondert schwarzen, rußigen Rauch ab. Dieser Streichholzbaum (*Erythroxylum ellipticum*) wird von vielen Stämmen der Kap York-Halbinsel als Baum des Lebens und des Todes verehrt. Nach dem Tod, so glaubt man, erhält der Geist des Verstorbenen von diesem Baum neue Kräfte, um durch das »Gute Tor« ins Reich der Toten zu gelangen.

Wenn ein Kind geboren wird, vergräbt die Mutter die Nachgeburt unter einem Streichholzbaum. Sobald das Kind herangewachsen ist und über entsprechende Körperkräfte verfügt, ermutigt man es, auf einen Streichholzbaum zu klettern. Stirbt jemand, so trägt man den Leichnam zur Begräbnisstätte des Klans, die sich gewöhnlich auf einer sandigen Erhebung im Wald befindet. Man bestattet den Leichnam in aufrecht sitzender Haltung, abgestützt und mit ausgerenkten Knien und Ellbogen, den Kopf dicht unter der Bodenoberfläche. Dann reißt man einen kleinen Streichholzbaum aus – der Stamm mißt im Durchmesser etwa fünfzehn bis zwanzig Zentimeter –, entfernt den Wipfel und steckt den rund einen Meter großen Stamm umgekehrt in das Grab. Der Streichholzbaum hat ein flaches, weitverzweigtes Wurzelwerk mit einer großen Pfahlwurzel, die Halt gegen heftige Winde gewährt. Das Wurzelsystem bildet eine Art Plattform, und die Pfahlwurzel zeigt nach Westen, in jene Richtung, wo Woolunda, das Paradies der Aborigines, die Seelen der Dahingeschiedenen erwartet.

Am dritten Tag nach dem Tode tritt der Geist aus den Nasenlöchern des Verstorbenen aus, begibt sich durch das Innere des Baumpfahls zur Wurzelplattform, läßt sich dort nieder und hält Umschau. Er ist noch sehr durcheinander, aber das Durchdringen des magischen Holzes hat ihn mit neuen Kräften ausgestattet. Er bemerkt, daß die Pfahlwurzel nach Westen weist, und nun eilt er im »schnellen und pfeilgeraden Flug einer Wildente« zum »Guten Tor«, der Eingangspforte nach Woolunda. Das Gute Tor wird von einer mächtigen Gottheit bewacht, deren heiliger Name geheim ist und niemals laut ausgesprochen werden darf. Man bezeichnet sie allgemein als Großen Onkel oder »big boss«, der für alle zuständig ist, auch für die Weißen. Er steht in verwandtschaftlicher Beziehung zu den Mutterbrüdern eines jeden Verstorbenen. Nur diejenigen Männer, die die *bora* vollzogen haben – die Initiationszeremonie des Zahnausschlagens –, erhalten die Erlaubnis, durch das Gute Tor zu treten, sofern sie die heiligen Namen wissen.

Über der Eintrittspforte nach Woolunda ist ein Baumstamm in der Form eines umgekehrten Ypsilon aufgehängt. Wenn eine Person ohne die Merkmale der *bora*-Initiation ankommt, kracht der Stamm herunter und verwehrt den Zutritt zum Paradies. Der Y-förmige, auf dem Kopf stehende Baumstamm symbolisiert die Schenkel der Mutter; das Passieren des Tores entspricht demnach der Wiedergeburt im Reich von Woolunda. Ohne Unterlaß strömen die Seelen der Toten zum Guten Tor, und der Große Onkel erzählt jedem Ankömmling etwas so unglaublich Witziges, daß der Geist schallend lachen muß und seinen Mund öffnet. Der Große Onkel kann nun »das Loch in seinem Kopf«, den fehlenden Schneidezahn, sehen. Er überprüft auch die Narben auf dem Körper, konzentrische Kreise auf Brust und Unterleib, die den Eingang nach Woolunda symbolisch darstellen. Hat der Verstorbene aus welchen Gründen auch immer die *bora*-Zeremonien umgangen, so wird sein Geist versuchen, mit verschlossenem Mund durchs Gute Tor zu rennen. Aber der Große Onkel läßt den Baumstamm herunterfallen und versperrt den Weg. Die Seele ohne *bora*-Zeichen ist dazu verdammt, für alle Zeiten umherzuirren und »Madenwasser« zu trinken.

Hat die Seele jedoch das Gute Tor durchschritten, erhält sie ein mit Süßwasser gefülltes Rindengefäß zum Trinken und ein Körbchen aus Rinde mit so viel Honig, wie man nur essen kann. Dann schmückt der Große Onkel den Neuankömmling mit Armbändern aus den gelben Blättern des Schraubenbaums, mit einem Kopfputz aus Kakadufedern, aufgereihten Perlen aus gelben Graskügelchen, einem neuen geflochtenen Gürtel, einem Anhänger aus Perlmuttmuschel, bemalt ihn mit weißer Farbe und steckt ihm schließlich den Rippenknochen eines Känguruhs durch die durchbohrte Nasenscheidewand.

Die natürliche Mutter des Neuankömmlings weiß, daß einer der Ihren eingetroffen sein muß, denn ihre Brüste fühlen sich an, als würde sie ein Kleinkind säugen. Wenn die Mutter des Verstorbenen noch lebt, tritt eine Frau, deren Verwandtschaftsverhältnis zu ihr genau bestimmt ist – entweder die Großmutter oder ihre Schwester – an ihre Stelle. Nach der Einkleidung versteckt der Große Onkel die Seele des Ankömmlings unter einem großen Stück Papierrinde und schärft ihm ein, versteckt zu bleiben und keinen Lärm zu machen. Dann führt er die Mutter heran und sagt ihr, sie solle unter der Rinde nachschauen. Wenn die Mutter die Rinde hochhebt, sieht sie allerdings nichts, denn der Geist haftet wie eine Fledermaus an der Unterseite der Rinde. Die Mutter sagt sodann, daß sie nichts entdecken könne, worauf der Große Onkel die Rinde umdreht und der neue Geist sich erhebt, wiedergeboren in den Gefilden von Woolunda. Dann findet eine Begrüßungsfeier zu Ehren des Ankömmlings statt, an die sich ein großes Festmahl anschließt. Während die Teilnehmenden schmausen, kommen junge Mädchen aus allen Richtungen herbei, »von hier und dort und überallher«, und der neue Geist kann so viele von ihnen heiraten, wie er nur möchte. Der Große Onkel hat dem Geistwesen jedoch alle Knochen im Körper gebrochen, so daß er nicht mehr weglaufen kann; er muß von nun an für alle Zeiten in Woolunda bleiben.

Ungefähr ein Jahr nach der Bestattung im Sandhügel werden die Überreste von besonders angesehenen und geliebten Personen wieder ausgegraben. Man säubert die Langknochen und den Schädel und färbt sie mit rotem Ocker; anschließend findet eine rituelle Reinigung über dem qualmenden Feuer statt, das man aus Klötzen vom Streichholzbaum angefacht hat. Dann werden die sterblichen Überreste in einen zylinderförmigen Behälter aus Rinde gelegt. Die Verwandten nehmen den Sarg von Lager zu Lager mit, bis sie ihn schließlich endgültig an einer Begräbnisstätte unter einem Felsdach oder in einem hohlen Baumstamm deponieren.

Willy erzählte auch von seiner *bora*-Zeremonie, bei der man ihm den oberen Schneidezahn entfernt hatte. Einer von den alten Männern, der seinen Daumennagel lang wachsen ließ und schärfte, schob damit das Zahnfleisch hoch, das den betreffenden Zahn bedeckte. Dann nahm er einen kurzen Stock aus Eisenholz, der an einem Ende zugespitzt war, setzte ihn mit der scharfen Kante auf den Zahn und schlug dann mit einem Stein so lange auf den Stock, bis der Zahn herausgebrochen war. Der Initiand mußte seinen Mund geschlossen halten und durfte nicht sprechen, bis die Wunde verheilt war. Zu einem späteren Zeitpunkt benutzte der Alte wiederum seinen Daumennagel, um damit die Nasenscheidewand zu durchbohren. Durch das Loch steckte man einen kräftigen Grasstengel, der hin und her gezogen und gedreht wurde, bis die Wunde vernarbte und der Halm herausfiel. Zur selben Zeit ritzte man auch die Narben mit einem Steinsplitter in den Körper und rieb sie mit Asche ein, damit sich Striemen und Wülste bildeten. Diese Prozedur war etwas einfacher durchzuführen und weniger schmerzhaft, wenn man die Haut der in Frage kommenden Körperpartien mit einer bestimmten langhaarigen Raupenart bearbeitete. Dadurch schwollen diese Körperbereiche stark an, und die Schmerzen wurden gelindert. Diese Raupe findet man im Gras gegen Ende der Regenzeit.

Willy sagte, die Begräbnisstätten seien sehr einfach an den umgekehrt in den Boden gesteckten Stämmen der Streichholzbäume zu erkennen. Sie überdauern so Generationen, weil der Streichholzbaum wie der Eisenholzbaum kein Feuer fängt, wenn das Gras brennt. Wir betraten schließlich einen solchen Friedhof, in dem vierzehn Grabpfähle vom Streichholzbaum immer noch aus dem Boden ragten. Sie verteilten sich über etwa hundert Quadratmeter, und Gruppen aus drei bis fünf Pfosten zeigten offenkundig an, daß es sich hier um Familienbegräbnisse handelte. Sie mußten vor langer Zeit in den Boden gesteckt worden sein, wesentlich früher als die Grabpfähle aus den Zeiten des Palmer-Goldrauschs, die nach wie vor Wind und Wetter trotzten.

Es war äußerst aufschlußreich, daß die Vorstellungen der Aborigines über das Leben nach dem Tod so viele Ähnlichkeiten mit dem Christentum und anderen Religionen aufwiesen. In früheren Unterhaltungen mit Dick und anderen Eingeborenen war uns besonders der allgemein verbreitete Glaube aufgefallen, daß die Seele des Verstorbenen den Körper drei Tage nach dem Tode verlasse. Wir vermuteten seinerzeit, daß dies mit dem Mondzyklus in Zusammenhang stehen könnte, denn in den Mythen der Aborigines spielte der Mond stets dann eine entscheidende Rolle, wenn der Mensch die ihm ursprünglich eigene Unsterblichkeit verlor. Gidja der Mondmann war getötet und in den Himmel geschleudert worden, wo er fortan lebte und jeden Monat starb. Wir beobachteten einen vollen Mondzyklus und warteten ab, wie lange Gidja tot darniederlag, bevor er sich wieder zu neuem Leben erhob. Der Mond wuchs zur runden Scheibe an und nahm dann Nacht für Nacht ab, wurde dünner und dünner, bis er schließlich an einem Donnerstagmorgen direkt über der aufgehenden Sonne wie ein abgemagerter, gebeugter alter Mann daherkam. Am Freitag und Samstag war von Gidja keine Spur zu sehen, aber am Sonntagabend kehrte er zurück, unmittelbar über der untergehenden Sonne. Da die Scheibe über der Sichel kaum wahrnehmbar war, sah er wie eine Kinderwiege aus. Gidja war am dritten Tag wiederauferstanden.

Mit Magie gegen Gewehre

Später im Jahr kehrte ich mit meinem Sohn Matthew zur Woolston-Galerie zurück, um genaue Abzeichnungen anzufertigen und das Gebiet eingehender zu erforschen. In Überflügen hatte ich zwei Kilometer östlich von Woolston vielversprechende riesige Felsblöcke entdeckt, die auf einem Steilhang verstreut waren, und ich war mir nahezu sicher, daß sie bemalte Galerien enthielten. Matt war darauf aus, eine Galerie zu entdecken, die den Fund seines Bruders Stephen an Schönheit übertraf. Wir brauchten vier Stunden, um unser Gepäck und ausreichenden Wasservorrat in die Woolston-Galerie zu schleppen, wo wir uns drei Tage lang aufhalten wollten. Wir stellten den Teekessel aufs Feuer und aßen zu Mittag, dann brachen wir in die unbekannte Region auf.

Es kostete uns große Mühe, am Steilhang durch das Gewirr aus umgestürzten Bäumen, dichtem Unterholz und gewaltigen Felsblöcken voranzukommen. Zwar stießen wir auf Felsdächer, aber sie enthielten kaum Siedlungsreste und lediglich ein paar Handnegative. Wir verloren bereits die Hoffnung, als Matt eine Malerei aus rotem Ocker an der abgerundeten Ecke eines großen Felsdachs entdeckte. Wir kletterten hoch, und zu unserem Entzücken erstreckte sich auf der gesamten Rückwand vor uns ein Defilee großformatiger Figuren. Die auffallendste Darstellung war ein über zwei Meter großer Emu mit roten Konturen und weiß gemalter Innenfläche. Unter ihm waren etliche mehr als lebensgroße Männerfiguren angebracht worden, alle in Horizontallage, dunkelrot ausgemalt, mit weißen Umrißlinien und Strichen auf dem Körper. Unter dem Arm einer jeden Figur war ein länglicher Gegenstand abgebildet; außerdem schienen sie alle Stiefel zu tragen. Sie wirkten noch bedrohlicher als die dunkelroten Menschendarstellungen in der Krokodil-Galerie, und mir kam abermals der Gedanke, daß es mit Gewehren bewaffnete Männer sein könnten, zumal diese Malereien zu den jüngsten Bildern der Galerie zählten.

Ich untersuchte gerade einige dunkelrote Känguruhdarstellungen am südlichen Ende der Galerie, als ich Matts aufgeregte Rufe aus etwa vierzig Metern Entfernung, jenseits einer flachen Senke, hörte. Er hatte eine außerordentlich schöne Galerie mit zahlreichen großformatigen und farbenprächtigen Figuren gefunden, die in Schichten übereinander gemalt waren und in allen Ockertönungen mit roten, gelben und weißen Farbabstufungen erstrahlten. Das Felsdach war nach Osten hin ausgerichtet, und sein zylindrischer Innenraum bot optimalen Schutz gegen Regen, Wind und Sonne. Die Galerie war etwa zwanzig Meter lang und die Rückwand zwei bis drei Meter hoch, dann wölbte sie sich fünf Meter vor und fiel im Außenbereich wieder zum Boden hin ab. Die Malereien erstreckten sich über die gesamte Rückwand; es waren die leuchtendsten Farbbilder, die wir je in einer Galerie auf der Kap York-Halbinsel gesehen hatten.

Wir zählten in der Galerie ungefähr 120 Figuren, fast die Hälfte davon Menschendarstellungen, unter denen sich wiederum einige große und einschüchternde, mit Stiefeln und Gewehren ausgestattete Männer befanden. Des weiteren gab es etliche Känguruhs, eines davon mit einem Jungtier im Beutel, Emus und andere Vögel, Fische, Krokodile, Dingos, Schweine, Negativabdrücke verschiedener Waffen und sogar einen großen, rot und weiß gemalten Käfer. Die beiden Schweinedarstellungen gehörten zur obersten und daher jüngsten Malschicht; die eine, in dunklem Purpurrot gehaltene Abbildung machte einen recht dürftigen Eindruck und war wohl zu einem Zeitpunkt entstanden, als dieses fremdartige Tier erstmals in der Umgebung auftauchte. Das zweite Schwein war dagegen bemerkenswert gut gelungen und ausgeschmückt; sein Körper war mit schöner hellroter Ockerfarbe, die Umrißlinien und Innendekoration mit Weiß gemalt worden. Der Künstler, der diese Darstellung angefertigt hatte, mußte diese Tiere sehr genau beobachtet haben.

In den Berichten der ersten europäischen Entdecker – zum Beispiel von Edmund Kennedy, William Hann und James Mulligan – finden sich keine Hinweise auf Wildschweine. Die eingeborenen Jäger haben mit ihren Dingos vermutlich dafür gesorgt, daß sich deren Zahl in engen Grenzen hielt. Eine Veränderung trat erst ein, als eine weltweite Grippeepidemie im Jahre 1920 die Aborigines auf der Kap York-Halbinsel dezimierte und die überlebenden Stammesangehörigen einige Jahre später zusammengetrieben und in Missionsstationen an der Küste gesteckt wurden. Nun waren nur noch die Dingos übriggeblieben, die den Schweinen nachstellten. Geraldin MacKenzie, eine Missionarin in Aurukun, erwähnt in ihren Aufzeichnungen, daß die Schweine in diesem Gebiet erstmals gegen Ende der zwanziger Jahre auftauchten. Ihrer Ansicht nach waren es die verwilderten Nachkömmlinge einiger Tiere, die etwa fünfzig Jahre zuvor an der Nordspitze der Halbinsel ausgesetzt worden waren. In der Lockhart-Mission beobachtete man zum ersten Mal in den frühen dreißiger Jahren, daß Schweine nach Norden zogen. In ihrem ›Aurukun-Tagebuch‹ beschreibt Geraldine MacKenzie die Ankunft der Wildschweine:

> Eines Tages kam ein älterer Aborigine aufgeregt von der Jagd in einem elf Kilometer nordöstlich von der Missionsstation gelegenen Gebiet zurück. Er erzählte Bill, er sei im Busch auf ein wildes Tier gestoßen, das eine Spur wie ein junges Kalb, mit paarzehigen Hufen, hinterlasse. Es veranstalte einen Lärm, der »etwa so klingt« – und dabei ahmte er unmißverständlich das Grunzen eines Schweines nach. Bill lachte und sagte ihm, das Schwein gebe ein gutes Fleisch ab, er solle es erlegen. Nach und nach taten dies die Leute auch. Sie machten allerdings die Erfahrung, daß sie nicht alleine auf die Jagd gehen durften. Die Wildschweine konnten sehr gefährlich sein, im Unterschied zum furchtsamen, verteidigungsunfähigen Wallaby, das in den Küstenregionen gejagt wurde. Das Fangen, Zähmen und Aufziehen junger Wildschweine war der erste, grundlegende Schritt weg vom ausschließlichen Jägerdasein; wenn die Tiere ausgewachsen waren, stand ein üppiges Festmahl an. Man konnte sehen, wie Männer aus dem Gebiet des Kendall-Flusses, am südlichen Ende des Reservats, zur Missionsstation zogen, ein oder zwei zahme Schweine in ihrem Gefolge, die wie ihre Hunde hinter ihnen hertrotteten.

Vielleicht hatten die Stämme um Cooktown auf ähnliche Weise, nämlich durch Domestikation, verhindert, daß sich die Schweine der Cook-Expedition weiter im Land ausbreiteten. Als Kinder hatten wir ein Schwein, das uns und den Hunden nicht von der Seite wich; offenkundig hielt es sich selbst für einen Hund.

Doch zurück zu unserer farbenprächtigen Galerie. Eine genauere Untersuchung der unmittelbaren Umgebung enthüllte uns bald den Grund, warum die Felsdächer bevorzugte Siedlungsplätze gewesen waren und ihre Wände so zahlreiche Malereien trugen: In der Senke, die beide Felsdächer voneinander trennte, sprudelte eine ständige Quelle. Wir säuberten eine kleine Vertiefung im Boden und labten uns am frischen, kühlen Sandsteinwasser. Diese Quelle gab den Ausschlag dafür, daß ich meine Dokumentationsarbeiten in der Woolston-Galerie auf später verschob und mich ganz auf die neue Entdeckung konzentrierte.

Dick Roughsey und Caesar Le Chu leisteten mir nun Gesellschaft, als ich die Abzeichnungen an den Fundstätten zum Abschluß brachte. Wir hatten Caesar am Palmer-Fluß mitgenommen; dort lebte er zusammen mit seiner Frau und sieben Kindern. Er mochte ein Mittfünfziger sein, war von mittlerer Statur und hatte graue Haare. Obwohl so dunkel wie ein Eingeborener, deuteten sein Name und seine leicht mandelförmigen Augen doch darauf hin, daß sich zu Zeiten des Palmer-Goldrauschs auch Chinesen im Lande aufgehalten hatten. Caesars Stamm waren die Oco-Carnigal; offenbar gehörten sie zu den Gugu-Warra, die einst in der Gegend nordwestlich von Laura lebten. Bei seiner Geburt hatte er den Namen Awanindinbun erhalten; seine Totemtiere waren die Süßwassergarnele und *porgor*, die Eidechse mit dem runden Kopf. Caesar hatte seine ersten zwölf Jahre im Stammesverband verbracht und im zerklüfteten Land des Palmer-Flusses ein traditionelles Leben geführt, das allerdings vorwiegend darin bestand, der Schwarzen Polizei zu entwischen, die seinen Verband einzukreisen versuchte. Es stellte sich heraus, daß er ein energischer, ernsthafter, humorvoller Begleiter und überdies ein großer Erzähler war, der sich in der Wildnis und bei den alten Überlieferungen bestens auskannte.

Auf unserer Fahrt zeigten wir Caesar die dunkelroten Figuren in der Krokodil-Galerie (vgl. Abb. 19). Er identifizierte sie sofort als Angehörige der Schwarzen Polizei, als jene verhaßten »Bullen«, wie die Aborigines in einer Verballhornung des englischen Wortes die Polizisten nannten (das englische »policemen« war in ihrer Sprache zu »bullymen« verschliffen). Als sie später besser Englisch verstanden, waren sie der Ansicht, daß diese Bezeichnung auf jeden Fall den Nagel auf den Kopf traf. Bei den beiden horizontalen männlichen Figuren an der weiter vorn gelegenen Wand handelte es sich ebenfalls um Angehörige dieser Truppe; Caesar erkannte sie wegen der roten Halbovale über ihren Köpfen, die seinen Ausführungen zufolge die spitz zulaufenden Kopfbedeckungen der Schwarzen Polizisten darstellten. Er wies auch darauf hin, daß die fünf Meter lange Schlange mehrmals erneuert worden war; die Linien, die von ihrem Kopf zum Fuß eines der Polizisten verliefen, sollten zum Ausdruck bringen, daß der Polizist am Schlangengift sterben möge. Entlang der Schlange waren sieben weiße Handnegative angebracht worden – die Signaturen der kleinen Guerillagruppe, die der Schwarzen Polizei zusetzte. Caesar erzählte außerdem, daß die Aborigines in ihrer Zeichensprache ein eigenes Signal für die Schwarze Polizei erfunden hatten: Man wölbte die Hand über den Augen, um die spitze Kopfbedeckung anzugeben, und zeigte dann rasch in eine bestimmte Richtung, was soviel bedeutete wie: »Mach dich schleunigst in diese Richtung davon.«

Dick und Caesar waren von der Emu-Galerie sogar noch mehr beeindruckt. Die riesigen, dunkelroten, waagerechten Figuren der Schwarzen Polizisten starrten den Betrachter aus weißen Augen an, und sie verbreiteten eine Atmosphäre glühenden Hasses. Caesar zeigte auf eine klar erkennbare Ausbuchtung am Schenkel einer dieser Figuren und sagte: »Das könnte sein Pistolenhalfter sein. Ich frage mich, wie viele Kinder er wohl mit seinem Revolver erschossen hat.«

Auf die unteren Wandbereiche und den Boden waren Spuren von Emu und Buschhuhn eingraviert worden; ihr Alter war offenkundig beträchtlich, denn sie waren mit einer glänzenden Silikatschicht überzogen, Niederschlag einer langen Zeit. Am nördlichen Ende befand sich auf der Rückwand, erheblich außer Reichweite, eine große, verblichene Malerei; da nur noch Kopf, Schultern und Vorderbeine der Figur zu erkennen waren, blieb unklar, ob es sich um die Darstellung eines Dingos oder eines Känguruhs handelte. Wie waren die Künstler in diese Höhe gelangt, und vor wie vielen Jahrtausenden war dies geschehen? Wie viele Jahrhunderte friedlichen Zusammenlebens waren plötzlich weggefegt durch das ohrenbetäubende Geknatter der Gewehre?

In der Schweine-Galerie identifizierte Caesar vier Figuren als Schwarze Polizisten. Eine davon glich den Darstellungen in der Emu-Galerie, war aber mit dem Kopf nach unten abgebildet (vgl. Abb. 18). Ein Vogel mit langem Hals saß auf dem Arm des Polizisten und pickte in seine Achselhöhle. Der Vogel war mit einem so leidenschaftlichen Haß hingemalt worden, daß die Farbe von seinem Hals heruntergelaufen war. Seitlich neben der auf dem Kopf stehenden Figur war ein khakibrauner, zwei Meter langer Mann in horizontaler Lage abgebildet; er trug, wie alle anderen auch, Stiefel, und seine Arme waren weit ausgebreitet. An seinem Körper entlang konnte man zweifelsfrei den Umriß eines Gewehres erkennen; auf ihm stand ein Vogel mit langen Beinen, der ihn ebenfalls in die Achselgrube pickte. Dick sagte, die alten Leute seines Stammes hätten öfter von einem schwarzen Vogel erzählt, der die Knochen der Toten raubte. Er flog nur nachts, und wenn die Alten seinen Schrei hörten, riefen sie: »Verschwinde, du Miststück von einem schwarzen Dieb; du mußt noch lange warten, bis du meine Knochen kriegst!«

Als Caesar vor einem auf dem Kopf stehenden, dunkelrot gemalten Polizisten stand, sagte er: »Du bist mausetot, Bulle, du fährst kopfüber in die Erde und wirst nie mehr von dort herauskommen – und das ist gut so.«

Wir schlugen unser Lager unter den Blutbäumen vor der Emu-Galerie auf. Jeder von uns verspürte die Beklemmung, die von diesem verwunschenen Ort ausging. Wir fühlten geradezu die Anwesenheit der verzweifelten Menschen, die hierher in ihr Bollwerk geflüchtet waren. Hier schleuderten sie ihre Bannflüche gegen die Eindringlinge, nachdem sich ihr Speere gegen die Gewehre als wirkungslos erwiesen hatten. Die bedrückende Stille, die uns an diesem seit langem aufgegebenen Platz umgab, brachte nachhaltig zum Bewußtsein, daß ihr Schadenszauber auf der ganzen Linie gescheitert war.

In den folgenden Tagen gingen Dick und Caesar auf die Jagd, während ich die Figuren maßstabsgetreu abzeichnete. Einmal brachten sie ein Buschhuhn mit, das sich als eine zwar zähe, aber durchaus schmackhafte Abendmahlzeit erwies. Am nächsten Tag kamen sie mit einem niedlichen kleinen Felskänguruh zurück. Caesar entfernte alle dünnen, langen Sehnen von Schwanz und Hinterbeinen, bevor er die Stücke in einem Erdofen zubereitete. Ich ging davon aus, es schmecke so köstlich wie das flinke Wallaby, aber es war, als ob man auf einem Gummischlauch kaute. Ich schloß daraus, daß man wohl nicht weit käme, wenn man sich ausschließlich von Felskänguruhs ernährte.

Mir war schemenhaft bekannt, daß die Briten den Versuch unternommen hatten, Feindseligkeiten zwischen den Stämmen der Aborigines auszunutzen und zu schüren, um sie allesamt zu unterjochen – so, wie sie es zuvor erfolgreich in Amerika und Afrika praktiziert hatten. Also begab ich mich auf die Suche nach den Ursprüngen und Aktivitäten der Schwarzen Polizei.

Der erste Versuch, eine Truppe aus Einheimischen zusammenzustellen, fiel in das Jahr 1836 oder 1837, unmittelbar nach der Eröffnung des Phillip-Hafens (Port Phillip, später Melbourne). Das Projekt leitete ein Offizier namens De Villiers, aber es führte zu keinen zufriedenstellenden Ergebnissen. So gab man den Plan auf oder hielt ihn vielmehr in der Schwebe, um ihn einige Jahre später wieder aufzugreifen. Die Regierung von Neusüdwales rief die Berittene Polizei, die aus Einheimischen bestand, im Jahre 1842 abermals ins Leben. Ihr oblag die Aufgabe, Straftäter unter den Aborigines zu verfolgen und festzunehmen. Die Wirtschaftskrise in den vierziger Jahren des 19. Jahrhunderts hatte die Schafzüchter in große Schwierigkeiten gestürzt; sie konnten kaum mehr ihren Lebensunterhalt bestreiten und waren außerstande, sich gegen die Übergriffe der Aborigines zur Wehr zu setzen. Man erwartete also von den einheimischen Polizisten, daß sie die Schafzüchter gegen die Angehörigen ihres eigenen Volkes schützten.

Im Jahr 1848 startete ein Sonderkommando der Berittenen Polizei seine ersten Operationen in den nördlichen Distrikten von Neusüdwales, die später, von 1859 an, zum Bundesstaat Queensland gehörten. Die Truppe stand unter dem Befehl von Frederick Walker, der sein erstes Hauptquartier bei Callandoon, ungefähr vierzehn Kilometer westlich von Goondiwindi, einrichtete. Damit hatte man den Siedlern die Möglichkeit verschafft, in kurzer Zeit neue Gebiete in Beschlag zu nehmen, ohne daß ihre Viehbestände größere Verluste zu verzeichnen gehabt hätten. In der Folge rückte die Berittene Polizei zunehmend in den Mittelpunkt öffentlicher Kritik. 1861 nahm eine eigens dafür ins Leben gerufene parlamentarische Kommission von Queensland ihre Ermittlungen gegen die Praktiken der Polizeitruppe auf und befaßte sich zugleich mit den Lebensbedingungen der Aborigines. Man entschied indessen, daß die aus Einheimischen bestehende Berittene Polizei beibehalten werden sollte. Die parlamentarische Kommission führte in ihrem Tätigkeitsbericht von 1861 aus, daß eine Ersetzung dieser Truppe durch weiße Polizeieinheiten die Effizienz des Unternehmens stark beeinträchtigen würde. Seit Bestehen der Truppe seien die Todesfälle und Eigentumsdelikte drastisch zurückgegangen, und jeder Versuch, den Polizeiverband aufzulösen, würde verheerende Resultate zur Folge haben. Wenn man die schwarzen Polizisten durch weiße ersetzte, würden außerdem die Kosten beträchtlich ansteigen. Der Verweis, daß die Aborigines die besseren und billigeren Polizisten waren, war zweifellos eines der gewichtigsten Argumente für die Beibehaltung dieser Truppe.

Am 25. Oktober 1873 traf eine erste Abteilung der Schwarzen Polizei auf der Kap York-Halbinsel ein. Das von der Regierung entsandte Kommando kam auf dem Dampfschiff »Leichhardt« an und war für den Schutz von Howard St. George, Regierungsbevollmächtigter in Goldfragen, sowie einer Gruppe von Straßenbauingenieuren verantwortlich, die unter der Leitung von A. C. MacMillan einen direkten Zugangsweg zu den jüngst entdeckten Goldfeldern am Palmer-Fluß finden und markieren sollten. Sie gingen an der Mündung des Endeavour-Flusses an Land und gründeten Cooktown. MacMillan hatte sich der Dienste eines gewissen Jerry versichert, eines Führers der Aborigines, der im Jahr zuvor die Forschungsexpedition von William Hann begleitet hatte und das Land, das vor den Ankömmlingen lag, einigermaßen kannte.

Am 28. Oktober 1873 machte sich ein bunt gemischter Zug unter der Führung Jerrys auf den Weg: die von MacMillan und St. George geleitete Regierungsabordnung, dreißig einheimische Polizisten und ungefähr siebzig bewaffnete Goldgräber, die mit Sack und Pack beladen waren. Jerry, der das zerklüftete Sandsteingebiet zwischen dem Endeavour- und Palmer-Fluß fürchtete, umging das riskante Terrain mit den steil abfallenden Sandsteinplateaus in weitem Bogen, zuerst in westlicher, dann in südwestlicher Richtung. Die Männer überquerten einen niedrigen Gebirgszug und folgten dann dem Normanby-Fluß. Dort kam es zu den ersten heftigen und offenbar völlig unnötigen Zusammenstößen mit den ansässigen Aborigines. Vielleicht hatte sich Jerry die Maxime von Hann aus dem Vorjahr zu eigen gemacht – das Feuer zu eröffnen, sobald sich ein Schwarzer blicken ließ. Die Stämme in den von Hann durchquerten Gebieten waren wegen dieser Gewaltakte, die etlichen ihrer Angehörigen das Leben gekostet hatten, so aufgebracht, daß sie sofort Zusammenkünfte einberiefen und folgenden Beschluß faßten: Falls die mörderischen *migola* (weißen Männer) nochmals in ihr Land eindrangen, sollten alle Krieger mit Rauchsignalen mobilisiert und die Angreifer überwältigt werden. Dieser Fall war nun binnen eines Jahres eingetreten.

William J. Webb, einer der Goldgräber, der als kleiner Junge 1855 aus England nach Australien gekommen war, hielt die Ereignisse als Augenzeuge fest. Sein Bericht – hier dem Buch ›River of Gold‹ von Hector Holthouse entnommen – lautet:

> Als wir vom Endeavour-Fluß abzweigten, waren wir 108 Mann stark. Ungefähr siebzig von uns gingen zu Fuß und schleppten ein Gepäck von siebzig bis neunzig Pfund Gewicht. Vor uns lagen etwa achtzig Meilen Wegs, und wir waren der Ansicht, daß wir uns nicht mit übermäßig viel Ausrüstung beschweren durften. Einige trugen ihr Bündel auf dem Rücken, Pickel, Schaufel und Siebschüssel daran festgeschnürt, andere schoben Schubkarren vor sich her. Zwei Männer, die kein Pferd besaßen, hatten sich selbst vor einen Karren gespannt, der mit Nahrungsmitteln und Werkzeugen beladen war. Die meisten Goldgräber waren mit Hinterladern bewaffnet. Ein Trupp einheimischer Polizisten, von Unterinspektor Dyas befehligt, ritt voraus, und etwa zwanzig chinesische Goldgräber bildeten die Nachhut. Sie hielten sich so dicht wie möglich an den Hauptzug, aber man hatte ihnen untersagt, sich uns anzuschließen.

Über die Zwischenfälle am Normanby-Fluß schrieb Webb am 3. November:

> Hier wurden einige Schwarze erschossen, aber ich weiß nicht warum, denn sie hatten sich uns gegenüber nicht feindselig verhalten. Dann tauchte eine Gruppe Schwarzer auf, die offenkundig mit uns verhandeln wollten. Sie machten keine bedrohlichen Gesten, lehnten aber ihre Speere gegen Felsen und Bäume und blieben die ganze Zeit über in Griffweite zu ihren Waffen.

MacMillan war entweder dumm oder blutrünstig, vielleicht auch beides zusammen. Er rief alle berittenen Männer zu sich und führte sie mit Geschrei direkt gegen die Abordnung der Schwarzen, die ihre Speere ergriffen und davonrannten. Damit war der Beweis erbracht: die *migola* wollten nicht verhandeln. Der nun einsetzende Zermürbungskrieg sollte Hunderten von Weißen und Tausenden von Schwarzen das Leben kosten.

Am 4. November schlug der Zug sein Lager am Ausläufer einer Bergkette auf, obwohl Jerry davor gewarnt hatte, denn im Jahr zuvor war die Hann-Expedition an eben dieser Stelle von Eingeborenen angegriffen worden. Man beschloß, eine Art Barrikade zu errichten, indem man Sattelzeug und Gepäck im Kreis aufschichtete. Einer der Goldgräber ging unmittelbar vor Einbruch der Dunkelheit zum Bach hinunter, um Wasser zu holen, und entdeckte dabei frische Spuren, die von mehreren hundert bloßen Füßen stammten. Er stürzte ins Lager zurück und gab Alarm, man werde gerade umzingelt. Die Weißen schickten die chinesischen Goldgräber in den Wald, um Bäume zu fällen und damit die Barrikaden zu verstärken. Hätte der Goldgräber nicht zufällig die Spuren gesehen und wäre die Verschanzung nicht gewesen, dann hätte es eine Neuauflage von »Custers letztem Gastspiel« gegeben. Denn seit der Zug den Normanby-Fluß erreicht hatte, war er von über fünfhundert Kriegern unauffällig verfolgt worden. Man stellte Wachposten auf, aber in dieser Nacht machte kaum jemand die Augen zu.

Als es dämmerte, griffen zwischen fünf- und sechshundert bemalte Krieger an. Sie kamen in Wellen, die vermutlich aus verschiedenen Stammesgruppen bestanden, und ihr Kriegsruf war der schaurige Schrei des schwarzen Kakadus. Sie schienen keinerlei Angst vor dem Getöse der Gewehre zu haben, die die Schwarzen Polizisten und die Goldgräber ohne Unterlaß auf sie abfeuerten. Schon die ersten beiden Angriffswellen schlugen eine Bresche in den Verteidigungsring. Als es jedoch heller wurde, konnten die Schützen ihre Ziele genauer anvisieren, und die Geschosse von einer Unze Blei rissen empfindliche Lücken in die Reihen der Angreifer.

Wenn die ersten fielen, gingen schon die nächsten Wellen über sie hinweg, die ihrerseits vom Kugelhagel niedergemäht wurden.

Bald häuften sich um die Barrikade tote und sterbende Krieger. Die noch lebenden Kämpfer konnten nicht verstehen, warum ihre Kameraden gefallen waren; sie versuchten ihnen wieder auf die Beine zu helfen und ihre Wunden mit Grasbüscheln zu verstopfen. Die Aborigines befanden sich in einem schwerwiegenden taktischen Nachteil: Jeder Krieger konnte nur sieben oder acht Speere tragen, und wenn sie einmal geworfen waren, dann waren sie hilflos. Wenn sie untereinander Krieg führten, schleuderten sie ihre Speere aufeinander, und wenn sie ihnen ausgegangen waren, sammelten sie die von den Feinden geworfenen Speere ein und kämpften weiter. Das war diesmal nicht möglich.

Als sie alle ihre Speere gegen die Barrikade geschleudert hatten, versuchten einige Krieger, die Pferde wegzutreiben, aber auch dabei gerieten sie unter Beschuß. Andere gingen hinter Bäumen in Deckung und warfen ihren letzten Speer. Die überlebenden waffenlosen Krieger flüchteten in einen nahegelegenen Sumpf, aber die Schwarzen Polizisten bestiegen ihre Pferde und setzten ihnen nach – wie Webb schrieb: »Wer dorthin floh, ist auch dort geblieben.« Nur ein Goldgräber wurde verwundet.

Der Ort, an dem der Angriff stattfand, hieß von nun an »Battle Camp«, Schlachtfeld. Er war Schauplatz einer der blutigsten Kämpfe, die die Aborigines in dem langen Krieg um ihr Land geführt hatten, ihr Land, in dem ihre Vorfahren viele Jahrtausende lang unbehelligt leben konnten. Professor Henry Reynolds schätzt in seinem Buch ›The Other Side of the Frontier‹, daß in den bewaffneten Auseinandersetzungen mit den Europäern ungefähr 10 000 Schwarze allein in Nordaustralien umgebracht worden sind.

Traumstrassen

Die Zeichenarbeiten in der Schweine- und Emu-Galerie sollten für dieses Jahr der letzte Aufenthalt im Quinkinland gewesen sein. Ich nahm das dokumentarische Material nach Canberra mit, übergab es dem Australischen Institut zur Erforschung der Aborigines (»Australian Institute of Aboriginal Studies«) und besuchte das alle zwei Jahre stattfindende Treffen der Institutsmitglieder. Führende Ethnologen wiesen in den Diskussionen immer wieder darauf hin, wie dringend notwendig es sei, die bis heute noch erhalten gebliebene Kultur der Aborigines dokumentarisch festzuhalten, bevor sie für immer verschwand.

Dick hatte mich schon seit Jahren bedrängt, auf die Mornington-Insel zurückzukehren und die dortige Bevölkerung, insbesondere aber die Angehörigen seiner Stammesgruppe, der Lurrumbanda, nach ihren Sitten und Gebräuchen zu befragen. Ich wandte mich an das Institut und schlug vor, Dokumentarfilme über das Leben und die Tätigkeiten der Lardil zu erstellen. Es sei der Mühe wert, der Nachwelt zu überliefern, wie sie ihre Flöße bauten, Dugongs und Schildkröten jagten, wie ihre Zeichensprache funktionierte und welches ihre heiligen Zeremonien und Stätten waren. Vor allem interessierte mich die große Zeremonie der Flutbeschwörung, die auf das Ahnwesen Marnbil zurückging. Dick hatte des weiteren eine Geheimsprache erwähnt, die er »Damin« nannte. Sie hatte meine Neugierde erweckt, denn sie bestand seinen Ausführungen zufolge aus verschiedenen Schnalzlauten, Pfeiftönen und Geräuschen, die beim Einziehen von Luft durch die Nase entstehen, war also wahrscheinlich mit der Sprache der afrikanischen Buschmänner vergleichbar. Das Institut gewährte mir schließlich einen kleinen Zuschuß für die Filmarbeiten. Ich mußte nur noch denselben Betrag beisteuern, und schon hatte ich genügend Geld beisammen, um eine vierwöchige Expedition auf die Mornington-Insel und das Wellesley-Archipel im äußersten Südosten des Carpentariagolfs auszurüsten. Das Institut stellte mir außerdem eine 16mm-Kamera, zahlreiche Schwarzweißfilme und ein Aufnahmegerät zur Verfügung.

Ich hatte das Vorhaben zuvor schon mit Warrabudgera, Bunbudgee und den anderen Stammesältesten durchgesprochen, als sie sich in Cairns anläßlich des Tanzfestivals aufhielten. Sie sagten damals, daß im Juli die beste Reisezeit sei und sie einige Männer aussuchen wollten, damit man auch die Sydney-Insel besuchen könne. Dieses kleine Eiland, auch Langu Narnji genannt, lag unmittelbar vor der Küste der Mornington-Insel; es war das Klanland der Larrumbanda, Schauplatz der Flutbeschwörungszeremonie und Heimstatt vieler Traumorte. Es war zugleich wesentlicher Bestandteil von Marnbils Traumstraße, dem Schöpfungswesen der Traumzeit.

Als ich mich mit der Ausrüstung der Expedition befaßte, fragte ich Dick, wie es dort um das Wild bestellt sei, das unsere Nahrungsvorräte eventuell ergänzen sollte. »Jede Menge, Warrenby, jede Menge! Dugongs, Schildkröten, Fische, Krebse, Austern, was du willst! Dort geht niemand mehr auf die Jagd, das Land ist so gut wie unberührt. Ich kann nur sagen: jede Menge!« Offenbar lief ihm bei dieser Vorstellung das Wasser im Mund zusammen. Ich beschloß daher, nicht zuviel Büchsenfleisch mitzunehmen und mich auf Grundnahrungsmittel wie Mehl, Tee, Zucker, Kartoffeln, Zwiebeln usw. zu beschränken.

Mit meinem doch recht eingeschränkten Etat kaufte ich gebrauchte Schlauchboote, Außenbordmotoren, Zelte mit Schutzbahnen, Bettzeug und alles erdenkliche Angelgerät, insbesondere ein spezielles Fischnetz, das mehrere hundert Meter lang war und vier Meter tief ins Wasser reichte. Ich verschickte das gesamte Material rechtzeitig per Schiff, so daß es einige Tage vor unserer Landung auf der Mornington-Insel eintraf. Ich hatte Frank Woolston als Kameramann engagiert und meinen Kollegen Tony Ellen, Flugpilot wie ich, als dessen Assistenten gewonnen. Der Künstler Ray Crooke war Mädchen für alles; er steuerte einiges zu unserem Fonds bei und versprach sich von der Reise außerdem Anregungen für seine künstlerische Arbeit.

Wir starteten in Cairns an einem kühlen Julimorgen. Es war ein regulärer Golfflug der Ansett-Gesellschaft mit Zwischenaufenthalt in Normanton, im weitläufigen Savannengebiet der Golfregion. Dann ging es weiter über großflächige, salzverkrustete Verdunstungsbecken, Serpentingestein und von Mangroven gesäumte Flüsse, bis wir schließlich die grauen Golfgewässer unter uns erblickten. Da die kürzeste Route dicht an Langu Narnji vorbeiführte, ging ich ins Cockpit, damit ich die Insel sehen konnte, sobald sie am Horizont auftauchte. Die höchste Erhebung auf der Mornington-Insel betrug gerade 150 Meter, und Langu Narnji war, wenn man von einigen großen Sanddünen absieht, topfeben. Um die Inseln leuchtete das Meer in zarten Abstufungen von Azur und Aquamarin. Man sah sofort, daß man bei Ebbe die Schlammzonen zwischen den beiden Inseln zu Fuß überqueren konnte.

Das ganze Dorf war auf den Beinen, als unser Flugzeug landete, und etwa fünfhundert Menschen umringten uns, um uns willkommen zu heißen. Das zu unseren Ehren ins Leben gerufene Begrüßungskomitee bestand aus Warrabudgera und Dick mit seinen drei Brüdern Kenny, Burrud und Timmy. Sie waren festlich aufgemacht in ihrer traditionellen Tracht aus Wallabyfell und Haargürteln, trugen Kriegsbemalung und hielten Speere und Bumerangs in den Händen. Ich erfuhr später, daß ihr lebhaftes Interesse an unserem Besuch der Sorge entsprang, daß eine Erneuerung der Flutbeschwörung in der nächsten Regenzeit einen schrecklichen Wirbelsturm und Überschwemmungen entfesseln könnte. Ich stellte meine Begleiter dem Geistlichen Doug Belcher und seiner Frau Doreen vor. Die beiden waren unmittelbar nach dem Zweiten Weltkrieg in die Presbytermission gekommen, hatten eine Familie gegründet und waren schließlich angesehene und beliebte Mitglieder des Lardil-Stammes geworden. Die Bevölkerung nannte den Pfarrer *guntha* (Vater). Doug meinte, wir müßten uns eventuell noch ein oder zwei Tage gedulden, da die Barkasse der Missionsstation, die uns nach Langu Narnji befördern sollte, gerade auf Dugongfang war. Sie hatte vor einem starken Südostwind, der noch weitere zwei Tage anhalten konnte, irgendwo Schutz gesucht.

Von den neunzehn Männern, die uns begleiten sollten, stammten die meisten von Langu Narnji, aber es waren auch drei Nordwindmänner und drei Kiadilt von der Bentinck-Insel darunter. Es herrschte große Aufregung, als die Männer mit ihren Bündeln und in Begleitung ihrer Familienangehörigen bei uns eintrafen. Man beneidete sie, weil sie die ersehnte Heimat wiedersehen und sich an ihrem reichen Bestand aus Dugongs, Schildkröten, Fischen, Krebsen und Austern gütlich tun konnten. Das gesamte Dorf hatte sich versammelt, um bei unserer Abfahrt dabeizusein, auch Robert, ein verrückter, halbzahmer Corella-Kakadu. Der kleine weiße Vogel war bei jedem größeren Treffen dabei und unterhielt die Menge mit seinen Flugkünsten. Alle winkten und waren guter Dinge, als wir vom kleinen Kai lostuckerten, und einige ältere Leute riefen uns nach: »Werft bloß nicht den Lehm ins Wasser!« Warrabudgera schrie zurück: »Keine Bange, nicht den Lehm von Mundawa!« Wir sollten bald erfahren, was es damit auf sich hatte. Einige Kinder rannten am Strand entlang und winkten uns nach, bis sie wegen eines mit Mangroven bestandenen Bachs nicht mehr weiterkonnten.

Wir passierten die Mündung des Minya-darga, des Dugong-Flusses, und Warrabudgera erklärte uns, dies sei einer der Plätze, die Marnbil geschaffen hatte. Ich holte mein Aufnahmegerät heraus, und wir setzten uns im Kreis nieder, um der alten Sage der Balambanda-Leute zu lauschen.

Marnbil und sein Schwiegersohn Dewallewul reisten einst durch das Land nach Osten. Zu dieser Zeit gab es die Inselkette noch nicht; es war vielmehr eine Halbinsel, die vom Festland aus ins Meer ragte. Die Inseln waren erst viel später entstanden; sie waren das Werk von Garngurr, der Seemöwenfrau. Sie zog ein *walpa* (Floß) über die ganze Halbinsel, immer hin und her, weil sie nach ihrem Mann Ausschau hielt, der mit einer anderen Frau weggelaufen war. Allmählich grub das *walpa* tiefe Kanäle in die Halbinsel, und das Meerwasser stromte nach.

Auf ihrer Reise hoben sie Brunnen aus und ließen Quellwasser fließen, auch gaben sie allen Tieren und eßbaren Pflanzen einen Namen. Sie erreichten schließlich die Küste bei der Piper-Landzunge und folgten ihr, bis sie bei der Bailey-Landspitze ankamen. Marnbil baute auf einer weitläufigen Sandbank, die Moonbururu heißt, eine große Fischfalle aus Steinen.

Sie wanderten die Halbinsel entlang bis zu einem Platz, den man Mildidji nennt (Robert-Insel), wo sie eine weitere Fischfalle bauten, dann ging es nach Jalda-ganabul (Francis-Insel) weiter, wo sie ebenfalls eine Fischfalle hinterließen. Alle Fischfallen kann man heute noch aus der Luft sehen. Sie setzten ihren Weg nach Langunary fort, einem Ort auf der Forsythe-Insel. Dort gruben sie einen tiefen Brunnen und errichteten ein Lager für die Nacht.

Am nächsten Tag brachen sie nach Gwagin auf; dort, so beschloß Marnbil, sollte ein Vorratslager entstehen. Er erließ das Gesetz, daß es niemandem erlaubt sei, in Gwagin zu reden, zu pfeifen oder zu singen. Wurden dort Fische gefangen oder Dugongs mit dem Speer erlegt, so mußte ihr Fleisch unter Wasser gereinigt und zerlegt werden. Wenn man das Fisch- oder Dugongfleisch an Land säuberte, würde eine große Flut kommen, die das ganze Flachland überspülte und die in den Sand gegrabenen Brunnen verdarb. Wer einen so zubereiteten Fisch esse, würde auf der Stelle vom hier hausenden Mulgri-Geist befallen, der Mulgri würde seine Zähne von innen in die Kehle schlagen, so daß es sich anfühlte, als habe man eine Fischgräte verschluckt.

In Moongulburu, an der Südostküste der Forsythe-Insel, stellten Marnbil und Dewallewul eine weitere große steinerne Falle her, um Dugongs zu fangen. Hier schufen sie auch die Moskito-Traumstätte und gaben jedem Tier, jedem Insekt, jedem Ding seinen Namen. Marnbil fand hier eine Frau, die Gin-gin hieß und die er heiratete. Er sagte Dewallewul, daß ihr erstes Mädchen seine Frau werden sollte, und bestimmte weiter: »Du bist jetzt mein Schwiegersohn. Von nun an können wir nicht mehr miteinander reden. Wir verständigen uns über Gin-gin, deine Schwiegermutter. So lautet das Gesetz.«

Auf der Forsythe-Insel schufen sie auch eine große Sandbank und nannten sie Girrada-doonguwa; es gibt sie heute noch. An dieser Stelle machte Marnbil eine Angelschnur aus der inneren Rinde des Strandhibiskus *mudud*, und Dewallewul erlegte Butterfische mit dem Speer.

Am nächsten Tag reisten sie zu einem Ort weiter, der jetzt Andrew-Insel heißt, und von dort zur Denham-Insel. Auf ihrem Weg speerten sie Fische oder fingen sie mit ihrer Angelschnur. Die Plätze, wo sie sich des Morgens erhoben, sind durch Felsen gekennzeichnet. Sie wanderten nach Dardidin und bauten eine Fischfalle, dann nach Gunana, wo sie einen tiefen Brunnen aushoben. Dabei benutzten sie ihr heiliges Gerät, einen Stock namens *darrawul* und eine große Muschel, die sie *lowalan* nannten. An der Stelle von Gunana, wo sich heute die Missionsstation befindet, gruben sie drei tiefe Brunnen. Dann schufen sie den großen Sandhügel Didjinger und schlugen auf ihm ihr Lager auf.

Am nächsten Morgen wandte sich Marnbil an Gin-gin: »Sag dem Schwiegersohn, er soll nach Westen zur sandigen Landzunge gehen und dort Fische mit dem Speer erlegen. Sag ihm, er solle eine Traumstätte für Woorabud den Grätenfisch, für Galtharr die Silberbrasse und für den Barrakuda errichten.«

Tags darauf sprach er wieder zu Gin-gin: »Sag dem Schwiegersohn, er solle morgen die Nordküste der Halbinsel entlanggehen. Sag ihm, daß wir ihn dort irgendwo am äußersten Ende treffen werden. Er wird dort die ganze Arbeit verrichten, während ich mich um das östliche Gebiet kümmere. Er wird am Rauch unseres Feuers sehen, in welche Richtung wir ziehen.«

Unterwegs speerten sie Fisch und bauten Fischfallen. Marnbil speerte Fisch an einer Stelle, wo Thuwathu die Regenbogenschlange später den Minya-darga-Fluß schuf. Er errichtete eine Fischfalle bei Nyalga an der Timber-Landspitze und ging dann nach Ja-gwaga, wo er aus geflochtenem Gras ein Fischnetz herstellte. Am nächsten Tag begab sich Marnbil nach Gunda-woodgin, wo er mit Gestrüpp eine Fischfalle baute und Brassen fing.

Marnbil und Gin-gin setzten ihre Reise fort, und Marnbil fing jetzt Fisch bei Nacht. Am Rauch des Feuers konnte er erkennen, daß Dewallewul, der sich mittlerweile im Sandelholzland aufhielt, ebenfalls des Nachts auf Fischfang ging. Sie stellten Fackeln aus langen, zusammengerollten Papierrindenstücken her.

An der Goobirah-Landspitze richtete Marnbil ein Vorratslager für Yarran, den Seeadler mit dem roten Rücken, ein; ferner für Bullebul, den Gefleckten Stechrochen, und für Wongabel, die Honigbiene. An der Ewar-Landspitze fing er Fische bei Nacht. Am nächsten Morgen sammelte er Sträucher und versperrte damit den Fischen ihren Weg; dies geschah in Budulbee-thulba, der Lagune bei Jardunga. Seine Fußspuren sind dort heute noch auf einem Felsen am Strand zu sehen. In der Bahadgun-Bucht zündete er ein großes Feuer an und vollzog die Regenzeremonie.

Am nächsten Tag entschloß sich Marnbil, die Flutzeremonie durchzuführen. Er ging nach Mundawah und grub dort nach *kial*, weißem Lehm. Dann setzte er seinen Weg zur Birriwogah-Landzunge fort und errichtete dort eine Traumstätte für Margara, das Küstenkänguruh. Bei Wang-guh machte er eine Traumstätte für Ngarrawun, den Blaufisch; er stand auf, schlug zwei Steine gegeneinander, und schon erschien der Fisch an der Oberfläche. Er und Gin-gin gingen dann weiter nach Doogooray, wo sie Quellwasser sprudeln ließen und ihr Lager errichteten.

Später reisten sie nach Binburragan und bauten eine Fischfalle; dann nach Lingawadngala, wo sie der Schwarzen Schlange eine Traumstätte schufen; schließlich nach Lil-liltuh, wo der Silberreiher eine Traumstätte erhielt. Hier beschloß Marnbil, die Flutbeschwörungszeremonie zu Ende zu bringen. Er nahm den Lehm, den er bei Mundawah eingesammelt hatte, feuchtete ihn an, modellierte ihn um das Ende eines langen Stockes und gab dem Ganzen Halt, indem er es mit Papierrinde umwickelte und mit Pflanzenfasern festband. Diesen Stock, mit dem er die Flut erzeugen konnte, nannte er *doolmidjal*.

Er ließ Gin-gin an dem sandigen Lagerplatz bei Woonunyeah zurück und ging bei Ebbe an einem freiliegenden Riff entlang, das den Namen Bidjin-yea-narwe trug, Ort des Gestanks. Hier beschwor er die große Flut.

Nachdem Marnbil die erste Zeremonie beendet hatte, nahm er Gin-gin auf einen hochgelegenen Lagerplatz bei Dingelma mit und wartete auf die Flut. Ein gewaltiger Sturm zog auf, und drei Tage lang stieg das Wasser immer höher, bis das ganze Flachland überschwemmt war. Nun führte Marnbil eine Zeremonie durch, damit die Flut wieder zurückging. Er sammelte große Steine und erhitzte sie im Feuer. Dann wickelte er die heißen Steine in Rinde, rannte zum Strand hinunter und warf sie genau in dem Moment in die Wellen, als diese sich am Ufer brachen. Das Hochwasser floß ins Meer ab.

Marnbil hat uns diese Zeremonie überliefert, damit wir unsere Feinde in Schrecken versetzen und sie bestrafen können.

Marnbil und Gin-gin gingen nun nach Gundah weiter und warteten dort, um ein Dugong mit dem Speer zu erlegen. Noch war aber die Traumstraße nicht zu Ende, und Marnbil begab sich deshalb nach Warrul, dann nach Baluyin, wo er einen Süßwasserbrunnen grub und Mondfische (Kisutsch-Lachse) speerte. Bei seiner Weiterreise baute er noch eine Fischfalle und ein großes rundes Riff, in dessen Lagune immer Schildkröten erbeutet werden konnten. Anschließend ging es weiter nach Gu-oom-buargan, Jubu und Balwaldu, bis Marnbil und Gin-gin endlich nach Baralkea auf dem Van Dieman-Kap gelangten.

In Baralkea schlug Marnbil sein Hauptlager auf, und hier fertigte er auch Fallen für Fische, Schildkröten und Dugongs in der ganzen Umgebung an. Eines Tages sah er den Rauch eines Buschfeuers, der sich am Himmel kräuselte, und er sagte zu Gin-gin: »Der Schwiegersohn wird bald hier sein. Dann sind wir wieder beisammen nach all dieser gewaltigen Arbeit.«

Sie trafen Dewallewul an der Bangubella-Bucht, nördlich von Baralkea, und lagerten dort für eine Weile. Doch eines Tages sagte Marnbil zu Gin-gin: »Du bleibst hier. Auf mich warten noch zwei große Aufgaben, aber dann werde ich zurückkommen.« Er ging nach Maldon auf Jilkirrie, der Schildkröteninsel, und hob dort einen Brunnen aus, aber das Wasser war brackig. Er baute eine Schildkrötenfalle und zog dann weiter nach

Gungoda, der heutigen Bountiful-Insel, grub nochmals einen Brunnen und hatte nun gutes Wasser. Auch hier fertigte er eine Schildkrötenfalle an. Alle Inseln waren damals noch Teil des Festlandes.

Gin-gin saß im Lager und bereitete Nüsse des Schraubenbaums für eine Mahlzeit zu. Im Schatten der Schraubenbäume zerschlug sie die große orangene Frucht mit einem *thubun*, einem für diesen Zweck hergestellten Stößel. Dewallewul hörte das Geräusch, kam herbei und fragte: »Wo ist dein *banyan* (Ehemann)?«

»Er ist für eine Weile weg, um Schildkrötenfallen zu bauen, im Westen oder Süden. Ich weiß nicht, wann er zurückkommt.«

Dewallewull setzte sich Gin-gin gegenüber auf den Boden und schaute ihr zu, wie sie die Nüsse zerkleinerte. »Oh, mein Auge!« rief er plötzlich und bedeckte seine Augen mit der Hand. Das war eine an Gin-gin gerichtete Warnung, weil sie ungehörig dasaß, nicht mit der Ferse im Schoß, und so ihr Geschlecht zu sehen war. Dreimal rief Dewallewul »Oh, mein Auge, es kann das Rote nicht ertragen!« Aber Gin-gin kümmerte sich nicht darum.

Da befiel Dewallewul heftige Begierde. »Mein Mädchen«, sagte er, »bitte gib mir ein bißchen von dir. Dein *banyan* ist weg, gib mir nur ein klein wenig. Ich habe keine Frau.«

»Nein, Schwiegersohn, das wäre nicht in Ordnung. Ich gehöre meinem *banyan*.«

Doch Dewallewul sagte wieder: »Sei doch nicht so, nur ein ganz klein wenig.«

Er bettelte so lange weiter, bis auch Gin-gin starkes Verlangen spürte. »Ist schon gut, kannst was haben. Schau, hier ist es.«

Und sie rückte näher an Dewallewul heran.

Als Marnbil von seiner Arbeit zurückkehrte, sah er die beiden unter den Schraubenbäumen liegen. »Aha, das also stellst du mit deiner Schwiegermutter an!« Er setzte sich in den Schatten und dachte über die Angelegenheit nach. Er überlegte lange und kam schließlich zu dem Entschluß, er müsse Dewallewul töten.

Marnbil sagte zu Gin-gin: »Sag dem Schwiegersohn, daß ich Wasser brauche; ich bin durstig nach der mühseligen Arbeit. Sag ihm, er solle mich begleiten und mir beim Ausgraben eines Brunnens helfen.«

Marnbil, Gin-gin und Dewallewul gingen die Sanddünen hinunter und begannen unten mit Stöcken und großen Muscheln ein Loch auszuheben. Als auf dem Grund des Brunnens Wasser einsickerte, sagte Marnbil zu Gin-gin: »Sag dem Schwiegersohn, er soll in die Öffnung kriechen und probieren, ob das Wasser gut ist.«

Dewallewul neigte sich über den Rand, konnte aber nicht an das Wasser herankommen.

»Sag dem Schwiegersohn, er soll seine Beine spreizen, damit er ganz hinunterkommt.«

Als Dewallewul sich tief in den Brunnen beugte, stieß ihm Marnbil den Speer in den Anus und durchbohrte seinen Körper. Dewallewul rannte, vom Schmerz gepeinigt, im Kreis herum und hinterließ ringförmige Vertiefungen um den Brunnen, die man heute noch sehen kann.

Als Dewallewul im Sterben lag, sagte Marnbil: »Von nun an soll niemand mehr seine Schwiegermutter anschauen oder sie ansprechen. So lautet das Gesetz.«

Kaum war Dewallewul unter Qualen mit Stöhnen und Ächzen verschieden, als sein Körper und seine Seele zum Himmel auffuhren. Zu jener Zeit waren die Menschen noch unsterblich. Aber jetzt schrie Dewallewul seinen Bannfluch herunter, mit dem er die ganze Menschheit verdammte. Er nannte alle Todesarten, die den Menschen von nun an heimsuchen sollten.

»Marm mahn garuyu – der Mensch wird durch den Speer sterben.«

»Barwagan mahn garuyu – der Mensch wird mit dem Seil erdrosselt werden.«

»Moogara mahn garuyu – der Mensch wird mit der Keule erschlagen werden.«

»Wongul mahn garuyu – der Mensch wird durch den Bumerang sterben.«

»Buraboodi mahn garuyu – der Mensch wird durch Zauberei sterben.«

»Bulimba mahn garuyu – der Mensch wird von einem Schlag gegen das Genick sterben.«

»Bola mahn garuyu – der Mensch wird von einem Schlag auf den Kopf sterben.«

»Marraga mahn garuyu – der Mensch wird Anfälle bekommen und sterben.«

»Turra dubberu mahn garuyu – der Mensch wird durch einen aufgebrachten Pöbel sterben.«

»Juderu mahn garuyu – der Mensch wird durch die Zauberei mit einer Emufeder sterben.«

»Bulleri mahn garuyu – der Mensch wird durch heiße Steine sterben.«

»Juriban mahn garuyu – der Mensch wird an giftigem Essen sterben.«

Dewallewul sitzt im Himmel und kontrolliert das Wetter. Wenn die Menschen gegen die Gesetze verstoßen, schickt er einen Wirbelsturm und bestraft sie.

Marnbil und Gin-gin waren wegen der Bannflüche Dewallewuls sehr erschrocken; sie rannten weit weg und kamen schließlich in ein Land voller Gestrüpp, das Birrabarartuga hieß. Gin-gin gebar dort eine Tochter mit dem Namen Yegi. Als sie sehr viel später starben, verwandelten sie sich in Steine, die man bei Ebbe zwischen der Baralkea- und der Wallaby-Insel sehen kann. Yegi ist der Stein in der Mitte.

Der Motor unserer alten Barkasse hatte ein paarmal seinen Geist aufgegeben, und wir mußten ihn abkühlen lassen, bevor Scotty Wilson, einer der Nordwind-Lardil, ihn wieder in Gang brachte. Es war eine sehr angenehme Fahrt, und es hatte den Anschein, daß jeder Küstenabschnitt seine eigene Geschichte besaß. Am Spätnachmittag gingen wir in der Meerenge zwischen Langu Narnji und der Mornington-Insel vor Anker.

Wir errichteten unser Basiscamp am Strand von Doolgarnun, wo, wie Dick mir erzählte, Warrenby einst einen großen Kampf mit den Yanggarl-Kriegern von der Forsythe-Insel ausgetragen hatte. Wir stellten unsere Zelte auf, hoben Abtrittgruben aus und ordneten unsere Campingausrüstung, während Warrabudgera und Burrud sich an der Säuberung eines der alten Brunnen beteiligten, die Marnbil hinterlassen hatte. Ich kam ihnen später zur Hilfe. Der Brunnen befand sich zwischen großen Sanddünen, die das Süßwasser am Abfließen hinderten; er war dem alten Brunnen auf der Mornington-Insel sehr ähnlich und wie dieser voller Sand. In der letzten Regenzeit waren nur wenig Niederschläge gefallen, und so mußten wir drei Meter tief graben, bis sich schließlich Wasser von einem Meter Tiefe am Grund ansammelte. Wir fanden drei große Muscheln, die die Menschen einst hier zurückgelassen hatten. Mit zwei großen Trommeln, deren Ober- und Unterseite zuvor entfernt worden waren, faßte man den Brunnen ein. Das Wasser schmeckte etwas brackig, aber bei Flut konnten wir genug abschöpfen, um den ganzen Lagerbetrieb am Laufen zu halten.

In dieser Nacht aßen wir Rindfleisch und Kartoffeln, während die Jäger ihre Unternehmungen des nächsten Tages besprachen. Da die Wasserversorgung sichergestellt war, besaß der Fleischnachschub oberste Priorität. Dick, der auf Krebsfleisch versessen war, schlug seinem älteren Bruder Kenny vor, diese Tiere am nächsten Morgen in den Mangroven einzusammeln und dann zu den Austernriffen hinauszugehen. Unser Lager befand sich auf einem langen, goldfarbenen Strand zwischen ächzenden Kasuarinen, hinter uns hohes gelbes Bindigras, niedriges Gestrüpp und Haine von Schraubenbäumen. Vor uns spiegelte das ebenmäßige Wasser der Meerenge das Farbenspiel der untergehenden Sonne, und über uns wachte Gidegal, der halbvolle, zunehmende Mond. Um uns saßen die dunkelhäutigen, stolzen Männer der Wildnis, unsere sachverständigen Ratgeber der nächsten drei Wochen. Es sollte eine Erziehung werden, die uns voll und ganz in Anspruch nahm.

Am nächsten Morgen waren wir alle damit beschäftigt, das lange Netz für den ersten Fischzug zurechtzumachen, der uns das Frühstück bescheren sollte. Wir luden es in ein Schlauchboot, in dem zwei Männer saßen. Während das eine Ende des Netzes am Strand festgehalten wurde, ruderten die beiden in einem großen Halbkreis und legten das Netz aus. Am Ufer wieder angekommen, zogen wir das Netz an beiden Enden langsam heran. Silberne Leiber schossen im Wasser hin und her, und als wir das Netz an Land gezogen hatten, wimmelte es von Fischen. Wir hatten ungefähr zehn verschiedene Arten gefangen, und jeder eilte herbei, um sich einen Fisch fürs Frühstück auszusuchen. Die übriggebliebenen Fische warfen wir ins Wasser zurück.

Warrabudgera nahm Frank und Tony im größten Schlauchboot mit, denn sie sollten die Jagd auf Dugongs und Schildkröten filmen. Vier Ruderer saßen im Boot, und Burrud war der Harpunier. Die Harpune war drei Meter lang und besaß eine abnehmbare Spitze, *wop* genannt;

sie bestand aus Stahl, hatte eine Länge von ungefähr zwölf Zentimetern und war an einem langen, kräftigen Seil befestigt. Man konnte eine Dugongherde an dem weißen Schlamm ausfindig machen, der an die Wasseroberfläche stieg, wenn die Tiere auf dem Meeresgrund Seegras fraßen. Hatte man eine Herde geortet, wurde der Außenbordmotor abgeschaltet, und man ruderte vorsichtig an die Dugongs heran. Wenn ein Dugong nach oben kam, um Luft zu holen, ruderte man weiter heran, bis er in die Stoßweite des auf dem Bug stehenden Harpuniers kam. Mit seinem ganzen Körpergewicht rammte dieser dann seine Harpune in das Tier und kletterte schnell ins Boot zurück, bevor sich das Seil abgewickelt hatte und der Dugong das Boot hinter sich herzog. Wenn das Tier schließlich erschöpft war, zog man es ans Boot heran, schlang ein Seil um den Schwanz und zerrte es am Hinterleib über den Bootsrand. Kopfüber im Wasser, war der Dugong zum Tod durch Ertrinken verurteilt.

Eines unserer größeren Vorhaben bestand darin, ein *walpa* (Floß) aus Buschholz zu bauen, die Herstellung zu filmen und es dann bei der Jagd auf Schildkröten und Dugongs einzusetzen. Eine Gruppe von Männern hatte sich zu diesem Zweck auf der zum offenen Meer hin gerichteten Seite der Insel versammelt, unter ihnen die Spezialisten für Floßbau von den Kiadilt, Dougal Goonara und Pat Gabori. Sie lasen Treibholz zwischen den Mangroven auf und sammelten Hibiskusrinde, um daraus Stricke herzustellen.

Gegen Nachmittag hörten wir Motorengeräusch und Gesang. Dick stieg auf die höchste Düne, schirmte die Augen mit der Hand gegen die Sonne ab und schaute aufs Meer hinaus. Die Boote hätten tiefen Seegang, rief er, sie müßten etwas gefangen haben. In der Tat brachten sie zwei Suppenschildkröten und einen großen Dugong mit. Das würde ein Festmahl geben.

Da wir das traditionelle Zerlegen und Verteilen des Dugongs mit unserer Kamera aufnehmen wollten, verzichtete Pat Gabori auf den Einsatz von Stahlmessern und nahm statt dessen eine mittelgroße Muschel. Er steckte sich ein Bündel Papierrinde in den Mund, um seine Zähne abzupolstern, biß aus dem Muschelrand kleine Stücke heraus und verwandelte sie so in ein Messer mit gezackter Schnittkante. Es erwies sich als äußerst wirksam.

An diesem Abend herrschte um die Feuerstellen eine ausgelassene Stimmung. Die Männer der Missionsstation, die scheu und zurückhaltend gewesen waren, waren nun, in ihrem vertrauten Klangebiet, zu selbstsicheren und Zuversicht ausstrahlenden Jägern geworden. Wegen des Mondscheins und dem köstlich riechenden Fleisch erhob Wadun, der Dingo, rings um unser Lager sein klagendes Geheul. Da sich unter uns drei hochrangige Warama-Männer befanden – nämlich Warrabudgera, Bunbudgee und Gabori, der Kiadilt – holte ich, nachdem wir uns an geröstetem Dugong- und Schildkrötenfleisch sattgegessen hatten, mein Aufnahmegerät hervor und fragte sie nach den Initiationszeremonien. Warrabudgera eröffnete den Reigen und erzählte uns von der ersten Zeremonie, der sogenannten *luraga*.

Die erste Zeremonie fand zu einer Zeit statt, als alle Tiere – Fische, Reptilien, Vögel, Insekten – noch Menschen waren. Sogar die Bäume und alle anderen Pflanzen waren Menschen und bewegten sich wie diese. Nach der Zeremonie verwandelten sie sich in ihre heutige Form und verteilten sich über das Land. Diese Tiere und Pflanzen standen von nun an den Initiationszeremonien in ihrem jeweiligen Gebiet vor. Der wichtigste Tänzer hier in der Umgebung ist Gather-gool oder Red Bill, der rotschnabelige Austernfischer. Er rennt nun den Strand auf und ab und erzählt singend seine Geschichte – girri girri, girri girri girri.

Eines Tages kamen die Leute von überall her zusammen, um ein Treffen abzuhalten und zu entscheiden, welche Knaben initiiert werden sollten. Dies geschah in einem Land mit dem Namen Gadagarlpa. Gidegal der Mondmann war der Ranghöchste, und Lolngurri der Silberreiher war der wichtigste Sänger.

Sie fällten den Beschluß, an Galtharr der Silberbrasse die Initiation zu vollziehen. Gidegal sagte den anderen Männern, sie sollten ihn ergreifen und ihm einen aus Haare geflochtenen Gürtel um die Hüfte binden, um ihn auf seine Mannwerdung vorzubereiten. Sie führten den Jungen auf den Tanzplatz und hießen ihn bei den erwachsenen Männern Platz nehmen, während sich alle Männer und Frauen im Tanz übten.

Lolngurri hörte nie auf zu singen. Er war der Schwiegervater von Galtharr und wollte diesem, wenn es soweit war, eine Tochter zur Frau geben.

Gidegal, der Vorsteher der Zeremonien, erhob sich und rief laut in die Runde: »*Ningula walana* – wer ist der erste?« Es war Barrakuda, der als erster den *bundaree*, den heiligen Tanz, vorführen sollte. Also tanzte er, während Gidegal und die anderen zuschauten.

Gidegal lachte und sagte: »Deine Beine sind zu kurz und dein Körper zu lang – geh und übe.« Lolngurri sang weiter, und der Felsdorsch stand auf und tanzte. Alle lachten, und Gidegal sagte: »Nein, Felsdorsch, deine Beine sind zu kurz, und du bist zu fett – geh und übe.«

Dann kam die Reihe an den Austernfischer. Er tanzte mit Hingabe und sehr schnell, aber alle brachen in Gelächter aus, und Gidegal sagte: »Das war nichts, Austernfischer, deine Beine sind zu dünn und zu lang – geh und übe.«

Pelikan war der nächste, aber wieder lachten die Leute, und Gidegal sagte: »Nein, Pelikan, deine Beine sind zu kurz, und deine Füße taugen nicht zum Tanzen – geh und übe.«

So wurden sie alle reihum von Gidegal aufgerufen, während Lolngurri unermüdlich sang. Zwei Tage und Nächte lang übten sie das Tanzen und Singen, Männer und Frauen gemeinsam, bis sie in der zweiten Nacht schließlich aufhörten.

Früh am nächsten Morgen beschnitten sie Galtharr. Seine drei Schwager legten sich bäuchlings auf den Boden, das Gesicht zur Erde; sie bildeten eine Art Tisch, auf den Galtharr nun quer hingelegt wurde, mit dem Gesicht nach oben. Sein Schwiegervater Lolngurri nahm das Messer – die Stachelspitze des Mangrovenstechrochens – und schnitt damit die Vorhaut ab, die er in Papierrinde einwickelte. Sie wurde dem Jungen später wieder ausgehändigt. Dann säuberten sie den Initianden vom Blut, damit seine Schwestern es nicht riechen konnten.

Sie hatten gerade die Zeremonie beendet, als Bin Bun der Gewittersturm des Wegs kam. Auch er wollte tanzen, aber man sagte ihm, daß alles schon vorbei sei. Da geriet Bin Bun in großen Zorn, weil sie nicht auf ihn gewartet hatten, und er schleuderte Blitze und Donnerschläge nach allen Seiten. Der Lärm, die Blitze und die Wolkenbrüche erschreckten die Leute so sehr, daß sie wegrannten und sich über das Land verstreuten. Das war der Zeitpunkt, als sie ihre Menschengestalt abwarfen und sich in Tiere und Pflanzen verwandelten.

Einige Wochen zuvor hatte es eine Mondfinsternis gegeben, und ich fragte Warrabudgera, wie dieses Ereignis im herkömmlichen Glauben der Aborigines gedeutet werde. Er kicherte und sagte: »Gidegal war auf Freiersfüßen und schaute sich nach jungen Mädchen um. Er mag Frauen – viele Frauen, der alte Gidegal. Er singt Liebeslieder, um damit die Frauen auf seine Decke zu locken. Er hat uns die große *jarrada*-Zeremonie hinterlassen.«

Der Bruder einer Mutter ist für die angemessene Erziehung der Kinder zuständig. Ein kleiner Junge wurde bei ihnen *tharabai*, Unbeschnittener, genannt, und sein Onkel arrangierte die *luraga*- oder Beschneidungszeremonie, wenn er zwischen neun und zwölf Jahre alt war. In der Folgezeit beaufsichtigte er auch die Unterweisung des Jungen in der Zeichensprache und die Einhaltung der Speisetabus. Die *luraga*-Jungen wurden von den Frauen abgesondert und durften sich untereinander nur mittels Zeichen verständigen. Es war ihnen nicht erlaubt, »großes Fleisch« zu essen; hierzu zählten Dugongs, Schildkröten, Stachelrochen, Schnabeligel, Flughunde, Emus, Känguruhs und Wallabys. Das Erlernen der Zeichensprache war später für die Jagd von größter Bedeutung, und die *luraga*-Jungen mußten mindestens sechs Monate lang ausschließlich auf diese Weise kommunizieren, damit sichergestellt war, daß sie die Zeichensprache auch ordentlich beherrschten.

Das Verwandtschaftssystem der Lardil war noch komplizierter als bei den meisten anderen Stämmen der Kap York-Halbinsel. Die beiden Hälften oder Heiratsklassen des Stammesverbandes waren durch Tiere symbolisiert: durch den im Meer lebenden Thanba, den Nasenhai, und den landbewohnenden Gurngin, das Wallaby. Jede dieser Hälften war in vier

Gruppen unterteilt, deren Angehörige jeweils nur Personen aus zwei Unterabteilungen der anderen Heiratsklasse ehelichen durften. Die strikte Trennung der Heiratsklassen kam auch in einigen Speisetabus zum Ausdruck: Das Fleisch von Landtieren durfte nie mit Meereswasser in Berührung kommen, und es war streng untersagt, das Fleisch von Fischen und landlebenden Tieren an derselben Feuerstelle zuzubereiten.

Der Bruder einer Mutter war schließlich auch dafür verantwortlich, daß sein Schützling in Übereinstimmung mit den Regeln, die sich aus dem Verwandtschaftssystem ergaben, heiratete. Wenn die Hochzeit mit einem bereits zugesagten oder ausgewählten Mädchen bevorstand, mußte zunächst die *jarrada*-Zeremonie vollzogen werden, die den Bestand und die Gültigkeit des Ehebundes überhaupt erst garantierte. Zu diesem Zweck machten sich alle erwachsenen männlichen Verwandten des Mannes auf, um die Zeremonialstätte herzurichten. Mit ihren Bumerangs räumten sie eine große kreisförmige Fläche frei und strichen sie glatt. In der Mitte des Kreises gruben sie eine flache ovale Vertiefung und faßten sie mit kleinen Knäueln aus Flaumfedern ein, die sie zuvor mit rotem Ocker oder weißem Lehm gefärbt hatten. Der rote Mittelpunkt des Kreises symbolisierte eine Vulva. Davor wurde ein zwei Meter langer Pfahl in die Erde gesteckt, der mit Farbe und Federn geschmückt war und einen Penis repräsentierte. Girlanden weißer Federn, die von der Spitze des Pfahles herabhingen, versinnbildlichten den Samenerguß. Dann wurden zu beiden Seiten des zentralen Vaginasymbols ovale Vertiefungen ausgehoben und deren Ränder mit ockergefärbten Federn umsäumt. Die Männer dekorierten nun ihre Körper mit roter und weißer Farbe sowie mit Flaumfedern. Jeder malte sein eigenes *mulgri* auf Brust und Schultern. Auf die Vorderseite ihrer Schenkel zeichneten sie sich Ovale, die wiederum Frauen symbolisierten.

Der Sänger der *jarrada*-Zeremonie hockte sich nun vor dem federgeschmückten Pfahl nieder, wobei er die Beine spreizte und die Hände auf den Schenkeln aufstützte. Zwei Verwandte – entweder beide Onkel oder Großvater und Onkel – knieten nun über die seitlich angebrachten Löcher und sangen den Zyklus der Liebeslieder, während sie ihre Hüften wie beim Liebesakt rhythmisch vor- und zurückbewegten. Die *jarrada*-Lieder gelten als unfehlbar. Die Männer sangen ihre Lieder in Vogelfedern, die sie zuvor gerupft hatten, und ließen sie vom Wind zu den in der Nähe sitzenden Frauen tragen, damit sie sich in ihren Haaren verfingen und an ihren Körpern haften blieben. Wenn sich die Gelegenheit bot, »deponierte« ein Mann die *jarrada*-Lieder in die Tasche oder den Grabstock einer Frau, und am nächsten Tag war ihm ein Treffen mit der Begehrten sicher.

Da wir genügend Fleischvorräte in den Erdöfen lagern hatten, beschlossen wir, in den nächsten Tagen die Seilherstellung aus Hibiskusrinde zu filmen. Man brauchte kräftige Stricke für ein großes Netz zum Dugong- und Schildkrötenfang sowie für den Floßbau. Die älteren Männer flochten die Seile, während die Jüngeren mit ihren Beilen aufs Festland übersetzten, um die erforderlichen Rohmaterialien zu beschaffen: hohle Stämme junger Bäume für die *didjeridus*, die Blasinstrumente; gekrümmte *gidji*-Wurzeln für die Bumerangs und Eisenholz für Speere, Speerschleudern und zum Zerkleinern der Nahrung. Der Verkauf von erlesenen Handwerksarbeiten stellte die wichtigste Einkommensquelle auf der Mornington-Insel dar, und deshalb war Holz in der näheren Umgebung der Missionsstation Mangelware.

Für die Seilherstellung wurde die innere Rindenschicht von der äußeren Rinde abgelöst und in schmale Streifen zerrissen, die sich bald zu einem erstaunlichen Berg häuften. Als genügend Material beisammen war, setzten sich die beiden Seil-Spezialisten Bunbudgee und Gabori hin und legten die Rindenfasern in langen Strängen zurecht, die sie dann auf ihren Schenkeln schnell hin und her rollten. Sie benutzten dabei zerbröselten weißen Lehm, um den Reibvorgang zwischen Hand und Schenkel zu erleichtern. Das fertiggestellte Seil wanden sie um einen Stock, den sie in der linken Hand hielten. Bald lief die Produktion wie bei einem Fließbandverfahren: Einige zupften die Rinde und zerrissen sie, zwei Männer legten die Stränge aus, und Warrabudgera verflocht sie zu Seilen unterschiedlichen Durchmessers, je nach ihrem Verwendungszweck. Das Seil für das Schildkrötennetz war fingerdick und hielt vermutlich besser als Netze aus maschinell hergestellten Stricken. Als die jungen Männer am Spätnachmittag vom Festland zurückkehrten, mit allerlei Nützlichem beladen, hatten die Seilmacher bereits genügend Stricke für unsere weiteren Vorhaben fertiggestellt.

Am nächsten Morgen schauten Warrabudgera und Bunbudgee aufs Meer hinaus und kündigten an, daß die nächste Flut voll von »Mondfischen«, den großen Kisutsch-Lachsen, sein werde, die immer mit dem Vollmond kämen. Anfang des Jahres hatte Frank Woolston mit Dick das Problem erörtert, wie man Fische haltbar machen konnte, wenn man sie im Übermaß gefangen hatte, denn in der Missionsstation konnte nur eine geringe Menge gekühlt aufbewahrt werden. Frank hatte eine Methode entwickelt, den Fisch einzupökeln, und deshalb hatten wir viel Salz und große trommelartige Behälter für die Salzlake mitgebracht, um den Lardil das Verfahren vorzuführen. Was uns nun noch fehlte, waren die entsprechenden Mengen Fisch, und wir hatten die alten Männer um Benachrichtigung gebeten, falls sich hierfür eine günstige Gelegenheit bot.

Warrabudgera zeigte zu der schmalen Meerenge zwischen Bargu und Doomanu, den beiden Mangroveninseln im Kanal, hinaus und erzählte uns, daß die Leute dort in früheren Tagen viele Lachse gefangen hätten, indem sie beide Enden des Kanals bei Flut mit Buschwerk verbarrikadierten. Bei Ebbe hätten sich dann zahlreiche Lachse und andere Fische in den seichten Tümpeln des Kanals angesammelt.

Wir ließen unsere Schlauchboote bei Flut ins Wasser und versperrten beide Seiten des Kanals mit unseren großen Netzen. Dann kehrten wir zum Strand von Doolgarnum zurück, um die Männer beim Floßbau zu filmen. Die meisten Baumstämme, die sie gesammelt hatten, waren um die drei Meter lang, und der größte hatte den Umfang eines Oberschenkels. Die Stämme waren fast so leicht wie Korkholz; es war offenbar Treibgut, das sich bei Flut in den Mangroven verfangen hatte. Ich hatte erwartet, daß sie ein kleines quadratisches Floß bauen würden, aber die Männer wählten zwei der dicksten Stämme aus, die gekrümmt waren, und legten sie auf den Boden, um den Umriß des Wasserfahrzeugs festzulegen. Dann suchten sie passende Stämme aus, um den Zwischenraum auszufüllen, wobei die dünneren Stammenden die Bootsspitze bildeten. Die Stämme mit kleinerem Durchmesser kamen zuletzt als oberste Schicht und formten eine Art Deck. Dann wurden die Stämme fest zusammengeschnürt, Büschel aus Bindigras zur Abpolsterung darübergelegt – und fertig war das *walpa*. Die Männer hatten nicht einmal eine Stunde gebraucht, um das Floß herzustellen.

Bunbudgee hatte die Stämme ausgewählt, alle Arbeitsschritte beaufsichtigt und außerdem zwei abgeflachte Mangrovenwurzeln abgeschnitten, die als Ruder fungierten. Nun beanspruchte er das *walpa* als sein Eigentum: Wie die Tradition es verlangte, wollte er das Floß eigenhändig ins Wasser schleppen; die anderen hatten nichts weiter zu tun, als es auf seinen Rücken zu laden. Er beugte sich nach vorne, um die Last aufzunehmen, und die anderen bürdeten sie ihm auf. Der arme alte Bunbudgee knickte in den Knien ein und verschwand unter dem Holzstoß wie eine gestrandete Schildkröte unter ihrem Panzer. Nachdem sich seine vier Helfer vor Lachen ausgeschüttet hatten, ließen sie die Tradition Tradition sein und halfen ihm dabei, das Floß startklar zu machen. Dann versuchten sie, rittlings darauf Platz zu nehmen, und übten sich im Speerewerfen auf dem schwankenden Untersatz. Auch Dick kletterte aufs Floß und verwandelte sich im Handumdrehen in einen wilden Krieger, der drohend seine Speere schüttelte und in Lardil ankündigte, er werde ans Ufer kommen und ihnen den Garaus machen, weil sie die letzte große Flut verursacht hätten.

Am späten Nachmittag kehrten wir zu den Netzen zurück, die sich unter dem Gewicht der Fische bogen; das seichte Kanalwasser brodelte vor zappelnden Fischleibern. Wir zogen die Boote ins Flachwasser, und mit viel Gespritze, Rufen und aufgeregtem Hin und Her wurden die Fische aus den Netzen in die Boote befördert. Einige Männer wateten, mit Fischspeeren und Speerschleudern ausgerüstet, ins Wasser und warnten sich durch gegenseitiges Zurufen vor Bullebul, dem großen gefleckten Stechrochen, der mit seinem Stachel wild durchs Wasser peitschte. Viele Fische waren entweder übers Netz gesprungen oder hatten es umschwommen, aber am Ende hatten wir ungefähr hundert Lachse gefangen, von denen ein jeder drei bis vier Kilogramm wog. Als wir unsere Netze einsammelten, sah Warrabudgera, wie einige junge Männer in den Schlamm urinierten. Er hielt ihnen sofort eine Strafpredigt auf Lardil, fuchtelte mit seiner Speerschleuder herum und sagte, sie hätten den morgigen Fischzug verdorben: Die Fische würden den Urin riechen und sich verziehen, weil sie wüßten, daß sie gejagt würden. Die jungen Männer taten dies als Gerede des alten Jamba ab, legten am nächsten Tag wieder ihre Netze aus – und gingen leer aus.

Wir filetierten die Lachse, säuberten sie vom Blut und legten sie über Nacht in eine starke Salzlake ein. Am nächsten Tag ließen wir sie auf Büschen zwei Tage lang von der Sonne bescheinen, bis sie ordentlich gepökelt waren. Die Lardil waren aus dem Häuschen, als sie den Pökelfisch kochten und probierten; ihnen wurde klar, daß sie diese Leckereien auch ihren Familien mitbringen konnten. Wir hatten unser gesamtes Salz verbraucht, aber glücklicherweise besaßen wir ein Funkgerät. Wir riefen am Abend in der Missionsstation an und erfuhren, daß gerade ein Arzt vom ärztlichen Flugdienst dort übernachtete. Am nächsten Tag flog er in einer Drover-Maschine herüber und warf einen Sack Salz ab, genug, um den Fischfang fortzusetzen.

Die Flutbeschwörer von Langu Narnji

Dick und ich hatten uns schon seit einigen Jahren mit der auf Marnbil zurückgehenden Flutbeschwörungszeremonie befaßt. Mein Freund erinnerte sich, daß er als Kind zahlreiche Geschenke von den im südlichen Flachland lebenden Stämmen eintreffen sah, insbesondere von den Jungaru auf der Forsythe-Insel und den Jangarn am Carpentariagolf. Den Geschenken war ein Nachrichtenstab beigefügt mit der Bitte, man möge während des nächsten Monsuns keine großen Überflutungen verursachen.

Die Inseln Mornington, Denham und Langu Narnji wurden von den Lardil bewohnt, die kleineren Inseln der nördlichen Wellesley-Gruppe dagegen von den Jungarl. Auf den flachen Inseln der südlichen Wellesley-Gruppe – vor allem Bentinck, Sweers und Allen – lebten die Kiadilt. Die Angehörigen all dieser Stämme sind mittlerweile nach Gununa auf der Mornington-Insel umgesiedelt.

Das Volk der Lardil unterteilt sich in vier Stammesgruppen, die nach den Himmelsrichtungen unterschieden werden: im Norden die Gidgurumbanda, im Osten die Leelumbanda, im Westen die Balambanda und im Süden die Lurrumbanda. Zum Klangebiet der Lurrumbanda gehörten Langu Narnji und der benachbarte Teil der Mornington-Insel, die bei Ebbe durch freiliegende Schlammzonen miteinander verbunden sind. Die Lurrumbanda waren die Herren der Flut, und sie führten ihre Beschwörungszeremonien an der Nordostspitze von Langu Narnji aus.

Die Gezeiten im Carpentariagolf gleichen jenen im Golf von Mexiko: Innerhalb von vierundzwanzig Stunden gibt es in beiden Regionen einmal Flut und einmal Ebbe. Bei bestimmten Mondphasen können sich die Gezeiten »verdoppeln« und auch länger anhalten als gewöhnlich. Starke Winde können die Gezeiten ebenfalls nachhaltig beeinflussen: Ein kräftiger und anhaltender Südostwind kann in den südlichen Bereichen des Carpentariagolfs einen außergewöhnlichen Wassertiefstand bei Ebbe bewirken; bläst der Wind dagegen aus Norden – was häufig mit dem Auftreten von Wirbelstürmen einhergeht –, dann werden die Wassermassen nach Süden getrieben und überschwemmen dort das Flachland. Als ich mich im Januar 1964 auf der Mornington-Insel aufhielt, zog gerade ein kleiner Wirbelsturm mit dem Namen »Little Audrey« von Norden her durch das Golfgebiet und passierte die Mornington-Insel im Westen. Damals stieg die Flut um 1,3 Meter über die durchschnittlichen Höchstwerte.

Die Lardil kennen viele Legenden über die großen Fluten vergangener Zeiten. Bei einer Überschwemmung sollen auf der Forsythe-Insel nur noch die auf Anhöhen stehenden Bäume aus dem Wasser geragt haben, und die Jungarl konnten nur überleben, indem sie ihre Flöße an den Bäumen festbanden. Von Langu Narnji war bei dieser Katastrophe lediglich noch die Spitze eines zwanzig Meter hohen Sandkamms zu sehen. 1948 übertraf die Flut die durchschnittlichen Höchstmarken um ganze drei Meter. Wie es hieß, soll sie ein gewisser Shilling, ein Angehöriger der Lurrumbanda, verursacht haben: Nach einem Streit mit dem Missionar sei er nach Langu Narnji gegangen und habe dort zur Vergeltung die Flut beschworen. Das

Hochwasser überschwemmte auch die in die Dünen gegrabenen Brunnen auf der Bentinck-Insel – letzter Ausschlag für die Entscheidung der Kiadilt, zur Missionsstation auf der Mornington-Insel überzusiedeln.

Die Lurrumbanda sagten, sie würden von den benachbarten Stämmen für jede Überschwemmung verantwortlich gemacht, ob sie nun die Beschwörungszeremonie durchgeführt hatten oder nicht. Nach besonders verheerenden Unwettern wurden sie daher häufig von den vereinigten Kriegsverbänden der betroffenen Stämme überfallen. Die Lurrumbanda erhoben Tribute von den nächstgelegenen Inseln und dem Festland und gaben im Gegenzug das Versprechen, keine weiteren Fluten zu verursachen. Ein wesentlicher Grund für die Flutbeschwörung waren Kämpfe und Streitfälle zwischen den Lurrumbanda und den Stämmen der benachbarten Gebiete, die sie besuchten. Hatten sie eine Schmach erlitten, wurden ihre Stammesältesten durch einen Nachrichtenstab von dem Vorfall unterrichtet. Diese traten dann zusammen und entschieden, ob eine Beschwörungszeremonie durchgeführt werden sollte oder nicht.

Ich war im Januar 1964 als Gast bei einem solchen Treffen zugegen. Ein betagter Angehöriger der Lurrumbanda, der auf dem Festland bei der Doomadgee-Missionsstation lebte, hatte per Boten einen Nachrichtenstab mit dem wöchentlichen Flugdienst geschickt. Der Überbringer interpretierte die Nachricht als Bitte der in Doomadgee lebenden Ältesten, durch eine Flutbeschwörung sechs junge Mädchen zu bestrafen, weil sie die für sie bestimmten Männer nicht heiraten wollten. Vor dem Eintreffen der Nachricht und der Sitzung war jedoch der Wirbelsturm »Little Audrey« an Mornington vorbei in Richtung Doomadgee weitergezogen. Nach einigen Diskussionsbeiträgen hatte Warrabudgera, der älteste Wortführer der Lurrumbanda, gefragt, ob es um Domadgee herum höher gelegenes Land gebe. Als man ihm sagte, daß dies nicht der Fall sei, meinte er: »Das ist schlecht, denn dann könnten auch die guten Menschen ertrinken. Vielleicht hat ihnen der Wirbelsturm schon einen Denkzettel verpaßt.« Der zufällige Zyklon kam also sehr zupaß.

Warrabudgera führte nun den Ablauf der Flutbeschwörungszeremonie im einzelnen aus:

> Zuerst begaben wir uns auf eine Erhebung auf der gegenüberliegenden Seite der Mornington-Insel und bauten robuste Unterstände gegen Schlechtwetter. Die kreisförmigen Hütten besaßen ein Gerüst aus den Stämmen junger Bäume, das sich nach oben hin wölbte und mit dicken Lagen aus Papierrinde und Bindigras bedeckt war. Wir verstauten darin Nahrungsmittel, Feuerholz und Trinkwasser, das wir in großen Muscheln aufbewahrten. Nach getaner Arbeit sammelten wir Papierrinde, Pflanzenfasern und zwei Holzstöcke, Materialien zur Herstellung des Flutstocks. Dann gingen wir nach Mundawah, wo Marnbil den magischen *kial* (weißen Lehm) ausgegraben hatte. Wir folgten Marnbils Weg weiter, hinunter zur Küste am Binburragun Creek und die Küste entlang bis zur Lil-liltuh-Landspitze. Dort deponierten wir den Lehm und die Stöcke für den nächsten Tag.

Man ernannte Thundulmindidja zum Zeremonienmeister der Flutbeschwörung und beschloß, daß Burrud den Lehm tragen sollte. Wir verschoben den Besuch von Dingelma auf später und wollten direkt nach Mundawah gehen. In den nächsten Tagen, so glaubten sie, sei der Wasserstand niedrig genug, um die entscheidende Flutzeremonie durchzuführen, denn mittlerweile hatte ein starker Südostwind eingesetzt, der die Golfgewässer nach Norden trieb.

Am folgenden Morgen herrschte gedämpfte Aufregung, und mir wurde klar, daß von den Anwesenden nur eine Handvoll alter Männer die Zeremonie selbst schon erlebt hatten – ein Ritual, das bei den Menschen am südlichen Golf gefürchtet war und das die Lardil mit tiefem Schrecken erfüllte. Die jüngeren Männer waren darauf erpicht, einer Zeremonie beizuwohnen, die bei jeder Regenzeit in aller Munde war.

Die Flutbeschwörer durften sich der Tradition zufolge nicht unterhalten, wenn sie die zwei Meter langen Stöcke vom Strandhibiskus schnitten, sie abschälten und aus der Rinde Seile herstellten. Stillschweigend sammelten sie Pflanzenfasern, und dann nahm ein jeder einen Behälter aus Rinde sowie seine Speere und Speerschleudern. Der Zeremonienmeister führte, von Burrud gefolgt, eine Reihe hintereinander gehender schweigsamer Männer an, die auf ihrem Weg nach Mundawah im Inselinnern sich noch mit Papierrinde eindecken wollten. Mundawah liegt fast genau im Zentrum der Insel in einem lichten, niedrigen Eukalyptuswald. Der Ort befand sich am oberen Abschnitt eines kleinen, mit Geröll verfüllten Bachlaufs, an dessen flachen Ufern der Lehm freilag. Alle schauten schweigsam zu, als Burrud mit seiner Speerschleuder Lehm ausgrub und die trockenen Klumpen in zwei Rindenkörbe füllte. Dann gingen wir, immer noch im Gänsemarsch, auf Marnbils altem Pfad weiter, nach Binburragun und anschließend nach Lil-liltuh. Ich fragte mich, wie viele Hunderte von Generationen Marnbil auf diesem Weg schon gefolgt waren. Das Material für das Zeremonialgerät wurde bei Lil-liltuh zwischen Korallenfelsen im Gebüsch versteckt, und dann kehrten wir nach Doolgarnan zurück.

Die Ebbe hatte bereits eingesetzt, als die Flutmacher am nächsten Tag beschlossen, sich wieder nach Lil-liltuh zu begeben und das Ritual fortzusetzen. Sie holten das versteckte Material hervor und setzten sich nieder, befeuchteten den Lehm und pappten ihn um das eine Ende des Stockes, bis eine ovale Masse von ungefähr fünfzehn Zentimetern Durchmesser und fünfundzwanzig Zentimetern Länge entstand. Währenddessen bemalten sie ihre Gesichter, Körper, Arme und Beine mit Querstreifen aus weißem Lehm, die von Gischt gekrönte Sturmwellen darstellen sollten. Das mit Lehm bepackte Stockende wurde mit Papierrinde umwickelt, mit Schlamm bestrichen und mit Pflanzenfasern zugebunden – fertig war der *doolmidjal*. Sie stellten noch einen zweiten Flutstock her, ersetzten aber den Lehm durch eine Mischung aus Staub und Sand. Wenn man ihn ins Wasser hielt, würde er keine Flut erzeugen.

Die Ebbe hatte ein Riff freigelegt, das Langu Narnji mit einer kleinen, rund zweihundert Meter vor der Küste gelegenen Insel mit dem Namen Woonooneya verband. Die Flutmacher gingen an dem Riff entlang und verbargen die Flutstöcke auf einem hervorstehenden Felsen im Norden des Inselchens zwischen niedrigem Gestrüpp. Von Woonooneya aus verlief das Riff in einem Bogen nach Westen und dann ungefähr einen Kilometer weiter nach Norden. Etwa in der Mitte befanden sich unterhalb des Riffs fünf flach gewölbte Steinbögen: die Zeremonialstätte der Flutbeschwörung. Die Männer kehrten zurück, um niedrigeren Wasserstand abzuwarten.

Zwei Tage später war es soweit: Die Ebbe war genügend fortgeschritten, um zu den Unterwassergewölben gelangen zu können. Die Männer machten sich wieder nach Woonooneya auf und holten den *doolmidjal* hervor. Sie erneuerten ihre Körperbemalung mit Lehm, wobei sie auf ihre Umgebung ein waches Auge hatten: Es konnte durchaus sein, daß Leute, die die Ausführung der Flutbeschwörung verhindern wollten, sie im Handstreich überfielen. Die Flutmänner nahmen nur die Stockattrappe, nicht den echten *doolmidjal*, und gingen am Riff entlang nach Osten, bis sie bei den Gewölben ankamen. Man nannte sie Bidjinea-narwee, Ort des Gestanks, und bezeichnete damit einen Platz, an dem schlechte Taten ausgeübt wurden.

Die fünf Bögen standen stets unter Wasser. Burrud nahm nun den Stock, riß von der Umhüllung etwas Rinde ab und tauchte durch den ersten Bogengang. Unter Wasser brach er den »falschen Lehm« ab und verteilte ihn beim Tauchen. Er kam kurz nach oben und tauchte dann unter dem zweiten Gewölbe durch. Der »Lehm« färbte das Wasser weiß und symbolisierte so eine brodelnde Brandung, die Flutwellen. Während Burrud tauchte und den »Lehm« verteilte, stand der Zeremonienmeister auf einem Korallenfelsen knietief im Wasser und sang mit lauter Stimme »Wah, wah, wah«. Normalerweise durchquerte man nur drei Steinbögen, es sei denn, man wollte eine außerordentlich große Überschwemmung hervorrufen. Die alten Männer meinten, eine solche Flut könnte das ganze Land überspülen und alle Menschen töten. Nachdem Burrud die drei Gewölbe durchschwommen hatte, gingen die Flutmänner den Weg am Riff entlang zurück, bis sie bei einer kleinen Sandbank ankamen, die sie Gwa-argan nannten.

Hier fand die Abschlußzeremonie der Flutbeschwörung statt. Die Männer wateten durch seichtes Wasser am Strand und riefen »Wah, wah, wah! Tu, tu, tu, tu!«, Laute, mit denen sie die Geräusche des bewegten Meeres nachahmten. Dabei legten sie sich auf die Dünen und ließen sich zum Strand hinunterrollen; sie machten die hohen Wellen nach, die heranrollen und an die Küste branden. Schließlich erhoben sich die Männer unten am Strand. Sie tanzten, die Arme erhoben und weit ausgebreitet, hüpften herum und riefen Dewallewul an. So begaben sie sich nach Woonooneya und von dort nach Lil-liltuh. Während des Tanzes riefen sie: »Wah, wah, wah. Jetzt werden diese Leute, unsere Feinde, sterben. Der Dugong, die Schildkröte, der Hai und alle Fische müssen sterben. Die große Flut wird kommen und sie alle ans Land spülen. Alle Lebewesen müssen sterben.«

Von Lil-liltuh aus überquerten die Männer Langu Narnji bis zur Landspitze von Doolgarnan und setzten von dort ihren Weg über die Schlammzonen fort, um sich den Zurückgebliebenen bei Dingelma anzuschließen. Diese sahen die Flutmänner kommen und wußten, daß die Zeremonie vorbei war, weil die Männer ihre Körperbemalung nicht mehr trugen. Die Flutbeschwörer sprachen kein Wort, als sie ihre Familien wieder trafen. Nun galt es, gegen die herannahende Flut Vorkehrungen zu treffen.

Die Flut kommt in verschiedener Weise. Es kann eine gewaltige Springflut bei klarem Himmel sein oder ein Schub nach dem anderen, jeder Wellenberg höher als der vorherige. Meist trifft die Flut aber in Begleitung eines Wirbelsturms ein. Das erste Zeichen, mit dem Dewallewul das Unwetter ankündigt, kann bei Tag ein großer Ring um die Sonne, bei Nacht um den Mond sein. Dann weht kein Hauch, und die Luft wird drückend heiß. Die Wolken ballen sich zusammen und werden immer dunkler, der Wind hebt an, erst sanft und säuselnd, dann mit jeder Stunde stärker und ungestümer. Erste Tropfen fallen und gehen schnell in einen heftigen, langen Platzregen über. Der Wind wird zum Sturm, bis plötzlich eine Stille eintritt, in der man das Ächzen der nächsten Böe schon von weither hören kann. Das Tosen schwillt zum Gebrüll an; der Sturm packt mit Riesenkraft die ganze Insel, jagt den Regen waagerecht vor sich her und wütet wie mit Donnerschlägen, während er alle Bäume zerschmettert. Das kann viele Stunden so gehen, und den Menschen bleibt nichts anderes übrig, als sich in Papierrinde zu hüllen und sich auf der Erde liegend zusammenzuschmiegen, bis das Schlimmste vorüber ist. Da im Auge des Zyklons ein wesentlich geringerer Luftdruck herrscht, ist dort die Flutwelle am höchsten. Fällt der Wirbelsturm außerdem noch mit einem Hochwasser der Gezeiten zusammen, dann gibt es eine Überschwemmung, die Stoff für Alpträume und Legenden liefert.

Wenn die Leute der Ansicht sind, daß nun genügend Ungemach gestiftet worden sei, halten sie ein Treffen ab und bitten die Flutmänner, dem Sturm Einhalt zu gebieten. Sie sammeln Steine am Strand, entfachen ein großes Feuer und legen die Steine in die Glut. Wenn sie sehr heiß sind, werden sie von den Flutmännern herausgescharrt und zum Schutz für die Hände mit Rinde umwickelt. Dann nehmen die Flutbeschwörer Stein um Stein, rennen zum Strand hinunter und werfen sie ins Meer, kurz bevor die Welle sich bricht und gegen die Küste brandet. So geht es weiter, bis die Steine ausgegangen sind und die Wellen wissen, daß sie zurückgehen müssen.

Dick und Burrud trafen die Vorbereitungen für die zeremonielle Feier zu Ehren der Regenbogenschlange, und für die Tänze und Liederzyklen brauchten sie eine große Menge weißer Federn. Einige Männer sagten, sie hätten Schwärme von Corella-Kakadus bei der Gadmanjilla-Landspitze gesehen, dem Zufluchtsort vor den Sturmwellen. Dick schlug vor, wir sollten mit einem Gewehr dorthingehen und eine stattliche Anzahl Kakadus erlegen; wenn die anderen Männer die Schüsse hörten, sollten sie nachkommen, die Vögel rupfen und zum Mittagessen braten.

Wir stießen bald auf eine große Schar weißer Kakadus, die am Boden nach Nahrung suchten. Ich spazierte zur Ablenkung in einiger Entfernung hin und her, während Dick sie umging und sich hinter einer niedrigen Sanddüne anpirschte. Mit dem ersten Schuß erlegte er drei oder vier Kakadus, aber als der Schwarm dann aufstob, riß sein zweiter Schuß empfindliche Lücken in das Durcheinander. Die Vögel kreisten nun über ihren gefallenen Kameraden, und etliche von ihnen erlitten durch zwei weitere Schüsse dasselbe Schicksal. Wir hatten insgesamt über dreißig Kakadus geschossen, die wir nun auf einen Haufen zusammenlegten. Wir nahmen unseren Anteil, ließen den Rest für die übrigen Männer zurück und stiegen eine nahegelegene Anhöhe empor, um ein kleines Felsdach zu besichtigen.

Auf der Spitze des Grates befand sich eine niedrige Felswand aus Korallengestein. Sie wölbte sich über einen Felsboden und bildete so einen kleinen Unterschlupf. Der Platz lag dreißig Meter über dem Meeresspiegel, und man konnte sich gut vorstellen, wie sich hier ein paar Familien zusammenkauerten, fröstelnd und hungrig, und zusahen, wie die Flut unerbittlich anstieg.

Wir rupften gerade unsere Vögel, als die anderen ankamen. Einige schlossen sich uns an und steckten die Federn in ihre Taschen, während die übrigen Holz sammelten und auf dem Korallenfelsboden oben ein großes Feuer anzündeten, um die Vögel zu rösten. Als der alte Bunbudgee dort die Flammen lodern sah, eilte er herbei und schaute erschrocken auf die Szenerie. »Yackai! Marnbil hat gesagt, man darf dort kein Feuer machen, sondern nur auf Erde und Sand!« Die jungen Männer schauten ein wenig unbehaglich drein, waren aber offenbar der Ansicht, Marnbil könne seine Augen nicht überall haben. Wir nahmen unsere gerupften Vögel, gingen hoch und schwatzten ein bißchen, während jemand die in der Glut liegenden Tiere mit einem langen Holzstock wendete. Sie waren fast gar, als es plötzlich eine ohrenbetäubende Explosion gab, der einige weitere laute Rumser folgten. Wir gaben Fersengeld, drehten uns in sicherer Entfernung um und sahen, daß der Felsboden aus Korallengestein in einigen Schichten Luftblasen enthalten hatte. Unter der Hitzeentwicklung des Feuers hatte sich ein gewaltiger Druck entwickelt, den Felsboden gesprengt und Steine, Holzscheite sowie die gebratenen Vögel in alle Richtungen geschleudert. Bunbudgee kugelte sich vor Lachen und konnte in dieser Nacht nicht genug davon bekommen, zusammen mit Dick das Schauspiel unserer Flucht aufzuführen. Marnbil dürfte daran seinen Spaß gehabt haben.

In der Nacht hatte sich Yalmeal, der Südostwind, zu einer leichten Brise abgeschwächt. Wir erwachten an einem strahlenden Morgen, und vor uns lag die ruhige See in silbernem Glanz. Burrud der Jäger befand, dies sei die günstigste Gelegenheit, um Dugongs und Schildkröten zu jagen. Während er sich um die Harpunen, Geschoßspitzen, Seile und Stricke kümmerte, stiegen zwei junge Männer auf den Gadmanjilla und hielten nach den weißen Flecken im Wasser Ausschau, die die auf dem Grund weidenden Dugongs verursachen. Warrabudgera ordnete an, daß der Älteste Thundulmindidja mich auf Marnbils Weg rund um die Insel mit Dick als Übersetzer mitnehmen sollte. Ich traf eifrig meine Vorbereitungen und zog gerade meine Stiefel an, als Dick vorbeikam. Man sah ihm an, wie aufgeregt er war, als er sich meine Tabakdose auslieh und eine Zigarette drehte. Er flüsterte fast: »Weißt du, Warrenby, wir werden heute etwas ganz Besonderes sehen: das Wallaby-Vorratslager, das Gurngin und Margara dem Küstenkänguruh gehört. Mir war es nie vergönnt, auch nur einen Blick darauf zu werfen, so ein strenges Gebot ist das. Als ich ein Kind war, mußten wir einmal dort vorbeigehen, als wir zum Strand hinunter wollten. Wir mußten uns Gesträuch seitlich ans Gesicht halten, damit wir nicht hinüberschauen konnten. Der alte Thabu Kenny wird uns erzählen, was es damit auf sich hat.« Ich wußte, daß die Wallaby-Traumstätte wie viele andere Plätze in der Umgebung auf Marnbil zurückging, aber es war mir bis dahin nicht klar gewesen, daß es verborgene und geheiligte Orte waren. Ich begriff nun, warum nur ich dorthin durfte und Warrabudgera darauf bestand, keine Kameras mitzunehmen.

Da die Wegstrecke um die Insel ungefähr zehn Kilometer betrug, deckten wir uns mit ausreichend Nahrungsmitteln und Wasser für den ganzen Tag ein. Wir brachen zunächst in südwestliche Richtung auf und gingen den Strand von Doolgarnun entlang. Als wir ihn fast hinter uns hatten, hob Kenny die Arme in die Höhe, grüßte die Sanddünen hinter dem Strand und sagte etwas auf Lardil, wobei auch der Name Warrenby fiel. Dick übersetzte den Gruß mit »armer alter Kumpel Warrenby«, denn dort in den Dünen lag er irgendwo begraben. Dann erzählte Dick, wie Warrenby einige Zeit nach der großen Flut von Kriegern der Nordwind-Lardil getötet worden war, als Vergeltung für einen Streit um Frauen. Seine Leiche trieb im Meer vor der Gadmanjilla-Landzunge. Er muß allein zum Fischfang unterwegs gewesen sein, als sie ihm auflauerten. Er war mit Speeren bewaffnet gewesen und hatte sein Leben teuer verkauft, denn in der Nähe fand man vier tote feindliche Krieger.

Der erste Vorratsplatz war Jardunga, ein weitläufiges, ebenes Sandsteingebiet, das Marnbil für eine große Feuerstelle geschaffen und dort auch seine Fußspur im Felsen hinterlassen hatte. Die einheimische Bezeichnung für diesen Abdruck lautete *jardunga*, Fuß (*jar*) eines Mannes (*dunga*), und Dick erläuterte die Spur. Eine schmale, mit Mangroven bestandene Bucht, die sich in unmittelbarer Nähe befand, hieß Budulbeethulba, »Garnelenplatz«. Dort stellten sich die Menschen nach der Regenzeit in einer Reihe auf, wateten mit großen Schöpfnetzen durchs Wasser und erbeuteten zahlreiche Garnelen (*booya*). Dabei sangen sie ohne Unterlaß: »Girdi jili barngan jilaru« (Die Garnele ist klein, aber sie kann dich mit ihren Stacheln verletzen). Auf der anderen Seite der Bucht lag die Gadmanjilla-Landspitze mit ihrem höchsten Punkt Darbung, dem Zufluchtsort bei Hochwasser. Wir stiegen hinauf und beobachteten, wie sich die Jagdboote in nördliche Richtung zur Charlie Busch-Bucht entfernten.

Gegenüber konnten wir auf der Hauptinsel die Bucht von Bahudgun sehen, wo Marnbil eine Regenzeremonie durchgeführt hatte. Die Lieder, mit denen man diesen Ritus begleitete, wurden nun leise von unserem Sänger wiederholt, als wir unseren Weg fortsetzten: »Birri yawu layarra« (Ein großer Regen kommt, aber wir haben ein Dach über dem Kopf), und »Dalia ranba bolin biyu« (Der Sturm zieht auf).

Nach ungefähr einem Kilometer Küstenmarsch kamen wir zur Birriwaga-Landspitze. Dort hatte Marnbil in den landeinwärts gelegenen Dünen den größten Brunnen der gesamten Insel gegraben. Jenseits der Meerenge waren die rosafarbenen und weißen Klippen der Goobirah-Landzunge zu sehen, wo die beiden Brüder Bullebul der gefleckte Stechrochen und Yarran der Seeadler mit dem roten Rücken einst Fische gefangen, sie gekocht und verzehrt hatten. Da sie aber zu gierig gewesen waren und sich die Bäuche zu sehr vollgestopft hatten, wälzten sie sich umher und stöhnten vor Pein. Da kam ein großer Schwarm winziger Bienen an, die Wongabel, die sich in den Haaren und Bärten der Brüder verfingen. Die Wongabel hatten den Geruch süßer Blüten von den Teebäumen auf der Insel wahrgenommen und wollten hinüberfliegen, aber Bullebul sagte ihnen, es sei zu weit, sie würden ins Wasser stürzen. Sie belästigten Bullebul weiter, bis er ins Meer sprang, um ihnen zu entkommen. Als die Wongabel nun hinüberfliegen wollten, bespritzte er sie jedoch mit Wasser, so daß sie ertranken. Yarran sagte ihnen, sie sollten umkehren und alle anderen Wongabel warnen, sie könnten nie den Kanal überqueren. Deshalb gibt es heute keine Bienen auf der Insel; Yarran sitzt immer noch auf Goobirah und hält die Bienen ab, während Bullebul, der gefleckte Stechrochen, im Kanal aus dem Wasser springt und klatschend wieder hineinfällt.

Es ging bei dieser Geschichte um Habgier und gemeinsames Verteilen, insbesondere von Honig, der vielbegehrten Leckerei. Wie jedes Lebewesen waren auch die Wongabel einst Menschen gewesen. Einzelne Bestandteile ihrer Stöcke wurden nach wichtigen Gliedmaßen und Organen des menschlichen Körpers benannt: Der Eingangstunnel war die Nase, und die Scharen der ausfliegenden und zurückkehrenden Bienen waren die Arme des Ahnwesens, die ausgestreckt wurden, um Nahrung zu sammeln. Das wichtigste Gesetz über Honig lautete, daß derjenige, der den Bienenstock gefunden hatte, den Honig nicht anrühren durfte. Statt dessen mußte er die Leute der Umgebung verständigen, die den Honig dann aßen, und der Finder mußte sich seinerseits darauf verlassen, daß er bei anderen Funden seinen Anteil bekam.

Wir gingen um die Birabella-Bucht herum und erfuhren, daß das dahinter liegende Land Judurugan dem Hornhecht gehörte, dem Herrn der Feuerhölzer, denn dort wuchs der Strandhibiskus, aus dem man die zur Feuererzeugung notwendigen Stöcke herstellte. Um schnell Feuer zu bekommen, muß man die Stöcke mit Drehbewegungen gegeneinanderreiben und ausrufen: Schuuuuu Didmunja Schuuuuuuuuuu.

Wir kehrten um, und nach einer Weile fiel mir auf, daß sich das Verhalten von Dick und Kenny verändert hatte. Beide waren nun schweigsam und gingen vorsichtig weiter, so als ob sie keine Geräusche machen wollten. Wir näherten uns einem rosafarbenen und weißen Sandstein, der aus dem Boden herausragte und an die Klippen von Goobirah erinnerte. In seiner Mitte war auf natürlichem Wege ein Amphitheater ausgehöhlt worden, dessen Wände ungefähr zwei Meter hoch waren – es war Boogar Nilwa Jarjijga, die Traumstätte der Wallabys. Dort befanden sich eigenartige, ebenfalls von der Natur geschaffene Felsformationen, die Thundulmindidja erläuterte und deren Namen er mit leiser Stimme nannte: Warama und Tharabai, die Männer; Gurngin und Margara, die Frauen. Der Älteste wurde nun immer aufgeregter und flüsterte nur noch, als er uns die letzte Stelle, vier runde Löcher am Fuß einer niedrigen Wand, zeigte; das Wasser, das aus ihnen sickerte, hatte auf dem Felsen weiße Flecken hinterlassen. Dick übersetzte, dies sei der Samen, der nach sexuellen Ritualen aus den Wallabymädchen herausfließe. Als ich mich wenig später umdrehte und eine Frage stellen wollte, waren die beiden schon unauffällig und schnellen Fußes verschwunden.

Dick wartete drunten am Strand auf mich. Er lächelte verschmitzt und sagte: »Der alte Thabu hat's nicht ausgehalten – die alten Leute haben vor solchen Plätzen wirklich eine große Scheu. Er wartet drüben auf der Landzunge.« An seiner erleichterten Miene konnte ich allerdings ablesen, daß sich nicht nur die Alten vor den Traumstätten fürchteten.

Abb. 16 Frauen mit Kind (Ginger Creek)

Abb. 17 Willy Long mit traditioneller Bemalung und Federschmuck

Abb. 18 Caesar Le Chu am »Split Rock«. Bei der auf dem Kopf stehenden cremefarbenen Figur handelt es sich um Schadenszauber gegen einen Angehörigen der Schwarzen Polizei

Abb. 19 Zwei nahezu in Lebensgröße gemalte Männer in der Krokodil 1-Galerie

Abb. 20 Zwei Frauenfiguren, eine davon mit weißem Amulett, Zeichen der Liebesmagie. Rechts ein Felswallaby mit Jungtier (Fundstätte der Roten Frau, Jowalbinna)

Abb. 21 Darstellung eines Paares mit Grabstock (links) und Bumerang (rechts) (Todesotter-Fundstätte, Jowalbinna)

Abb. 22 Figurenensemble am Sandy Creek. Oben ist eine ältere, linear gezeichnete Figur zu erkennen

Abb. 23 Frauenfigur mit strahlenförmigem Kopfschmuck, die über eine waagerechte Frau gemalt worden ist. Links eine Pflanze, rechts eine Wasserschildkröte und ein Wels (Todesotter-Fundstätte, Jowalbinna)

Abb. 24 Waagerechte große Menschenfigur am Mosman-Fluß

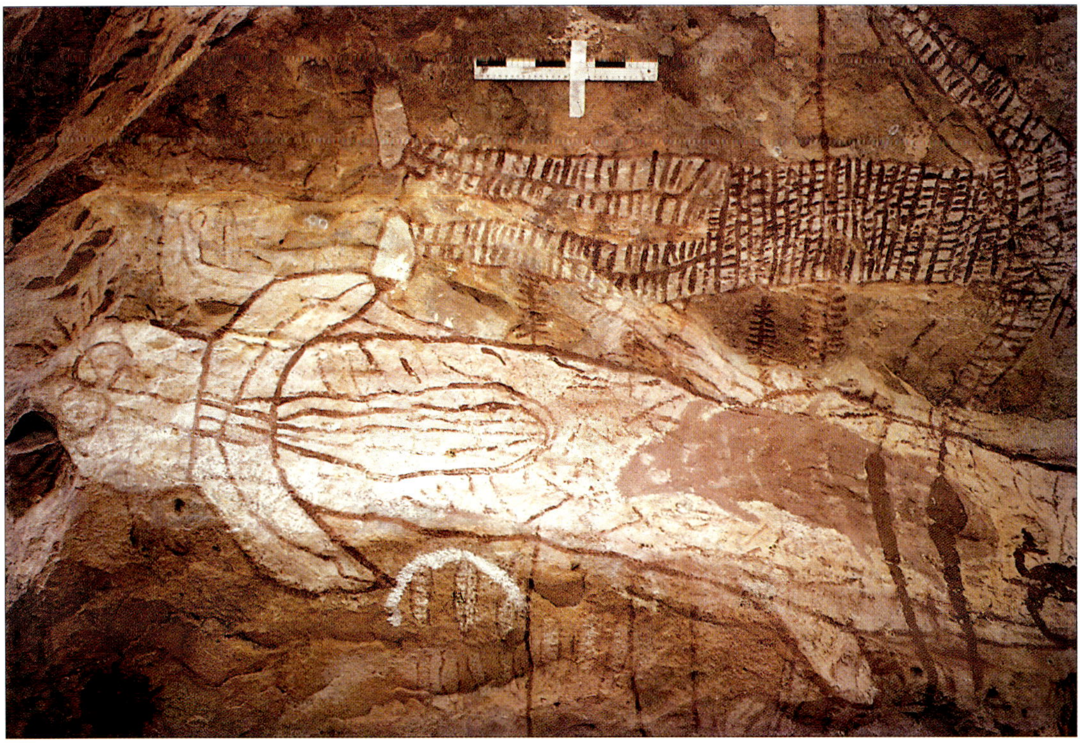

Abb. 25 Die armlose Frau in der Steinaxt-Galerie

Abb. 26 Liebesmagie (Deighton-Fluß)

Abb. 27 Auf den Felsboden gepickte Koitusdarstellung (Jowalbinna)

Abb. 28 Ahnwesen beim Dingo-Tanz (Dingo-Traumstätte)

Abb. 28a Ahnwesen mit zu einem Schopf zusammengebundenen Haaren (Bull Creek)

Abb. 29 Weiblicher Quinkin (Todesotter-Stätte)

Abb. 30 Männlicher Quinkin (Jowalbinna)

Abb. 31 Linear gezeichneter Quinkin (Jams-Traumstätte)

Abb. 32 Winzige Quinkinfigur (Sandy Creek)

Unser nächster Anlaufpunkt war die Landspitze von Thundulgan, hinter der sich Walpa-Gunduwin, die Floß-Baustelle, befand. Man las das leichte Treibholz zwischen den Mangroven auf und brachte es zu einer ebenen Stelle, wo man die Stämme zusammenband. Thabu sang ein Floßlied: »Yakinba rungui – biyarra rama« (Schwer beladen mit Fisch – wir suchen den Weg nach Hause). Vorne an der kleinen Bucht lag Wanguh, die Traumstätte von Ngarrawun dem Blaufisch. Ganz nah an der Küste hatte Marnbil hier eine Süßwasserquelle geschaffen. Er war aufgestanden, hatte zwei Steine gegeneinandergeschlagen, und dann waren alle Blaufische an die Oberfläche gekommen. Nach einer ausgiebigen Regenzeit sprudelte das Wasser hervor und war gut zu trinken. Es perlt, weil Ngarrawun, das Ahnwesen, es durch seine Kiemen (*wunguh*) pulsieren läßt.

Wir gingen den Strand von Lilungla entlang und kamen zur Gurdungea-Landspitze, die sich fünfzehn Meter über dem Meeresspiegel erhob und in der Regenzeit als Lagerplatz diente. Landeinwärts standen viele Teebäume, die ihren Namen dem Umstand verdanken, daß Cooks Matrosen aus ihrer Rinde Tee gebraut hatten. Die Eingeborenen stellten aus ihnen das Balkenwerk für ihre Hütten her, in denen sie dann zur Regenzeit Unterschlupf fanden.

Burugun, wörtlich übersetzt Fischnetzholz, war die nächste Station. Hier wuchsen Sträucher an einem kleinen Bach, die lange, geschmeidige Stöcke lieferten. Das Holz war widerstandsfähig und konnte zu Kreisen gebogen werden, die Umfassungen für die Schöpfnetze abgaben. Wir folgten dem Bach bis zu seinem Ursprung, einer Quelle, aus der spärlich Wasser tröpfelte. Marnbil und Gin-gin hatten hier gelagert, als er die Quelle schuf, die den Dooguray Creek (Samenbach) speiste. Dieses Gebiet war ein Teil der Wallaby-Traumstätte, aber nicht so geheiligt, und der alte Thabu war daher entspannter. Die geheimen Namen der Ahnwesen mußten nur an den wichtigsten Traumstätten geflüstert werden.

Wir gingen um die Bangeega-Bucht herum und kamen an einen Bach, den man Baranda Dubulan nannte. Er floß aus dem Yarbargun-Land, der Heimat von *bunji* (Schwager) Jams, das seinerseits mit dem nächsten Vorratsplatz in der Mudu-mudugun-Bucht in Beziehung stand. Der Name dieser Bucht bedeutet »langer Penis«, und landeinwärts davon befand sich Lingawadngala, der große Platz der Beschneidungszeremonie. Da Warrabudgera mir diese Stätte später zeigen wollte, setzten wir unseren Weg um die Goonbulgan-Bucht fort, vorbei am Schauplatz der Flutbeschwörung, Lil-lilthu, und die Küste entlang bis zur Yarwalla-Bucht. Ihr Name – Windschutz – verwies darauf, daß die Menschen hier in kalten, trockenen Jahreszeiten ihr Lager aufschlugen.

Als wir uns dieser Stelle näherten, trat Thundulmindidja beinahe auf ein großes Exemplar der Kragenechse Mukaji. Das Tier hatte in der Nachmittagssonne gedöst und war nun offensichtlich der Meinung, es sei ein Todeskandidat. Damit wäre es gar nicht so falsch gelegen, wenn wir nicht einen gerösteten Dugong oder eine gebratene Schildkröte zum Abendessen erwartet hätten. Mukaji jedenfalls sprang auf seine Hinterbeine und raste davon, den leuchtenden Kragen zur Schau gestellt, hin zu seinem bevorzugten Baum. Anstatt ihn mit einem Bumerang herunterzuholen, sang der alte Thabu Mukajis Lied. Die Eidechse war mit Hochtouren beim Baum angelangt und auf der von uns abgewandten Seite des Stammes wie ein geölter Blitz hochgeklettert. Von nun an achtete sie darauf, daß sie stets den Baumstamm zwischen sich und uns hatte, damit sie kein Speer oder Bumerang treffen konnte. Dick erklärte, daß es in Mukajis Lied genau um dieses Verhalten ging. Vor der Schlacht beschwört der Krieger singend die *nulla nulla*, seine Keule: Ihr Holz solle immer zwischen ihm und dem Feind sein, so wie der Baum Mukaji schützt.

Wir näherten uns schließlich Doolgarnun und hörten aus der Ferne Gesang. Als wir aufs Meer blickten, sahen wir, daß die Boote zurückkehrten. Der Wind trug den zeitlosen Refrain übers Meer:

»Wirri birabi laman buru – wirra birabi laman buru.
Wirra birabi garka manga – wirra birabi garka manga.«

Wir waren auf der Jagd – Fische gab es hier und da.
Es ist eine gute Jagd gewesen – es ist eine gute Jagd gewesen.

Dick sagte, es sei eines seiner Lieblingslieder. Die Jäger hatten einen großen Dugong und eine Schildkröte mitgebracht.

Im Lager war Dick fleißig damit beschäftigt, ein Stück von einem Baumstamm mit dem Beil zu bearbeiten. Er erzählte mir, er sei im Busch gewesen und habe nach gekrümmten Wurzeln gesucht, um Bumerangs herzustellen, aber dann sei ihm ein abgeknickter und abgestorbener Ast aufgefallen, der fast rechtwinklig gekrümmt war. In der Biegung befand sich ein Loch – das Auge Thuwathus, der Regenbogenschlange, die ihn beobachtete. Als er den Ast näher betrachtete, entdeckte er auf der anderen Seite an derselben Stelle ein ähnliches Auge. Der Ast war hohl, und man mußte sein offenes Ende nur noch ein wenig mit dem Beil bearbeiten, um es in den aufgesperrten Rachen von Thuwathu zu verwandeln; also schlug er den Ast vollends ab und brachte ihn mit ins Lager. Mit rotem Ocker eingerieben und mit weißen Wellenlinien bemalt, die die Gischtkronen der Meereswellen darstellten, hatte man dann den Kopf der leidenden Regenbogenschlange mit aufgerissenem Maul, die am nächsten Tag im Mittelpunkt einer Zeremonie stehen sollte.

Die Vorbereitungsarbeiten für die zeremoniellen Ausrüstungsgegenstände und die Körperbemalung nehmen bei einem wichtigen Ritual viele Stunden in Anspruch. Der halbmeterhohe, zugespitzte Kopfschmuck besteht aus zusammengebundener Rinde und ist mit menschlichen Haarflechten bedeckt; auf seiner Spitze werden Büschel aus Emu- oder Kakadufedern angebracht, und Knäuel aus angesteckten Flaumfedern geben dekorative Muster aus der Traumzeit wieder. Durch Warrabudgeras Kopfputz wurde unterhalb der Spitze ein meterlanger Stab waagerecht hindurchgesteckt und seine beiden Enden mit herabhängenden Emufedern geschmückt. Das waren die großen Ohren von Thuwathu. Einige schlangenähnliche Motive der Körperbemalung stellten die Kriechspuren von Thuwathu dar, andere die Wellen, die durch die Fortbewegung der Regenbogenschlange erzeugt wurden. Büschel harter Eukalyptusblätter, die man unterhalb der Knie um die Beine band, zischten wie die an der Küste auslaufenden Wellen, wenn die Tänzer auf den Boden stampften.

Die Tänzer nahmen Aufstellung und tanzten in zwei Schlangenlinien, um die Spur darzustellen, die Thuwathu bei seiner Reise hinterlassen hatte; das *didjeridu* ahmte das Geräusch seiner Fortbewegung nach, und eine dröhnende Blasmuschel imitierte das Klagen und Ächzen der leidenden Schlange. Im zweiten Teil des Zyklus, in dem sich Thuwathu Sorgen um seine Schwester und ihr Kind macht, werden die Lieder qualvoll und unsagbar traurig; sie bringen die Grunderfahrung einer Trauer zum Ausdruck, die allen Menschen zueigen ist:

»Jararma ami jaram abu
Jararma ami jarama abu.«

Der letzte Tanz und das letzte Lied handeln von der Sternschnuppe, dem Auge Thuwathus, das über den Himmel zieht. Die Bänder und Federn, die die Tänzer in den Händen halten, stellen den feurigen Schweif dar. Sie beobachten ihn voller Furcht und weichen erschreckt zurück, wenn das Klappern aufeinandergeschlagener Stöcke anzeigt, daß der Stern herabfällt. Sie singen dann:

»Birin jalan jalu rungu
Birin jalun jalu rungu.«
(Funken sprühen aus dem Auge).

Der bemalte Kopf Thuwathus lauschte diesen uralten Beschwörungsliedern hohläugig und mit aufgesperrtem Rachen. Trockener weißer Lehm an seinem Halsansatz symbolisierte das schäumende Meer, aus dem er sich erhoben hatte.

Neben Thuwathus Kopf stand ein abstrakteres Sinnbild, das seine Anwesenheit bezeugte: Ein hölzernes Kreuz steckte im Boden, dessen Spitze und äußeren Enden mit hin und her schwankenden Emufedern geschmückt waren, die seinen Kopf und seine großen Ohren repräsentierten. Schnüre, die von der Kreuzspitze über die Enden des Querstockes nach unten, zur Mitte des Kreuzes, gespannt waren, bildeten ein Viereck, und die auf ihnen angebrachten weißen Federbüschel gaben die Schaumkronen der Wellen wieder. Zwei große ovale, polierte Muscheln, die vom Kreuz herabhingen, standen symbolisch für die verheerende Gewalt und die magische Kraft Thuwathus. Dieses packende Drama konnte seinen Eindruck auf die Jungen, deren Beschneidung bevorstand, nicht verfehlen. In ihm kam auch die schwere Verantwortung des Mutterbruders zum Ausdruck, der sich um seine Schwestern und deren Kinder zu kümmern hatte.

Da ich in Fragen der Linguistik keinerlei Erfahrung besaß, hatte ich schon vor Beginn der Expedition Vorbereitungen getroffen, um die Damin-Sprache aufzuzeichnen. Das wichtigste war eine Liste mit vierhundert Wörtern und Redewendungen, die Dr. Lamont West, ein amerikanischer Ethnologe, zusammengestellt hatte, als er mit den Yao-Leuten auf der Kap York-Halbinsel arbeitete. Ich hatte vor, die Unterschiede zwischen dem gewöhnlichen Lardil und dem Damin näher zu untersuchen, und wollte dabei folgendermaßen vorgehen: Ich sagte ein Wort oder eine Redensart in Englisch, und Burrud, der Englisch und Lardil fließend beherrschte, sollte es auf Lardil wiederholen, so daß Warrabudgera es dann in die Damin-Sprache übersetzen konnte.

Es war eine erstaunliche Sprache: Einige Worte und Sätze klangen wie gewöhnliches Lardil, aber die Schnalzlaute, das Schniefen und Grunzen, die Pfeiftöne und anderen natürlichen Geräusche unterschieden das Damin von allen anderen Sprachen der Welt. So gab es beispielsweise eine kleine und eine große »Fisch-Sprechweise«. Die kleine Fischsprache wurde zuerst erlernt, und ich erkannte bald, daß sie in der Natur vorkommende Laute enthielt, die man bei der Jagd auf Fisch oder andere Beute entlang der Küste und in den Mangroven hören konnte: das Blubbern platzender Schlammblasen, das Schwirren der Insekten oder Vogelrufe wie etwa das »giri, giri, giri« des gescheckten Austernfischers, das auf Damin bedeutete: »Bildet rasch einen Kreis mit euren Fischnetzen.« Die große Fischsprache bestand hingegen aus Geräuschen, wie sie während der Jagd bei Ebbe weiter draußen am Riff zu vernehmen waren, zum Beispiel das Plätschern der Wellen und ähnliches.

Ich erfuhr, daß ein Fachmann für Linguistik, der Amerikaner Dr. Ken Hale, die Lardil-Sprache vor sechs Jahren aufgezeichnet hatte und gegenwärtig in der Nähe von Alice Springs arbeitete. Ich schickte meine Tonaufnahmen an das Institut mit der Bitte, es an ihn weiterzuleiten. Seine Antwort kam postwendend. Ken Hale hatte die Umgangssprache der Lardil aufgezeichnet und war dabei auch auf einige Damin-Worte gestoßen. Da seine Aufnahmen aber auch zahlreiche Hilfssprachen enthielten, so etwa die bei vielen Stammesgruppen gebräuchlichen »Respektsprachen« gegenüber Schwiegermüttern und Schwägern, hatte er dem Damin keine weitere Beachtung geschenkt. In seinem Brief hieß es nun: »Aus Ihren Bandaufnahmen geht eindeutig hervor, daß das Damin in der Tat eine Sonderstellung unter den Sprachen Australiens beanspruchen darf. Von besonderem Interesse ist der Umstand, daß das Damin Schnalzkonsonanten zu enthalten scheint, die man bislang nur aus Afrika kannte, sowie einen weiteren Konsonanten – erzeugt durch Einziehen von Luft in die Nase –, der, soweit man weiß, in keiner anderen Sprache vorkommt.« Dem Brief war eine lange Liste kurzer Sätze beigefügt, die in Damin aufgenommen und baldmöglichst an ihn weitergesendet werden sollten. Er hatte sich vorgenommen, nach einem kurzen Zwischenaufenthalt in Amerika der Mornington-Insel einen Besuch abzustatten. Ich schickte ihm wie vereinbart die auf Damin übersetzten Redewendungen, aber eine chronische Krankheit hielt ihn für mehrere Jahre in den Vereinigten Staaten fest.

Es war mir unterdessen nicht gelungen, auch nur einen australischen Linguisten für das Damin zu interessieren, und so mußte ich alleine damit zurechtkommen. Das Problem war, daß es wesentlich mehr Fragen als Antworten gab. Das Damin war ganz offenkundig eine Jagdsprache, aber warum bestand danach ein Bedarf, wo man doch schon eine Zeichensprache für diesen Zweck besaß? Vielleicht war es auch nur ein Relikt, eine fossile Überlieferung aus den frühen Zeiten der Homo sapiens-Jäger, die man aus irgendwelchen Gründen beibehalten hatte und als respektvolle Anrede für den Schwager verwendete? Die Lardil wußten auf meine Fragen keine Antwort; man habe Damin geredet, seit Marnbil diese Sprache erschaffen habe.

Die Antwort mußte, wie stets, in dem Wissensschatz verborgen liegen, den Marnbil hinterlassen hatte. Ich führte mir Marnbils Traumstraße nochmals vor Augen, um eventuell auf weitere geheime Mitteilungen zu stoßen. Mir kam die Ewar-Landspitze in den Sinn, wo Marnbil erstmals bei Nacht fischte, tags darauf zum Sandelholzland hinüberschaute und feststellte, daß Dewallewul ebenfalls bei Nacht auf Fischfang ging. Das war mit Sicherheit kein zufälliges Zusammenspiel, denn alles, was Marnbil sagte oder tat, hatte eine Bedeutung. Was war an der Ewar-Landspitze geschehen?

Des Rätsels Lösung kam wie ein Blitz aus heiterem Himmel. Menschen, die wie die Lardil an Riffen lebten, jagten hauptsächlich bei Ebbe. Überall auf der Welt, mit Ausnahme des Golfs von Mexiko, kamen die Gezeiten regelmäßig zweimal innerhalb von vierundzwanzig Stunden, von der Gravitationskraft des Mondes an- und abgezogen. Der Carpentariagolf bildete die zweite Ausnahme, denn hier gab es nur eine Ebbe in vierundzwanzig Stunden. Bei einem achtundzwanzigtägigen Mondzyklus bedeutete dies also, daß hier etwa vierzehn Ebben in die Nachtzeit fielen. Wenn Marnbil hungrig war, dann mußte er fischen, sei es bei Tag oder bei Nacht, denn das winzige und zudem kärgliche Hinterland hielt für ihn auf längere Frist kaum ausreichend Nahrungsmittel bereit.

Warrabudgera kannte keine anderen Menschen in der Golfregion, die eine dem Damin vergleichbare Sprache hatten. Allerdings wußte er nichts von den Bewohnern der Vanderbilt- oder Groote-Inseln zu berichten, und es kann daher nicht ausgeschlossen werden, daß auch sie eine ähnliche Jagdsprache entwickelt haben. Für die Küstenstämme auf dem Festland reichten die Ebben bei Tage aus, denn sie konnten ihr Nahrungsangebot durch Beutelratten, Wallabys und Emus ergänzen, wenn die Ebbe in die Nachtzeit fiel. Dick hatte mir erzählt, daß zu der Zeit, als er noch ein traditionelles Stammesleben führte, die Menschen auch bei Nacht während der Ebbe gejagt hatten.

Am Nachmittag gingen die Männer in morastige Gegenden und zu Bachläufen, wo Papierrindenbäume wuchsen. Sie zogen die Rinde in langen Streifen ab und rollten sie zu Bündeln zusammen, die bis zu vier Meter lang waren. Mit grünen Schlingpflanzen zusammengebunden, spendeten diese ansehnlichen Fackeln Licht für eine beträchtliche Zeit. Die Zeichensprache war in der Finsternis nutzlos, ebenso wenn man die Hände mit Fackeln, Fischnetzen, Speeren und anderem Gerät voll hatte. Also blieb nur die Erzeugung von Lauten übrig, die aber so an die Geräuschkulisse der Umgebung angepaßt sein mußten, daß die Jagdbeute – Fische, Schildkröten oder Dugongs – nicht aufgeschreckt und verscheucht wurde.

Im Land der Schlangenmänner

Der Einkaufsladen von Laura befand sich in unmittelbarer Nähe zur örtlichen Kneipe; beides waren typische Buschbauten aus verrosteten, durchhängenden und verbeulten Wellblechen, in denen bodenständige, in der Wildnis aufgewachsene Familien lebten. Davor dösten schläfrige Viehtriebhunde im Staub, und Milane zogen ihre Kreise über der Szenerie. Am Holzgeländer vor dem Pub, im Schatten der Mangobäume, wurden die Pferde angebunden. Als ich mit meinem Landrover vor der alten, handbetriebenen Benzinpumpe anhielt, erschien auch schon Bowie Gostelow, der Eigentümer des Ladens, auf der Bildfläche. Er war stämmig, sonnenverbrannt, barfuß und freundlich, begrüßte mich herzlich und wollte wissen, was bei unserer Suche nach dem »verflixten Schwarzenkram« denn herausgekommen sei. Bowies Familie besaß außerdem die Koolburra-Rinderfarm. Er hatte den Großteil seines Lebens damit verbracht, ausgewildertes Vieh im Busch zusammenzutreiben, wobei er sich von nichts anderem als gepökeltem Rindfleisch und Teigfladen aus der Satteltasche ernährte. Als er nun das Benzin in den Glasbehälter oben in der Zapfsäule pumpte, sagte er: »Hab' mal 'n paar Malereien von den Schwarzen oben am Hann gesehn, als wir dort Vieh zusammentrieben. Müssen 'ne komische Farbe verwendet haben, denn sie hat sich in den Felsen geätzt.«

Ich hatte schon davon gehört, daß man in anderen Ländern Gravierungen entdeckt hatte, die mit Farbe ausgefüllt waren; in Australien hingegen war bislang kein solcher Fund bekannt. Ich fragte Bowie nach dem genauen Standort der Malereien, und er versicherte mir, es sei vom Koolburra-Gehöft aus ein Ritt von ungefähr fünfzig Kilometern in südwestlicher Richtung; mit dem Wagen sei dort kein Durchkommen. Ich folgte ihm in den Laden, um mich noch mit etwas Vorrat einzudecken. Der einzige freie Fleck war ein enger Flur vor der langen Ladentheke; der restliche Raum war ausgefüllt mit Feldkochern, Meßbechern, Karbidlampen, Reifen und allerlei Gerätschaften, ohne die man im Busch nicht auskommen konnte. Zaumzeug, Steigbügel und Reitklamotten hingen an Nägeln von der Wand, und auf dem Tresen stapelten sich Cowboyhüte. Dick war mit Eifer dabei, an Bowies Frau Vivienne eine Rindenmalerei zu verkaufen. Seine Einnahmen investierte er dann in Tabak für unsere Reise.

Wir standen beide am Beginn einer siebenwöchigen Expedition, mußten aber zunächst noch nach Cooktown, um Willy mitzunehmen. Auch Willy hatte von Malereien am Oberlauf des Hann erzählt, die er gesehen hatte, als er mit den Tomahawk-Leuten dort auf der Jagd war; Gravierungen hatte er allerdings nicht erwähnt. Bowie hatte uns den Tip gegeben, wir sollten auf dem Weg zum Hann bei der Koolburra-Farm vorbeischauen; sein Bruder Miles könne uns weitere Auskünfte geben.

Wir hatten unser Basislager am Laura-Fluß eingerichtet und brachen früh am nächsten Morgen nach Cooktown auf. Da der Kühler des alten Landrovers undicht war und sich das Lenkgehäuse wegen der welligen Piste gelöst hatte und unentwegt klapperte, wollten wir zuerst die Schäden beheben und alles andere überprüfen, bevor wir uns in die entlegene Wildnis um den Hann aufmachten.

Willy war in Begleitung von Joe Musgrave. Das Klanland seines Stammes, der Spaltfußgänse-Leute, lag am Morehead-Fluß und war nicht allzuweit vom Hann entfernt. Da er sich in der Gegend gut auskannte, baten wir ihn, mitzukommen. Willy erzählte uns, daß alle dächten, er ginge zur Hopevale-Mission, um sich ein weiteres Mal zu verheiraten. Er aber habe entschieden, daß es in seinem Alter – er ging auf die Achtzig zu – auf ein oder zwei Wochen nicht ankäme. Als wir abends wieder im Lager waren, holten wir unsere Karten heraus und warfen einen Blick auf das Gebiet des Hann-Flusses. Es handelte sich um ein großes, flaches Sandsteinplateau, das Teil der Großen Wasserscheide war. Die »Wüste«, wie man diese Region auch nannte, bildete einen Mittelpunkt, von dem fünf Flüsse strahlenförmig ausgingen. Drei davon – King-, Alice- und Coleman-Fluß – flossen nach Südwesten und Westen in den Carpentariagolf ab, während Hann und Morehead nach Nordosten zu in die Prinzessin Charlotte-Bucht mündeten. Ich bat Willy, mir den Standort der Malereien auf der Karte zu zeigen, aber er meinte, er könne keine Karten lesen und bräuchte dies auch nicht, weil er eine Karte in seinem Kopf habe. Mit dem Finger malte er die Umrisse der »Wüste« und den Verlauf der Flüsse in den Staub und erzählte dabei die Schöpfungsgeschichte dieses Landstrichs.

Die Schlangenmänner reisten einst nach Norden und jagten andere Menschen; sie töteten die Leute und hängten die Leichen in Bäumen auf, um sie später einzusammeln. Als die Schlangenmänner Durst verspürten, verwandelten sie sich in Känguruhs, um schneller an ein Wasserloch zu gelangen.

Auch eine Gruppe von Vogelmännern war unterwegs auf der Jagd. Sie sahen die Känguruhs und beschlossen, einige davon mit dem Speer zu erlegen. Honigesser warf seinen Speer auf das größte Känguruh, das in Wirklichkeit ein Taipan-Mann war. Taipan zog den Speer aus seiner Flanke und schnupperte daran, um herauszufinden, wer ihn angegriffen hatte. Er schnüffelte in der Luft und sagte: »Ah, er versteckt sich in einem der Bäume da drüben.«

Taipan begann alle Bäume umzustoßen, sprang hierhin und dorthin. Baum um Baum knickte er um, aber Honigesser wechselte immer rechtzeitig auf einen anderen Baum über. Schließlich landete er in einem großen, weißblühenden Wildapfelbaum. Taipan war nun schon müde und konnte den kräftigen Baum nicht fällen. Deshalb kam Honigesser mit dem Leben davon.

Als die Schlangenmänner bemerkten, daß sie den Wildapfelbaum nicht umstoßen konnten, verwandelten sie sich in Schlangen zurück und verbargen sich im hohen Gras. Taipan versteckte sich unter dem Wildapfelbaum.

Honigesser konnte keinen der Schlangenmänner sehen, aber er hielt weiter Umschau. Nachdem er lange gewartet hatte, beschloß er, hinabzuklettern, aber zuvor brach er Äste ab und warf sie rund um den Baum ins Gras. Als er kein Lebenszeichen von Schlangen entdecken konnte, kletterte er herab und setzte vorsichtig einen Fuß auf den Boden – immer noch nichts; also setzte er auch den anderen Fuß auf den Boden, und im Handumdrehen hatte Taipan ihn in die Ferse gebissen.

Nun kamen alle Schlangen aus ihrem Versteck und fielen über Honigesser her. Sie rissen ihn in Stücke und fraßen ihn auf. Nach dem großen Mahl legten sich die Schlangen im Gras zum Schlafen nieder.

Alpudda der Spornkuckuck, der Bruder von Honigesser, hatte sich mittlerweile auf Fährtensuche begeben. Er entdeckte schließlich die Überreste seines Bruders unter dem Wildapfelbaum und sah dort die Schlangen schlafen. Er kehrte zum Lager zurück und erzählte den Vogelleuten, was mit seinem Bruder geschehen war. Die Frauen von Honigesser schnitten sich mit Steinen in die Haut und stimmten ein Klagegeheul an. Die Vogelmänner beschlossen, das Gras anzuzünden und die Schlangen zu verbrennen. Anjimagee der Schraubenbaumfink und Alpudda nahmen die magischen Feuerhölzer und zündeten das trockene Gras in einem weiten Kreis um die schlafenden Schlangen an.

Diese waren völlig ahnungslos, weil es ein magisches Feuer war, das ohne Rauch und Knistern brannte; nur die Flammen züngelten behend durchs Gras. Schließlich erwachten die Schlangen und sahen die Flammen; sie suchten nach einem Ausweg, aber das Feuer hatte sie vollständig eingeschlossen. Nur fünf Schlangen gelang die Flucht: Taipan, Braunschlange, Todesotter, Schwarzotter und Teppichschlange. Sie entkamen unterirdisch und tauchten an verschiedenen Stellen des Landes wieder auf.

Die Vogelmänner beschworen durch Gesang einen Regen, der das magische Feuer löschte. Das Wasser floß in den Spuren der flüchtenden Schlangen ab und bildete die fünf Flüsse.

Wo ein magisches Feuer brannte, kann kein Gras mehr wachsen; deshalb nennt man diesen Ort die Wüste. Der Honigesser mit dem blauen Gesicht fliegt hier heute noch von Baum zu Baum.

Wir packten unsere Sachen zusammen und fuhren in aller Frühe nach Laura, um zu tanken und Vorräte zu besorgen. Als wir gegen Mittag bei der Koolburra-Rinderfarm ankamen, mußten wir feststellen, daß Miles und Connie Gostelow gerade zu einem Viehtrieb ausgeritten waren. Wir aßen unter Mangobäumen zu Mittag. Da Willy und Joe sich absolut sicher waren, den Weg durchs Gelände zu finden, brachen wir schließlich auf und folgten den Spuren eines Farmtransporters grob in der angegebenen Richtung, bis wir am Jones Creek ankamen. Dort machten wir einen Durchgang frei und stießen schließlich auf eine alte Wagenspur, die uns, wie Willy versicherte, in einem großen Bogen um sumpfiges Gebiet herumführte. Wir folgten dieser Spur über eine weite Strecke, bis sie sich schließlich im Sand verlor. Willy zeigte mit dem Kinn zu einem flachen Hügel hinüber, wo sein Vater begraben lag; diese Erhebung mußten wir südlich passieren. Wir durchquerten eine lichte Waldlandschaft aus Eukalypten, die mit Eisenbäumen, Blutbäumen und Akazien durchsetzt war. Es gab auch viele Wildäpfel- und Pflaumenbäume, deren Äste sich unter dem Gewicht der unreifen Früchte bogen. Man hatte in einigen Teilen des Gebiets Feuer gelegt, was uns das Vorankommen wesentlich erleichterte. Unmittelbar vor Sonnenuntergang kreuzten wir den Paradise Creek und schlugen dort unser Lager auf.

Frühmorgens weckte uns das Geheul der Dingos. Dick antwortete ihnen und sagte, er ahme das Heulen einer Hündin nach. Wir saßen gerade beim Frühstück, als ein stattlicher, orangefarbener Hund an unserem Lager vorbeisprang und verwundert auf unseren Landrover schaute. Bei unserer Weiterfahrt durch das Teebaumland mußten wir uns durch eine Menge Sand hindurcharbeiten. Da ich nur im ersten und zweiten Gang fahren konnte, verrußten die Zündkerzen schnell, aber nach weiteren zwanzig zermürbenden Kilometern in Richtung Hann errichteten wir unser Lager unter schattigen Papierrindenbäumen. Wir waren bis zum Jungle Creek gekommen, einem Seitenarm des Hann-Flusses.

Das Quellgebiet des Hann war eigenartig: Es gab keine sandigen Ufer, sondern das kristallklare Wasser floß durchs Gras, und an manchen Stellen war der Flußlauf so schmal, daß man leicht hinüberspringen konnte. Wegen des klaren Wassers konnte man sich über seine Tiefe täuschen, und als Dick in den Fluß gehen wollte, um sich zu waschen, stand er plötzlich bis über beide Ohren im Wasser. Nicht weit von unserem Lager entfernt versickerte der Fluß in einem großen Sumpf. Dick sagte nach seinem unfreiwilligen Tauchgang, er hätte etwas vorsichtiger sein müssen bei einem Wasserlauf, den der alte Taipan geschaffen hatte. Ich fragte mich, ob die anderen Flüsse, die dem Wüstenplateau entsprangen, ein ebenso enges und tiefes Flußbett besaßen. Damit hätten die Mythen über ihre Entstehung gewissermaßen eine logische Grundlage. Willy sagte, der wichtigste Fundort befinde sich auf der westlichen Seite des flachen Tales. Wir wanderten nach Süden den niedrigen Hang entlang, stießen aber nur auf sehr wenige kleine Felsdächer, die keinerlei Spuren enthielten. Wir wechselten auf die Westseite hinüber und gingen in die Richtung zu unserem Lager zurück. Die drei kleinen Felsdächer, die wir entdeckten, waren jeweils mit ein paar Gravierungen und Malereien geschmückt, aber ein größerer Lagerplatz war nicht darunter. Als wir den Morast umgingen, überraschten wir eine große Herde Schweine. Ein hastig abgefeuerter Schuß verwundete zwar ein Jungtier, das jedoch in den Sumpf flüchten konnte – sehr zur Enttäuschung von Willy und Joe, die uns mit leeren Händen zurückkommen sahen. Beide waren sehr darauf bedacht, mit gekochtem Schweinefleisch nach Hause zurückzukehren, so daß Dick versprach, vorher nochmals auf Schweinejagd zu gehen.

In dieser Nacht erzählte uns Willy eine Geschichte über den gräßlichen Quinkin mit Namen Ungarr oder Ahbin. Schauplatz des Geschehens war Willys Klanland am Alice-Fluß, auf der anderen Seite des Wüstenplateaus. Der Bericht handelte von Ungarr dem Quinkin, von Tul-tul dem Regenpfeifer, seiner Frau sowie ihrem Sohn Minya, dem schwarzgesichtigen Raupenesser, der von Baum zu Baum fliegt und »Minya, minya« – in der Sprache der Olcula »Fleisch, Fleisch« – ruft.

> Tul-tul der Regenpfeifer nahm eines Tages seine Speere und ging auf die Jagd, während seine Frau und sein Sohn im Lager zurückblieben. Die Frau zerschlug Nüsse vom Schraubenbaum, um sie zum Kochen zuzubereiten, und Minya spielte zwischen den Bäumen, auf die Rückkehr des Vaters wartend. Er ging von einem Baum zum nächsten und rief laut: »Minya, hat mein Vater ein Känguruh erlegt?«, oder »Minya, hat mein Vater einen Emu erlegt?«, oder »Minya, hat mein Vater ein Huhn erlegt?«
>
> Ungarr beobachtete aufmerksam das Lager und sah, wie die mit gekreuzten Beinen dasitzende Frau Schraubenbaumnüsse zerschlug. Sie saß nicht so, wie es sich gehörte, nämlich mit der Ferse im Schoß, und gab ihr Geschlecht den Blicken preis. Ungarr schlich sich heran, stieß sie um und steckte seinen langen Penis in sie hinein. Er durchdrang sie ganz, so daß sein Penis ihr die Eingeweide zum Mund herausdrückte und selbst daraus hervorragte. Die Frau starb, und Ungarr rannte weg, um sich in einem großen, hohlen, abgestorbenen Baum, seinem Zuhause, zu verstecken.
>
> Als Tul-tul zurückkehrte, trug er ein Känguruh auf dem Kopf. Minya erzählte seinem Vater, wie der Quinkin seine Mutter umgebracht hatte, und zeigte ihm den Baum, wo sich Ungarr verborgen hielt. Tul-tul schnitt als erstes ein großes Stück Fleisch aus dem Känguruh heraus und steckte es seiner Frau in den Mund, aber es war nicht groß genug und fiel geradewegs durch. Dann nahm er ein noch größeres Stück und preßte es in sie hinein, bis es in ihrer Brust steckenblieb. Ein weiteres Fleischstück führte er durch die Vagina ein. Mit dem Fleisch des Känguruhs stellte er ihre Eingeweide wieder her, und die Frau erwachte zu neuem Leben. Tul-tul legte den Arm um seine Frau, und beide weinten. Tul-tul sagte ihr, es sei wieder alles mit ihr in Ordnung.
>
> Als nächstes rief Tul-tul seinen Sohn Minya herbei und trug ihm auf, die Feuerhölzer zu holen und sich bereitzuhalten, um rasch ein Feuer anzuzünden. Er hieb ein Loch unten in den Baum, wo sich der Quinkin versteckte, und füllte es mit trockenem Gras und Holz. Dann verstopfte er alle anderen Löcher im Baum mit Rinde.
>
> »Was machst du da?« fragte Ungarr.
>
> »Nichts weiter. Es könnte regnen, und ich decke alle Löcher zu, damit du nicht naß wirst.«
>
> »Das ist gut. Es ist sehr nett von dir, daß du das für mich tust.«
>
> Als Tul-tul alle Löcher verstopft hatte, sprang er vom Baum herab und sagte zu Minya, er solle mit seinen Feuerhölzern das Feuer anfachen. Bald züngelte das Feuer den hohlen Baum empor, und sie konnten hören, wie Ungarr prustete und hustete, als Hitze und Rauch um ihn zunahmen. Sie sahen, wie Urin und dann Kot herabfiel. Ungarr hatte wirklich große Angst.
>
> Der Baum war bald verbrannt und Ungarr nur mehr ein Aschehaufen. Das einzige, was von ihm übrig blieb, war sein außerordentlich langer Penis; er war zu hart, um zu verbrennen. Tul-tul nahm sein Steinbeil und schlug ihn in kleine Stücke, die er übers ganze Land verteilte, so daß jeder Mann und jede Frau etwas abbekam. Auf diese Weise kamen die Männer zu ihrem Penis und die Frauen zu ihrer Klitoris.

Dick erzählte daraufhin Willy und Joe, wie Gin-gin einst Dewallewul in Versuchung geführt hatte, als sie Schraubenbaumnüsse zerschlug, und wie in der Folge das Gesetz erlassen wurde, daß sich die Frauen gehörig hinzusetzen hätten, damit die Männer nicht in Versuchung gerieten.

Ich erzählte, wie Adam von Eva verführt wurde.

Willy konnte es kaum erwarten, den Hauptlagerplatz aufzusuchen, und so machten wir uns am nächsten Morgen auf, um abermals am Westhang weiter vorzustoßen. Nach kurzer Zeit gelangten wir an ein großes Felsdach. Es war ein hochgelegener, freier Platz, der wie eine Blasmuschel aussah und nach Osten gerichtet war; das Felsdach war ungefähr fünfzehn Meter breit und fünf Meter tief, und die gewölbte Felsdecke erhob sich zwischen drei und sechs Meter über dem Boden. Der Untergrund bestand hauptsächlich aus Fels mit gelegentlichen dünnen Sandablagerungen. Wir konnten am Boden viele Kerben entdecken, die beim Schleifen der Beilklingen entstanden waren; überall lagen Steinwerkzeuge und Abschläge herum.

Der Ort enthielt sowohl Gravierungen als auch Malereien. Die meisten der flächig ausgepickten Darstellungen von kleinen Männern, Bumerangs und einem Aal waren mit einer dunkelroten Umrißlinie versehen und manche auch mit derselben Farbe ausgemalt. Es waren die ersten bemalten Gravierungen, die wir gefunden hatten. Die meisten Malereien stellten Männer dar, einige als einfarbige, dunkelrote Silhouetten, andere als cremefarbene Silhouetten mit dunkelroter Kontur und Innendekoration; eine dieser Figuren war ein weibliches anthropomorphes Wesen mit unbestimmter Gestalt. Alle Darstellungen schienen sehr alt zu sein, und zu meiner Enttäuschung wußten weder Willy noch Joe, was sie bedeuteten.

Da Willy sagte, daß der wichtigste Siedlungsplatz weiter nördlich lag, setzten wir unseren Weg fort und entdeckten zwei weitere kleine Felsdächer, die jeweils einige verblichene Malereien und etwas mehr Gravierungen bargen. Ich hoffte, daß das Hauptlager auch Malereien jüngeren Datums aufwies, über die Willy und Joe besser Bescheid wußten. Sie sagten, die Wüstenregion sei unter den Tomahawk-, Beutelratten- und Schlangenleuten aufgeteilt gewesen, und die Stämme hätten sich an den Flüssen angesiedelt, die diesem Gebiet entsprangen.

Etwa ein Kilometer nordwestlich vom ersten großen Felsdach stießen wir in einer kleinen Seitenschlucht auf den Hauptsiedlungsplatz. Es war das beste Felsdach weit und breit; mit seinen zwanzig Metern Breite, sechs Metern Tiefe und einer Höhe von zwei bis zehn Metern war es wie die anderen nach Osten orientiert. Seine Malereien und Gravierungen schienen ebenfalls sehr alt zu sein; die zwei weißen Handnegative auf der Rückwand waren die einzigen späteren Hinzufügungen. Die Gravierungen, überwiegend flächig gepickte Bumerangs, waren hoch oben am schräg ansteigenden Gewölbe angebracht, etwa drei bis vier Meter über dem heutigen Bodenniveau. Der Boden selbst bestand aus einer mindestens einen Meter mächtigen Ablagerung von geschwärztem Sand und Holzkohlestücken.

Oben am Gewölbe waren nur noch Hand und Arm einer großen gravierten Menschenfigur zu erkennen. Der Rest war bei einem kleinen Felsversturz verschwunden, und eine Steinplatte ragte zur Hälfte aus der Bodenschicht heraus. Diese Darstellung mußte vor langer Zeit angebracht worden sein, denn sie hob sich hinsichtlich ihrer Farbe und Patina nicht von der umgebenden Felswand ab, aber ihre Konturen waren an den erhaltenen bemalten Gravierungen abzulesen. Falls die Felsplatte auf Holzkohle gefallen war, würde man über ein entscheidendes Radiokarbondatum verfügen, das über das Mindestalter der Gravierungen Aufschluß geben konnte. An der Rückwand konnte man eine horizontale Markierung ausmachen, und die Farbe des Felsens unterhalb dieser Linie legte nahe, daß es sich um ein altes, über einen Meter höher gelegenes Bodenniveau handelte, von dem aus man die Gravierungen angebracht hatte. Entweder waren die Künstler an den Absätzen der schräg nach innen ansteigenden Wand emporgeklettert, oder sie hatten ein ausgeklügeltes Gerüst ersonnen, das mit Sicherheit nicht einfach aufzustel-len war.

Als einleuchtendste Erklärung für das Verschwinden des alten Bodenniveaus kam die Erosionstätigkeit von Wind oder Wasser in Frage. Die Lage des Felsdachs ließ darauf schließen, daß solche Wassermengen nur bei einer Flut von biblischen Ausmaßen denkbar waren.

Nun herrschte aber nach Aussagen von Klimatologen in Australien über Jahrtausende eine verheerende Dürreperiode, insbesondere in der Zeit vor 17000 bis 15000 Jahren. Es waren vermutlich Winde, die in dieser Trockenphase die Siedlungsreste der vorangegangenen Jahrtausende weggeblasen hatten.

Unter den Darstellungen befanden sich Fragmente gravierter Aale, und zwei andere Gravierungen schienen Spuren wiederzugeben. Eine davon sah aus wie die Fährte des vierzehigen Buschhuhns, ein weiterer gravierter Fußabdruck mit vier Zehen war ungefähr fünfzehn Zentimeter lang. Falls die Gravierungen aus der späten Kaltzeit entstammten, könnte hier die Fährte einer ausgestorbenen Art aus der Megafauna der Beuteltiere abgebildet worden sein, deren Vertreter allesamt während der sengenden Dürreperiode ausgestorben waren.

Willy wußte über die wenigen alten Malereien nichts zu sagen. Es handelte sich um gelb ausgemalte, verblichene anthropomorphe Figuren mit dunkelroter Umrißzeichnung und Innendekoration oder um dunkelrote Silhouetten von Männern, die mit trockenem Pigment aufgetragen worden waren. Als ich Jerry Shepherd, einen Angehörigen des Taipan-Klans, später in Laura traf und nach den Fundstätten am Hann befragte, antwortete er: »Wir haben die Leute nicht gekannt, die diese Malereien gemacht haben. Die Bilder waren schon immer da.« Die Plätze am Hann schienen offenkundig zwei Siedlungsphasen aufzuweisen: Die erste fiel in die späte Kaltzeit, und dann folgte eine lange Unterbrechung aufgrund anhaltender, strenger Trockenphasen. Gegen Ende der Kaltzeit, vor etwa 10000 Jahren, waren die Stätten ein zweites Mal bewohnt. Archäologische Ausgrabungen werden vermutlich den Schleier des Geheimnisses lüften, der diese Fundorte umgibt.

Die Rückfahrt durch den Wald gestaltete sich einfacher, da wir nur unseren eigenen Wagenspuren zu folgen brauchten. Wegen des schwierigen sandigen Geländes mußten wir dennoch jede halbe Stunde anhalten, um die Zündkerzen zu säubern. Wir fuhren gerade einen mit Eukalypten bestandenen Kamm hinab, als Willy plötzlich ausrief: »Ichamba (Emu)! Mein Lieblingsessen! Schieß schnell.« Knapp hundert Meter vor uns rannte ein alter männlicher Emu über unsere Spur, mit fünf fast ausgewachsenen jüngeren Tieren im Gefolge. Ich hielt sofort an und bat Dick, sich aus dem Beifahrerfenster zu lehnen und schrill durch die Zähne zu pfeifen. Die Emus waren in ausgestrecktem Lauf geflüchtet, die Hälse nach vorne gereckt, während sie über umgestürzte Stämme sprangen und behende zwischen den Bäumen davonliefen. Allmählich wurden sie aber langsamer, hielten schließlich an und schauten zum Auto herüber. Dick pfiff nach wie vor in schrillen Tönen, und die Emus, Tiere mit unersättlicher Neugier, wurden davon wie magisch angezogen. Ich glitt aus der Fahrertür, und als Willy mir das Gewehr reichte, fragte ich ihn, welchen er wolle. »Egal welchen – schieß nur nicht daneben.« Da sich die Emus von der Beifahrerseite her näherten, stützte ich das Gewehr auf der Motorhaube auf. Wir verharrten regungslos, bis sie auf etwa dreißig Meter herangekommen waren und hin und her zu laufen begannen, während sie den höchst eigenartigen Fremden in ihrem Wald mißtrauisch beäugten. Die Jungvögel sahen prächtig aus, und es fiel mir schwer, den Abzug durchzuziehen. Aber sie gehörten Willy und Joe, und so nahm ich einen aufs Korn und erlegte ihn mit dem ersten Schuß. Der Rest machte sich mit halsbrecherischer Geschwindigkeit davon, während meine Gefährten aufgeregt aus dem Auto stürzten und zu dem Emu hineilten. Dick befühlte sofort seine Brust, um zu überprüfen, ob das Tier fett war, und sagte: »Wir können ihn nicht essen – der Kerl ist zu knochig.« Aber Willy betastete Schenkel und Steiß und meinte: »Nein, ist ordentlich fett und jung, gutes Fleisch, der Emu.« Dick hatte noch nie Emus gejagt, denn auf den Inseln, wo er lebte, gab es diese Tiere nicht. Bei einem Flugvogel testete er als erstes, ob das Brustfleisch fett genug war, denn eine Speisevorschrift besagte, daß man nichts Mageres essen dürfe; er wußte allerdings nicht, daß die Emus eine hornige Brustplatte haben. Willy und Joe brauchten einige Zeit, um ihn eines Besseren zu belehren. Dann banden wir den Vogel auf der Kühlerhaube fest und fuhren den Jones Creek hinunter, um ihn dort auszunehmen.

Während sie das Tier rupften und die Innereien entfernten, goß ich mit einem Kübel Wasser auf das gegenüberliegende Steilufer, um den sandigen Untergrund fest und damit befahrbar zu machen. Ich nahm das Hindernis und stellte den Landrover auf der anderen Seite ab. Von dem Emu wurde nichts vergeudet; Dick erhielt die Federn für eine Zeremonialfeier, und Willy und Joe ließen nur den Kopf, die Füße und das Gedärm übrig. Als wir gegen Sonnenuntergang unser Lager bei Laura erreichten, machten wir uns sofort daran, den Emu zuzubereiten. Die meisten Teile kamen in den Erdofen, während ich mir ein vorzügliches Stück vom Hinterteil auf dem Feldkocher röstete. Willy und Joe taten sich an gegrillter Leber und anderen kleinen Happen gütlich. Der junge Emu war zart und saftig, er schmeckte ganz ähnlich wie ein Wildhuhn.

Am nächsten Tag blieb Dick im Lager, um Rindenmalereien anzufertigen, während ich Willy und Joe nach Cooktown zurückbrachte. Unterwegs hielt ich an einem Lokal an, wo die beiden ein Bier trinken konnten, und begab mich in einem nahegelegenen Sumpf auf Schweinejagd. Tatsächlich stöberte ich ein Rudel auf, aber als ich mich heranpirschte, sprang der Wind um, und die Tiere waren im Nu verschwunden. Joes Frau Nancy war enttäuscht, als ich mit leeren Händen ankam. »Du weißt, die Kinder dürfen keine Emus essen.« Die alten Speisetabus galten noch immer.

Bei Flügen zum Behelfsflugplatz von Coen waren mir Ansammlungen weißer Felsblöcke an den Ausläufern der McIlwraith-Bergkette aufgefallen. Wir beschlossen, dorthin zu fahren und sie näher zu untersuchen. An einem schattigen Platz beim Lankelly Creek schlugen wir unser Lager auf, und am nächsten Tag stöberte Willy einen seiner Verwandten auf, der uns einige *bora*-Zeremonialstätten zeigen konnte. Es war Johnson Upton, ein Angehöriger der Olcula, der als Spurenleser bei der Polizei von Coen arbeitete. Er war von großer Statur, hatte eisengraues Haar und schien Mitte Fünfzig zu sein. Wir fuhren von Coen aus in südwestliche Richtung und folgten den Spuren von Viehtransportern, bis wir an eine Stelle kamen, wo wir das Auto stehenlassen mußten. Wir gingen zu Fuß durch den Busch weiter und stießen schließlich auf eine *bora*-Stätte, etwa ein Kilometer jenseits eines Felskamms.

Es war der Zeremonialplatz von Goonbudji, dem Roten Riesenkänguruh der Kap York-Halbinsel, eigentlich ein Wallaroo oder Antilopenkänguruh, das gesellig lebte und sich in den lichten Wäldern und Savannen des monsunreichen Nordens von Gräsern ernährte. Die Stätte lag auf dem Westufer des Emily Creeks, etwa zehn Kilometer südwestlich von Coen. Johnson hatte sie ausfindig gemacht, indem er auf einen kleinen, zylindrisch zulaufenden Hügel mit dem Namen Yorma-minda stieg und Ausschau hielt. Diese Erhebung ist ungefähr ein Kilometer in südsüdöstlicher Richtung von der Stätte entfernt.

Der *bora*-Platz bestand aus dünnen Steinplatten, die an den Bachufern in Schlangenlinien aufgereiht worden waren. Diese Steine – insgesamt 227 an der Zahl – standen hochkant und waren zwischen einigen Zentimetern bis zu einem halben Meter groß. Die Schlangenlinie erstreckte sich über achtzig Meter Länge und überquerte an ihrem südlichen Ende eine kleine Senke. Ein Meter westlich von dieser Hauptlinie verlief nahe bei der Vertiefung eine zweite kürzere Reihe von Steinen. Ebenfalls auf der westlichen Seite, etwa zehn Meter bevor die Hauptlinie im Süden auslief, befand sich ein kleiner Kreis aus weißen Quarziten, die rosafarbene Flecken enthielten.

Johnson hatte die *bora*-Stätte einst während eines Viehtriebs zusammen mit einem alten Angehörigen der Kandju besucht. Dieser hatte ihm erzählt, daß die Steine die Geister der Känguruhleute darstellten. Die Känguruhs bewegen sich bei ihren Zügen in einer einzigen Reihe fort, und die unterschiedlich großen Steine gaben junge und alte Tiere beiderlei Geschlechts wieder. An beiden Enden der Reihe war jeweils eine überdurchschnittlich große Felsplatte angebracht worden: ein erfahrenes, altes männliches Känguruh, das die Schar anführte, und ein zweites, das die Nachhut sicherte.

Es war unsere vierte heilige Stätte auf der Traumstraße von Goonbudji, dem Roten Riesenkänguruh. Von den anderen dreien befand sich eine an der Stelle, wo die Traumstraße den Palmer-Fluß überquerte, die nächste in einer Niederung nahe bei einer Quelle über dem Kelly St. George Creek, die letzte schließlich – hier wurde das mythische Känguruh Ngalculli genannt – auf dem Light House Mountain, südlich vom Mount Carbine. Hier endete die Traumstraße, und dies entbehrte nicht der Logik, denn es war zugleich die südliche Grenze im Verbreitungsgebiet des Antilopenkänguruhs. Am Nachmittag führte uns Johnson zum *bora*-Platz der Wasserschildkröte, rund zwölf Kilometer nördlich von Coen gelegen. Auch diese Stätte befand sich in der Nähe eines Bachlaufs, und hier ragten Granitblöcke mit abgerundeter Spitze aus dem Erdboden. Sie stellten die Rückenpanzer der Schlangenhalsschildkröte dar.

Etwa ein Kilometer von Coen entfernt, am Fuße des Mount White (den die Kandju Ilka-Toigu nennen), befand sich die *bora*-Stätte der Knochenbrasse: drei Steine in einer kleinen Lichtung. Die Kandju, die noch in der Umgebung lebten, wußten keine damit in Zusammenhang stehenden *bora*-Mythen zu erzählen.

Im Sandsteingebiet zwischen Cooktown und dem Palmer-Fluß waren die heiligen Stätten fast ohne Ausnahme in Felsdächern untergebracht, wobei man die Geister der Ahnwesen durch Ockerfarben oder Felsgravierungen vergegenwärtigte. In Gegenden jedoch, wo es keine Felsdächer zum Bemalen gab, verkörperten sich die Ahngeister des Klans in Felsen, Bäumen, Wasserlöchern oder einem Arrangement von Steinen.

Ein Riesenpferd und Quinkins

Ich hatte mir vorgenommen, bei der nächsten Expedition die Steilhänge des Laura-Tals systematisch nach weiteren bemalten Felsdächern abzusuchen. Zwei leidenschaftliche Forscher standen mir zur Seite – Dicks Sohn Mervyn und mein eigener Sohn Matthew. Wir hatten unser Lager am Laura-Fluß, etwa fünfzehn Kilometer flußaufwärts von Laura, aufgeschlagen und brachen nun zu den Steilhängen im Norden auf. Bei Überflügen hatte ich dort ein kleines verborgenes Tal ganz oben auf dem Plateau entdeckt. Jäh emporragendes Trümmergestein hatte das Tälchen von allen Lebewesen abgeschottet, außer den flinken Bergkänguruhs und Wallabys. Wir bahnten uns einen Weg in das Tal, indem wir einem Känguruhpfad folgten, der vom Fluß zum Plateau hinaufführte.

Bis zum Mittag hatten wir drei kleine Galerien gefunden, zwei am Fuß des größten Hangs, die dritte auf der Hochebene zwischen verstreut umherliegenden Felsblöcken. Die beiden unteren Galerien enthielten einen männlichen Quinkin mit unförmigen Gliedmaßen und Genitalien, ferner ein einfarbiges, dunkelrot gemaltes Büschel mit Jamswurzeln oder Früchten, zwei Schlangen, jeweils zwei Meter lang, mit roten Umrißlinien und Punkten, schließlich Reste verblichener Malereien und zahlreiche Handnegative. Die obere Galerie barg nur eine einzige Figur: Auf dem Gewölbe eines kleinen, niedrigen Felsdachs, das nie als Siedlungsplatz gedient hatte, war ein Mann dargestellt, offenkundig in einem Zusammenhang mit Schadenszauber. Die monochrome, dunkelrote Abbildung war etwa einen Meter groß. Später erfuhr ich, daß die im verborgenen angebrachten Zauberfiguren die Absicht anzeigten, einen Angehörigen des eigenen Klans zu ermorden; die abgelegene Stelle hatte man sich ausgesucht, um Vergeltungsaktionen zu entgehen.

Nach dem Mittagessen setzten wir unsere Suche oben auf der Steilwand fort, die das kleine Tal von allen Seiten umschloß. Dort drunten gediehen Myrtengewächse und Sumpfmahagonis in Überfülle; sie standen in voller Blüte, und Scharen kreischender Regenbogenloris tummelten sich in ihren Ästen. Wir fanden einen Weg, der ins Tal hinabführte, und teilten uns dann auf, um die vielen großen Felsblöcke auf einer weiter unten gelegenen Terrasse näher zu erkunden. Schon nach kurzer Zeit machte ich kleine Felsdächer ausfindig, die mit Ockerfiguren übersät waren – Wasserschildkröten, kleinformatige Menschendarstellungen und vieles andere. Vier dieser Menschenfiguren schienen vor langer Zeit gemalt worden zu sein, denn sie waren sehr verblichen. Eine Frau lag flach auf dem Rücken, mit weit auseinandergespreizten Beinen. Vor ihr standen in einer Reihe drei Männer mit erigiertem Penis. Zu einem späteren Zeitpunkt mußte eine weitere Figur in kräftigem Orange, ebenfalls mit erigiertem Penis, hinzugefügt worden sein; sie überlagerte zum Teil den ersten Mann der Reihe, drängelte sich also vor. Es hatte den Anschein, daß hier ein ritueller Geschlechtsakt wiedergegeben war. Dick, der die Bilder später sah, meinte, es sei *mungara*, was soviel bedeutet wie »zu viel«. Dies, so erläuterte er, sei eine Methode, um eine zänkische Frau, die ständig Reibereien verursachte, zu züchtigen. Zur Nachtzeit sagte dann der Mann der entsprechenden Frau, sie solle sich »mit dem Bauch nach oben« unter einen bestimmten Baum legen. Dann schickte er alle Männer, die nicht eng mit ihr verwandt waren, der Reihe nach zu ihr, um mit ihr zu verkehren. Jeder brachte dem Ehemann ein Geschenk mit, einen Speer, einen Bumerang, ein Fischnetz oder sonst einen nützlichen Gegenstand. Auf diese Weise sollte die unbotmäßige Frau ruhiggestellt werden. Als ich meine *jamba* (Großmutter) Nagarra nach dieser Praxis fragte, kicherte sie nur und sagte, auch sie habe als junge Frau das *mungara* hinter sich gebracht, allerdings sei die Strafe dabei nicht gerade groß gewesen.

Neben der *mungara*-Galerie erblickte ich um eine Biegung, auf der anderen Seite einer kleinen Senke, ein offenes Felsdach von beträchtlicher Höhe. Ein Teil seiner Rückwand war auf einer Länge von dreißig Metern und einer Höhe von drei Metern mit Hunderten heller Ockerfiguren bedeckt, die einander in Schichten überlagerten. Auf meine aufgeregten Freudenrufe stürzten Matt und Mervyn durchs Gestrüpp herbei, überwältigt von dem Anblick, der sich ihnen bot. Die erstaunlichste Figur war ein riesiges gelbes Pferd mit weißen Umrißlinien und weißer Innendekoration (Abb. 33). Mit einer Länge von nahezu sechs Metern und einer Höhe von mehr als drei Metern bildete es die oberste Schicht von etwa zehn weiteren Lagen aus kleineren Darstellungen. Mit seinen Vorderbeinen trat das Tier auf den Körper einer lebensgroßen, gelb und weiß gemalten Frau, die einen Perlmuttanhänger – Zeichen der Liebesmagie – trug. Aus dem schön gestalteten Kopf des Pferdes ging eindeutig hervor, daß es sich um einen Hengst handelte; allerdings war den Künstlern der Schweif mißraten, der wie ein Fliegenwedel mit langem Griff aussah. Die gelbe Körperfarbe war halb durchsichtig, und darunter konnte man zahlreiche weitere Bilder erkennen: eine große rote Tragetasche, ein dunkelrotes Krokodil, eine große Wasserschildkröte, Jamswurzeln, Flughunde, Fische, Schnabeligel, Buschhühner, ein sehr großes Ahnwesen mit strahlenförmigem Kopfschmuck, und in noch tieferen Schichten Teile eines über zehn Meter langen Sägehais, gemalt in dunklem Purpurrot mit weißem Umriß und weißen Zierelementen. Der Fisch überlagerte seinerseits einen ebenso langen gelben Bienenstock mit dunkelroten Konturen und roten Punkten, die Bienen darstellten. Vor dem Kopf des Pferdes versammelten sich ein großer, magerer dunkelroter Quinkin, ein dunkelroter, runder Stechrochen mit langem Schwanz sowie viele weitere Tiere, Menschen und Pflanzen. Hinter dem Pferd waren an der Wand entlang unzählige Ockerfiguren angebracht, darunter Menschen, Schlangen, Fische, Krokodile, Känguruhs, Dingos, Emus, Schnabeligel, Wasserschildkröten, Flughunde, Jamswurzeln und Buschhühner. Ein rotes Buschhuhn stand über einem Gelege mit Eiern, und ein anderer Artgenosse, eine gelbe Silhouette, war feinfühlig und außerordentlich schön wiedergegeben. Am westlichen Ende der Galerie schwebte ein bedrohlicher Quinkin aus dunklem Purpurrot über einer nicht minder bedrohlichen, dunkelgelb und rot gemalten Schlange.

Ich betrachtete gerade eine Darstellung neben dem Quinkin etwas näher – es schien mir das Negativ eines Hufeisens zu sein –, als ich Matt um die Ecke rufen hörte. Er hatte weiter westwärts zwei große bemalte Felsflächen entdeckt, die jeweils ein etwa drei Meter langes und zwei Meter hohes Pferd enthielten; ein drittes Felsdach barg die dunkelrote Abbildung eines Schweins. Vor dem Pferd im mittleren Felsdach lag waagerecht ein dunkelroter Mann; dunkelrote Linien – die Zügel – verliefen vom Hals des Pferdes zur rechten Hand des Mannes, unter dessen linken Arm man ein rotes Gewehr gemalt hatte – ein weiteres Beispiel für den Schadenszauber gegen die verhaßte Schwarze Polizei.

Die Hauptgalerie, die an der Stirnseite ungefähr fünfzehn Meter tief abfiel, gewährte einen wundervollen Ausblick. Weit unten, in etwa zwei Kilometern Entfernung, wirbelte ein schnelles Fahrzeug Staub auf der »Peninsula Development Road« auf. Weiter hinten sah man die dunkelblauen Bergketten der Großen Wasserscheide, die in der Sonne flimmerten. Unter uns flatterten die Buschhühner zwischen wilden Weinreben umher, und das schimmernd über den Boden rieselnde Wasser zeigte an, warum dieser Ort einst ein bevorzugter Siedlungsplatz gewesen war.

Die ersten Pferde, die auf der Kap York-Halbinsel ankamen, gehörten zur Edmund Kennedy-Expedition des Jahres 1848. Wir hatten mit einem »K« markierte Bäume am Palmer-Fluß gefunden, auf der gegenüberliegenden Seite der Großen Wasserscheide, und weitere Bäume mit diesem Zeichen am selben Fluß in der Nähe von Laura. Unmittelbar nördlich vom »K«-Baum am Palmer-Fluß kann die Wasserscheide leicht mit Pferden überquert werden, und weiter dem Fluß entlang ging es schließlich bis zur Prinzessin Charlotte-Bucht hinunter, wo einst ein Schiff mit Nachschub für die Expedition vor Anker lag. Im Jahre 1872 hatte die William Hann-Expedition dieselbe Route eingeschlagen. Für die Gugu-Minni war bis dahin das Rote Riesenkänguruh das größte Tier weit und breit, und der Anblick von Pferden dürfte sie nicht wenig erstaunt haben. Vielleicht brachten sie das fremdartige Tier mit Gaiya, dem riesigen Höllendingo, in Verbindung und übernahmen es als größte Figur in das Ensemble ihrer Felskunst. – Die kleineren Pferde um die Ecke könnten später gemalt worden sein, vielleicht während des Guerillakriegs in den Tagen des Palmer-Goldrauschs.

Berichte über das von uns in einem verborgenen Tal entdeckte Riesenpferd stießen landesweit auf beträchtliches Interesse, und schon nach kurzer Zeit kündigte ein Fernsehsender in Sidney an, einen Dokumentarfilm über unseren Fund und andere Stätten mit Felsmalerei in der Region zu drehen. Einige Wochen später verließ unsere Filmcrew Cairns in drei Fahrzeugen: Beverley fuhr einen Farmtransporter, Xavier Herbert und ich jeweils einen Geländewagen. Unser schwerbeladener Konvoi wirbelte bei der ganztägigen Fahrt über die holprige Straße nach Laura eine Menge Staub auf. Wir schlugen unser Lager am Fluß unterhalb der Galerien auf und holten Willy aus Laura ab, damit er die ganze Zeit über bei uns sein konnte.

Wir brauchten einen ganzen Tag, um die schwere Kameraausrüstung unter der sengenden Oktobersonne die steilen Hänge hochzuschleppen. Es war ein Tag voller Schweiß, Plackerei, Durst, Stürze und beißwütiger grüner Ameisen; die armen Kameraleute haben ihn bestimmt nicht so schnell vergessen. Die Tonspur des fertiggestellten Films gibt ihre Empfindungen recht gut wieder, denn es fielen ein ums andere Mal Worte wie »verdammte Sonne«, »glühende Felsen«, »steile Abhänge«, »ausgedörrte Hügel« usw. Jeden Morgen kletterten wir die Berge hoch und arbeiteten; am Abend genossen wir dann den Luxus eines kühlen, erfrischenden Bads im Wasserloch.

Eines Morgens – ich fertigte gerade maßstabsgerechte Zeichnungen von den Figuren an – kam Xavier vorbei und fragte mich, ob ich in der Nähe weitere Plätze wüßte, die eine Erkundung lohnten. Ich zeichnete ihm eine grobe Skizze von dem Gebiet und trug eine Stelle ein, die mir aus der Luft aufgefallen war, bald nachdem wir die Riesenpferd-Galerien entdeckt hatten. Etwa zwei Kilometer jenseits des Plateaus, im Nordwesten, verlief eine weitere flache Schlucht genau nach Westen, und an ihrem östlichen Ende hatte ich große Sandsteinblöcke gesehen. Da die Bäume in der Schlucht Blätter von dunklerem Grün trugen, sprach dies für eine beständige Wasserquelle und infolgedessen für eine Besiedlung in früherer Zeit. Nach drei Stunden – wir tranken gerade Tee am schattigen Ende der Galerie – kam Xavier zurück. Er war ganz aus dem Häuschen und sprudelte vor Neuigkeiten über, denn ihm war eine bemerkenswerte Entdeckung in der von mir angegebenen Schlucht gelungen. Er erzählte von großen Krokodilen, Schlangen, Emus, Dingos und Unmengen weiterer Malereien; ganz besonders hatte ihn aber eine düstere Höhle mit furchteinflößenden Quinkindarstellungen beeindruckt. Die verschwiegene Wildnis hatte wieder ein Juwel aus ihren lange gehegten Schätzen preisgegeben.

Wir ließen alles stehen und liegen, und ich führte die Mannschaft im Sturmschritt übers Plateau, zwischen Blut- und Grasbäumen hindurch, hin zu den neuentdeckten Galerien. Es waren insgesamt sechs größere Fundstätten, eine jede auf ihre eigene Art aufsehenerregend. In der Tat ging das Dunkelgrün der Bäume auf permanente Wasserzufuhr zurück: unter dem Sandstein plätscherte, von Kohlpalmen und Sumpfmahagonis gesäumt, eine Quelle. Eine eingehende Untersuchung der Galerien ergab, daß sie zu den wichtigsten Entdeckungen auf der gesamten Kap York-Halbinsel zählten. Man traf hier jede Stilform an, die für die Felskunst in diesem Gebiet charakteristisch ist, von den frühesten Felsgravierungen bis zu den späten, undeutlichen Malereien im sogenannten »Schlammstil«.

Es bedurfte eines ganzen Jahres intensiver Forschungsarbeit, bis wir besser verstehen lernten, was diese Ansammlung bemalter und gravierter Fundstätten für ihre früheren Eigentümer bedeutete. So schnell es die Umstände erlaubten, zog ich Dick und Willy hinzu, um mit ihnen die Galerien anzuschauen und zu diskutieren. Willy fragte zwei alte Graubärte in Laura aus, Old Sandy und Barney, und holte weitere Informationen von einem betagten Gugu-Minni in der Hopevale-Missionsstation ein.

Das am weitesten östlich gelegene Felsdach beherbergte Ahnwesen, fünfzehn Darstellungen von Männern, die zwei unterschiedliche Arten von Kopfschmuck trugen. Fünf Figuren hatten einen strahlenförmigen Kopfputz aus Federn; man stellte ihn her, indem man einen Klumpen Bienenwachs am Hinterkopf befestigte und Federn hineinsteckte, schwarze oder weiße Kakadufedern, je nach der Heiratsklasse des Trägers. Die anderen zehn Figuren hatten einen baumähnlichen Kopfschmuck: Auf ihrem Kopf befand sich ein einzelner senkrechter Stab, der den Stamm darstellte; seine Spitze verzweigte sich in drei kurze Strahlen, die Äste des Baumes. Dieser Kopfputz symbolisierte einen Baum, der einen Bienenstock enthielt.

Die am häufigsten wiedergegebenen Tiere waren Dingos, Känguruhs, Emus und Wasserschildkröten, ferner ein Aal und ein Buschhuhn; auch zwei verschiedene Pflanzen kamen vor. Zwei längliche dunkelrote Ovale mit weißen Punkten stellten vermutlich Bienenstöcke dar. Außerdem gab es Negativabdrücke und Malereien von Bumerangs sowie zahlreiche rote Handnegative. Alle dunkelroten Figuren schienen ein beträchtliches Alter zu haben, denn die meisten waren verblichen, trotz der vorzüglichen Erhaltungsbedingungen in dem igluförmigen Felsdach.

Ein mit dunkelroter und weißer Farbe gemalter Dingo war unter dem ausgestreckten Arm eines der Ahnwesen angebracht. Beide Figuren trugen denselben Gürtel, der ihre Mannesreife anzeigte, und beide waren übermalt worden: Der Dingo hatte nachträglich weiße Klauen, der Mann einen neuen weißen Gürtel und Zehen erhalten. Fünf der Männer mit strahlenförmigem Kopfschmuck hatten ein Bein erhoben; diese symbolische Nachahmung eines Dingos, der sein Revier markiert, war Bestandteil des Dingo-Tanzes, der seinerseits mit der Initiationszeremonie in Verbindung stand (Abb. 28). Die letzte Hinzufügung an dieser heiligen Stätte schien ein hellgelbes Känguruh mit dunkelroten Umrißlinien zu sein, dessen Gürtel gleichfalls seine Mannesreife zum Ausdruck brachte. Die größte Figur in der Galerie war ein etwa zwei Meter langer dunkelroter Aal mit cremefarbenen Konturen und Punkten. Die über zwanzig verblichenen roten Handnegative stammten mehrteils von Jugendlichen. Auf einem großen Felsblock am nördlichen Ende des Felsdachs waren fünf sehr kleine und ausgeblichene Malereien von Welsen und Aalen angebracht worden.

Am Südende des Abris führte ein kleiner, ungefähr zehn Meter langer Gang unter einer Felsbank zu einer zweiten heiligen Höhle, die sich auf der anderen Seite des großen Sandsteinblocks befand. Dies war ein Kriechtunnel, den man bei Initiationszeremonien benutzte; die Initianden erlebten so symbolisch die Wiedergeburt nach dem Tod, die Erweckung zu neuem Leben.

Wenn man an der Vorderseite der Felswand etwa zwanzig Meter in nördlicher Richtung weiterging, stieß man auf ein kleines offenes Felsdach mit überwiegend felsigem Untergrund. Es enthielt drei grob gemalte Menschenfiguren, die offenbar zu zauberischen Zwecken hier angebracht worden waren, mehrere verblichene rote Handnegative, den Abdruck eines Kinderfußes und ein Gittermuster aus Linien, das mit einem dunkelroten trockenen Pigment aufgetragen worden war. Am nördlichen Ende der Wand erstreckte sich über eine Länge von mehr als vier Metern ein Streifen aus dunkelrotem Ocker, der in der Mitte einen halben Meter breit war und dessen sich verjüngende Enden in natürlichen Felsnischen ausliefen; vermutlich war dies die Darstellung einer Schlange, die von einem Loch in ein anderes kroch. Über ihr befanden sich fünf weiße Handnegative; darunter waren Überreste alter roter und weißer Figuren sowie einige lineare Darstellungen und Gitter aus dunkelrotem trockenen Pigment zu erkennen.

Ging man an der Westseite um die Ecke, so erblickte man einen wundervollen Fries aus farbenprächtigen, ausgezeichnet gemalten Figuren. Ein großer weißer Ibis beherrschte das Ensemble, und die gesamte Komposition war von zwei langen, dunkelroten und weißen Schlangen eingefaßt. Dieser Fries zeichnete sich durch eine große Zahl einzigartiger Figuren aus, darunter drei eigenartige kleine Männer mit blattähnlichen Fingern, die vielleicht darauf hinwiesen, daß es sich um Pflanzen- oder Baumgeister handelte; ferner eine waagerecht angebrachte Livistona-Palme mit einem früchtetragenden Ast und drei paddelförmigen Verlängerungen, die nachwachsende Wedel wiedergaben, bevor sie sich in die charakteristische Fächerform auffalteten. Auf dunkelroten Fischen mit weißem Umriß war ein Skelettmuster eingetragen, während andere Fische gepunktet waren und von ihrem Maul ein langer weißer Strich ausging; dies waren Schützenfische, die mit einem Wasserstrahl Insekten abschossen. Die Malerei einer riesigen Süßwassergarnele (*Marco Rosenbergi*) war die erste Darstellung dieses Tieres, die wir bis dahin gesehen hatten. Tiefere Malschichten enthielten Ahnwesen, Männer wie Frauen, die keine Gesichtszüge trugen (Abb. 48).

Nahe der Ibis-Galerie befand sich ein schmaler Spalt, der zwischen zwei gewaltigen Sandsteinblöcken ins Innere des Felsmassivs führte. Auf einer kleinen Einbuchtung war ein herrlicher Fries mit dreizehn Flughunden angebracht worden, die in einer Reihe mit dem Kopf nach unten hingen; sie waren mit unterschiedlich getöntem gelbem Ocker gemalt worden, ihre Umrißlinien und Innendekoration waren weiß (Abb. 45). Die Flughunde stellten eine Warnung dar, daß der Zutritt in den Spalt ausschließlich Eingeweihten vorbehalten und für alle anderen verboten war. Zehn Meter vom Eingang entfernt folgte im Spalt auf derselben Seite wie die Flughunde die sorgfältig ausgeführte Abbildung eines Sargbehälters aus Rinde, dessen Enden mit Schnüren zusammengebunden waren – ein eindeutiger Hinweis, daß sich tiefer im Felsinneren eine heilige Stätte befand, die mit dem Leben nach dem Tod in Woolunda in Zusammenhang stand. Nach weiteren zwanzig Metern erweiterte sich der Gang zur Quinkin-Höhle. Sie war etwa acht Meter tief, zwölf Meter lang und an ihrer höchsten Stelle ungefähr drei

Meter hoch. Sie bot optimalen Schutz gegen Regen, Wind und Sonne, und daher waren die alten Figuren auf der schräg ansteigenden Rückwand bemerkenswert gut erhalten. In der Höhle war es stets düster; die Sträucher und Rebpflanzen, die im Eingangstunnel wuchsen, tauchten sie in ein schauriges Grün, das die Atmosphäre uralter Mysterien noch verstärkte. Ein dünner, drei Meter hoher dunkelroter Quinkin mit weißen Augen schien frei in der Luft zu schweben; seine langen mageren Arme hatte er zu einer Geste der Beschwörung oder Begrüßung erhoben. Um ihn versammelten sich fünf kleinere, dunkelrote Geisterwesen, darunter eine Frau mit prallen Brüsten, deren Kopfschmuck einen Baum mit Ästen darstellte.

Willy war schweigend in die Höhle hineingegangen. Er betrachtete nun die Darstellungen von oben bis unten, wobei er die Augen verdrehte; dann zeigte er mit dem Kinn zur beherrschenden Figur und sagte: »Das ist Timara, Herr von allen – auch von euch Weißen.« Es war die höchste Gottheit.

Hinten in der Höhle befand sich der runde, ein Meter hohe Ausgang des Kriechtunnels. Willy sagte, der Gang, durch den die Jungen krochen, sei der Geburtskanal, der nach Woolunda führe, und symbolisiere die Wiedergeburt nach dem Tod. Die Jungen nahmen dann auf dem niedrigen, ebenen und glattpolierten Felsen unter der überhängenden Figur von Timara Platz, der zuschaute, wie ihnen ein oberer Schneidezahn ausgeschlagen wurde und das Loch-im-Kopf entstand, dieses Mal, das ihnen den Zugang nach Woolunda sicherte.

Unter den mit einem kräftigen Dunkelrot gemalten Figuren war eine mit Linien gezeichnete, waagerecht liegende Frau zu sehen, die einen kleinen ovalen Kopfschmuck trug. Das Innere dieser äußerst stilisierten Figur war mit Linien und Punkten ausgeschmückt. Diese Darstellung war ein seltener Beleg für einen der frühesten Malstile in Australien. Was sie bedeutet, bleibt jedoch für immer im Schleier entfernter Zeiten verborgen.

Direkt gegenüber dem Eingang zu Timaras Höhle gewährte ein anderer Felsüberhang ausgezeichneten Schutz für eine weitere Traumstätte, das Heiligtum des Schnabeltiers. Die Zeichnung dieses Wasserbewohners war knapp einen Meter lang. Sie bestand aus Linien von purpurrotem, trockenen Pigment, und der Körper war nahezu vollständig mit weißen, mittlerweile fast vergangenen Punkten bedeckt, die mit dem Finger aufgetragen worden waren. Der Umriß des Schwanzes und der obere Bereich des Hinterbeines waren mit weißen Linien gezeichnet und mit weißen Punkten ausgefüllt; die restliche Körperpartie des Tieres enthielt dagegen keine solche Konturen. Über dem Platypus sowie an Wand und Decke hatte man fünfzig sehr verblichene rote Handnegative angebracht. Viele kleinere Handabdrücke stammten von Jugendlichen, und einige davon besaßen unnatürlich kurze Daumen.

Im Gewässernetz des Laura-Flusses hatten keine Schnabeltiere überlebt; die nächsten Populationen kommen heute in Flüssen vor, die den kühlen Regenwald des Atherton-Hochlands durchziehen. Vermutlich hatte die extreme Dürrephase vor 17 000–15 000 Jahren die Schnabeltiere aus dem Flußsystem des Laura vertrieben, eventuell waren sie sogar noch früher verschwunden. Von dem Zeitpunkt an, als das Schnabeltier hier ausgestorben war, hatte auch die Traumstätte dieses Ahnwesens für immer ihre Bedeutung verloren.

Wenn man westlich vom Bildfeld mit den Flughunden um eine Ecke bog, ging man auf ein großes Felsdach zu, das sich vorzüglich zur Besiedlung eignete und dem Augenschein nach auch ausgiebig zu diesem Zweck genutzt worden war. Auf seiner Rückwand überragte ein fast drei Meter großes, leuchtendes, mit Gelb und Rot gemaltes Süßwasserkrokodil zahlreiche andere Ockermalereien, die in Schichten übereinander angebracht waren. Ein sehr großes gelbes und rotes Känguruh wurde teilweise von einem großen Emu aus gelbem Ocker überlagert, den man an manchen Stellen mit einem helleren Gelb nachgemalt hatte. Auf noch ältere monochrome rote Figuren von Ahnwesen mit strahlenförmigem Kopfschmuck hatte man drei große Tiere hinzugefügt. Unter all diesen Schichten befanden sich jedoch alte Gravierungen in erstaunlicher Anordnung; einige waren eindeutig als Emuspuren zu identifizieren, andere dagegen bildeten ein Labyrinth aus gewundenen, ineinander verschlungenen Kerben, Kreisen und strahlenförmigen Linien, die sich jeder Deutung entzogen. Verhältnismäßig junge Darstellungen von Männern und Frauen, die mit einem Beschwörungszauber zusammenhingen, schlossen als letzte Malschicht das Ensemble ab.

Etwa fünfzig Meter weiter im Westen lag in einem Gewirr von Sandsteinblöcken die Begräbnisstätte, jener Platz, an dem man die Rindenbehältnisse mit den sterblichen Überresten endgültig deponierte. Schwarze Termitengänge, die an der Felswand entlang in den wichtigsten Begräbnisgang führten, ließen keinen Zweifel daran aufkommen, daß Rinde und Knochen vollständig verschwunden waren; auf dem Boden des weiträumigen, düsteren Felsdachs lagen lediglich Känguruhknochen aus jüngerer Zeit. Die äußeren Wände und der Eingang zum Felsdach waren mit Bildfeldern aus undeutlichen Geistwesen bemalt worden; den meisten Figuren, Männern wie Frauen, fehlten Hände oder Füße, und außerdem waren sie sehr verblichen. Sie alle waren schon vor langer Zeit nach Woolunda eingegangen.

Die letzte Galerie befand sich ungefähr hundert Meter westlich in der Schlucht, aber auf der Nordseite. Das geräumige, offene Felsdach aus leuchtendem rosafarbenen Sandstein war nach Süden ausgerichtet und daher dem Wirken der Elemente preisgegeben. Da auf dem Boden kaum Siedlungsreste lagen, handelte es sich offensichtlich um eine Zeremonialstätte. Die Künstler waren einst auf einen Felssims geklettert und hatten von dort aus ein großes, fettes, weißes Süßwasserkrokodil mit roter Kontur und Innendekoration gemalt. Auf seinem verblichenen Körper hatte man eine auffallend symmetrische Schlangenhalsschildkröte in leuchtendem Weiß angebracht. Der untere Teil des Krokodilbeines verschwand hinter dem Rücken eines sehr großen dunkelroten Emus, auf dem wiederum eine waagerecht liegende, cremefarbene und rote Männerfigur eingetragen war. Dieses Ahnwesen war reich verziert und trug einen Perlmuttanhänger; es wurde als »Wächterfigur« bestimmt und glich in vielem einer anderen Figur, die man in der Nähe der Woolston-Galerie entdeckt hatte. Es gab noch weitere Gravierungen, die allerdings einen anderen Stil als die Gravierungen an der Fundstätte des gelben Krokodils aufwiesen und wahrscheinlich jünger als diese waren. Die bedeutendste Gravierung war der gepickte Umriß einer Frau mit kurzen Armen und Beinen, jedoch ohne Hände und Füße. Zehn flächig ausgepickte Kreise mit einem Durchmesser von zehn bis fünfzehn Zentimetern stellten vielleicht Eier dar und standen in Beziehung mit vier roten Emus, von denen einer auf ein weißes Känguruh gemalt worden war. Die etwa zehn menschlichen Figuren auf dieser Wand schienen überwiegend Ahnwesen zu sein.

Die neu entdeckte Quinkin-Gruppe war so spektakulär, daß sie zusammen mit der Komposition um das Riesenpferd mehr als genügend Material für einen Dokumentarfilm bot. Das rauhe, zerklüftete Land, in dem sie sich befanden, war das Ziel noch so mancher Expeditionen, die aus den Männern des Kamerateams schließlich richtige Athleten machten.

Als wir unsere Arbeiten abgeschlossen hatten, trat mir mit aller Deutlichkeit vor Augen, daß die Quinkinstätten nicht nur schön, sondern einzigartig waren – ein Mikrokosmos, in dem sich Tradition und Kultur der Aborigines bündelten, mit nahezu allen Stilformen ihrer Felskunst, von den alten, geheimnisvollen Gravierungen aus ferner Vergangenheit bis zu modernen Malereien, die weniger als hundert Jahre alt waren.

Die Deighton-Lady

Als wir 1969 ins Quinkinland zurückkehrten, um unsere Forschungen fortzuführen, hatte eine wohltuende Regenzeit nach nahezu einem Jahrzehnt der Dürre eingesetzt. Dick und ich hatten einen neuen Begleiter: Eddy Oribin, ein Architekt aus Cairns mit Vorliebe für die Wildnis, hatte unsere letzten Expeditionen mit großem Interesse verfolgt und nahm nun mit ansteckendem Enthusiasmus an unserer Entdeckungsreise teil. Unser Zielgebiet war diesmal die Gegend um den Deighton-Fluß nordöstlich von Laura, ein zerklüftetes Sandsteingelände, das, wie Überflüge vermuten ließen, zahlreiche Stätten mit Felsmalereien bergen konnte. Wir fuhren mit unserem Geländewagen so weit wie möglich an den unteren Abschnitten des Deighton-Flusses entlang, gingen dann zu Fuß mit unseren Rucksäcken weiter und schlugen unser Lager schließlich an einer Flußbiegung unter schattenspendenden Papierrindenbäumen auf.

Direkt gegenüber von unserem Lager verlief eine breite Schlucht nach Süden, die wir am Nachmittag inspizierten; Dick und Eddy suchten in den westlichen Abhängen, während ich auf der östlichen Seite stöberte. Die beiden anderen waren vor mir ins Lager zurückgekommen und erzählten aufgeregt von einem riesigen Felsüberhang, den sie gefunden hatten; er enthielt zwar nur wenige Figuren, unter anderem aber eine große weiße Frauendarstellung mit rotem Umriß. Dick meinte, diese Figur sei so außergewöhnlich, daß ich sie unbedingt sehen müßte, bevor wir weiterzogen.

Am nächsten Morgen kletterten wir in aller Frühe den steilen Felsabhang im Osten empor und nahmen unsere Suche an der Stelle auf, wo ich am Tag zuvor umgekehrt war. Die Steilwand, an deren Fuß wir entlanggingen, knickte schließlich nach Osten hin ab; dort entdeckten wir in einer kleinen, tiefen Senke drei winzige, aber ansehnliche Felsdächer mit zweifarbigen Malereien von Menschen, Tieren und Pflanzen, allesamt von geringer Größe und sehr verblichen. Die Felsdächer mußten seit langer Zeit nicht mehr besucht worden sein, und der Kunststil der Figuren glich den Darstellungen in der Isabella-Schlucht bei Cooktown, im Land der Gugu-Imudji. Willy hatte uns einmal erzählt, daß sich das Gebiet seines Klans bis zum Deighton-Fluß erstreckte, und dies schien sich anhand der Stilkonventionen der Bilder zu bestätigen. Wir gingen in einer ausgezogenen Reihe weiter, um alle nur erdenklichen Felsdächer am Haupthang zu erfassen und die hochragenden Felsblöcke zu erkunden, die aus dem Berg gebrochen waren und nun das gestrüppreiche Gelände bedeckten. Am Fuße der Steilwand stieß ich auf einen mit Früchten beladenen Wildapfelbaum, und ich sammelte gerade ein paar Äpfel ein, als ich Eddy von unten rufen hörte. Er hatte ein ausgezeichnetes kleines Felsdach mit ungefähr vierzig Figuren gefunden, einige davon in leuchtend strahlenden Farben.

Die auffälligste Darstellung war ein etwa ein Meter langes Schwein (Abb. 36). Sein stämmiger Körper war mit gelbem Ocker gemalt worden, während Umriß und Innenzeichnung aus weißen Linien bestanden. Es war eindeutig das jüngste Bild in der Galerie, denn es überlagerte zahlreiche ältere Malereien, Känguruhs, Emus, große Fische und Menschen. In einer kleinen

Nische fanden wir die große, mit dunkelroter Farbe gemalte Darstellung eines Gleitbeutlers mit langem Schwanz. Eine weitere vorzügliche Figur war ein kleines Känguruh, ebenfalls dunkelrot mit weißen Konturen sowie weißen Punkten und Streifen auf der Körperfläche.

Wir photographierten gerade die Bilder, als Dicks gedämpfter Ruf zwischen größeren Felsblöcken weiter vorne zu uns drang. Er hatte eine Galerie in einer großen düsteren Höhle entdeckt; das gebogene Gewölbe krümmte sich zur Stirnseite hin weit herab und bot so den Malereien vollständigen Schutz. Es waren dort über hundert Figuren angebracht, die auf den gleichmäßigen Felsoberflächen in Schichten übereinander lagen. Zwei bis drei Meter lange Emus und Känguruhs beherrschten das Bildfeld, auf dem mehrere große Dingos versammelt waren; ferner enthielt das Ensemble Fische, Schlangen, Männer, Frauen, Bienenstöcke und Pflanzen, dann drei kleine zweifarbige Eulen, die ungefähr fünfzehn Zentimeter groß waren, sowie zwei lineare, dunkelrote Zeichnungen von früchtetragenden Reben.

Nur dreißig Meter weiter befand sich ein zweites großes offenes Felsdach, dessen Rückwand hoch oben mit einander überlagernden Malereien geradezu überladen war. Die Künstler waren auf einem schmalen Felssims gestanden, um ihre Arbeit zu verrichten. Die beeindruckendste Darstellung war ein etwa zwei Meter großer Emu. Sein Körper war mit einem mittlerweile verblichenen Weiß gemalt, mit dunkelroten Konturen und fein gezeichneten, ebenfalls dunkelroten Linien und Punkten als Innendekoration. Ein großer Wels mit aalähnlicher Schwanzflosse, eine Silhouette aus Lehm mit dunkelrotem Umriß, überschnitt den unteren Teil des Emus. Über diesen beiden Figuren war ein großer ovaler Bienenstock zu sehen, der so gemalt war, als würde man ihn in einem hohlen Baumstamm erblicken. An seinem einen Ende war der Bienenstock mit einer Verlängerung ausgestattet; sie stellte den Eingangstunnel aus Wachs dar, und die stromförmig angeordneten Punkte waren Bienen, die gerade am Bienenstock ankamen oder ihn verließen. Auch das Innere des Gebildes war mit feinen Punkten bedeckt, die die Bienen im Stock wiedergaben. Zu dem Ensemble zählten ferner zwei große Süßwasserkrokodile, ein Känguruh, Wasserschildkröten, Pflanzen sowie Männer- und Frauenfiguren.

Eddy wollte wissen, warum die Darstellungen in Schichten übereinander angebracht worden waren, denn damit waren ja offenkundig die tieferliegenden Bilder ruiniert. Dick erklärte, dem sei keineswegs so: Die übermalten Figuren würden ihre Kraft behalten. An den Siedlungsplätzen habe man nicht nur Bilder zu magischen Zwecken angebracht, vielmehr seien sie auch sichtbare, mit Händen zu greifende Versionen der großen Schöpfungsmythen. Die Kinder würden auf diese Weise in die heiligen Geheimnisse der Ahnwesen eingeführt und erhielten auf demselben Wege Kenntnis von den Offenbarungen, wenn sie sich den Initiationszeremonien unterzogen. Er deutete auf den Bienenstock. »Wir nennen die Honigbiene Wongabel. Sie war, wie alle Lebewesen, einst ein Mensch. Diese Darstellung von Wongabel zeigt den Kindern, wie man den Honig und das Wachs aufteilt. Die verschiedenen Bereiche des Bienenstocks haben ihre Namen von menschlichen Gliedmaßen und Organen. Den Eingangstunnel aus Wachs bezeichnen wir als ›Nase‹ des ›Zuckerbeutels‹, wie wir den Bienenstock nennen; diese ›Nase‹ gleicht dem menschlichen Sinnesorgan. Die Bienenschwärme, die den Stock verlassen, sind die Arme des Ahnwesens, das damit Nahrung einsammelt.«

Bis Mittag hatten wir weitere sechs kleinere Galerien gefunden, hauptsächlich in Felsdächern unter losgelösten Felsblöcken. Die meisten Figuren bestanden aus einem verblichenen Dunkelrot und schienen sehr alt zu sein; sie unterschieden sich nicht von den Tausenden anderer Malereien, die wir ansonsten auf der Kap York-Halbinsel entdeckt hatten.

Die Steilwand, an deren Fuß wir uns durch wilde Weinreben und dichtes Unterholz weiter nach Norden vorarbeiteten, ragte immer höher empor. Später erzählte uns Eddy, einige unserer Funde hätten ihn in große Aufregung versetzt; er sei aber über unsere augenscheinliche Gelassenheit etwas erstaunt gewesen und habe sich gefragt, welche Wunder sich eigentlich noch ereignen müßten, damit wir aus der Reserve gelockt würden. Als er mich einmal rufen hörte und sah, wie ich durch ein Gewirr von wilden Reben stürzte, das die Oberfläche der Steilwand dicht wie ein Vorhang bedeckte, mußte er deshalb annehmen, ich sei entweder auf eine Schlange getreten oder habe wirklich etwas Besonderes gesehen.

In der Tat: Durch die Wildreben hindurch hatte ich den Ausschnitt eines Felsdachs unter einem großen Überhang entdeckt und auf der Rückwand ein Gebilde gesehen, das wie der Kopf eines riesigen, waagerecht liegenden Mannes aussah. Wir kletterten in das Felsdach hinein und erkannten, daß es die überdimensionale Malerei einer Schlange war. Dick geriet in helle Aufregung. »Das ist die alte Regenbogenschlange, der alte Thuwathu – hier in der Gegend nennen sie ihn Goorialla.« Die Regenbogenschlange war über zehn Meter lang und meist mehr als sechzig Zentimeter breit. Der menschenähnliche Kopf war einen Meter breit, besaß große runde Augen und war oben mit einem kurzen Strahlenkranz umgeben. Die verblichene weiße Silhouette hatte einen dunkelroten Umriß und war mit einer feinen Innenzeichnung von derselben Farbe ausgestattet. An einigen Stellen konnte man verblaßte Schuppen sehen. Die gesamte Figur war über einer Menge fahl gewordener roter Dingos und anderer Darstellungen angebracht worden, und später hatte man weitere Bilder auf die Schlange selbst gemalt. Goorialla muß einen prächtigen Anblick geboten haben, als man ihn auf die Felswand malte.

Wir aßen an einem schattigen Platz zu Mittag und lehnten uns mit dem Rücken gegen Bäume, um diese großartige Malerei in aller Ruhe betrachten zu können. Während das Teewasser kochte, erzählte Dick unserem neuen Begleiter die Legende der Regenbogenschlange in der Version der Gugu-Yalanji, so wie wir sie von Joogumu gehört hatten. Dick mutmaßte, die Strahlen über dem Kopf könnten den Federschmuck darstellen, den Goorialla beim Tanz trug. Es war nicht unwahrscheinlich, daß die Regenbogenschlange ihren Ursprung dem Halleyschen Kometen verdankte, der alle 76 Jahre seine glühende Bahn über das Firmament zog und so immer wieder die Geschichten auffrischte, die von den Hütern der Gesetze und Wahrern der Tradition seit Generationen überliefert worden waren. Die Vulkanausbrüche am Oberlauf des nahegelegenen Laura-Flusses vor ungefähr 12 000 Jahren mögen das Ihre dazu beigetragen haben, um die Legende über die Regenbogenschlange auszuschmücken, insbesondere jene Berichte, in denen Goorialla den großen Berg in Stücke reißt und Felsbrocken über das ganze Land schleudert. Mythen über die Regenbogenschlange sind nicht nur in Australien verbreitet, sondern ebenso in Südamerika und in Südafrika. In Arnhemland sahen wir ein Schlangenbildnis mit Känguruhkopf und in Simbabwe eine riesige Schlangendarstellung, deren beide Enden Antilopenköpfe trugen.

Da die turmhoch aufragende rote Steilwand sich vorneigte, bildeten sich an ihrer Basis viele große, offene Felsdächer. Man hatte sie nie als Siedlungsplätze genutzt; offenkundig dienten sie einst als Zeremonialstätten. In der Nähe entdeckten wir eine fein ausgearbeitete, lebensgroße, rot und weiß gemalte Darstellung von Ngalculli, dem Roten Riesenkänguruh. Auch ein dunkelroter Bienenstock mit zwei Eingängen war zu sehen; aus einem drang ein Schwarm von Bienen hervor, deren Flügel meist abgebildet waren. Auf einer Felsoberfläche an der Steilwand waren zehn Meter über dem Bienenstock eigenartige verblichene Figuren angebracht worden. Man konnte nicht mehr zu ihnen gelangen, da in ferner Vergangenheit ein Felssims abgebrochen war.

Etwas weiter nördlich an der Steilwand entlang stießen wir auf ein zurückversetztes Felsdach, das mehrere lebensgroße Menschendarstellungen enthielt. Es waren monochrome Malereien aus cremefarbenem und weißem Lehm, die nachlässig auf die Felswände geschmiert worden waren und keinen künstlerischen Wert besaßen. Es konnte allerdings kein Zweifel daran bestehen, wozu man sie angebracht hatte – es waren Zauberfiguren, die man gemalt und immer wieder aufgefrischt hatte, um einen Widersacher durch Magie zu töten oder eine entlaufene Frau zu bestrafen. Der Platz war von einer Atmosphäre der Feindseligkeit und Bösartigkeit durchdrungen, und als ich mich umdrehte, um Dick etwas zu fragen, war er bereits verschwunden.

Wir fanden ein weiteres großes Felsdach an einer Felsspitze, die aus dem Haupthang herausragte. Es barg etwa fünfzig Figuren, darunter wiederum eine große Schlange und einen drei Meter langen, horizontalen Mann. Wie bei allen anderen Felsdächern am Deighton-Fluß stießen wir auch hier auf keinerlei Hinweise, daß der Platz in den vergangenen Jahrhunderten besiedelt gewesen wäre. In der Galerie mit dem gelben Schwein lag zwar Holzkohle aus jüngeren Zeiten auf dem Boden, aber der Ort war zu klein, um als Lagerplatz für mehrere Menschen dienen zu können. Irgendwo in der Umgebung mußte sich ein geräumiges Felsdach befinden, das jahrtausendelang während der Regenzeit aufgesucht worden war. Holzkohlenstücke und verbrannter Sand mußten seinen Boden dunkelgrau gefärbt haben, und leuchtende Malereien würden seine Wände schmücken. Auf der anderen Seite des Tales konnten wir am Fuß der Steilwand große Höhlen erkennen, und wir hofften, dort das Hauptlager zu finden. Der Abhang, den wir entlanggingen, bog nun nach Osten ab und wurde immer niedriger. Da es hier keine Felsdächer gab, ließen wir es für diesen Tag bewenden, gingen zum Fluß hinunter und folgten ihm zu unserem Lager zurück.

Es ist immer ein Vergnügen, nach einem harten, aber erfolgreichen Tag im Busch in ein gutes Lager zurückzukehren. Die Sonne ging gerade unter, als wir im Wasserloch schwammen, und dann zündeten wir ein Feuer an. Während das Fleisch in der Pfanne bruzzelte, belohnten wir uns mit einem kräftigen Schluck Rum, der mit Flußwasser verdünnt war, und redeten über die neuen Entdeckungen. Gegenüber von unserem Lager stand ein großer Baum, und eine Schar von Regenbogenloris veranstaltete ein lautstarkes Gezänk wegen der scharlachroten Blüten. Plötzlich ertönte ein Warnschrei; die Loris verstummten augenblicklich und verkrochen sich tiefer ins Laubwerk. Ein Falke strich kurz darauf am Baum vorbei und verschwand in schnellem Flug hinter großen Papierrindenbäumen. Die Loris hatten sich gerade wieder hervorgewagt und wollten eben ihren Schacher wegen der Blüten neu beginnen, als der Falke wie ein braunes Geschoß zurückkam und mit seinem gebogenen Flügel einem am Ast herabhängenden Lori einen kräftigen Schlag versetzte. Der arme Bil-bil fluderte zu Boden wie eine welke Blüte, und der Falke schlug seine gelben Klauen in das hilflose Tier.

Am nächsten Morgen machten wir uns in aller Frühe auf den Weg, um die westlichen Abhänge nördlich von unserem Lager zu erkunden. Hier war das Gelände genauso zerklüftet und abschüssig wie auf der anderen Seite und die grünen Ameisen nicht minder bissig. Wir stießen bald auf kleine Felsdächer mit verblichenen roten Malereien. Jedes nur erdenkliche Felsdach war einst mit Abbildungen versehen worden, in jener fernen Zeit, als bessere Klimabedingungen herrschten und wesentlich mehr Menschen hier lebten. Nach kurzer Zeit entdeckten wir untrügliche Hinweise, daß sich in der Nähe ein größerer Lagerplatz befunden haben mußte: ausladende rote Wildapfelbäume, von denen etliche Früchte trugen. Diese Äpfel zählten zu den schmackhaftesten Früchten im Busch. Ihre Samen, die rund um die größeren Lagerplätze verstreut wurden, stellten für jedes Jahr reichlich Nachschub sicher. Die Bäume standen zwischen mächtigen Sandsteinblöcken, und unter einem von ihnen fanden wir ein großes, bis in die jüngste Zeit besiedeltes Felsdach. Es war ein ausgezeichneter saisonaler Lagerplatz, der in der Regenzeit einem ganzen Familienverband Unterschlupf bieten konnte. Der Boden war schwarz von Holzkohlestücken und mit Glasscherben von grünen Flaschen übersät, aus denen man Messerklingen angefertigt hatte. Leuchtende Malereien zierten die Felswände. Mehrere große, von der Decke herabgestürzte Felsblöcke unterteilten das Felsdach in viele Abschnitte, die sich nicht nur zum Lagern bestens eigneten; ihre glatten Oberflächen stellten zugleich einen idealen Maluntergrund dar. Wir zählten etwa fünfundsiebzig Abbildungen, die sich teilweise überlagerten und nahezu das gesamte, für dieses Gebiet typische Spektrum an Motiven abdeckten.

Die bedeutendsten und gleichzeitig jüngsten Figuren in der Galerie waren Frauendarstellungen, die meist wohl aus Gründen der Liebesmagie hier ihren Platz gefunden hatten (vgl. Abb. 26). Die hervorragendste Figur war eine waagerecht angebrachte Frau in Lebensgröße aus kräftigem dunkelrotem Ocker, mit deutlicher Kontur und Innenzeichnung aus weißer Farbe. Ihre Arme waren über den Kopf geworfen, und um den Hals trug sie einen Anhänger. Zwischen ihren weit auseinandergespreizten Beinen befand sich eine ebenfalls horizontale Männerfigur, die mit dem Kopf in die entgegengesetzte Richtung zeigte. Beider Beine überkreuzten einander, und der dünn auslaufende Penis des Mannes drang gerade in die Frau ein. Die Darstellung des Mannes war bereits sehr verblichen; nur sein Penis war immer wieder übermalt worden, und zwar mit demselben kräftigen Rot wie bei der Frauenfigur. Die Liebesmagie wurde also beständig aufs neue belebt.

Auf ein niedriges Gewölbe hatte man einen eigenartigen Vogel in dunkelroter Farbe mit weißem Umriß gemalt. Er war recht groß und sah wie ein Emu aus, aber die eher aufrechte Haltung wollte nicht zu diesem Tier passen. Am einen Fuß trug er sechs, am anderen fünf Zehen, aber er hatte nicht den Fächerschwanz eines Buschhuhns. Vielleicht, so mutmaßten wir, hatte man hier eine mittlerweile ausgestorbene Art dargestellt. Wir setzten unsere Erkundungen wieder fort, aber da die Steilwand auslief, kehrten wir um und begaben uns zur Stätte der weißen Frau, die meine beiden Gefährten vor kurzem entdeckt hatten. Die geräumige Aushöhlung im rosafarbenen Sandstein war über fünfzig Meter breit und rund zwanzig Meter tief; die Höhe variierte von zwei Metern an der Rückwand bis zu fünfzehn Metern an der Stirnseite. Nachmittags war es hier düster, und dies verstärkte die Aura des Geheimnisvollen, die diesen Ort ohnehin umgab. Wind und Wasser hatten im Laufe der Zeit große wabenförmige Gebilde auf dem Gewölbe und der Rückwand ausgeschnitten. Einige davon waren so gleichförmig gestaltet, daß man sie kaum für ein Werk der Natur halten und eher die Urheberschaft des Menschen annehmen mochte. Felsfigurationen in Form eines Penis, einer Klitoris oder von Brüsten hingen von der Decke herab und schufen so eine einzigartige Stätte, die sich für einen Fruchtbarkeitskult geradezu anbot. Der in einem Winkel von etwa 25 Grad zur niedrigen Rückwand ansteigende Felsboden war von einer dicken, glänzenden, dunkelbraunen Silikatschicht bedeckt. Genau in der Mitte der Rückwand befand sich eine rundliche Nische, in die man die heiligen Figuren gemalt hatte.

Die auffälligste Figur war eine Frauendarstellung aus kräftigem Weiß, mit dunkelroten Konturen und einer Innenzeichnung aus roten Linien und Punkten. In diesem Bild vereinigten sich alle Eigenschaften des Weiblichen in unübertrefflicher Weise. Sie trug einen Kopfschmuck in Zweigform und einen Brustanhänger. Die runden Augen, das Haar und die ganze Haltung der Figur strahlten Güte, innere Ruhe und Mütterlichkeit aus. Die vollen Brüste mit Warzen und der gewölbte Körper versinnbildlichten Fülle und Fruchtbarkeit. Unter ihrer rechten Brust hatte man mit roten Linien eine merkwürdige kleine Männerfigur gezeichnet, und ihre Füße überdeckten teilweise ein äußerst verblichenes Ebenbild ihrer selbst. Drei klar umrissene weiße Handnegative waren sorgfältig auf und neben ihrem Körper angebracht worden. Zur Rechten der Frauenfigur verlief ein zwei Meter langer Spalt senkrecht in der Mitte der Nische empor. Sein mittlerer Teil glich einer Vulva; die Sandsteingebilde zu beiden Seiten hatte man abgetragen und glattgeschliffen, um die Ähnlichkeit mit dem weiblichen Geschlechtsteil zu erhöhen. Die Stelle, an der sich die Klitoris befand, war offensichtlich mit einem leichten Orangebraun bemalt worden, das genau der Körperfarbe der verblichenen älteren Frauenfigur entsprach. Auf beiden Seiten der Vulva hatte man weiße Handnegative gesprüht (Abb. 53).

Rechts vom Spalt war das lebensgroße Bildnis eines Dingos mit dem Gesicht zur Frauenfigur hin gemalt, unmittelbar vor ihm die Spurenpaare eines Menschen und eines Känguruhs. Auch der Dingo war verblichen und in genau derselben leichten Brauntönung ausgeführt worden wie die ältere weibliche Figur. Der Dingo und die ältere Frauendarstellung schienen demnach zur gleichen Zeit, und zwar in sehr ferner Vergangenheit gemalt worden zu sein, aber noch etliche Jahrtausende zuvor hatten bereits andere Künstler hier ihre Spuren hinterlassen.

Die frühen Menschen hatten ihre Kunstwerke auf dem schräg abfallenden Boden zu beiden Seiten der Nische angebracht. Auf der linken Seite waren merkwürdige mäanderförmige Linien und labyrinthische Muster graviert worden, von denen zwei über einen halben Meter lang waren. Die gepickten Einkerbungen waren ursprünglich nicht sehr tief gewesen, und der braune Silikatüberzug hatte sie an manchen Stellen vollständig ausgefüllt. Eine kleinere Gravierung, die wie eine Pflanze aussah, war sehr tief, bis zu zwei Zentimeter, in den harten Sandstein eingetragen worden. Ein Paar kleiner Känguruhspuren war das einzige, das wir mit Sicherheit bestimmen konnten; sie schienen wesentlich spätere Hinzufügungen zu sein. Auf der rechten Seite bildeten Mäanderlinien, miteinander verbundene Kreise sowie längliche und unregelmäßige Gebilde ein etwa zwei Meter langes und ein Meter breites Ensemble. Daneben waren zwei Emuspuren zu erkennen.

Vor dem Felsdach, dessen Boden ausschließlich aus gewachsenem Fels bestand, lagen herabgestürzte große Felsblöcke. An den niedrigeren Deckenbereichen befanden sich hier und da sehr verblichene Darstellungen von Männern, Frauen, Känguruhs und einem Dingo, allesamt Umrißfiguren aus dunklem Rot. Es gab nicht den geringsten Hinweis auf Siedlungsreste, und wir waren uns recht sicher, daß es sich hier um einen Ort von außergewöhnlicher Bedeutung handelte, um einen Tempel der Traumzeit.

Es lag auf der Hand, daß diese spektakuläre Höhle mit der natürlichen Vulva in ihrer Mitte von den Menschen schon früh als der Ort erkannt worden war, an dem sich eines der weiblichen Ahnwesen in der Traumzeit zu Stein verwandelt hatte. Hier residierte ihr Geist für alle Zeiten, und mit ihm die Seelen aller ungeborenen Kinder, aus denen die zukünftigen Generationen hervorgingen. Die ersten Ankömmlinge, die an diesem geweihten Platz das weibliche Ahnwesen verehrten, waren die Urheber der frühen Gravierungen gewesen. Ihre Bildfelder aus mäanderförmigen Linien und geometrischen Formen stellten vielleicht Karten dar, auf denen die Reisewege der Ahnwesen verzeichnet waren, als sie dem Land rundum sein Gepräge gaben. Es war ein Ausschnitt von einer der vielen Traumstraßen, die den gesamten Kontinent überziehen.

Die braune Silikatschicht, die die Gravierungen bedeckte, schien aus einem tiefen Spalt im ansteigenden Felsboden oberhalb der Ritzungen zu stammen. Während einer Feuchtphase im Pleistozän hatte das Wasser dieses Material wohl über den Felsboden transportiert. Nach Auskünften von Klimatologen besaß jedes Kunstwerk, das von dieser braunen Schicht überzogen war, ein Alter von mehr als 18 000 Jahren; dies ist gegenwärtig der einzige Anhaltspunkt, um Aufschluß über das Alter der Gravierungen zu erlangen. Wer die Graveure waren, wie lange sie in der Gegend lebten und was aus ihnen wurde, bleibt ein Geheimnis, das auf seine Enthüllung wartet. Künstler späterer Zeiten hatten die Umrißzeichnungen von Menschen und Tieren aus roter Ockerfarbe angebracht. Einige dieser Darstellungen sind durch den später gemalten Dingo überlagert worden. Die beiden Frauenporträts aus kräftigen, unterschiedlichen Ockerfarben entstammten ebenfalls der jüngeren Vergangenheit.

Der Dingo war nahezu vollständig, nur der Schwanzansatz der Figur blieb unklar. Unter seinem Hals befanden sich zwei linear gezeichnete rote Menschenspuren und unmittelbar vor ihnen ein Paar in derselben Technik gemalter Spuren vom Hinterbein eines Känguruhs. Die Nase des Dingos war direkt über den Känguruhspuren plaziert, als ob er daran schnüffelte. Einmal mehr ging aus dieser Abbildung hervor, welchen Wert dieses Tier bei der Fährtenlese, beim Aufspüren des Jagdwilds besessen hatte.

Von der ersten weißen Frauenfigur sind nur mehr Kopf und Schultern verblieben. Vielleicht wurden die unteren Körperpartien von Bergkänguruhs im Laufe der Zeit abgerieben, so daß man später ein zweites Bildnis auf höhergelegenen Wandpartien anbrachte. Der ebenfalls verzweigte Kopfschmuck dieser Frauengestalt symbolisiert den Baum, in dessen Höhlungen die Bienen ihre Stöcke einrichteten; die roten Punkte auf dem Körper stellen demnach Bienen dar. Vielleicht hatte man Wongabel, die Bienenfrau unter den Ahnwesen, hierhin gemalt, um der Ankunft der ersten Dingos zu gedenken, mit deren Hilfe man die Bienenstöcke ausfindig machen konnte.

Wir entschlossen uns, dieser Figur den Namen Deighton-Lady zu geben. Die Höhle befindet sich am obersten Abschnitt einer kleinen Schlucht, die von Süden her auf den Deighton-Fluß stößt. Von dort oben bietet sich ein prächtiger Ausblick über die Schlucht des Deighton und weiter nach Osten, in Richtung Cooktown, auf ein beeindruckendes Bergpanorama. Wir kehrten im nächsten Jahr hierher zurück, um die Malereien an den verschiedenen Fundstätten dokumentarisch festzuhalten. Aber es sollten weitere sechzehn Jahre vergehen, bis wir am Deighton-Fluß noch mehr Plätze mit Kunstwerken von außerordentlicher Bedeutung entdeckten.

Eine alte Axt

Das nächste Gebiet, das wir im Jahre 1969 erkunden wollten, erstreckte sich um den Kennedy Creek, einen größeren Zustrom des Laura-Flusses, der ein etwa zweihundert Quadratkilometer umfassendes, südlich von Laura gelegenes Areal aus Sandsteinplateaus und Schluchten entwässerte. Kennedy Creek und Laura-Fluß vereinigen sich ungefähr fünfzehn Kilometer südwestlich von der Ortschaft Laura. Eddy, Dick und ich errichteten unser Basislager auf einer kleinen Kuppe unmittelbar über einem guten Wasserloch; zwei große Krähenfruchtbäume spendeten dort dichten Schatten. Wir stellten ein acht Mann fassendes Zelt der australischen Armee auf und statteten es mit Bettgestellen, Klapptischen, Stühlen und anderen Einrichtungsgegenständen aus.

Am nächsten Morgen kletterten wir zur westlichen Steilwand hoch, an deren Fuß wir ein langes, offenes Felsdach vorfanden. Das Bildensemble wurde von fünf weiß und rot gemalten Känguruhs beherrscht, die zwischen zwei und drei Meter lang waren. Insgesamt zählten wir 26 Figuren, darunter auch einige Menschen- und Krokodildarstellungen. Mehrere Känguruhs waren von Speeren durchbohrt – ein Hinweis, daß dieser Platz eventuell einen Zusammenhang mit der Jagdmagie aufwies. Von hier aus konnten wir weite Teile des Kennedy Creeks mit seinen beiden größeren Nebenarmen überblicken. An der östlichen Abzweigung des Creeks hatten wir im Jahr zuvor das »Höllentor« (*Hell's Gate*) gefunden. Wir folgten dem Felskamm nach Westen bis zu einer Ansammlung von Steinen, die wir photographierten und in die Karte eintrugen, und begaben uns dann zu einer Gruppe von Nondabäumen. Der Boden war von zahllosen Früchten übersät, die vor kurzem herabgefallen waren. Vögel und andere Tiere hatten hier eine üppige Mahlzeit gehalten und als Reste die ungenießbaren Fruchtkerne übriggelassen, die überall herumlagen. Der Name »Nonda« geht auf den Entdecker Ludwig Leichhardt zurück; er hatte ihn von den Eingeborenen der Moreton-Bucht übernommen, die ähnlich aussehende Bäume so bezeichneten. Eine Beschreibung des Nondabaums findet sich in Baileys ›Flora von Queensland‹ (›*Queensland Flora*‹) unter der wissenschaftlichen Fachbezeichnung *Parinarium, Juss.* Die Teilnehmer der Kennedy-Expedition waren von den Früchten dieser Bäume sehr angetan, die der Botaniker Carron folgendermaßen beschrieb: »Häufig vorkommende Bäume von kleinem bis mittlerem Wuchs, zwischen viereinhalb und sechs Meter hoch, Trauerhabit mit herabhängenden Ästen, ovale, lanzettförmige Blätter mit Spaltöffnungen auf der Oberseite. Längliche gelbe Frucht mit hartem Kern; das reife Fruchtfleisch ist von mehliger Konsistenz und wohlschmeckend. Wir haben ausgiebig davon gekostet.«

Ungefähr fünfzig Meter südöstlich von der Steinansammlung schien die Böschung der oberen Terrasse des Kennedy Creeks hoch genug zu sein, um Felsdächer zu bergen; also machten wir uns in diese Richtung auf. Unter einer Kante der niedrigen Steilwand entdeckten wir, noch in Sichtweite der Steinpyramide, ein kleines Felsdach mit vielen Malereien, insgesamt 38 an der Zahl, in roter oder weißer Farbe. Darstellungen von Männern überwogen, aber es waren auch einige Emus und Warane zu sehen; Frauenfiguren gab es keine. Die wichtigste Malerei war indessen die rote Umrißzeichnung eines etwa zwei Meter großen und drei Meter langen Emus. Sein Schwanzgefieder bestand aus strahlenförmig angeordneten roten Linien, die die Federn angaben; die Hornplatte auf der Brust war eindeutig zu erkennen, und zwei gepickte Vertiefungen stellten die Augen dar. Die meisten Männerdarstellungen waren klein, die größte von ihnen etwa einen Meter hoch. Es waren kräftige Silhouetten in dunklen und hellen Rottönen oder mit weißer Innenbemalung und roter Kontur. Viele hatten nur drei Finger und Zehen; wahrscheinlich waren hier Männer der Emu-Traumstätte abgebildet. Das Felsdach eignete sich nicht als Lagerplatz, aber da nördlich von der Terrasse gewaltige Felsblöcke lagen, suchten wir dort nach Siedlungsspuren.

Am Quellgebiet eines kleinen ausgetrockneten Wasserlaufs fanden wir zwei geräumige Felsdächer, deren Böden wegen der vielen Holzkohlenstücke dunkelgrau gefärbt und deren Wände mit zahlreichen hellen Malereien geschmückt waren. Wir entdeckten an den Stellen, die sich als Maluntergrund anboten, Reste wesentlich älterer Figuren, aber sie waren zum größten Teil von den hellen Darstellungen überdeckt. Unter diesen befanden sich mehrere Fischarten, ein trefflich ausgeführter dunkelroter Dingo mit einer Innenzeichnung aus weißen Linien und Punkten sowie Schnabeligel, Männer, Frauen und einige Quinkins. Über die Wände verteilten sich viele weiße Handnegative, von denen man einige auf den gemalten Figuren angebracht hatte.

Eddy und Dick hatten an dem größten Felsdach nur eine kurze Pause eingelegt, und bald konnte man ihre Rufe zwischen weiter entfernten Felsen vernehmen. Sie waren auf ein langgezogenes Felsdach gestoßen, das sich als Siedlungsplatz zwar kaum eignete, dafür aber etwa fünfundzwanzig Malereien einschließlich zweier Warane barg, der eine in hellem Gelb, der andere in Rot. Auf der Rückwand defilierten sieben kleine, ungefähr fünfzehn Zentimeter hohe Ibisse hintereinander in einer Reihe. Mehrere kleine Quinkins mit aufgetriebenen Bäuchen rundeten das Ensemble ab. Ein größerer Quinkin, der auf einer Wand gegenüber dem Felsdach angebracht war, schien über dem Eingang eines engen, dunklen Tunnels zu schweben – ein typischer Aufenthaltsort für diese kleinen Kobolde. Der Boden des größten Siedlungsplatzes war mit einer dichten Schicht von Kernen der Nondafrucht bedeckt. Willy hatte uns erzählt, dieses Gebiet habe einst den Gugu-Minni gehört, und Dick war der Ansicht, es sei das wichtigste Sommerlager dieses Klans gewesen. Nach den ersten Oktoberstürmen hätten sich die Gugu-Minni hierher begeben und sich hauptsächlich von Nondafrüchten ernährt, wobei sie ihren Speiseplan gelegentlich um Känguruhs, Felswallabys, Warane und Honig ergänzten.

Etwa ein Kilometer vom Wasserlauf entfernt fanden wir ein vereinzeltes kleines Felsdach in einer lichten Waldlandschaft. Seine Wände waren mit zierlichen roten Handnegativen übersät, und auf dem Boden entdeckten wir hier und da Abschlagwerkzeuge. Dick meinte, daß dieser Ort den initiierten Knaben vorbehalten gewesen sei. Abgeschieden von den Mitgliedern ihres Klans, seien sie hier in die Stammesgesetze und heiligen Legenden eingeführt worden und hätten gelernt, wie man Werkzeuge und Waffen aus Stein herstellt. Zu einem späteren Zeitpunkt stießen wir im Gebiet des Deighton-Flusses auf ein in gleicher Weise abgesondertes Felsdach, das denselben Zwecken gedient hatte. Es lag inmitten eines Wäldchens aus großen Pflaumenbäumen, deren Früchte die Ernährung der sich dort aufhaltenden Initianden sicherstellten. Das Felsdach enthielt Bildfelder mit kleinen männlichen Figuren, die alle einen Bumerang in der Hand hielten – das Gerät, mit dem sie die Früchte von den etwa zwanzig Meter hohen Bäumen herunterholten.

Es war offenbar sehr angenehm, die Regenzeit an einem solchen Ort zu verbringen. Nahrung und Wasser standen im Überfluß zur Verfügung, ein ausgezeichnetes Felsdach bot Schutz vor Wind und Wetter, und kühle Brisen linderten die drückende Hitze. Außerdem befand sich die Stätte oberhalb des Verbreitungsgebiets der Moskitos.

Die Steinansammlung auf dem Bergsattel stand vermutlich mit Riten in Verbindung, die den Unterhalt des Klans gewährleisten sollten. Die Stapel kleiner Steine symbolisierten die vollen Tragkörbe oder Sammelbeutel der Frauen. Der wie ein Phallus geformte lange graue Stein, der aus dem zentralen Steinhaufen emporragte, stellte den Penis eines Ahnwesens dar, das sich in der Traumzeit in einen Nondabaum verwandelt hatte. Das nahegelegene Felsdach barg einen großen Emu und sehr verblichene Männerfiguren mit jeweils drei Fingern und Zehen. Dies verwies auf ferne Zeiten mit feuchterem Klima, als sich Scharen von Emus hier aufgehalten und von Nondafrüchten ernährt hatten, während die frühen Menschen diese großen Vögel erbeuteten. Als sich jedoch in der Kaltzeit die klimatischen Bedingungen veränderten, Trockenphasen und Dürreperioden überhandnahmen, verschwanden die Emus aus dem Gebiet, und die Menschen mußten sich mit dem wichtigsten Nahrungsmittel der Vögel, den Nondafrüchten, begnügen.

Etwas später fanden wir ein weiteres kleines Felsdach mit der überlebensgroßen Darstellung eines weiblichen Ahnwesens und anderen kleineren Figuren. Neben eine große Frauenfigur hatte man mit rotem Ocker einen Zweig gemalt, an dem stattliche Nondafrüchte hingen. Dies war das Pendant zu der von einem männlichen Ahnwesen dominierten Nonda-Stätte, und damit waren der weibliche wie der männliche Aspekt der Nonda-Riten abgedeckt. Wir gaben den Felsdächern den Namen Nonda-Galerien.

In den darauffolgenden Monaten entdeckten wir etliche weitere Galerien am Kennedy Creek, aber der südwestliche Bereich harrte noch größtenteils der Erkundung. Die Steilwände an der Nordseite dieses Tales beherbergten eine große Anzahl langgezogener, niedriger Felsdächer mit ganz unterschiedlichen Darstellungstypen. Das auffälligste Motiv enthielten Bildfelder, die Hunderte winziger Männerfiguren mit großem Kopfschmuck zeigten; sie hielten einander an den Händen, so daß es aussah, als ob sie tanzten. Ich war gerade damit beschäftigt, eines dieser Bildfelder abzuzeichnen, als Dick seine Rindenmalerei unterbrach und sich mit den Hunden aufmachte, um das Gebiet weiter westlich zu durchstreifen. Nach etwa zwei Stunden kamen die Hunde ins Felsdach zurück, mit Dick im Gefolge. Er ließ ein Bündel Feuerholz fallen und sagte: »Nun, Warrenby, du bist vermutlich der Ansicht, daß du dieses Jahr die besten Malereien entdeckt hast – aber diesmal hab' ich dir's gezeigt.« Während das Teewasser kochte, beschrieb er die drei neuen Galerien, die er in zwei Kilometer Entfernung weiter westlich gefunden hatte. Die auffälligsten Figuren waren ein großes Krokodil und ein Känguruh, beide mit gelbem Ocker gemalt und von purpurroten Konturen eingefaßt. Darüber hinaus gab es etliche weitere Tierdarstellungen und eigenartige männliche Geistwesen mit Kopfschmuck.

Wir schlugen unser Lager nun an der größten der neuentdeckten Höhlen auf. Es handelte sich um ein sehr flaches Felsdach unter einem massiven Felsen, der aus der Wand herausgebrochen war und nun, gegen andere Felsblöcke gelehnt, einen Hohlraum von etwa zehn Metern Tiefe und zwanzig Metern Länge umschloß. Weitere Felsen an der Vorderseite machten die Höhle düster, schützten aber die Malereien vor Wind und Regen. Wir zählten in den drei Galerien etwa achtzig Figuren, und nachdem ich sie im Detail kopiert, Abzeichnungen angefertigt und sie photographiert hatte, war ich des Dokumentierens überdrüssig und beschloß, die letzten Tage mit weiteren Erkundungsgängen zu verbringen. Für die Zeichenarbeit blieb später noch Zeit genug.

Als es dunkelte, stellten sich in unserem Lager nächtliche Besucher ein. Als erstes kam ein Opossum mit buschigem Schwanz, und unsere Hunde gebärdeten sich wie verrückt. Sie schienen genau hören zu können, wann die Beutelratte ihren Fuß auf den Boden setzte. Dann stürzten sie sich zu der Stelle hin, aber die Beutelratte hatte sich stets rechtzeitig einige Meter in einen Baum hochgeflüchtet und antwortete auf das Kläffen der Hunde und das Heulen der Dingos mit einem kecken Scheltruf. – Als ich am nächsten Morgen erwachte, hoben sich die Äste der Bäume, die unser Lager umstanden, als schwarze Silhouetten gegen die erste Morgenröte ab. Für Vögel war es noch zu früh, und das einzige Geräusch, das ich vernahm, war das verhaltene Schnarchen von Dick. Ich betrachtete gerade das schwarze Maßwerk aus den Ästen einer kleinen Hakea, als plötzlich ein Tier, das wie ein Vogel mit langem Schwanz aussah, aus der Luft herabstieß und auf dem Stamm landete. Ich dachte zunächst, es sei eine nachtaktive Papageienart, aber dann hüpfte das Tier im Baum herum, und ich erkannte, daß es ein niedlicher kleiner Gleitbeutler war, ein Zuckergleiter oder Zuckerhörnchen, wie das Tier wegen seiner Vorliebe für süße Blüten und Früchte genannt wird. Es rannte den Stamm bis zum Wipfel empor und sprang dann ab, hinein in die Morgendämmerung, selbstsicher wie ein Vogel.

Die Ostseite des Kennedy Creeks war größtenteils von senkrechten Steilwänden aus grobkörnigem, grauem Sedimentgestein umschlossen, das kaum Felsdächer enthielt, die sich zum Lagern oder Bemalen eigneten. Eine oberhalb der Steilwand gelegene bewaldete Terrasse führte in sanfter Steigung zu einem Plateau aus weichem rotem Sandstein, das größtenteils in gewaltige Felsblöcke zerfallen war. Dort wollten wir hinaufklettern und nach weiteren Fundplätzen suchen.

Die obere Sandsteinschicht barg zahlreiche große und ausgezeichnete Felsdächer, meist jedoch ohne Siedlungsreste. Dafür entdeckten wir einige Menschendarstellungen und Malereien, die wie Bilder von Blumen – vielleicht Seerosen – aussahen. Wir erforschten den Felskamm auf einer Länge von rund zehn Kilometern und fanden insgesamt über hundert Figuren. Besonders bemerkenswert war die verblichene dunkelrote Silhouette eines Koalas mit weißer Umrißzeichnung. Koalas waren auf der Kap York-Halbinsel ausgestorben, und daher konnte diese Darstellung ein beträchtliches Alter besitzen. Es gab ferner einige Quinkins und drei große, mit strahlendem Weiß gemalte Krokodile. Da der Kunststil im Osten des Kennedy Creeks ganz anders beschaffen war als auf der westlichen Seite, zogen wir in Erwägung, daß ein weiter im Osten, am Earl Creek angesiedelter Klan das Plateau in Regenzeiten zum Lagern aufgesucht haben könnte.

Über uns ächzte eine Fokker auf ihrem täglichen Flug nach Weipa. Sie erinnerte mich daran, daß ich vor einiger Zeit den entlegenen Oberlauf des Coamey Creeks aus der Luft inspiziert und auch den einfachsten Zugangsweg in die Karte eingetragen hatte. Obwohl die Hügel von der Hitze ausgedörrt waren, beschlossen wir, nur mit leichtem Gepäck zu marschieren und vor allem genügend Wasser mitzunehmen, so daß wir das Gebiet innerhalb von zwei Tagen durchqueren konnten. Auf unserem Weg wollten wir die Schweine- und Emu-Galerien kreuzen, wo wir Wasser in Plastikbehältern aufbewahrt hatten. Sobald es dämmerte, ließen wir unseren Landrover am Laura-Fluß zurück und machten uns, leicht beladen, an den langwierigen und steilen Aufstieg zu den Galerien. Oben auf dem schmalen Felsgrat stießen wir auf recht frische Spuren einer Wildschweinherde, die in einer Reihe bergabwärts gezogen war. Dies war ein sicherer Beleg, daß die hochgelegenen Quellen ausgetrocknet und die Wildschweine aus diesem Grund weitergezogen waren. Die Sonne brannte erbarmungslos und die Temperatur kletterte auf Höchstmarken, als wir unser Gepäck im Schatten der Schweine-Galerie abwarfen. Wie sich herausstellte, war das vorrätige Wasser gut, und so kochten wir einen Tee und genossen den Anblick der farbenprächtigen Galerie, während wir zu Mittag aßen.

Spät am Abend schlugen wir unser Lager zwischen Felsen auf einem Vorsprung des mit Blutbäumen bestandenen Berggrats auf. Es war den ganzen Tag über sehr heiß gewesen; die Hunde stießen jetzt mit ihren Schnauzen an die Wasserbehälter und forderten ihre Ration ein. Das kleine Plateau, nach dem wir suchten, war etwa noch eine Wegstunde entfernt, und daher beschlossen wir, unser Gepäck am nächsten Morgen zurückzulassen und nur mit Wasservorrat und einer Kamera ausgestattet einen kurzen Überblick zu gewinnen.

Wir kamen in den kühlen Morgenstunden schnell voran und erreichten den Fuß der Steilwand, die um das Plateau verlief, vor neun Uhr. Es gab dort mehrere große Felsdächer, die an der Stirnseite meist bis zu zehn Meter hoch waren, zehn Meter in der Tiefe und bis zu dreißig Meter in der Länge maßen. Ihre Böden waren jedoch von herabgestürztem Gestein übersät, und ihre unregelmäßigen Wände wiesen so viele Erosionsfurchen auf, daß man darauf keine Malereien hatte anbringen können. Nachdem wir in sechs solchen Felsdächern keine Malereien vorgefunden hatten und schon recht verzagt waren, entdeckten wir nach einer Biegung doch noch eine geräumige Höhle, an deren entlegenem Ende sich zwei lange, weiße Abbildungen befanden. Aus der Entfernung schienen es große Schlangendarstellungen zu sein, aber beim Nähertreten erkannten wir, daß es riesige Bienenstöcke waren, die größten, die wir jemals gesehen hatten. Sie waren übereinander angeordnet; der obere war etwa sieben Meter lang, der unter knapp fünf Meter, und beide waren über weite Strecken ungefähr einen halben Meter breit. Als Grundierung hatte man weißen Baryt (Schwerspat) verwendet, für den Umriß und die Innenzeichnung dagegen ein dunkles Rot. Rote Punkte von der Größe einer Fingerspitze bedeckten das Innere der beiden Figuren; das waren die Bienen, die sich in den Stöcken aufhielten (Abb. 58).

Der obere Bienenstock war durch eine vertikale Linie, die in zwei Metern Entfernung von seinem dickeren Ende verlief, in zwei Abschnitte unterteilt. Dick zufolge markierte dieser Strich die Rückseite des Bienenstocks, wo sich der beste Honig befand. Das andere Ende verjüngte sich zu einer feinen Spitze, dem Eingangstunnel, aus dem eine Anzahl kleiner Punkte und zwei größere Gebilde hervordrangen. Der kleinere Bienenstock war in drei Segmente untergliedert. An seiner Basis war ein eigenartiger kleiner, in Weiß und Rot gemalter Mann abgebildet, der mit einem Stock in das Bienengehäuse stieß. Am entgegengesetzten Ende entwich ein Bienenschwarm, der drei größer gezeichnete Bienenköniginnen begleitete. Die Darstellung hatte zum Inhalt, wie man einem Bienenstock Honig entnahm: Zuerst preßte man das Ohr gegen den Baumstamm und machte am Summen der Bienen den genauen Standort des Stockes ausfindig, dann schlug man unmittelbar unter der Basis des Bienenstocks ein kleines Loch in den Baum, führte einen biegsamen Stab oder ein Rohr ein, stach damit in den Stock und drehte es hin und her, bis der Honig am Rohr entlang in einen Behälter aus Rinde floß. Einige Bienen blieben vielleicht im Baumstamm, um den Stock zu reparieren, während andere davonschwärmten, einen neuen Staat gründeten und wieder Honig produzierten. Dieser Platz war offenkundig von großer Bedeutung gewesen; hier hatten Riten stattgefunden, die auf eine Honigbienen-Traumstätte verwiesen.

Wir setzten unseren Weg an der Stelle fort, wo die Steilwand nach Nordosten abbog. Dort war die Lage geschützter, für Siedlungszwecke günstiger, und nach etwa hundert Metern gelangten wir zu einem weiteren großen Felsdach, das in der Regenzeit tatsächlich als Siedlungsplatz gedient hatte. Das Gewölbe schrägte sich nach hinten ab, stieg aber nach vorne in Abstufungen bis zu einer Höhe von etwa sechs Metern an. Es war mit zahllosen Malereien von Menschenfiguren, Tieren und Werkzeugen bedeckt; alles war vorhanden, was für eine Gemeinschaft von Jägern und Sammlern von Belang war. Die Angehörigen des Klans hatten sich eine reich ausgeschmückte Heimstätte geschaffen, in der sie sich bei jeder Regenzeit behaglich einrichten konnten. Über Tausende von Jahren waren sie hierhergekommen. Jetzt hausten hier nur noch Bergwallabys.

Auf dem Rückweg beschlossen wir, abschließend einen Blick auf die großen Sandsteinblöcke im Wald unterhalb der Steilwand zu werfen. Dick inspizierte den höhergelegenen Bereich, und ich nahm mir die tieferen Abschnitte vor. Die meisten Felsen besaßen keine Abris, aber ich fand doch ein kleines Felsdach mit einigen gemalten Emuspuren und Kreisen. Ich war gerade am Photographieren, als ich Dick von weiter oben rufen hörte. Er stand in einem ausgezeichneten, großen, schattenspendenden Felsdach, das aufgrund seiner Beschaffenheit sich bestens als Siedlungsplatz eignete. Der Boden war sandig; die hohe Felsdecke senkte sich nach vorne herab und bot so vollkommenen Schutz gegen alle Wetterunbilden. An der Vorderseite wuchs dichtes Buschwerk, das die Höhle wie ein Zimmer umschloß und in ein grünes Licht tauchte. Nachdem sich meine Augen an die dämmrige Umgebung gewöhnt hatten, erkannte ich auf der niedrigen Rückwand eine zum Teil verblichene, sehr große Darstellung eines horizontal abgebildeten Mannes. Sein Körper war in hellem Orange gemalt und mit dunkelroten Konturen umgeben. Die Figur war insgesamt ziemlich grob ausgeführt und enthielt keine Innenzeichnung. Da sie aber fünf Meter lang und im Hüftbereich fast einen Meter breit war, mußte sie von beträchtlicher Bedeutung gewesen sein.

Noch interessanter waren indessen die zahlreichen weißen und roten Malereien auf einer Seitenwand, die in einen niedrigen Tunnel auslief. Hier hatte man mit großer Detailtreue viele Känguruhspuren angebracht, und zwar von den Vorder- wie von den Hinterfüßen, ferner Spuren von Menschen, einen kleinen ovalen Bienenstock mit einem großen Bienenschwarm, eine entzückende kleine Eule, einige halbmondförmige, an Insektenlarven erinnernde Gebilde und schließlich – zum ersten Mal – gemalte Zeichen, die wie die Zinken einer Heugabel aussahen. Diesen Zeichentypus hatten wir bislang nur als Gravierung gekannt. Die Malereien aus weißem Baryt erwiesen sich als sehr qualitätvolle Arbeiten mit feinen Dekorationen aus roten Linien und Punkten. Obwohl die Figuren klare Konturen besaßen und hervorragend erhalten waren, erweckten sie doch den Eindruck, als seien sie vor längerer Zeit entstanden. Ich zog die »Große weiße Phase« vor etwa 5000 bis 8000 Jahren in Erwägung, in der die Felskunst auf der Kap York-Halbinsel ihrem Höhepunkt entgegenstrebte. Das tiefe Felsdach bot den Malereien vorzüglichen Schutz, und aus irgendwelchen Gründen hatte man sie nicht mit anderen Figuren übermalt wie in den meisten Galerien. Es war allerdings kein Siedlungsplatz, und vielleicht hatte die riesige horizontale Männerfigur etwas damit zu tun, daß spätere Generationen diese Stätte mieden.

Die weiß gemalten Zeichen in Form einer Heugabel sahen wie im Meer schwebende Seewespen aus. Wir zählten insgesamt fünf solcher Zeichen, die jeweils zwischen sieben und fünfzehn fadenartige Verlängerungen, die »Zinken«, aufwiesen. Drei dieser Zeichen besaßen an ihrer Spitze strahlenförmig auslaufende kurze Linien, eines nur einen kurzen Strich, das fünfte gar keinen. Dieses Zeichen, dem die Linien an der Spitze fehlten, enthielt jedoch zwischen den weißen Verlängerungen eine Reihe kurzer roter Streifen, und Dick meinte, es sehe wie ein Regenfall aus. Plötzlich wurde uns klar: Diese Zeichen stellten wahrscheinlich ein Unwetter dar und waren infolgedessen vermutlich Bestandteil einer Regenzeremonie. Die strahlenförmig angeordneten Linien gaben die Zusammenballung von Regenwolken wieder, wie man es vor Anbruch eines Unwetters beobachten konnte.

Dick war mit seinem Fund sehr zufrieden. Er meinte, jetzt wüßten wir, warum unsere Blicke immer wieder von den entlegenen Hügeln angezogen wurden, als wir an der Schweine-Galerie lagerten: Es waren die Geister in den Höhlen, die die Menschen aufforderten, hierher zu kommen und sie zu besuchen.

Die nächste Expedition, die ebenfalls im Jahr 1969 stattfand, war gewissermaßen eine Familienangelegenheit – es waren Schulferien. Unser Lager, das wir am kleinen Laura-Fluß aufschlugen, diente zunächst als Künstlerherberge, dann als Ausgangspunkt für eine archäologische Grabungskampagne zum nahegelegenen Sandy Creek. Eddy brachte Noel Risley mit, einen Bildhauer, dessen Werke in Cairns große Beachtung fanden und der nun ausprobieren wollte, ob sich die Sandsteine von Laura für sein Kunstschaffen eigneten. Dick und ich holten Willy aus Laura ab und nahmen ihn in unser Lager mit.

Der kleine Laura-Fluß führte klares Wasser in einem Bett aus schwarzem Gestein. An einer hochgelegenen Uferstelle errichteten wir zwei große Zelte und Unterstände aus Planen. Hinter unserem Lager erstreckte sich ein Wald, den die unermüdlichen Termiten orange gefärbt hatten: Jeder der großen Streifenrindenbäume war auf den unteren zehn Metern mit einem dünnen, verkrusteten Belag aus roter Erde überzogen, unter dessen Schutz die Termiten die abgestorbene äußere Rindenschicht fressen konnten.

Nach ein paar Tagen traf Beverley mit unseren beiden Töchtern Vicki und Anna ein, begleitet von ihrem Bruder Dick und dessen Frau Sue. Sie waren alle freiwillige Ausgräber bei der Expedition am Sandy Creek. Die Stelle, um die es ging, hieß »Felsen der Regenbogenschlange«; Dick und ich hatten sie vor einigen Jahren entdeckt. Dort war, an der Basis eines flachen Sandsteinplateaus, ein zehn Meter hoher und sechzig Meter langer Sandsteinblock aus der Felswand gebrochen. Wind und Wetter hatten ihn zu einer rundlichen Form skulptiert und geschwärzt. Unmittelbar hinter dem großen »Kopf« ragten zwei Ausbuchtungen hervor; das ganze Felsgebilde sah wie eine Regenbogenschlange aus, die gerade aus einem Loch am Fuße des Hügels kroch. Ungefähr in der Mitte des steinernen Schlangenkörpers hatten sich an der Unterseite größere Felsblöcke losgelöst und so ein Felsdach hinterlassen, das sich für längere Aufenthalte geradezu anbot. Dick sagte es so: »Mitten in den Eingeweiden vom alten Goorialla, der Regenbogenschlange.«

Das Felsdach war in zwei Bereiche untergliedert: ein höhergelegener offener Abschnitt war mit herabgestürzten Felsen übersät, während eine Sandfläche unter einem niedrigen Gewölbe einen idealen Lagerplatz abgab. Auf dieser Felsdecke hatte man zahlreiche Figuren angebracht, unter denen eine mit roter und weißer Farbe gemalte, etwa vier Meter lange Schlange besonders auffiel. Das Gewölbe im höhergelegenen Abschnitt trug Darstellungen von Menschen, Fischen und einem Krokodil. Am wichtigsten von allem waren aber die geheimnisvollen Symbole, die die frühen Menschen auf einigen Felsblöcken eingraviert hatten. Auf einen großen abgerundeten Gesteinsbrocken, der zwischen anderen Felsen eingezwängt war, hatten sie ein Gewirr aus miteinander verbundenen Linien und Kreisen graviert, die sich über drei Seiten des unregelmäßig geformten Steines erstreckten. Das eigenartige Muster war von einer dicken, glatten, dunkelbraunen Silikatschicht überzogen (Abb. 54). Dies sprach für ein beträchtliches Alter der Gravierungen und hatte letzten Endes den Ausschlag für unseren Entschluß gegeben, hier eine Ausgrabung vorzunehmen. Nahe bei der Rückwand des Felsdachs ragte ein ebenfalls abgerundeter Sandsteinblock aus dem Boden. Auch hier hatte man Gravierungen angebracht, die unter der Bodenoberfläche verschwanden.

Nach einer Woche harter Arbeit hatten wir auf einer rechteckigen Fläche um den teilweise im Boden steckenden Felsblock Erdreich von eineinhalb Metern Mächtigkeit abgetragen und gesiebt. Jede archäologische Schicht enthielt eine unglaubliche Vielfalt von Steinwerkzeugen und Geräten unterschiedlichster Art: zierliche Speerspitzen aus Quarz mit Widerhaken, Kratzer, Messerklingen, Meißel, Schleifsteine, Hammeraufsätze, große Faustkeile, Steinbeile, die einst auf Schäften befestigt waren, und schließlich viele benutzte Ockerstücke. In den oberen Schichten schien Quarz das am meisten bevorzugte Rohmaterial neben farbenprächtigem Achat und Bandjaspis gewesen zu sein, aber man hatte prinzipiell jede harte Gesteinsart verwendet, die in den Flußgeröllen der Umgebung vorkam.

Als die Gravierung im Zuge der Grabungen nach und nach zutage trat, stellte sich heraus, daß es sich um eine ungewöhnlich große Version des Heugabel-Motivs handelte, das den kleineren gravierten Zeichen auf den höhergelegenen Wandpartien auffallend glich. Die gravierten Linien waren stark abgetragen; vielleicht hatten spätere Generationen den Stein als Sitzgelegenheit oder Arbeitsfläche benutzt. Aber man konnte immer noch das spitz zulaufende »gotische« Gebilde erkennen: die breite äußere Linie und Teile weiterer gravierter Linien, die auf einer Länge von ungefähr einem Meter auf der Felsoberfläche nach unten verliefen. Das gravierte Zeichen wies an keiner Stelle einen Silikatüberzug auf.

Bei früheren Ausgrabungen an anderen Stätten hatte man festgestellt, daß die kleinen, fein gearbeiteten Werkzeuge aus farbigem Stein ab einer gewissen Tiefe recht unvermittelt nicht mehr anzutreffen waren. An ihre Stelle trat größeres Geräteinventar aus hartem, grauem Stein, das überwiegend praktischen Zwecken gedient hatte und weniger kunstvoll gestaltet war. Wir stießen nach etwa zwei Metern auf eine harte kieshaltige Schicht aus rosafarbenem sandigem Material, das eine weitere Ausgrabung sehr erschwerte, weil sie fest verbacken war und keinerlei Artefakte enthielt. Nach der Grabungsexpedition von Richard Wright am Mushroom Rock lag nahe, daß wir bei einem ungefähr 8000 Jahre alten Horizont angelangt waren. Die mit einem Silikatüberzug bedeckten Gravierungen auf dem freiliegenden Felsblock weiter oben schienen indessen darauf hinzudeuten, daß wir möglicherweise einen über 18 000 Jahre alten Horizont unter der verbackenen Schicht antreffen könnten. Wir beschlossen, weiterzumachen.

Noel Risley stellte aus dem Holz des Eisenbaums Brechstangen und Schaufelblätter her, mit denen wir die harte rosafarbene Schicht aufhackten und abtrugen. Beim Sieben entdeckten wir lediglich ein kleines weißes Quarzstück, das eventuell ein Werkzeug gewesen war, aber wir fanden keinerlei Holzkohlenreste. Schließlich waren wir bei einer Tiefe von drei Metern angelangt. Ich kratzte lustlos am Boden herum, als plötzlich ein ebenmäßiges, rosafarbenes Quarzitstück in Erscheinung trat. Es war eine Steinaxt. Mit Feuereifer gruben wir weiter, aber nach wenigen Zentimetern endete die harte rosafarbene Schicht. Nun begann ein Horizont aus hellgrauem sandigem Material – wie sich herausstellte, war es verwitterter Sandstein des gewachsenen Felsuntergrunds. Da wir zudem keine weiteren Steinwerkzeuge oder Holzkohlenstücke vorfanden, beschlossen wir, die Arbeiten einzustellen und die Grube aufzufüllen.

Die geborgene Steinaxt hatte eindeutig einen Schaft besessen. Ihre Kante war mit großer Sorgfalt geschliffen worden, sie war immer noch scharf und hatte eine polierte Oberfläche. Im

Vergleich zu den Steinäxten aus der darüberliegenden Schicht war es ein verhältnismäßig leichtes Werkzeug: ungefähr fünfzehn Zentimeter lang, zwölf Zentimeter breit und an keiner Stelle dicker als drei Zentimeter. Mit ihm hatte man wohl kaum Holz oder anderes hartes Material zerlegen können, und so folgerten wir, daß es vermutlich beim Schlachten und Auseinandernehmen großer Tiere Verwendung gefunden hatte. Wir wußten, daß wir die älteste Steinaxt Australiens entdeckt hatten, sahen aber keine Möglichkeit, das wertvolle Stück zu datieren.

Zwei andere Formen von Steinwerkzeugen, die wir ausgegraben hatten, gaben uns weitere Rätsel auf. So wußten wir beispielsweise nicht, wozu man sie gebraucht hatte – bis wir sie den Aborigines zeigten, die uns begleiteten. Bei den fraglichen Gegenständen handelte es sich zum einen um vier längliche, an einem Ende abgerundete Stücke aus dunkelgrauem Schiefer, die keinerlei Gebrauchsspuren aufwiesen. Ihre Länge betrug zwischen fünfzehn und zwanzig Zentimeter. Als Dick sie sah, lachte er und sagte: »Damit hat man am Abend so seine Späße getrieben. Ein junger Bursche brachte das Ding ins Lager, legte es an einer gut sichtbaren Stelle nieder und rief seiner Großmutter zu: ›Hey, Oma, das kannst du sicher gut gebrauchen, ist hart wie 'ne Eins, das Stück.‹ Das war jedesmal ein Riesenjux.«

Die zweite Kategorie von Steinen waren kristalline Quarzstücke, deren Facetten wie Diamanten glitzerten, wenn man sie ins Sonnenlicht hielt. Willy geriet darob in große Aufregung und meinte, das sei »was fürs Auge vom Quinkin«. Weitere Nachfragen ergaben, daß dies magische Steine waren, denen man große Wirkkraft zusprach. Wenn man sie des Abends so plazierte, daß sie die Flammen des Lagerfeuers reflektierten, dann war der Schläfer vor den Übergriffen der Quinkins sicher. Das magische, funkelnde Licht blendete den Quinkin und warf ihn zu Boden, so daß ihm nichts anderes übrigblieb, als schleunigst den Rückzug in die Dunkelheit anzutreten.

Da wir bei unserer Ausgrabung in den unteren Horizonten auf keine Holzkohlenreste stießen, konnten wir über den zeitlichen Ablauf der Ereignisse in der Vergangenheit nur Spekulationen anstellen. Die drei Meter mächtige Schicht aus rosafarbenem kieshaltigem Material deutete darauf hin, daß zwischen zwei Besiedlungsphasen durch den Menschen eine sehr große Lücke klaffte. Diese Zeitspanne umfaßte vermutlich die Dürreperiode – viele Jahrtausende der Trockenheit, denn ohne menschliche Siedlungsreste brauchte es natürlich wesentlich mehr Zeit, bis die Schicht zu einer solchen Mächtigkeit herangewachsen war. Wahrscheinlich waren die Menschen bereits zu einem sehr frühen Zeitpunkt erstmals hierhergekommen, wohl während einer Phase feuchteren Klimas, die auch den Silikatüberzug auf den alten Gravierungen verursacht hatte. Als dann die sengende Dürre einsetzte, vielleicht vor über 18 000 Jahren, verließen die Menschen den Ort. Dem Klimatologen J. M. Bowler zufolge erreichte die Austrocknung des Kontinents vor 17 000 bis 15 000 Jahren ihren Höhepunkt. Dann folgte eine Zeit gemäßigten Klimas mit verbesserten Lebensbedingungen, die bis heute anhält. Die Wiederbesiedlung des Gebiets fiel in einen Zeitraum nach der Dürrephase, höchstwahrscheinlich in die von Kershaw und anderen Wissenschaftlern identifizierte kurzfristige Feuchtperiode vor etwa 8500 bis 5000 Jahren. In dieser Spanne regenerierten sich die Regenwälder auf dem Hochland von Atherton, und mit den Pflanzen und Tieren kehrte auch der Mensch in die ehemals verödeten Gebiete zurück. Die Malereien der »Großen weißen Phase«, von der zuvor die Rede war, datieren aller Wahrscheinlichkeit nach in diese kürzere feuchte Klimaphase. Die Figuren spiegeln eine Zeit der Muße wider, denn das wieder in Fülle vorhandene Nahrungsangebot ermöglichte ein Leben ohne Entbehrungen und Mühsal.

Unsere Ausgrabung erbrachte – wie andere Unternehmungen dieser Art auf dem gesamten Kontinent – den Beweis, daß sich die verbesserten Lebensbedingungen auch in der Beschaffenheit der Steingeräte niederschlugen. Die Werkzeuge dienten jetzt nicht mehr nur einem praktischen Zweck, sie mußten auch schön aussehen. Ein Inventar kleiner Steingeräte aus farbigen Achaten und Bandjaspis taucht nun in den oberen Horizonten auf und setzt sich bis zur Bodenoberfläche fort, da zugleich die Bevölkerungsdichte kontinuierlich zunahm. Sollten in Zukunft Holzkohlenreste in den unteren Horizonten ausfindig gemacht und die fossilen Pollenkörner (Blütenstaub) zeitlich bestimmt werden können, dann wäre es auch möglich, genauere Aussagen zur chronologischen Abfolge der Klimaphasen und zu den saisonalen Wanderungsbewegungen der Menschen zu treffen.

Die alten, mit einer Silikatschicht bedeckten Gravierungen könnten in einer Zeit vor mehr als 40 000 Jahren entstanden sein.

Dick und ich blieben noch ein wenig länger am Sandy Creek, um zu zeichnen und zu malen, und Willy leistete uns dabei Gesellschaft. Ein paar Tage lang erkundeten wir die entlegenen Hänge des Creeks, fanden aber nur wenige Felsdächer und lediglich eine einzige Malerei: die ausgezeichnete Darstellung eines großen Bergkänguruhs.

Weitere Kunstwerke des frühen Menschen

Im April ging eine der heftigsten Regenzeiten zu Ende, die das Land seit vielen Jahren erlebt hatte. Am Küstenstreifen um Cairns betrug die Niederschlagsmenge mehr als zweieinhalb Meter. Die meisten Regengüsse kamen im Gefolge von Wirbelstürmen, die eine Spur der Verwüstung an der Küste hinterlassen hatten. Einer der schlimmsten Zyklone, dem man den Namen Althea gegeben hatte, war am Weihnachtsabend über Townsville hereingebrochen und hatte die Stadt vollständig zerstört, Häuser wie Spielzeug in Stücke gerissen und Autos wie Blechbüchsen die Straßen hinuntergefegt.

Über dem Quinkinland waren mehr als eineinhalb Meter Regen niedergegangen. Als Dick, Eddy und ich zu den neuentdeckten Galerien am Coamey Creek aufbrachen, um die Malereien zu dokumentieren, mußten wir uns also um die Wasserversorgung in den Hügeln keine Sorgen machen. Wir errichteten unser Basislager am Akazien-Wasserloch am Kennedy Creek und machten uns Anfang Mai auf den Weg, um unsere Erkundungszüge zum Abschluß zu bringen und die Kunstwerke in den Galerien abzuzeichnen. In dem zerklüfteten Gelände entdeckten wir lediglich zwei weitere kleine Galerien mit ungefähr achtzig Figuren. Unter den bemerkenswertesten Darstellungen befanden sich Bienenstöcke, eigenartige Pflanzen sowie zwei grimmig dreinschauende kleine gelbe Quinkins, ein männliches und ein weibliches Ungeheuer.

Bei Überflügen hatte ich ein Gebiet zwischen zwei Wasserläufen ausfindig gemacht, die nach Süden in den Laura-Fluß flossen, unmittelbar unterhalb der Stelle, wo auch der Coamey Creek einmündete. Wir überquerten den Laura-Fluß, setzten unseren Weg nach Norden über einen kleinen Bergkamm fort und gelangten schließlich in das Tal des ersten Wasserlaufs. Zur anderen Uferseite führte eine Art Damm aus schwarzen Steinen, die zahlreiche künstliche Vertiefungen aufwiesen. Diese Aushöhlungen gingen auf das Schleifen von Steinäxten zurück, und so waren im Laufe der Zeit tiefe Kerben entstanden. Dieser Befund gab natürlich unseren Hoffnungen Auftrieb, in der näheren Umgebung auf Galerien mit Malereien zu stoßen. Dem Wasserlauf gaben wir den Namen Stone Axe Creek.

Gegen Mittag waren wir allerdings weniger zuversichtlich, denn wir hatten an den nördlichen Steilwänden des Tales keine für Malereien geeignete Felsdächer entdeckt. Wir waren inzwischen bei einem Bergsattel angekommen, der die Wasserscheide zwischen den beiden Flüßchen bildete. Unser Zielgebiet lag nun genau vor uns: ein Plateau, auf dessen steilen, bewaldeten Abhängen viele große Felsblöcke verstreut waren. Ich hatte jedoch die plötzliche Eingebung, das Plateau erst später zu besuchen und zunächst die Wasserscheide zu überqueren, um die östlichen Hänge des zweiten Flußtales näher zu erkunden. Das war eine Laune des Zufalls.

Wir bogen um eine Talwindung und erreichten nach mehreren hundert Metern ein langgezogenes, niedriges Felsdach am Fuße der Steilwand. Es barg einige verblichene rote Darstellungen von Menschen und Tieren, aber weit wichtiger waren andere Hinterlassenschaften des Menschen: Am rechten Ende des Felsdaches lagen mehrere herabgestürzte Sandsteinblöcke mit eingravierten Emuspuren. Sie waren ungefähr fünfzehn Zentimeter lang, auffallend symmetrisch gestaltet und sehr sorgfältig gearbeitet. Die Zeitläufte hatten die Gravierungen glattpoliert.

Da uns die vielen großen Felsblöcke auf der mit Bäumen bestandenen Terrasse weiter im Norden sehr vielversprechend erschienen, teilten wir uns auf, um sie so vollständig wie möglich untersuchen zu können. Nach etwa dreihundert Metern sah ich einen gewaltigen umgekippten Felsblock, gegen den ein abgestorbener großer Eisenholzbaum lehnte. Ich drang weiter durch hohes Röhricht und Buschwerk vor und stieß auf unsere Hunde und Dingos, die es sich im Schatten eines Felsdachs auf einem von Holzkohlestücken geschwärzten Boden bereits gemütlich gemacht hatten. Sie hatten offensichtlich erkannt, daß dies einer jener kühlen Plätze war, an denen ich mich oft stundenlang aufhielt. Auf der ausgebuchteten Rückwand erstreckte sich ein großes Bildfeld mit Malereien, aber ich nahm kaum Notiz davon, weil etwas anderes meine Aufmerksamkeit erregt hatte: Das südliche Ende der Wand war mit zahlreichen tiefen Gravierungen bedeckt. Auf meine aufgeregten Rufe hin brachen Eddy und Dick durchs Unterholz. Wir setzten uns auf herumliegende Steine und betrachteten nun das größte Kunstwerk des frühen Menschen, das bis dahin auf der Kap York-Halbinsel entdeckt worden war, etwas näher.

Das geräumige offene Felsdach war wie die Innenseite einer Jockeymütze geformt. Die ausgebuchtete Rückwand war etwa zwölf Meter lang und lag im Schutz eines hohen, abgestuften Gewölbes, das nach vorne bis zu einer Höhe von rund zwölf Metern anstieg. Der nach Westen ausgerichtete Abri war ein geradezu idealer Zufluchtsort bei allen erdenklichen Wetterunbilden.

Das gravierte Bildfeld des frühen Menschen nahm eine Länge von fünf Metern ein und war zwischen einem und zwei Metern hoch. Es bestand aus einem Labyrinth ineinanderverschlungener Linien, geometrischer Formen, Kreisen sowie den Spuren von Emus und Buschhühnern. Runde Grübchen mit einem Durchmesser von bis zu vier oder fünf Zentimetern waren aufs Geratewohl über das gesamte Panneau verteilt. Um eine Reihe aus vier natürlichen, flachen, ovalen Vertiefungen hatte man Löcher gepickt oder graviert und sie auf diese Weise in das Ensemble integriert. Der untere Teil des Bildfelds wölbte sich nach vorn und bildete einen Sims; ein Teil war abgebrochen und im Boden begraben. An den Stellen, wo das Bildfeld auf den Boden traf, verliefen die Gravierungen in unbekannter Tiefe unter dem heutigen Niveau weiter. Die mit Gravierungen versehene Wand war insgesamt sehr verwittert, und die Erosionstätigkeit hatte dem Werk hier und da schwer zugesetzt; in manchen Bereichen waren die geritzten Linien aber immer noch bis zu zwei Zentimeter tief. Obwohl in Regenzeiten offenkundig Wasser über die gravierten Teile der Felswand floß, konnten wir keine Anzeichen eines Silikatüberzugs entdecken.

Das gemalte Bildfeld linker Hand, das zahlreiche Überlagerungen aufwies, enthielt kaum Gravierungen in der untersten Schicht. Gängige Motive waren die Menschen und vielen Tierarten, darunter auch Vögel und Reptilien. Die ungewöhnlichste Figur war indessen die Darstellung des Riesenquinkins Turramulli, eines Monsters ohne Hals und mit nur drei Fingern und Zehen an Händen und Füßen.

Es hatte den Anschein, daß das Panneau aus alten Gravierungen ein Werk des frühen Menschen war, während die Malereien aus einer wesentlich späteren Epoche stammten, daß beide Kunststile also durch einen langen Zeitraum voneinander getrennt waren. Unser Wissen über den frühen Menschen beschränkte sich auf die Gravierungen, die er in hierfür geeigneten Felsdächern hinterlassen hatte. Hier waren sie am besten vor Witterungseinflüssen geschützt, leicht zugänglich, und außerdem befand sich eine ständig fließende Wasserquelle in der Nähe.

Da das Gravieren auf einer Felswand einen erheblichen Aufwand bedeutete, mußten dieser Tätigkeit wichtige Motive zugrunde gelegen haben. Irgend etwas mußte den frühen Menschen in besonderer Weise beschäftigt haben, und da die Spuren von Emu und Buschhuhn Bestandteile des Ensembles bildeten, lag es nahe, daß diese Vögel in einem wie auch immer gearteten Zusammenhang mit diesem Anliegen standen. Runde gravierte Grübchen, die in ein Bildwerk integriert sind, können vielerlei darstellen: ein Wasserloch, einen Lagerplatz, Früchte, Pflanzen oder Eier. Wenn sie hingegen mit Vogelspuren vergesellschaftet sind, dann liegt es nahe, sie als Eier zu interpretieren. Fährten von Emu und Buschhuhn kommen in vielen Gravierungen des frühen Menschen vor. Wenn es stimmte, daß die »Heugabel«-Zeichen Unwetter symbolisierten, dann könnte in den gravierten Bildfeldern die Sorge des frühen Menschen zum Ausdruck kommen, daß die Dürreperioden einen nachteiligen Einfluß auf sein Jagdwild ausübten. Dick äußerte die Vermutung, die miteinander kombinierten Reihen von Emu- und Buschhuhnfährten könnten die kurzen, stolzierenden Schritte des männlichen Vogels während der Balz wiedergeben. Es konnte jedoch auch sein, daß man gar nicht die Spuren der heutigen, bei weitem kleineren Vogelarten abgebildet hatte; beim Emu könnte es sich ebensogut um die ausgestorbene Riesenform *Genyornis* handeln, beim Buschhuhn analog um den verschwundenen Artverwandten *Progura gallinacea*, der ungefähr dreimal größer als die Vertreter der heutigen Spezies war. Wie an anderen Fundstätten des frühen Menschen hatten auch hier Künstler in späterer Zeit gravierte Paare von Känguruhspuren hinzugefügt, deren geringeres Alter daran zu erkennen war, daß sie wesentlich frischer wirkten und keine Patina aufwiesen.

Wir gaben der neuen Galerie den Namen Früher Mensch (*Early Man*); der dazugehörige Creek erhielt die gleiche Bezeichnung. Dieser Fundort war von so großer archäologischer Bedeutung, daß wir beschlossen, die weitere Erkundung des Gebiets hintanzusetzen und statt dessen einen Zufahrtsweg für Geländewagen ausfindig zu machen, damit ein Grabungsteam in absehbarer Zukunft so nah wie möglich an die Stätte heranfahren konnte. Wir kehrten zu unserem Basislager zurück und trafen erste Vorbereitungen für einen längeren Aufenthalt am Early Man Creek.

Als wir die neuen Galerien wenig später wieder aufsuchten, wählten wir eine leicht veränderte Route und entdeckten auf unserem Weg zahlreiche kleinere Plätze mit Malereien an den Abhängen des Plateaus, das unser ursprüngliches Ziel gewesen war. Weniger als einen Kilometer von der Galerie des Frühen Menschen entfernt und etwas westlich von unserem ersten Weg stießen wir auf große Felsblöcke und fanden eine langgezogene, schräg nach vorn geneigte Galerie mit vielen leuchtenden Figuren. Ein etwa zwei Meter langer und eineinhalb Meter hoher, mit Weiß und Rot gemalter Emu war die auffälligste Darstellung; das Tier beugte sich über ein Gelege von neun Eiern. Über und unter dem Vogel waren kleinere Abbildungen von Männern und Känguruhs angebracht. Direkt vor dem Emu befanden sich ein hervorragend wiedergegebenes Buschhuhn und ein Fisch, beide bichrom, in weißer und roter Farbe gemalt. Am südlichen Ende des Felsdachs war etwas höher ein kleiner Emu zu sehen. Weiß und Rot waren auch hier die Farben; das Tier kümmerte sich ebenfalls um ein Gelege aus diesmal vier Eiern. Kopf und Hals des Vogels waren tief nach unten gekrümmt, um mit dem Schnabel die

Eier umzudrehen und so deren Temperatur zu regulieren. Dieses Bild zeugte von einer bislang unübertroffenen genauen Beobachtungsgabe und beispiellosem Einfühlungsvermögen.

Das flachere nördliche Ende der Höhle war einst der Lagerplatz gewesen; hier waren Wände und Gewölbe mit einer Schlange und einigen Quinkinfiguren bemalt. Auf dem vorderen ansteigenden Teil der Höhlendecke konnte man die mit einem kräftigen Rot gemalten Fußspuren eines Mannes erkennen, der sich an einen Waran heranpirschte. Der Waran war im selben Farbton gemalt und über einen Meter lang; im Bereich des Hinterbeins hatte ihn ein Speer durchbohrt. Diese Jagdszene war von einer solchen Eindringlichkeit, daß man die verstohlenen Tritte des Jägers zu hören vermeinte sowie das Knacken und Klappern, mit dem der Speer die Speerschleuder verließ. Man glaubte zu sehen, wie das getroffene Reptil wild um sich schlug, zischte, sich krümmte und wand. Dick betrachtete die Szene aufmerksam und meinte: »Das ist ein ganz schön fettes Exemplar – könnte viele Eier in sich haben.« Etwas unterhalb auf dem Gewölbe befand sich die Röntgenmalerei einer Wasserschildkröte, deren Körper mit Eiern angefüllt war. Ein solcher Fang stellte für den Jäger immer einen unerwarteten Glücksfall dar und war vielleicht ein günstiges Vorzeichen, daß es künftig Schildkröten im Überfluß gebe. Die Entdeckung der Waran-Galerie war indessen auch ein Glücksfall für uns. Als wir zur Galerie des Frühen Menschen weitergingen, fragten wir uns, wie lange wohl die Menschheit schon Sorge um die Emus, Buschhühner und all die anderen Tiere und Pflanzen getragen haben mochte. Vielleicht lagen einige Antworten unter dem Boden von *Early Man* begraben und warteten nur darauf, ans Tageslicht geholt zu werden.

Nachdem wir unsere Dokumentationsarbeiten an den neuen Fundstätten beendet hatten, war es an der Zeit, das von der Churchill-Stiftung gewährte Stipendium anzutreten. Ich hatte diese Auszeichnung erhalten, um prähistorische Fundplätze mit Felskunst weltweit in Augenschein zu nehmen – nicht nur zum Zwecke vergleichender Forschung, sondern auch um mich darüber zu informieren, welche Bemühungen andere Nationen zum Schutz und zur Erhaltung ihrer prähistorischen Denkmäler unternahmen. Vom Flugdienst war ich für vier Monate freigestellt worden. Die ersten zwei Wochen wollte ich im Quinkinland verbringen und mich dann drei Monate lang auf Weltreise begeben; die letzten beiden Wochen sollten wieder dem Quinkinland vorbehalten sein. Ich hatte Frankreich, Spanien, Südafrika, Simbabwe und Nordamerika als Ziele meiner Studienfahrt ausgesucht.

In Frankreich und Spanien hatte man bereits sehr früh den Wert der alten, wunderschönen Kunstwerke aus dem Magdalénien und Aurignacien erkannt. Die Eingänge zu den unterirdischen tiefen Höhlen waren meist wie Tresorräume durch massive Stahltüren geschützt. Die Malereien und Gravierungen waren damit vor mutwilligen Beschädigungen sicher, und außerdem hatte man das Photographieren mit Blitz untersagt. Der Tourismus zu den Höhlen brachte zwar Jahr für Jahr erkleckliche Summen ein, aber er beeinträchtigte zugleich die ästhetische Qualität vieler Bilder, da sich große Menschenmengen drängelten, um die Kunstwerke bewundern zu können.

Es war ein faszinierendes Erlebnis, die Darstellungen von ausgestorbenen Tieren der Eiszeit zu sehen. Unsere europäischen Ahnen hatten diese prächtigen Bildwerke geschaffen, die in manchem den Malereien der Aborigines glichen, sich aber auch von ihnen unterschieden. Wie es schien, waren Jagdmagie und andere Formen zauberischer Bannung vielleicht die wichtigsten Motive gewesen, um diese Bilder an den Wänden anzubringen. Menschen wurden selten dargestellt, und man erfuhr fast nichts darüber, wie sich das Leben in jenen Zeiten eigentlich abspielte. Im Unterschied zur australischen Felskunst konnte man hier nicht auf die Mythologie zurückgreifen, die den Aussagegehalt der Bilder erklären, erläutern und mit zusätzlichen Informationen hätte bereichern können.

Die Fundstätten, die wir in den Vereinigten Staaten, in den Bundesländern Arizona und New Mexico besichtigten, waren gut geschützt und präsentiert, vor allem die historischen Dorfsiedlungen der Indianer. Aber die Felskunst und insbesondere die Gravierungen machten einen ziemlich heruntergekommenen Eindruck und schienen hier kaum auf Interesse zu stoßen. Einige der besten Malereien befanden sich in Utah, und die großen Galerien in Baja California konnten einem Vergleich mit den Stätten der Kap York-Halbinsel durchaus standhalten. Aber wieder einmal machte sich schmerzlich bemerkbar, daß man nicht wußte, wer die Urheber dieser Kunstwerke waren und warum sie sie geschaffen hatten.

Südafrika besitzt Tausende von Plätzen, die schöne Malereien der heute fast ausgerotteten Buschmänner enthalten. Wie die Künstler selbst waren auch die Figuren meist sehr klein und in winzigen Felsdächern untergebracht. Die Kunstfertigkeit, die aus diesen Bildern sprach, war jedoch hervorragend, und kein Künstler hatte je die Buschmänner in der Schönheit der Linienführung und Proportionengebung übertroffen. In der Art, wie sie die geschmeidige Anmut der Raubkatzen und Antilopen wiedergaben, sie die Menschen darstellten, die auf diese Tiere Jagd machten oder diese im Tanz nachahmten, hatten sie es zur Vollkommenheit gebracht. Während die Kunst der australischen Ureinwohner statisch und symbolbeladen wirkt, sprühen die Bilder der Buschmänner vor Leben und Tatkraft. Wie die Aborigines lebten auch die Buschmänner in völligem Einklang mit den Tieren, Pflanzen und Landschaften ihrer Umgebung. Die Fülle und der Reichtum eines solchen Lebens kam in den Bildern der Buschmänner unübertrefflich zum Ausdruck.

Allerdings waren ihre Galerien häufig das Opfer blinder Zerstörungswut. Auf Malereien und Gravierungen hatte man Namen gekritzelt. An manchen Stellen waren ganze Gemälde aus der Felswand gebrochen worden. Am verheerendsten wirkte sich aber das Bespritzen und Besprühen der bemalten Felsoberflächen mit Wasser aus, um bessere Effekte beim Photographieren zu erzielen. Zwar hatte man versucht, um manche Fundstätten einen stabilen Zaun aus Maschendraht zu ziehen, der Menschen und Tiere auf Distanz zu den Kunstwerken halten sollte. Aber jedesmal war der Zaun weggerissen worden, oder die Türen hingen in zerbrochenen Angeln. Alles deutete darauf hin, daß der exzellenten Kunst der Buschmänner in Südafrika keine rosige Zukunft beschieden war.

In Simbabwe bot sich hingegen ein ganz anderes Bild. Die Matopo-Berge im Matabeleland, nahe bei Bulawayo, bargen Felsdächer aus Granit, die man geradezu als Schatzkammern der Buschmann-Kunst bezeichnen muß. Die geräumigen, tiefen Felsüberhänge bildeten einen großzügigen Rahmen für Bildfelder mit großen Malereien. Hier lagen Hunderte von Figuren in Schichten übereinander, wie im Quinkinland. Über die Wände und Gewölbe trotteten trompetende Elefanten, Raubkatzen schlichen sich an ihr Opfer heran, Antilopen setzten graziös zum Sprung an, und Giraffen galoppierten in wiegenden Bewegungen. Nackte, manchmal auch mit einem Umhang bekleidete Jäger tanzten voller Anmut, jagten Tiere, kämpften gegen Löwen oder eindringende Bantu-Krieger. Szenen zeigten Buschmänner, die Viehherden der Bantus wegtrieben, die feindlichen Krieger dicht auf ihren Fersen. Wie die Regenbogenschlange Australiens besaß das mythische Wesen hier einen meterlangen Körper und jeweils einen Antilopenkopf an beiden Enden. Obwohl die Figuren im Unterschied zur statisch wirkenden Kunst des Quinkinlands hier alle in Bewegung waren, strahlten sie doch dieselbe Magie, geheimnisvolle

Aura und Legendenträchtigkeit aus und hatten stets einen humorvollen Unterton. Ich bin sicher: Die Buschmänner und Aborigines hätten einander geschätzt und sich gut verstanden.

Während meiner Abwesenheit in Übersee hatte Eddy alle Hände voll zu tun. Eine Bergbaugesellschaft hatte die Sandsteinformationen des Quinkinlands eingehend untersucht und dabei Hubschrauber eingesetzt, damit die Geologen zahlreiche Gesteinsproben an unterschiedlichsten Stellen entnehmen und ein weitläufiges und engmaschiges Netz über die geologische Beschaffenheit des gesamten Gebiets erstellen konnten. Dabei waren sie auf einige unserer Fundstätten im Deighton-Gelände gestoßen, die wir bereits dokumentiert hatten, aber sie hatten am Oberlauf des Flusses noch weitere Plätze entdeckt, die uns unbekannt waren. Sie hatten Eddy angeboten, ihn dort mit dem Hubschrauber abzusetzen; er konnte sich einige Tage Zeit lassen, um die Funde zu begutachten und sich weiter auf die Suche zu begeben.

Eddy hatte ebenso den Stone Axe Creek unter Augenschein genommen und dabei eine bescheidene Galerie mit Malereien an den südlichen Abhängen entdeckt. Unter den Figuren befanden sich auch vier kleine Darstellungen von Berittenen. Wir beschlossen, sie gemeinsam anzuschauen und nach weiteren Stätten zu suchen.

Der Fundplatz der Berittenen lag etwa acht Kilometer von Laura entfernt im Creek, inmitten von Felsblöcken, die über die Abhänge herabgestürzt waren. Es war ein ausgezeichnetes Felsdach mit den üblichen Figuren aus dem Alltagsleben, die mit Liebesmagie, zauberischer Beschwörung usw. in Zusammenhang standen. Am Finger eines mit rotem Ocker gemalten Mannes hing ein großer roter Fisch; allem Anschein nach war er vom Giftstachel des Tieres gestochen worden. Die Reiter waren in Silhouetten dargestellt und mit dunklem Purpurrot ausgemalt. Von den vieren stand einer auf dem Rücken eines Pferdes und hielt die Zügel in den Händen; die anderen drei waren in gewöhnlicher Sitzhaltung abgebildet. Die Pferde erinnerten eher an Känguruhs; ihre Schweife glichen Tannenwedeln, und anstelle der Hufen hatte man Hufeisenformen eingetragen, die von den Fußenden herabhingen. Die Künstler hatten dieses fremdartige Wesen wohl furchtsam aus der Distanz beobachtet, später dann die Spuren untersucht und daraus die Fußform abgeleitet.

Wir gingen an dem abgebrochenen Hangabschnitt noch einige Stunden entlang und kamen schließlich zum Quellgebiet des Wasserlaufs, wo wir lediglich drei kleine Felsdächer mit ein paar verblichenen alten Figuren vorfanden. Die Nordseite der Schlucht schien nicht der Mühe wert zu sein; deshalb kehrten wir um und setzten unseren Weg entlang einer niedrigen Terrasse fort, da man so besser vorwärtskam. Wir hatten die Berittenen bereits hinter uns gelassen, als wir einen flachen Grat überquerten und vor uns einen großen Felsblock auf einer Terrasse erblickten. Unsere Müdigkeit war wie weggeblasen, und wir eilten frohgelaunt zu unserem neuen Fund. Welche Geheimnisse mochte er bergen?

Das Felsdach war ein ausgezeichneter, etwa zwanzig Meter langer und fünf Meter tiefer Lagerplatz. Sein sandiger Boden war dunkel von Holzkohlestücken und mit Steinwerkzeugen übersät. Der im Innern gelegene Teil des Gewölbes war nur einen Meter hoch, aber es erreichte nach zwei Abstufungen vorne eine Höhe von ungefähr drei Metern. Auf allen ebenen Felsoberflächen überlagerten sich Schichten von Malereien. Die Mehrzahl der Figuren schien jüngeren Datums zu sein; sie waren groß, farbenprächtig und vorzüglich gestaltet. Zu den häufig vorkommenden Motiven zählten Känguruhs, Schnabeligel, Fische, Schlangen und Krokodile. Zwei kleine Imjim-Quinkins, eine männliche und eine weibliche Figur, thronten Seite an Seite über den anderen Darstellungen. Der Körper eines großen Mannes, den man auf den höhergelegenen Bereich des Gewölbes gemalt hatte, war von mehreren Speeren durchbohrt. Bei einigen Widerhaken auf den Speerspitzen handelte es sich um spätere Hinzufügungen, denn die Rottöne unterschieden sich. Der Schadenszauber war also im Laufe der Zeit wieder und wieder erneuert worden. Die befremdlichste, von mehreren später angebrachten Darstellungen überlagerte Figur war, wie sich herausstellte, eine Frau ohne Arme. Nur etwa ein Meter dieser horizontalen Figur ragte unter den anderen Malereien hervor; der Körper war cremefarben mit roter Kontur und Innenzeichnung. Weitere rote Linien schienen das Haar, zwei runde Augen und die abfallenden Schultern wiederzugeben, die in Brüste mit Warzen übergingen (Abb. 25).

Am besten gefiel mir ein großes, weiß und rot gemaltes Känguruh, das man in eingerollter Haltung genau in eine rundliche Nische eingefügt hatte. Diese Aushöhlung war dadurch entstanden, daß sich einst ein ovaler Felsblock aus dem ansteigenden Gewölbe gelöst hatte. Die Nische besaß klar konturierte Kanten und eine abgerundete Spitze; der Künstler hatte in dieser natürlichen Felsformation die gebogene Rückenlinie eines Känguruhs erkannt und dieses Tier in die Vertiefung eingetragen, indem er Schwanz und Beine an die gekrümmte Felskontur anpaßte. Nur der Kopf des Tieres ragte auf der linken Seite über die Begrenzung der Nische hinaus, und so entstand der Eindruck, als ob sich ein junges Känguruh im Beutel des Muttertiers eingerollt hätte und nur sein Kopf herausschaute. Im spanischen Altamira ist ähnliches zu beobachten: Dort hängen Felshöcker von etwa einem Meter Durchmesser von der Höhlendecke herab, und die Künstler des Magdalénien hatten auf diese Formationen zusammengekrümmte Wisente mit roter und schwarzer Farbe gemalt, deren Konturen genau den natürlichen Vorgaben folgen. In einer kleinen Broschüre zu den Malereien behaupteten die Spanier voller Stolz, nirgendwo sonst in der Welt habe der prähistorische Mensch natürliche Felsformen für die Umrisse der Figuren so ausgenutzt wie eben in Altamira. Wir haben in Australien seitdem viele Beispiele für diese spezielle Technik des Kunstschaffens gefunden.

Die Galerie der Armlosen Frau enthielt keine alten Gravierungen, aber sie schien über sehr lange Zeit als wichtiger Siedlungsplatz während des Monsuns genutzt worden zu sein. Die Malereien enthielten keine Hinweise auf die Invasion der Europäer, wie etwa die vier Berittenen auf dem steilen Hügel etwas weiter oberhalb. Wahrscheinlich war das Felsdach auf der Terrasse zu sehr dem Zugriff der Schwarzen Polizisten ausgesetzt gewesen. Die Angehörigen des Klans hatten sich deshalb in Zeiten der Bedrängnis auf den höhergelegenen sicheren Ort zurückgezogen, wo sie mit ihren Malereien die Schwarze Polizei zu bannen versuchten.

1973 hatte Dick sehr viele Verpflichtungen in der Kommission, die sich mit der Kunst der Aborigines befaßte, und konnte uns deshalb im Busch nur selten Gesellschaft leisten. Ich sah ihn nur noch, wenn er auf dem Weg nach Sydney, wo er Tagungen besuchte, kurz in Cairns haltmachte. Bei einer dieser Reisen brachte er mir einen besonderen Nachrichtenstab von Warrabudgera mit, der mich einlud, im nächsten Jahr einer *luraga*-Zeremonie beizuwohnen. Bei diesem feierlichen Ritus sollten drei junge Männer »durch den Rauch gezogen«, daß heißt in einer Räucherzeremonie rituell gereinigt werden, nachdem man die Beschneidung an ihnen vorgenommen hatte. Auf der einen Seite des kurzen Stockes war ein Halbkreis eingraviert, der, wie Dick erläuterte, die heilige Stätte (*galun*) darstellte, auf der die Zeremonie stattfand. Drei kurze Linien, die auf dem Halbkreis eingetragen waren, gaben die auf dem Boden liegenden Initianden wieder. Zehn Kerben auf der einen und neun Kerben auf der anderen Seite des Stabes bezeichneten die Stammesältesten, die mich zu diesem Ereignis einluden. Schließlich hatte man noch einen langen Speer eingraviert, der die erfolgreiche Jagd symbolisierte – es würden bei dieser Feier also eine Menge Dugongs und Schildkröten aufgetragen werden.

Unser nächster Ausflug führte uns nochmals in das Gebiet des Normanby-Flusses; dort wollten wir nach weiteren Figuren im Röntgenstil suchen, wie wir sie bereits am Bull Creek gefunden hatten. Mittlerweile war es einfacher geworden, dorthin zu gelangen, denn Planierraupen hatten eine Schneise durch den Busch geschlagen, um eine Verbindung von Cooktown nach Laura über das »Schlachtfeld« (*Battle Camp*) herzustellen.

Die lichten Eukalyptuswälder des ärmlichen Landstrichs waren niedriger und verkümmerter als in der Umgebung von Laura. Die verwitterten Sandsteinplateaus waren zu nebeneinandergereihten Säulen aus dunkelgrauen Felsblöcken mit abgerundeter Kuppe zerfallen. Wir lagerten an einem kleinen Wasserlauf und gingen am nächsten Morgen in südöstlicher Richtung weiter. Inspektionen aus der Luft hatten ergeben, daß sich am Quellgebiet des Bachs große Ansammlungen von Felsblöcken befanden. Bei unserer Ankunft waren wir enttäuscht, keine Felsdächer vorzufinden. Eddy schlug vor, einen Felsgrat zu überqueren und weiter zum Normanby-Fluß vorzustoßen. Eine innere Stimme sagte mir aber, daß es besser wäre, die großen abgerundeten Felssäulen näher in Augenschein zu nehmen. Wir wollten schon aufgeben, als wir vor uns plötzlich einen etwa einen Meter hohen Durchschlupf unter einem großen Felsblock erblickten. Wir gingen gebückt hindurch, und als wir uns aufrichteten, standen wir im Innern eines geräumigen Felsdachs, das wie ein Iglu geformt war. Seine Wände waren ringsum mit einer Unzahl von Ockerfiguren bemalt. Von außen maß der Felsblock nur etwa vier Meter in der Höhe; das kuppelartig zulaufende Gewölbe im Innern war ungefähr drei Meter hoch. Eddy behauptete später steif und fest, ich müßte in meiner früheren Existenz ein dort lebender Aborigine gewesen sein, denn ich hatte den ganzen Morgen darauf bestanden, nur in diese eine Richtung weiterzugehen, und schien genau gewußt zu haben, wo wir schließlich anlangten.

Die meisten Figuren waren weiß mit gelbem Umriß, oder ihre Körper waren gelb und besaßen weiße Konturen. Furchteinflößende Quinkins mit großen häßlichen Köpfen, mißgestalteten Körpern und Genitalien beherrschten das Ensemble. Ein großer hellgelber Emu und eine auffallend symmetrisch gemalte Langhalsschildkröte in Gelb und Weiß schienen die jüngsten Darstellungen zu sein. Bei verblichenen roten Emus und Känguruhs waren die inneren Organe abgebildet, wie bei den Figuren weiter unten am Bull Creek. Die Röntgentechnik kennzeichnete also den Stil dieser älteren Kunstform, die sich aus unbekannten Gründen nie zu der Höhe emporgeschwungen hatte, die sie im Arnhemland erreichte.

Der Ort eignete sich hervorragend als Lagerplatz, und genau diese Eigenschaft hatten sich die Menschen über einen sehr langen Zeitraum zunutze gemacht. Es war eine jener Stätten, die der frühe Mensch bevorzugt aufgesucht hatte. Die großen Steinblöcke in der Nähe der Felswand boten sich für Gravierungen geradezu an; da wir aber keine Spuren dieser Tätigkeit auf ihnen entdecken konnten, sahen wir unsere Annahme bestätigt, daß hier einst ein dichter Regenwald gestanden haben mußte. – Trotz sorgfältiger Erkundung des Tales fanden wir keine weiteren Felsdächer oder Malereien.

Einige Wochen später schlugen wir unser Basislager am Laura-Fluß bei der Einmündung des Early Man Creeks auf. Von dort aus wollten wir unsere Dokumentationsarbeiten an den bereits entdeckten Fundplätzen fortsetzen und uns auf die Suche nach neuen Stätten begeben. Wir hatten diesmal das Gebiet nördlich vom Fundplatz des Frühen Menschen ins Auge gefaßt, denn ich hatte bei Überflügen große Felsblöcke entlang der zerklüfteten Plateaus am Conglomerate Creek ausfindig gemacht. Wir hatten mittlerweile unsere Vorgehensweise systematisiert. Wenn wir einen bedeutenderen Fundplatz in einem neuen Gebiet entdeckten, stellten wir weitere Erkundungsgänge hintan und kehrten zu jener Stätte zurück, um mit der Dokumentation zu beginnen. Bis vier Uhr nachmittags fertigten wir maßstabsgerechte Zeichnungen an und verbrachten dann die etwas kühleren Abendstunden damit, das Gelände nach einem vorher festgelegten Plan abzusuchen. So war jeder Tag mit dem Reiz neuer Entdeckungen gewürzt, und außerdem blieben wir dabei in Form.

Die gesamte Region war reich an Stätten mit Felskunst. Mit jedem Tag wuchs die Zahl unserer Entdeckungen, von kleinen Plätzen mit ein paar Handnegativen, Malereien oder Gravierungen bis hin zu großen Felsdächern, in denen die Figuren in Schichten übereinanderlagen. Der erste große Fund gelang uns knapp zwei Kilometer nördlich vom Platz des Frühen Menschen. Dieses sehr geräumige und ausgezeichnete Felsdach war ebenfalls wie ein Iglu geformt und befand sich unter einem gewaltigen Felsblock, der aus dem Sandsteinplateau infolge von Verwitterung herausgebrochen war. Hier konnten ohne weiteres rund hundert Menschen Unterschlupf finden. Zu den in Lebensgröße abgebildeten Figuren zählten Dingos, Känguruhs, Krokodile und Menschen. Eine cremefarbene Schlange, rund dreißig Zentimeter breit, erstreckte sich in Mäanderlinien über das gesamte Gewölbe, das heißt über eine Länge von zwanzig Metern. Ein gemaltes Opossum versetzte uns in Aufregung, denn es war das erste Mal, daß wir dieses Tier in der Felskunst dargestellt fanden. Die Malerei war alt und verblichen; der cremefarbene Körper der Beutelratte war mit einer roten Kontur versehen. Die Wiedergabe des Tieres war außerordentlich gut gelungen: Man konnte den typisch abgerundeten Kopf mit den runden Ohren sowie den eingerollten Schwanz erkennen. Gemalte Beutelratten waren im Quinkinland eine Rarität; in all den Jahren unserer Feldforschung hatten wir gerade eine Handvoll solcher Darstellungen entdeckt. Später fanden wir drei weitere, sehr verblichene rote Malereien von Opossums in einem kleinen Felsdach weiter östlich am Plateau.

Wir nannten den Platz Opossum-Galerie. Kurz darauf entdeckten wir in der unmittelbaren Umgebung sechs kleinere Stätten. In einer davon waren die Gravierungen des frühen Menschen mit einer glatten Silikatschicht bedeckt, in einer anderen fanden wir eine kleine gemalte Schlange, die sich zu einer engen Spirale zusammengerollt hatte. Einige Meter weiter befand sich ein großer Bienenstock mit einem Bienenschwarm vor dem Eingangstunnel. Wir entdeckten so viele Stätten, daß wir schließlich mit dem Dokumentieren nicht mehr nachkamen.

Ein alter Emu

Im Jahr 1974 kam der Monsun schon recht früh. Schwarze, aufragende Wolkenmassen aus den Tropen schleppten sintflutartige Regenfälle wie einen silbrigen Vorhang hinter sich her und überschwemmten das Quinkinland gegen Mitte Dezember. Nach einigen Wochen heftiger Niederschläge schwoll jeder Bach zu einer Sturzflut an. Das von der Sommerhitze ausgedörrte Quinkinland war uns bestens vertraut, aber wir hatten uns oft gefragt, wie es sich wohl während der Regenzeit dort leben ließ, in einer Höhle in den Bergen. Es war genau das richtige Jahr, um dies herauszufinden.

Gewöhnlich erreichte der Monsun gegen Ende Februar seinen Höhepunkt, und dies war die Zeit, in der unsere kleine Expedition stattfinden sollte. Die Vorbereitungen fielen uns diesmal nicht schwer, denn wir hatten im Dezember des vorangegangenen Jahres das Lokal in Laura gekauft. Dieser Erwerb bildete den Auftakt meiner Vorbereitungen, den Flugdienst zu quittieren und im Quinkinland einen dauerhaften Stützpunkt einzurichten. Ich hatte mir außerdem eine Cessna 206 angeschafft und eine Fluglizenz erworben, um die laufenden Kosten für das Flugzeug bestreiten und zugleich Ausschau nach weiteren Stätten mit Felskunst halten zu können.

Jimmy Archer, ein für die Betreuung der Aborigines zuständiger Ranger, leistete diesmal Dick, Eddy und mir Gesellschaft. Als der Laura-Fluß an einem Nachmittag weniger Wasser führte, so daß die aus Holzstämmen erbaute Brücke größtenteils freilag, setzten wir mit dem Geländewagen über und fuhren bis zu der Stelle, wo der Hell's Gate Creek die Straße kreuzte. Dann packten wir unsere Rucksäcke, um taleinwärts in südliche Richtung durch das schluchtenreiche Gelände zu wandern. Unser Ziel war ein großes bemaltes Felsdach hoch oben in den westlichen Abhängen. Dort wollten wir dokumentarische Zeichnungen anfertigen und herausfinden, wie viele und welche natürlichen Nahrungsressourcen das Gebiet während der Regenzeit bereitstellte.

Das ganze Land strotzte vor üppigem Wachstum und glänzte in allen erdenklichen Grüntönen. Wasser rauschte das Tal hinab, und überall gluckste der Boden unter den Füßen. Schimmernde grüne Wildreben rankten sich an den Bäumen empor, und Blumen in den unterschiedlichsten Farben funkelten in den Wäldern wie Sterne. Die schwere Luft pulsierte vom Zirpen der Zikaden. Scharen karmesinroter Papageien flogen den kreischenden hellgrünen Jungvögeln voran, die gerade flügge geworden waren. Nach ein paar Kilometern talaufwärts kletterten wir einen langen Felsgrat empor, der geradewegs zu den westlichen Steilwänden führte. Uns schien, als ob wir in einer Sauna wanderten. Die Luft war heiß und feucht und unsere Kleider so sehr vom Schweiß durchtränkt, daß es fast nichts ausmachte, als die regelmäßig auftretenden Nachmittagsstürme einsetzten, durch die Berge tobten und uns wie mit Kübeln übergossen. Hund und Dingo tollten durch die Eisenholzwälder, außer sich wegen dieses Abenteuers in der Regenzeit.

Der sandige Boden des Felsdachs war trocken, und der wie eine Veranda geformte Überhang bot so viel Platz, daß wir vier unsere Bündel an der Rückwand ausrollen konnten. Es gab sogar noch trockenes Holz, Reste eines Lagerfeuers, das Aborigines vor langer Zeit hier angefacht hatten. Wir füllten unsere Kessel mit Wasser, das in Strömen von den Felswänden herabschoß, und richteten uns für eine angenehme und anregende Woche ein. Weder Sandfliegen noch Moskitos setzten uns zu. Die untergehende Sonne tauchte die vom Sturm zerstreuten, tief dahinziehenden Wolken in ein glühendes Rot, und die Blutbäume wogten im kühlen Abendwind. Der Ort war für die Regenzeit ideal.

Am nächsten Morgen erkundeten wir einige Stunden lang die Umgebung und entdeckten mehrere kleine Galerien, aber die Hunde erschnüffelten nur selten etwas, das sie hätte aufregen können. Zweimal setzten sie großen dunkelgrauen Bergkänguruhs nach, und drei- oder viermal scheuchten sie flinke Felswallabys auf. Wir fanden indessen keine Spuren von Nasenbeutlern, Opossums, Schnabeligeln, Emus oder anderen Tieren. Sie waren lediglich als Malereien an den Felswänden präsent und kamen in größerer Zahl weiter östlich, näher an der Küste vor. Die meisten großen Reptilien, die Warane, Schlangen und Kragenechsen, waren schnell verschwunden, nachdem man die hochgiftige Agakröte (*Bufo marinus*) hier eingeführt hatte. Dieses aus Südamerika stammende Tier wollte man gegen Käferschädlinge in den Zuckerrohrfeldern einsetzen, aber es breitete sich schnell weiter aus und gefährdet nun den Bestand einheimischer Tiere.

Auch zu häufig gelegte Brände der Viehzüchter, die Jahr für Jahr große Teile der Kap York-Halbinsel heimsuchten, waren vermutlich für den Rückgang der Beuteltiere verantwortlich. Die ursprünglichen Herren der Klangebiete, die Aborigines, wußten, wie man mit dem Land umzugehen hatte: Sie setzten die Brände mit großem Bedacht ein, schufen ein Mosaik aus verbranntem und unverbranntem Land, so daß neben den grünen Schößlingen auf verkohlter Erde langes trockenes Gras stehen blieb, in dem sich die kleineren Tiere vor den Beutegreifern verbergen konnten. Das Brandlegen setzte unmittelbar nach der Regenzeit ein, und zwar in Gebieten, in denen man seit drei oder vier Jahren kein Feuer gelegt hatte. Schwerer Tau löschte die Brände jeden Abend aus. Nach dem Mosaikmuster legte man kontrollierte Brände bis Anfang August; dann reichte der Tau nicht mehr aus, um das Feuer zu ersticken. Das Nebeneinander von verbrannten und intakt gebliebenen Landschaften verhinderte die Ausbreitung spontan entstehender Flächenbrände, die im Frühsommer einsetzten und bei heißem Wind und trockenem Klima das ganze Land verheeren konnten.

Nach der Regenzeit traf ein Archäologenteam der Australischen Nationaluniversität ein, um Ausgrabungen am Felsdach des Frühen Menschen durchzuführen. Die Expedition stand unter der Leitung von Frau Dr. Andrée Rosenfeld. Ich hatte sie während meiner Weltreise in Spanien getroffen, wo sie sich an Ausgrabungen beteiligte und die prähistorische Wandkunst in den dortigen Höhlen erforschte. Ich hatte Andrée begeistert davon erzählt, welche archäologischen Schätze der Fundort des Frühen Menschen bergen konnte, und da sie gerade einen Ruf an die Australische Nationaluniversität erhalten hatte, zeigte sie sich an einer Grabungskampagne sehr interessiert.

Wir hatten eine durchaus bedenkliche Piste für Geländewagen angelegt, so daß man bis zum Early Man Creek fahren und dort ein Basislager für das Archäologenteam an einer Quelle unmittelbar unterhalb des Fundortes anlegen konnte. Während der Ausgrabung fertigten Dick und ich weitere dokumentarische Zeichnungen an und erkundeten das Gebiet im Nordwesten. Wir entdeckten mehrere kleine Galerien an den Abhängen westlich vom Early Man Creek, aber der beste Fund gelang uns etwa zwei Kilometer jenseits des Plateaus im Nordwesten, zwischen großen Sandsteinfelsen am Talhang des Conglomerate Creek.

Abb. 33 Vorderpartie des gelben Riesenpferdes, das mit den Vorderbeinen auf einer waagerechten Frauenfigur steht. Rechts davon sind u. a. ein männlicher Quinkin und ein Stachelrochen zu erkennen (Riesenpferd-Galerie)

Abb. 34 Die Galerie des Gelben Krokodils. Die Echse überlagert zwei Menschenfiguren. Darunter Handnegative, weitere Menschendarstellungen und eine Wasserschildkröte

Abb. 35 Die seltene Darstellung eines Koalas (links oben). Rechts zwei Dingos, dazwischen ein Ahnwesen mit strahlenförmigem Kopfschmuck. Unten rechts ein Emu mit Gelege

Abb. 36 Ein Schwein mit mehreren Beuteltieren (Deighton-Fluß)

Abb. 37 Darstellung einer Schlange, einer männlichen Figur und eines Schnabeligels mit weißer Kontur am Mosman-Fluß

Abb. 38 Ein Schnabeligel (Todesotter-Stätte).
Bei den schwarzen Linien links unten handelt es sich um Termitengänge

Abb. 39 Hornhecht-Galerie (Jowalbinna): Der Hornhecht zwischen den Beinen des Mannes verweist auf Schadenszauber. Oberhalb des Mannes ein weiterer Hornhecht, am Kopf ein Wels. Unter den Handnegativen ist ein Flughund zu erkennen; rechts oben ist vielleicht ein Barramundi dargestellt

Abb. 40 Ein weißes Bergkänguruh überlagert eine rote Frauenfigur. Links unten ein plump gemalter Dingo, rechts ein weißer Aal mit Innenzeichnung (Riesenkänguruh-Stätte, Jowalbinna)

Abb. 41 *Das mutmaßliche kadimakara, eine ausgestorbene Diprotodonart*

Abb. 42 *Nachzeichnung der Figur durch Percy Trezise*

Abb. 43 Flughundkolonie an der Todesotter-Stätte (Jowalbinna)

Abb. 44 Ausschnitt: Ein männlicher Flughund mit gut erkennbarem Genital

Abb. 45 Diese Flughunde bewachen den Eingang zur Quinkin-Höhle

Abb. 46 Ein linear gezeichneter Dingo mit gespitzten Ohren und aufgestelltem Schwanz (Todesotter-Stätte). Am oberen Bildrand verläuft waagrecht ein Termitengang.

Abb. 47 Ein Emu beim Wenden der Eier (Koala-Fundstätte, Mosman-Fluß)

Abb. 48 Ibis-Galerie mit mehreren Schlangen und einer Süßwassergarnele. Man beachte den in Vorderansicht wiedergegebenen Ibis in der Bildmitte

Abb. 49 Zwei Aale an der Decke eines niedrigen Felsdachs (Riesenkänguruh-Stätte)

Abb. 50 Ein dunkelroter Wels, ein weißer Barramundi und zwei Handnegative in der Hornhecht-Galerie. Auch auf diesem Bild sind Termitengänge zu erkennen

Abb. 51 Storch, der einen kleinen Wels gefangen hat (Riesenkänguruh-Stätte)

Abb. 52 Langhalsschildkröte mit weißer Kontur und Innenzeichnung (Jowalbinna)

Abb. 53 »In diesem Bild vereinigten sich alle Eigenschaften des Weiblichen in unübertrefflicher Weise…« Die Deighton-Lady

Abb. 54 Die ältesten Kunstwerke der australischen Ureinwohner: Gravierungen, die zum Teil von einer Silikatschicht bedeckt sind (Sandy Creek)

Abb. 55 Gravierungen an der Emu-Traumstätte

bb. 56 Handnegative von Jugendlichen

Abb. 57 In der Nähe der Handnegative befindet sich ein tiefer Felstunnel, in dem vermutlich Initiationsriten stattfanden

Abb. 58 Dick Roughsey an der Traumstätte von Wongabel, der Honigbiene

Abb. 59 Das Heiligtum des Bergkänguruhs

Abb. 60 Einstieg zur Jams-Traumstätte. Links unten ist der Tunnel zu erkennen, durch den die Initianden krochen

Abb. 61 Blick von der Jams-Traumstätte über das Quinkinland

Auf einer Terrasse über dem Tal lag ein Felsblock, dessen westliche Seite schräg aufragte und einen Überhang bildete. Unter seiner Ostseite befand sich ein geräumiges, wie ein Iglu geformtes Felsdach, das an den ebenen Abschnitten seiner Wände und Gewölbe mit Schichten einander überlagernder Malereien bedeckt war. Der Emu stellte das mit Abstand häufigste Motiv dar, und dies vermochte angesichts der zahlreichen Nonda- und Wildapfelbäume im Gebiet kaum zu überraschen. Aber es gab auch Darstellungen von Känguruhs, einem Dingo, Krokodilen, Quinkins und zahlreichen Menschen.

Am interessantesten war eine verblichene, aber sehr charakteristische rote Silhouette eines Emus, dessen großer Schnabel wie bei einem Flamingo nach unten gebogen war. Diese Tierfigur war mit großer Sorgfalt ausgeführt worden und schien sehr alt zu sein. Im Laufe der Zeit war der Farbauftrag aus rotem Ocker zum größten Teil verschwunden und nur ein hellroter, klar zu erkennender Abdruck auf dem schräg ansteigenden Gewölbe zurückgeblieben; die Farbe hatte sich gleichsam in den Felsen eingeätzt. Obwohl zahlreiche Figuren überall um den geheimnisvollen Vogel in Schichten übereinander angebracht worden waren, wurde der Emu selbst von keiner anderen Darstellung überlagert. Hinter dem Emu befand sich der Oberkörper einer menschlichen Figur, die teilweise mit der Tierdarstellung verschmolz und eine Art Hirtenstab mit gekrümmtem Ende in der Hand hielt. Beide Bilder schienen zusammenzugehören und gleich alt zu sein, denn ihre rote Farbe war gleichermaßen ausgebleicht.

Wir vermuteten, daß hier der ausgestorbene Riesenemu *Genyornis* abgebildet war, der nach Auskunft der Paläontologen eine Größe von über zwei Metern erreichte, verhältnismäßig kleine Füße besaß und mit einem kräftigen, dicken Hals ausgestattet war. Man wußte nicht, wie sein Schnabel aussah, aber aufgrund des kräftigen Halses konnte man schließen, daß er groß und schwer gewesen sein mußte. Es hatte den Anschein, Menschen, die Generationen später hierhergekommen waren, hätten erkannt, daß dieser abgebildete Vogel für immer verschwunden war, und sich aus diesem Grunde entschlossen, keine anderen Malereien auf dieser Figur anzubringen. Der »Hirtenstab« des Mannes könnte ein Gerät wiedergeben, mit dem man Emus gefangen hatte. Die heutigen Emus sind so neugierige und arglose Tiere, daß man sie fast bis auf Reichweite heranlocken kann, wenn man sich bäuchlings auf den Boden legt und die angewinkelten Beine in der Luft hin und her bewegt. Man braucht dann nur noch einen Krummstab aus einem gegabelten Baumast, mit dem man nach dem Bein des Vogels angelt, und einen Knüppel, um ihm den Garaus zu machen. Freilich könnte man diese Darstellung auch so deuten, daß diese Vögel in ferner Vergangenheit gezähmt wurden.

In der Nähe dieses Fundplatzes entdeckten wir noch drei kleine Galerien. Eine enthielt ein paar winzige Quinkinfiguren mit mißgebildeten Genitalien, die zweite menschliche Ahnwesen, die dritte schließlich verblichene rote Negative von menschlichen Händen und Füßen sowie von Bumerangs, die teilweise wie die Kopf- und Halspartie eines Emus geformt waren.

Es dämmerte schon, als wir etwa zweihundert Meter nördlich vom Hauptfundort unten am Abhang ein weiteres kleines Felsdach erreichten. Ich bückte mich und wollte gerade hineingehen, als ich direkt vor meiner Nase auf einer Felskante ein zusammengeringeltes Etwas erblickte, das wie eine gestreifte Schlange aussah. Ich sprang zurück und stieß mit Eddy zusammen. Vorsichtige Nachforschungen ergaben schließlich, daß die vermeintliche Schlange eine aus Pflanzenfasern gefertigte rehfarbene Tragetasche war. Neben ihr lag eine Beilklinge aus Stahl, und auf dem Boden des Felsdachs fanden wir mehrere Speere und einen stabilen Grabstock. Der aus Grashalmen gefertigte Sammelbeutel war noch gut erhalten; er enthielt ein Knäuel aus Pflanzenfasern, eine teilweise fertiggestellte neue Tasche mit einem kleinen gebogenen Webstock, einen Klumpen aus schwarzem Bienenwachs, einen zierlichen, gefransten Schamgürtel für eine Frau aus im traditionellen Stil aufgereihten Perlen, ein kleines chinesisches Silberlöffelchen sowie einen eisernen Angelhaken. Wir fragten uns, aufgrund welcher Tragödie wohl diese persönlichen Wertgegenstände eines Mannes und einer Frau hier zurückgelassen werden mußten. War plötzlich eine berittene Abteilung der Schwarzen Polizei aufgetaucht? War den Eigentümern die Flucht geglückt, hatte man sie erschossen oder gefangengenommen?

Wir gaben den neuen Fundorten die Bezeichnung Sammelbeutel-Galerien.

In der Zwischenzeit war die Ausgrabung an der Fundstätte des Frühen Menschen zügig vorangeschritten und hatte Steinwerkzeuge, Tierknochen und Holzkohlenstücke ans Tageslicht gebracht, die Rückschlüsse auf die Lebensweise der Menschen von der jüngsten Vergangenheit bis in entlegene Zeiten zuließen. Die Archäologen hatten herausgefunden, daß die Gravierungen auf der Rückwand unter dem Boden weiterverliefen, und zwar bis zu einem alten Bodenniveau, das einen Meter unter der heutigen Bodenoberfläche lag. Man erhielt auch Radiokarbondaten für zwei Stilformen der Gravierungen. Die ältesten Gravierungen besaßen, wie sich herausstellte, ein Mindestalter von etwas über 13 000 Jahren BP; der spätere Stil fiel in eine Zeit zwischen 4000 und 5000 Jahren BP. Die Datierungen ergaben indessen keine Hinweise, wie lange die fraglichen Stilformen Bestand hatten.

Wir waren der Ansicht, daß das Alter von 13 000 Jahren aller Wahrscheinlichkeit nach auch für den größten Teil des gemalten Bildfelds geltend gemacht werden konnte, dessen älteste Figuren von Menschen stammten, die nach den Dürreperioden als erste hier angekommen waren. Aber dieses frühe Datum bezog sich auf die Gravierungen und bezeichnete deren Mindestalter, während spätere Überarbeitungen von Teilen der Gravierungen in den Zeitabschnitt vor 4000 bis 5000 Jahren fallen konnten.

Jowalbinna

Anfang der sechziger Jahre hatten Dick und ich Teile des unteren Schluchtabschnitts vom Shepherd Creek südwestlich von Laura untersucht. Wir hatten nur ein paar kleine Fundstätten entdeckt, aber das bemerkenswerteste war der Shepherd Creek selbst: Obwohl es mehrere Jahre lang kaum geregnet hatte, führte das Flüßchen gegen Ende der Trockenzeit immer noch beachtlich viel Wasser; in ihm tummelten sich Aale, Welse und Süßwassergarnelen, und wir sahen Spuren kleiner Süßwasserkrokodile. Als wir in das Tal hinabstiegen, gelangten wir in eine ausladende Schlucht, die von Steilwänden aus rotem und grauem Sandstein eingefaßt war. Hier war es kühl und schattig. Es wuchsen riesige Papierrinden- und Feigenbäume; die Niederung war von rotblühenden Lampenputzer-Büschen und anderen Sträuchern gesäumt, und das kristallklare Wasser floß ruhig in einem breiten sandigen Bett dahin. Nach den ausgedörrten Hügeln kam es uns wie ein Paradies vor; ich hielt es für den schönsten Platz auf der gesamten Kap York-Halbinsel.

Später fand ich heraus, daß ein Großteil des Shepherd Creeks Pachtland war und zu der vierzig Quadratkilometer großen Rinderfarm Staunton gehörte. Im Juni 1975 wurde das Gelände, das ich bereits zuvor zusammen mit Wally O'Grady genauer inspiziert hatte, auf einer Auktion zum Verkauf angeboten. Es war ein wunderschönes Stück Wildnis, das an die Quinkin-Reservate angrenzte und einen wesentlichen Teil des schluchtenreichen Gebiets um den Shepherd- und Brady Creek umfaßte, deren Bäche auch in der Trockenzeit nicht versiegten. Es gab dort zwei große umzäunte Koppeln und einen geräumigen Schuppen mit zementiertem Boden, der mein neues Zuhause sein sollte. Wir beschlossen, an der Auktion teilzunehmen und mitzubieten. Am Tag der Versteigerung saß ich in Cairns fest und wartete auf eine Öldichtung für die Cessna, die ich gekauft hatte. Ich war hocherfreut, als Wally anrief und mir mitteilte, daß unser Angebot erfolgreich gewesen war. Wir nannten unsere Erwerbung Jowalbinna, denn so bezeichneten die Aborigines die aufragende rote Steilwand im Nordosten des Gebiets.

Wir kauften uns einige Pferde und Sattelzeug, und ein paar Wochen später setzte ich mit Beverley und Wally die Erkundung von Jowalbinna fort. Wally hatte beim Überprüfen der Zäune an einem Steilhang im Norden alte Gravierungen auf einem großen, verwitterten Sandsteinfelsen entdeckt.

Der Platz war beeindruckend. Auf einem Vorsprung an der Steilböschung standen zwei große, rechteckige Felsblöcke aus rotem Sandstein inmitten knorriger Blutbäume. An der Südseite des östlichen Steinblocks befand sich eine große, niedrige Nische, und dort hatte der frühe Mensch Gravierungen von Emuspuren, geometrischen Formen, Mäanderlinien und sternförmigen Zeichen angebracht (vgl.Abb. 55). Es war leicht ersichtlich, warum man diesen Ort für eine Emu-Traumstätte ausgesucht hatte: Ein Teil der Felsoberfläche trug Verwitterungsspuren, die wie ein sehr großer Emu in Seitenansicht aussahen; nur Kopf und Unterbeine fehlten bei dem natürlichen Profil. Dieses Gebilde war in etwa so groß wie der ausgestorbene

Riesenemu *Genyornis*. Hinter dem Emu hatte man drei runde Grübchen mit über zehn Zentimetern Durchmesser und rund vier Zentimetern Tiefe eingraviert. Sie stellten, wie bei manchen gemalten Wiedergaben der Tiere, die Eier dar. Kleinere runde Grübchen waren ähnlich wie bei der Fundstätte des Frühen Menschen in mehreren Reihen angeordnet. Einige der verwitterten Gravierungen hatte man in jüngerer Zeit nachgearbeitet, denn sie waren noch nicht mit einer Patina überzogen. Neben den Emu hatte man mit roter Farbe einen großen, mittlerweile sehr verblichenen Mann mit ausgestreckten Armen gezeichnet, dessen Hände wie bei einer Emufährte nur drei Finger hatten. Es handelte sich hier offenkundig um eine als heilig verehrte Traumstätte, die man viele Jahrtausende lang aufgesucht hatte – bis zu jenem verhängnisvollen Tag, als die ersten Gewehrsalven durch die roten Schlüchte hallten.

Der westliche Felsblock enthielt zwei kleine gemalte Männerfiguren, die ebenfalls sehr verblichen und offenkundig alt waren. Ein kleines Felsdach in ihrer Nähe hatte einst als Lagerplatz gedient. Auf dem Boden lagen Steinwerkzeuge, darunter eine verrostete Beilklinge aus Stahl. Hier hatten sich wohl die Wächter der Emu-Traumstätte aufgehalten, die bei ihrer alljährlichen Pilgerreise hierhergekommen waren, um Ichamba, ihr Emu-Ahnwesen, »aufzuwecken«. Nun war Ichamba dazu verurteilt, für alle Zeiten zu schlafen.

Jetzt lockten uns die roten Steilwände an der Südseite der Schlucht, und wir machten uns auf den Weg. Am Fuß der Steilwand fanden wir jedoch keine Felsdächer vor, und so kletterten wir hoch, überquerten das Plateau in östlicher Richtung und hatten diesmal mehr Erfolg. Jedes kleine Felsdach auf der Ostseite, das sich als Lagerplatz eignete, barg Siedlungsreste und einige Malereien mit Motiven aus dem alltäglichen Leben; wir zählten insgesamt über hundert Figuren. Nahe bei einem Felsdach fanden wir eine alte, verrostete, manuell hergestellte Schaufel. Ihr Griff war bei einem der zahlreichen Buschfeuer verbrannt, und eine Seite des Schaufelblatts war abgetrennt worden, um daraus stählerne Speerspitzen für die todbringenden Wurfgeschosse zu fertigen, die sich bei der Jagd auf Rinder als äußerst wirksam erwiesen.

Am nächsten Morgen sattelten wir die Pferde und ritten durch das Tal zu den Westhängen des wichtigsten Zuflusses, des Brady Creeks, den wir bereits aus der Luft inspiziert hatten. In der kühlen Morgenluft machte das Reiten Spaß, und kreischende Horden weißer Kakadus kündigten uns bereits von weitem an. Das Tal bot Lebensraum für viele Vogelarten: Wachteln schossen in schwirrendem Flug vor den Pferdehufen auf, Plattschweifsittiche mit hellen Köpfchen schwatzten miteinander, Scharen von Regenbogenloris flogen mit schrillen Rufen vorbei, kleine finkenähnliche Vögel zwitscherten hoch oben auf den weißen Ästen der Morton Bucht-Esche, Honigesser machten die Hunde konfus, und auf den Felskämmen stießen schwarze Kakadus ihre grellen, unheilvollen Quinkin-Rufe aus, während sie Nüsse von Blutbäumen fraßen.

Der Eingang zum Brady Creek wurde von einer hohen Felsspitze beherrscht, die zugleich den Beginn des östlichen Steilhangs darstellte. Ganz oben auf dem Felsdorn thronten große Blöcke aus verwittertem Sandstein. Zwei von ihnen sahen wie Köpfe von Hunden aus, deren einer nach Südosten, der andere nach Südwesten blickte. Ich war fest davon überzeugt, daß sie in den Mythen der hier lebenden Ureinwohner eine bedeutende Rolle gespielt hatten, und so nannten wir diese Formation Dingo-Felsen.

Am Zusammenfluß beider Wasserläufe banden wir unsere Pferde an einem großen, schattigen Feigenbaum fest; dort konnten sie die herabgefallenen roten und gelben Früchte fressen, und Wasser gab es dort auch. Wir gingen nach Westen über eine grasbewachsene Terrasse und kletterten über eine steile, mit Eisenholzbäumen bestandene Geröllhalde zum Fuß der roten

Steilwand empor. Wir wendeten uns dann nach Süden und entdeckten sogleich zwei Malereien unter einem niedrigen Felsüberhang, eine Langhalsschildkröte und einen Fisch, beide als Silhouetten aus einem kräftigen Weiß. Nach ein paar hundert Metern fanden wir ein gutes Felsdach unter einem Steinblock, unmittelbar unterhalb der Steilwand. Viele Figuren, insgesamt 34 an der Zahl, leuchteten in Rot und Weiß. Der trockene Platz, der sich hervorragend zum Siedeln eignete, enthielt neben den Menschendarstellungen Motive, die die im Wasser lebende Tierwelt drunten im Tal wiedergaben: Hornhechte, Krokodile, Flußbarsche, Welse, Aale und Schildkröten. Wir nannten den Ort Hornhecht-Galerie (*Garfish Gallery;* Abb. 39).

Die Steilwand verlief über dieser Galerie etwa hundert Meter nach Osten weiter und schwenkte dann abrupt nach Süden ab. Dort befand sich eine Felsterrasse auf einem Vorsprung, der einen herrlichen Ausblick über die Baumwipfel versprach. Wir kletterten hinauf und stellten fest, daß hier bereits einige Personen die Aussicht genossen. Die Hauptfigur des gemalten Ensembles war eine lebensgroße dunkelrote Frau mit weit ausgebreiteten Armen. Neben weiteren, durchweg in Rot gehaltenen Menschendarstellungen hatte man auch ein sehr großes dunkelrotes Bergkänguruh und einen Dingo abgebildet. Die steil aufragende rote Wand dahinter neigte sich über und bot so einigen Schutz gegen Regenfälle. Alle roten Figuren schienen wiederum sehr alt zu sein; ein Mann und eine Frau, die Seite an Seite standen, waren wegen eines milchigen Silikatüberzugs nahezu unkenntlich. Da wir keine jüngeren Figuren und auch keine Siedlungsreste entdeckten, folgerten wir, dies müsse eine mehrere tausend Jahre alte geheiligte Stätte sein. Wir ließen die rote Frau weiter Wache halten und begaben uns auf die Suche nach neuen Schätzen.

Etwa dreihundert Meter südlich von diesem Vorsprung stießen wir auf zwei flachere Felsdächer mit kleinen Malereien. Der eine Abri enthielt vier Figuren, der andere zehn; meist waren wasserlebende Tiere dargestellt. Direkt vor uns befand sich eine kleine, steil abfallende Senke mit einem Morast, der mit Farnen, Reben und rasiermesserscharfem Sumpfgras angefüllt war. Wir kletterten hinab und umgingen diese Stelle von unten, als wir plötzlich in etwa sechzig Metern Entfernung von der Steilwand ein Felsdach unter einem großen Felsblock erblickten. An seiner Außenseite war unter einem Überhang ein großer Schnabeligel in mittlerweile verblichenem Rot angebracht worden. Im Felsdach selbst waren alle Wände, das Gewölbe und herabgestürzte Felsbrocken mit Malereien bedeckt. Vor langer Zeit war ein breiter, massiver Steinblock von der Decke gefallen und entzweigebrochen; beide Teile lehnten nun gegeneinander und bildeten eine Art Zelt innerhalb des Felsdachs. Auf die Innenseiten der »Zeltwände« hatte man großformatige Menschenfiguren, einen Dingo und drei Buschhühner gemalt. Die auffälligste Darstellung war indessen ein männliches Ahnwesen, eine Wächterfigur von etwa drei Metern Höhe. Der mit roter Farbe gemalte Körper war von einer weißen Kontur umgeben; die Figur trug als Anhänger eine Perlmuttmuschel um den Hals, die einen magischen Reiz ausübte. Dieser mit großer Sorgfalt gezeichnete Wächter, der über ein älteres weißes Krokodil gemalt worden war, verbreitete mit seiner kraftvollen Statur eine Atmosphäre männlicher Entschlossenheit und vermittelte zugleich ein Gefühl der Geborgenheit.

Auf eine Außenseite des Felszeltes hatte man eine Reihe roter Strichmännchen gemalt; von der Felswand darüber schauten drei kleine, wunderliche Quinkins herab. Neben ihnen befand sich ein winziger weißer Kakadu mit aufgestelltem Kamm; es war die erste Darstellung eines solchen Tieres, die wir bis dahin entdeckt hatten. Des weiteren gab es große rote Krokodile, einen Aal, eine Wasserschildkröte und noch einen Schnabeligel. Unter den Steinwerkzeugen auf dem Boden fiel eine verrostete stählerne Speerspitze ins Auge; ihre Form schien dem fehlenden Stück des Schaufelblattes zu entsprechen, das wir am Vortag entdeckt hatten. Wir nannten den Ort Zelt-Galerie (*Tent Gallery*).

Beverley und Wally stiegen nun ins Tal hinunter, um sich das Wasserleben im Brady Creek etwas genauer anzuschauen, während ich meinen Weg entlang der Steilwand fortsetzte. Nach ungefähr einem Kilometer bog die Wand unvermittelt nach Westen ab und mündete in ein kleines Seitental. Ich kehrte um und erforschte die großen Felsblöcke, die am Fuß des Steilhangs verstreut waren. Sie enthielten zwar keine nennenswerten Felsdächer, aber immerhin entdeckte ich zwei große rote Figuren auf der Außenseite eines solchen Steinblocks. Die beiden Silhouetten eines Känguruhs und eines Krokodils waren jedem Regenguß ausgesetzt, und am Nachmittag waren sie der heißen Sonne preisgegeben. Obwohl verblichen, konnte man sie gut erkennen; die feinen roten Hämatitpartikel waren offenkundig in den Sandstein eingedrungen und hatten ihn bis auf eine Tiefe von vermutlich mehreren Millimetern gefärbt, so daß die Figuren auch noch in einigen Jahrtausenden sichtbar bleiben würden.

Auf einer Felsterrasse über dem Tal, unmittelbar oberhalb eines tiefen Wasserlochs, neigte sich ein haushoher Sandsteinfelsen nach Osten. Dort konnte sich eine geschützte Stelle befinden, und ein mächtiger Eisenholzbaum spendete zudem großzügig Schatten. Es war in der Tat ein Lagerplatz gewesen, und die schräge Wand war mit alten ausgeblichenen Darstellungen, hauptsächlich von Frauen, übersät. Ein weiblicher Imjim-Quinkin in Rot und Weiß war am besten zu erkennen. Beverley und Wally stießen nun wieder zu mir und erzählten, sie hätten große, tiefe Wasserlöcher und Livistona-Palmen entdeckt. Wally hatte beobachtet, wie ein drei Meter großes Süßwasserkrokodil in ein Wasserloch glitt, und außerdem hatten sie einen großen gesprenkelten Aal und einige Wasserschildkröten gesehen.

Als wir zurückritten, machten wir Entwürfe für eine systematische Erforschung von Jowalbinna und der weitläufigen Wildnis, die dieses Gebiet umgab. Wir brauchten mehr Pferde, insbesondere mehr Packpferde mit der dazugehörigen Ausrüstung. Hank Morris, der jetzt unseren Pub in Laura am Laufen hielt, war ein ehemaliger Viehzüchter; also beschlossen wir, mit ihm zusammen zum nächsten Pferdemarkt in Mareeba zu fliegen.

Einige Wochen später kam ich mit Dick und Eddy nach Jowalbinna zurück. Sie erkundeten die nördlichen Steilhänge am Shepherd Creek, während ich an der Emu-Traumstätte dokumentarische Zeichnungen anfertigte. Da es in den Morgenstunden zu heiß für diese Arbeit war, weil die Sonne direkt die Gravierungen beschien, streifte ich noch ein wenig umher. Ich ging das Plateau entlang nach Westen und stieß auf gewaltige freiliegende Platten aus grauem Sandstein. Eine kleine Vertiefung in einer Felskante zog meinen Blick an. Dort befand sich ein Spalt in der Felswand, der sich zu einem drei Meter hohen Tunnel erweiterte und tief in das Sandsteinmassiv führte. Nahe beim Eingang entdeckte ich in einer flachen Nische eine Anzahl dunkelroter Handnegative von Kindern (Abb. 56). Ich ging in den Tunnel, um mich nach Malereien umzuschauen, gefolgt von Hund und Dingo. Als es jedoch dunkler wurde, wollte Dingo nicht mehr weiter und fing an, nervös zu winseln. Die muffige Luft roch nach Fledermäusen oder großen Schlangen, und das war es wohl, was Dingo so zusetzte. Ich zündete einige Streichhölzer an und suchte die Wände ab, fand aber keine Malereien oder Gravierungen. Der Tunnel wurde enger und verschwand schließlich in tiefer Dunkelheit. Der Hund folgte mir weiter nach, aber Dingo blieb im Dämmerlicht stehen und winselte uns klagend hinterher. Als ich schließlich kehrtmachte und wieder zurückging, stürzte Dingo ins Freie. Keine Macht der Welt hätte ihn dazu bewegen können, sich ein zweites Mal in dieses finstere Loch hineinzuwagen.

Die Handnegative am Eingang stammten von Jugendlichen und glichen den Abdrücken an vielen anderen Initiationsstätten. Der geheimnisumwitterte dunkle Tunnel, so dachte ich, könnte ohne weiteres als berüchtigte Behausung einiger mythischer Ungeheuer ausgegeben worden sein. Man hatte die Knaben an den Eingang herangeführt und sie mit Legenden, die in Zusammenhang mit der Beschneidungszeremonie standen, in tiefen Schrecken versetzt (Abb. 57).

Etwa hundert Meter weiter stieß ich am Ende der Senke auf ein kleines Felsdach, das einen ausgezeichneten Lagerplatz abgegeben haben mochte. Als ich emporstieg, kroch eine große braune Schlange hastig davon. An Wänden und Gewölbe waren rund fünfundzwanzig Malereien angebracht worden; einige Figuren an der Decke verschwanden teilweise unter Flechten. Gut sichtbar waren indessen ein großes, rot und weiß gemaltes Krokodil, der Torso einer stattlichen Frauenfigur sowie zwei Schlangen, eine weiße und eine rote. Zu den Steinwerkzeugen auf dem Boden zählte auch eine konkav gewölbte Unterlage zum Mahlen; der Mahlstein lag noch immer an Ort und Stelle obenauf. Ich nannte die Stätte Schlangenplatz (*Snake Place*).

Nach weiteren zweihundert Metern in westlicher Richtung entdeckte ich an einer Kante der Steilwand, von der aus man den Shepherd Creek überblicken konnte, zehn große Figuren von Menschen und Tieren. Man hatte sie auf Felsflächen gemalt, die Wind und Wetter ausgesetzt waren, und wie bei den Darstellungen auf der Terrasse am Brady Creek war hier die Farbe in den Sandstein eingedrungen. Es hatte den Anschein, daß wegen des beständigen Wasservorkommens im Tal jedes bewohnbare Felsdach in der Umgebung auch mit Malereien ausgestattet war. Vielleicht hatten sich die Menschen hierher geflüchtet, als Australien vor etwa 17 000 Jahren von langanhaltenden Dürreperioden heimgesucht wurde.

Am Nachmittag kamen Dick und Eddy zurück. Sie erzählten von Bildfeldern mit merkwürdigen, vereinfachten Menschendarstellungen auf der Unterseite eines Felsbogens aus Sandstein, der sich über eine Vertiefung wölbte. Ihrer Meinung nach glichen die Figuren den Malereien am Eingang zur Begräbnisstätte bei der Quinkin-Gruppe. Dick vermutete, der Steinbogen könnte den Zugang nach Woolunda, das Gefilde der Seligen, symbolisieren.

Während der folgenden Regenzeit boten sich bei Charterflügen von Laura aus weitere Gelegenheiten, um Ausschau nach neuen Fundstätten zu halten, insbesondere in Teilen der sogenannten Chillagoe-Formation, alten Korallenriffen, die sich in hohen zerklüfteten Spitzen von Chillagoe nach Norden bis zum Palmer-Fluß hinziehen. Unmittelbar südlich vom Fluß entdeckte ich ein großes Felsdach in der Westfassade eines etwa hundert Meter hohen Kalksteinmassivs.

Zu Beginn der Trockenzeit machte ich mich mit Dick und Jimmy auf, um das Kalksteingebiet zu erforschen. Nach einem Tag holpriger Fahrt über Pisten und durch den Busch schlugen wir unser Lager zwischen den düster-grauen, spitz zulaufenden Felszacken auf. Am nächsten Morgen stieg ich, um Orientierung zu erlangen, auf einen hohen Hügel und entdeckte das Felsdach, das ungefähr zehn Meter hoch in der Steilwand lag. Das Hochklettern bereitete zwar keine Schwierigkeiten, aber man mußte dennoch sehr vorsichtig sein, denn der verwitterte harte Kalkstein besaß messerscharfe Kanten. Ein Sturz hätte schwere Verletzungen zur Folge gehabt.

Das Felsdach war kein Siedlungsplatz gewesen, denn auf dem unebenen Steinboden lagen keine Holzkohlenstücke, aber an den Wänden befanden sich Bildfelder mit kleinen einfarbigen Männerfiguren, ungefähr sechzig in Dunkelrot, sechs in Orange und fünf in Schwarz. Man hatte sie im schlichten Stil von Begräbnisfiguren ausgeführt, und die Männerabbildungen stellten die Geister der Verstorbenen dar. Dick und Jimmy waren der festen Überzeugung, daß es sich hier um die zweite, also endgültige Begräbnisstätte handelte; sie zeigten auf Löcher, die sich tief im Kalksteinmassiv verloren und in die man vermutlich die Behältnisse mit den sterblichen Überresten geworfen hatte. Ein Stein, den wir in ein solches Loch hineinwarfen, schlug einige Sekunden lang gegen Felswände auf und fiel dann in einen Abgrund. Man konnte sich gut vorstellen, daß hier die Knochen ihre letzte Ruhe fanden, nachdem sie geräuschvoll in der Dunkelheit verschwunden waren. Ihre Reise war ebenso geheimnisvoll wie der Weg, den der Geist des Verstorbenen bereits gegangen war.

Wenn man gegen das Kalkgestein schlug, gab es einen dröhnenden Widerhall; folglich war das Massiv ausgehöhlt. Den Beweis erhielten wir später, als wir weiter im Norden Hunderte kleiner grauer Seglervögel, Salanganen, über einer Bergspitze kreisen sahen. Plötzlich stießen sie mit verblüffender Geschwindigkeit herab und verschwanden in der Spitze, die offensichtlich eine Öffnung zu einer großen Höhle im Innern des Massivs enthielt. Die Höhenzüge des Kalksteingebirges südlich vom Palmer-Fluß sind die größten der gesamten Chillagoe-Formation; vielleicht sind sie durch ein weitläufiges unterirdisches Höhlensystem miteinander verbunden.

Da wir im Kalksteingebiet keine weiteren nennenswerten Siedlungsstätten fanden, schlugen wir unser Lager zehn Kilometer nördlich vom Palmer-Fluß auf, um die südlichen Ausläufer des Sandsteinplateaus westlich von der Telegraphenlinie näher in Augenschein zu nehmen. Am nächsten Morgen folgten wir einem Bach bis zum Fuß des Plateaus und kletterten an dessen Südwestecke hoch. Wir fanden ein kleines Felsdach mit fünf rot und weiß gemalten Menschendarstellungen, darunter eine Frau mit vollen Brüsten. Alle Figuren waren trefflich wiedergegeben und ausgeschmückt, und unsere Hoffnung stieg, vielleicht doch noch auf eine große Galerie zu stoßen.

Bis zum Nachmittag hatten wir fünf weitere Plätze mit Malereien in den Endbereichen niedriger Schluchten entdeckt, die das Plateau nach Westen hin durchzogen. Obwohl wir uns kaum Zeit gelassen hatten, sie näher zu untersuchen, schienen es Traumstätten verschiedener Wesen zu sein und einem Stammesverband gehört zu haben, dessen Klangebiet an den Flüssen weiter im Westen lag. Ein interessanter Fundort war ein kleines Felsdach mit Darstellungen von drei Frauen und drei Dingos. Die drei Frauen, Silhouetten aus kräftigem Weiß mit roter Kontur und Innenzeichnung, waren weniger als einen Meter groß. Eine Frau säugte offenkundig einen Dingo – ein ganz gewöhnliches Ereignis im alltäglichen Stammesleben. Die Figuren machten einen sehr frischen Eindruck, als ob sie am Tag zuvor gemalt worden wären, abgesehen vom Hinterbein eines Dingos, bei dem die weiße Farbe und die rote Kontur sehr verblichen waren. Man hatte die alten Figuren übermalt, war aber damit nicht ganz zu Ende gekommen; vielleicht hatte der Palmer-Goldrausch vor über hundert Jahren hier eine Zäsur gesetzt. Die Bilder waren jedenfalls stumme Zeugen für den Tatbestand, daß man die heiligen Figuren vermutlich über einen langen Zeitraum immer wieder mit großer Sorgfalt erneuert hatte.

Auf unserem Rückweg gingen wir die steil abfallende Ostwand entlang und suchten nach einer Abstiegsmöglichkeit. Beim Durchqueren einer niedrigen Schlucht entdeckten wir die ausgeblichene Malerei eines Aals. Gegenüber befand sich ein großes Felsdach, das zwar keine Darstellungen enthielt, aber ein Knochenbehältnis aus Rinde lag auf einem Felssims in etwa drei Meter Höhe über dem Boden. Die Rinde war teilweise vermodert, und der Schädel schaute feierlich auf uns herab. Einige Langknochen waren auf den Boden gefallen. Ich kletterte auf einen niedrigen Felsvorsprung, Dick reichte mir die Knochen hoch, und ich legte sie zu den anderen sterblichen Überresten. Viele Rindenbehältnisse waren samt ihrem Inhalt im Laufe der Zeit von Termiten gefressen worden; die Tiere bauten lange Gänge auf der Felsoberfläche, um an die deponierten Rindensärge heranzukommen. In diesem Felsdach war der Sandstein jedoch locker und bröcklig, so daß die Termiten ihre Tunnels nicht bauen konnten und die Grabbeigaben die Zeitläufte überdauerten.

Bei Flügen über Jowalbinna hatte ich zahlreiche weitere vielversprechende Stellen entdeckt, die Felsdächer enthalten konnten, und so kam mir eine Unterbrechung der Charterflüge sehr zupaß. Ich legte mit Dick eine Piste in nordwestlicher Richtung über das Plateau an und fuhr wenig später zum Pine Tree Creek hinunter, um dort an einem kleinen Wasserfall zu lagern. Am nächsten Morgen wanderten wir zu den westlichen Steilabhängen des Tals hinüber, wo wir nur ein paar Handnegative fanden. Wir kletterten die Böschung hinauf und suchten, oben angelangt, das zerklüftete Gelände mit unseren Ferngläsern ab. In einigen Kilometern Entfernung erhob sich im Süden ein hohes, rundes Plateau von etwa einem Kilometer Durchmesser, dessen rote und graue Wände steil abfielen. Ein Riß, der an seiner Nordseite klaffte und durch einen Felsversturz verursacht worden war, sollte unsere erste Anlaufstelle sein. Zwei Kilometer östlich vom Plateau ragten Kuppeln aus grauem Sandstein empor, die mir bereits bei meinen Flügen vielverheißend erschienen waren. An den östlichen Talhängen erblickten wir eine Reihe verwitterter Sandsteindome, die wie riesige *gunyahs*, die Hütten der Eingeborenen, aussahen. Wir machten uns auf den Weg, um diese drei Plätze zu erkunden.

Als ich eine Stunde später im Felsversturz unterhalb der Steilwand herumkletterte, entdeckte ich einen großen weißen Imjim-Quinkin, der mich von einer niedrigen Höhlenwand herab anstarrte. Er war ein Musterexemplar seiner Gattung, ungewöhnlich in seinen Details: Auf seinen mit Gittermustern bedeckten Rumpf hatte man vier kleinere Nachbildungen seiner selbst gemalt; ein fünftes, auf dem Kopf stehendes Duplikat hatte man direkt unter seinem Hals angebracht. Dick meinte, dies seien Miniaturversionen der Imjim-Quinkins, die er ausspucken und den vier Winden als Späher anvertrauen könne; wenn sie ihre Mission erfüllt hätten, würde er sie wieder verschlucken. Unter den vielen anderen Darstellungen seien hier nur auf dem Kopf stehende Menschenfiguren, ein großer, fein gearbeiteter Barramundi und mehrere weiß und rot gemalte große Känguruhs erwähnt.

Westlich von diesem Fundort befand sich eine mit Wasser gefüllte Vertiefung mit abfallenden Wänden, die von einer aus der Steilwand entspringenden Quelle gespeist wurde. Vor langer Zeit war der Abfluß am unteren Ende von Steinblöcken versperrt worden, und so war ein tiefes ständiges Wasserloch entstanden. Baumwurzeln durchzogen das Erdreich und verliehen dem natürlichen Damm Halt, und der Tümpel war von unzähligen Farnen, malvenfarbigen Sträuchern und Bäumen umsäumt. Dieser Teich hatte vermutlich zur Fischzucht gedient; man brachte die kleinen Fische in Wasserbehältern aus Holz oder Rinde hierher und setzte sie aus. Hier konnten sie unbeeinträchtigt von Freßfeinden heranwachsen und beim Einsetzen der Regenzeit wieder in ihren heimischen Bachlauf gelangen, der auch wegen seiner großen gesprenkelten Aale weithin bekannt war.

Ein zweites Felsdach auf der anderen Seite des Wasserlochs enthielt weitere weiße und rote Känguruhs sowie eine Menge merkwürdiger winziger Quinkins mit unförmigen Köpfen und Gliedmaßen. Es war ein prächtiger Anblick, und Dick meinte, »Quinkin-Berge« sei die passende Bezeichnung für diese Gegend.

Zwischen den grauen Sandsteindomen stießen wir auf ein Felsdach, das nur ein paar Handnegative und dürftige Malereien barg. Anders dagegen die Ostseite: Dort standen zahlreiche Wildapfelbäume, und als wir uns durch das Unterholz vorarbeiteten, sahen wir am Fuß einer vornüber geneigten Steilwand große dunkelrote Figuren. Kein Zweifel: Hier befand sich eine weitere bedeutende Stätte mit Felsmalereien. Ein Felsversturz hatte einst eine Art Treppenaufgang geschaffen, dessen Stufen mit großen Bergkänguruhs bemalt waren. Wir zählten insgesamt zehn dieser Tiere, deren Körper dunkelrot ausgemalt waren und verblichene weiße Konturen trugen. Die mit kraftvoller Linienführung gezeichneten Känguruhs waren zwischen zwei und drei Meter lang. Unter die Schwänze der meistenTiere hatte man Dingos angebracht, die die großen Känguruhs von der Seite anzugreifen schienen. Ein in jüngerer Zeit entstandener Dingo mit weißem Körper und rotem Umriß hatte seinen Platz neben einem verblichenen Dingo gefunden, der dem größten Bergkänguruh zugeordnet war. Mehrere Schnabeligel, rote und weiße große Aale, Wasserschildkröten, rote Pflanzen, Opossums und andere kleine Beuteltiere vervollständigten das Ensemble. Auch der frühe Mensch war hiergewesen: Er hatte eine lange Reihe runder Grübchen in die Felswand gepickt. Da sie nicht mit Patina überzogen waren, hatte man sie in jüngerer Vergangenheit wohl erneuert. Unter dem größten Bergkänguruh befand sich eine niedrige Nische, dessen Gewölbe mit einander überschneidenden Figuren ausgestattet war: Eine rote Frau wurde von einer metergroßen roten Schlange in den Fuß gebissen, daneben stand ein mit weißer und roter Farbe gemalter Dingo. Ein kleiner weißer Kreis, über den sich rote Linien zogen, schien einen Klumpen unbekannten Materials darzustellen, der mit Pflanzenfasern zusammengeschnürt war. Durch den Felsversturz war auch hier ein Steinzelt entstanden, dessen Innen- und Außenwände mit verblichenen Malereien – darunter ein stattliches Känguruh und ein großer Bienenstock – geschmückt waren.

Weiter nördlich an der Steilwand entlang fanden wir einen großen gelben Quinkin, ein Monster ohne Hals und mit gewölbtem Riesenschädel. Die drei Finger an seinen Händen waren wie Klauen gestaltet, und wir identifizierten diese Figur als das furchteinflößende Ungeheuer Turramulli, den Menschenfresser. Über ihn hatte man einen spindeldürren Timara-Quinkin gemalt. Nach dreißig Metern folgte eine flache Höhle mit einer kleinen Figurengruppe, zwei rote Frauen und ein roter Dingo mit Welpe. An der Außenwand hatte man einen Aal in weißer und roter Farbe aufgetragen; ein verblichener roter Dingo schnüffelte am Schwanz eines Artgenossen, und um die Ecke befand sich ein weiterer Dingo in kräftigem Weiß. Die letzte Figur des Ensembles hatte man hoch oben an der Außenwand angebracht: einen Jabiru-Storch, der gerade einen kleinen Wels mit aalähnlicher Schwanzflosse verschlang – auch in der Natur die Lieblingsmahlzeit dieses Vogels (Abb. 51).

Am südlichen Ende der kleinen Schlucht stießen wir auf ein weiteres riesiges Felsdach, das ungefähr fünfzig Meter lang und bis zu zehn Meter tief war. Sein nördliches Ende enthielt das bis dahin größte Bergkänguruh mit einer Körperlänge von über vier Metern. Es war in einem verblichenen Weiß gemalt und besaß eine dicke, dunkelrote Kontur sowie eine Innenzeichnung aus roten Punkten. Eine natürliche Vertiefung in der Felsoberfläche gab das schlitzförmige Auge des Tieres wieder. Wahrscheinlich hatte diese besondere Beschaffenheit der Wand den Ausschlag für die Anbringung der Figur gegeben: Dies war die Stelle, an der sich das Ahnwesen in Stein verwandelt hatte. Die Hinterbeine des Tieres wiesen im unteren Bereich Übermalungen bis zu einer in Reichweite gelegenen Höhe auf. Einst hatte ein Felssims als Standfläche für die Künstler gedient, aber er war schon vor langer Zeit abgebrochen. Neben dem Bergkänguruh befanden sich drei Bildfelder mit roten Strichmännchen; auf einem war eine auf dem Kopf stehende Zauberfigur zu erkennen. Alle diese Darstellungen standen vermutlich mit einem Begräbnisritual in Zusammenhang.

Am südlichen Ende der geräumigen Höhle lehnte der Stamm eines Eisenholzbaumes gegen die Wand und gewährte so Zugang zu einem höhergelegenen Hohlraum, der sich für die Niederlegung von Sargbehältnissen aus Rinde hervorragend eignete. Der krümelige Sandstein ließ uns allerdings von einer weiteren Erkundung Abstand nehmen. Dieser Bereich der Höhle war mit zwei großen Aalen aus kräftigem Rot und einem kleineren Bergkänguruh ausgeschmückt.

Da wir hier im Unterschied zum ersten Bergkänguruh-Fundort keine Holzkohlenstücke oder Siedlungsreste auf dem Boden vorfanden, handelte es sich offenkundig um eine als heilig verehrte Traumstätte des Bergkänguruhs und einen Begräbnisplatz. Wir nannten die Stätten aufgrund der großformatigen Darstellungen Platz der Riesenbergkänguruhs (*Giant Wallaroo sites*).

Auf unserem Weg zu den *gunyah*-Felsen untersuchten wir mehrere gewaltige Felsblöcke, die am Fuß der östlichen Abhänge verstreut waren. Felsdächer gab es hier keine, aber Hund und Dingo machten sich einen Spaß daraus, hinter einigen großen dunkelgrauen Bergkänguruhs herzujagen. Wie sich herausstellte, bestanden die hüttenähnlichen Felsen aus aufeinandergetürmten freiliegenden Sandsteinplatten, die im Laufe der Zeit verwittert waren. Ein langes, flaches Felsdach unter einer solchen Sandsteinformation enthielt etwa dreißig kleine Tier- und Menschenfiguren, einschließlich einiger fein gemalter Frauendarstellungen auf dem Gewölbe, die offenkundig Praktiken der Liebesmagie entsprungen waren. Dieser Siedlungsplatz schien lange in Gebrauch gewesen zu sein, denn wir entdeckten hier auch vom frühen Menschen gravierte »Heugabel«-Zeichen, die mit einem glänzenden Silikatüberzug bedeckt waren.

Bei weiteren Überflügen hatte ich aussichtsreiche Geländeabschnitte westlich der Riesenkänguruh-Stätte und, noch weiter westwärts, am Oberlauf des St. George-Flusses ausfindig gemacht; dort ragte eine schmale Felsklippe aus dem Haupthang nach Westen. Auf der Nordseite befand sich ein langgezogenes Felsdach, und als ich in sehr geringer Höhe an der südlichen Partie vorbeiflog, konnte ich zwischen den Bäumen am Fuße der Felswand große rote Malereien sehen. Da das Gebiet zwanzig Kilometer jenseits der Bergketten von Jowalbinna lag, erschien es uns sinnvoll, eine Expedition mit Packpferden auszurüsten. Wir hatten vor, während des ersten Teils unserer Reise das Land eingehender zu erforschen und auf dem Rückweg dokumentarische Zeichnungen von der Stätte des Riesenkänguruhs anzufertigen.

Eddy, Dick, Jimmy und ich brauchten einen ganzen Tag, um die Pferde zu beschlagen, das Gepäck zu verstauen und Fußfesseln für die Pferde sowie andere wichtige Ausrüstungsgegenstände zu besorgen. Stephen kümmerte sich währenddessen mit zwei Aborigines aus Laura, Fred Coleman und Teddy Gorge, um die Bereitstellung zweier zusätzlicher Pferde. Wir wollten unser Basislager so nahe wie möglich an der Stätte der Riesenkänguruhs errichten. Am nächsten Tag luden wir die gesamte Ausrüstung in zwei Geländewagen. Eddy und ich sollten eine Piste in die Schlucht des Pine Tree Creeks anlegen, während die anderen mit allen Pferden, einschließlich der zwei Neuerwerbungen aus Laura, herkommen sollten.

Die Steilwand besaß in der Nähe der hüttenähnlichen Felsdome einen Einschnitt, durch den wir in die Schlucht vorstießen. Wir arbeiteten uns durch hohes Gras und dichtes Unterholz bis zu einem guten Lagerplatz am Creek vor, der nur wenige Gehminuten vom Fundort der Riesenkänguruhs entfernt war. Dort stellten wir die Zelte auf und bauten mit den Stämmen junger Bäume eine kleine Koppel für die Pferde. Glücklicherweise war fast Vollmond, denn Steve und die anderen trafen erst nach Einbruch der Dunkelheit ein; sie hatten Schwierigkeiten mit einigen Pferden gehabt. Am nächsten Morgen beluden wir drei Packpferde, ritten durch den Wasserlauf und folgten einem kleinen Nebenfluß nach Westen an den Quinkin-Bergen vorbei, bis wir einen langen, steinigen, mit Blutbäumen gesäumten Grat erreichten, der zur Wasserscheide hinaufführte. Die Sonne brannte unbarmherzig, und der steile Kamm war zu Pferd kaum zu schaffen, so daß wir abstiegen und die Tiere am Zügel durch die Wildnis hinter uns herzogen. Die Wasserscheide bestand aus einer breiten, sandigen Hochfläche mit einem lichten Wald aus hohen Streifenrindenbäumen, in dem vereinzelt Felsblöcke aus rotem Sandstein emporragten. Eine Quelle am Fuß einer niedrigen Steilwand kam uns sehr gelegen, und wir legten eine Pause ein, um die Pferde verschnaufen zu lassen und zu Mittag zu essen. Ein Felsdach unter dieser Steilwand enthielt etwa dreißig Malereien, überwiegend kleine Menschenfiguren.

Am vorgerückten Nachmittag erreichten wir die entlegene Seite des Plateaus, und von der Spitze einer hohen Steilwand bot sich uns ein prächtiger Ausblick über das zerklüftete Terrain, in das sich der St. George-Fluß mit seinen Nebenbächen eingegraben hatte. In nur etwa einem Kilometer Entfernung erhob sich eine steile, graue Wand, unser Zielort. Eines der Packpferde war jedoch so erschöpft, daß wir im Schatten anhielten und ihm etwas Ruhe gönnten. Eddy ritt derweil nach Süden und Jimmy nach Norden, um nach einem Abstieg vom Plateau zu suchen. Nach einer Stunde kamen sie zurück, ohne einen Weg gefunden zu haben, der für die Pferde gangbar gewesen wäre. Ich hätte mir das Gelände bei meinen Flügen genauer anschauen müssen, aber nun war es zu spät. Da unser Wasservorrat zur Neige ging, blieb uns nichts anderes übrig, als zur Quelle zurückzukehren. Eddy erzählte, er habe ein großes Felsdach mit Blick über den St. George-Fluß entdeckt, das annähernd einhundert Figuren enthielt. Wir luden das Gepäck vom erschöpften Pferd auf Steves Pferd um, das ein erfahrenes Tragtier war, und Steve machte sich mit dem Troß auf den Rückweg. Roß, Reiter und Hunde – alle waren froh, als sie im Schein des Vollmonds wieder bei der Quelle anlangten.

Am nächsten Tag fertigten Eddy und ich maßstabsgetreue Zeichnungen von den Malereien im nahegelegenen Felsdach an. Die übrigen ritten in alle Richtungen davon, um das Land nach weiteren Fundstätten zu durchkämmen. Sie hatten keinen Erfolg, und so kehrten wir am Nachmittag zu unserem Basislager am Pine Tree Creek zurück. Eddy und ich wollten dort noch einige Tage bleiben, um die Felskunst am Platz der Riesenkänguruhs dokumentarisch festzuhalten. Die anderen brachen mit den Pferden nach Jowalbinna auf.

Einige Wochen später erfuhren wir, daß eine Bergbaugesellschaft das Gebiet am Palmer-Fluß mit einem Hubschrauber sondieren wollte. Eddy und ich statteten ihnen einen Besuch ab; wir wollten fragen, ob sie uns bis zur Steilwand am St. George-Fluß, etwa fünfzig Kilometer nördlich von ihrem Lager, mitnehmen könnten. Sie halfen uns gerne, und der erfahrene Hubschrauberpilot setzte uns mitsamt dem Gepäck auf einer winzigen Lichtung bei einem Wasserloch ab, nur wenige hundert Meter von der Steilwand entfernt. Wir nahmen unser Zeichengerät und gingen zur Wand hinüber.

Der Fundort besaß gewaltige Ausmaße. Die fünfzig Meter hohe Felswand neigte sich schräg nach vorn und bildete so an ihrer Basis ein Dach von über hundert Metern Länge. Die meisten der überlebensgroßen Figuren waren mit dunkel- oder purpurroten Ockerfarben gemalt und mit weißen Konturen und Innenzeichnungen versehen. Die Kunstfertigkeit, die aus diesen Bildern sprach, versetzte uns in Erstaunen, denn der gesamte untere Bereich der Wand war ein mit Puddingsteinen durchsetztes Sediment und daher äußerst uneben, aber die Figuren waren nichtsdestoweniger mit schwungvoller Linienführung gezeichnet, meisterhaft und symmetrisch in der Gestaltung. Eine nähere Untersuchung der Darstellungen ergab, daß ihre Konturen mit großer Sorgfalt über die aus der Wand ragenden Steine und in die Felsspalten hinein vorgezeichnet und ihre Umrisse im Detail skizziert worden waren, bevor man sie mit Farbe flächig ausgefüllt hatte. Wir vermuteten, daß der in diesem Gebiet lebende Klan Nachbarstämme besucht hatte, die ihre feinen Malereien auf ebenmäßigen Sandsteinflächen anbrachten. Hiervon inspiriert, schufen sie ihre eigenen Kunstwerke, ungeachtet des Aufwands, der dafür erforderlich war. Die Figuren schienen Ahnwesen und Tiergestalten aus der Traumzeit darzustellen und waren vermutlich mehrmals übermalt worden.

Ein großer purpurroter Emu zählte zu den gelungensten Werken. Neben ihm befand sich ein kleinerer Vogel, der ebenfalls wie ein Emu aussah, aber in einer mehr aufrechten Haltung abgebildet war. Seine beiden Füße hatten jeweils sechs Zehen, so als hätte man mit besonderem Nachdruck darauf hinweisen wollen, daß er sich damit vom dreizehigen Emu unterschied. Unserer Ansicht nach war hier ein weiteres Mal die ausgestorbene Riesenspezies *Progura gallinacea* abgebildet worden. Am östlichen Ende des Felsdachs hatte man ein zwei Meter langes rotes Bergkänguruh und eine lange dünne Schlange angebracht. Auf dem Boden fanden wir eine steinerne Beilklinge mit geschliffener Kante zwischen anderen Steinwerkzeugen.

Das Felsdach an der Nordseite übertraf das vorige noch an Größe; es war eine geräumige, hohe Höhle von nahezu hundert Metern Länge. Das Gewölbe an der Rückwand bestand wie zuvor aus Sedimenten mit eingeschlossenen Steinen, aber es gab auch gleichmäßige Felsoberflächen aus recht bröckligem Sandstein. Der Siedlungsplatz befand sich hier am westlichen Ende, und an seine Wände hatte man Motive aus dem alltäglichen Leben gemalt. Über einem Sims hoch oben an der Ostwand hatte man drei Zauberfiguren – zwei Männer und eine Frau – angebracht, wobei einer der Männer mit dem Kopf nach unten abgebildet war.

Nach drei Tagen kehrte der Hubschrauber zurück. Der Pilot hatte uns gebeten, eine große freie Fläche auszusuchen, wo er ohne Mühe landen und starten konnte, und wir hatten eine solche Stelle von der Spitze eines Hügels ausgemacht. Wir schleppten unser Gepäck dorthin und zündeten ein Signalfeuer an. Als wir so warteten, bemerkten wir plötzlich, wo wir uns befanden: es war eine alte Zeremonialstätte. Die kreisrunde Lichtung maß etwa vierzig Meter im Durchmesser und hatte eine sandige Mitte, auf der man jetzt das Vieh unterbrachte. Im Schatten der Bäume fanden wir ringsum große flache Steine, die einst als Arbeitsunterlagen gedient hatten. Es war eine würdige Startrampe, auf der wir diesen Teil des Quinkinlands wieder verließen.

Dick und ich planten eine gemeinsame Ausstellung, und so zogen wir uns nach Jowalbinna zurück, um zu malen. Er hatte in seinen jungen Jahren als Viehzüchter bei den Farmen am Carpentariagolf gearbeitet und war daher immer froh, wenn er Pferde zu Gesicht bekam. Also ließen wir für einen Tag das Malen sein und ritten zu den Osthängen des Garden Creeks, der in den Quinkin-Reservaten lag. Der Grat, auf dem wir ritten, bereitete keine Schwierigkeiten, und wir ließen die Pferde angebunden zurück, während wir die Steilwand nach Felsdächern absuchten. Felsmalereien waren in diesem Talabschnitt allerdings dünn gestreut; nach drei Tagen hatten wir lediglich eine Stätte mit zehn Figuren entdeckt, darunter vier kleine schwarze Emus, einen gravierten Bumerang, Bienenstöcke mit Punkten und Negativabdrücke von weiteren Bumerangs.

Die nächste größere Expedition mit Packpferden sollte zum Oberlauf des Shepherd Creeks führen. Wally, Matt und Steve, die es kaum erwarten konnten, das Land kennenzulernen, leisteten Dick und mir Gesellschaft. Die Pferde waren frisch und ausgelassen; meines warf mich zweimal ab, bevor es den Spaß daran verlor. Als wir aber einmal die Koppeln verlassen hatten, beruhigten sie sich wieder; sie spürten wohl, daß es einem neuen Abenteuer entgegenging. Ungefähr sechzig wilde Rinder zogen uns eine Weile lang muhend und brüllend im Tal voran. Im klaren Bachwasser tummelten sich große gesprenkelte Aale, und wir sahen Fährten kleiner Krokodile, die sich auf den Sandbänken kurz zuvor gesonnt hatten. Gegen Spätnachmittag war es an der Zeit, sich nach einem geeigneten Lagerplatz umzuschauen, wo wir die Pferde mit Fußfesseln herumlaufen lassen konnten. Wir waren mittlerweile an einer tiefen, nach Nordwesten zu verlaufenden Schlucht mit hohen roten Steilwänden angekommen, und mich überkam plötzlich der Drang, sie zu erkunden. Vor uns erstreckte sich eine grasbewachsene, von Felsen eingeschlossene Ebene. Hier wollten wir übernachten und am nächsten Tag zur Schlucht aufbrechen.

Frühmorgens machten Dick und ich uns zu Fuß auf den Weg, während Matt, Steve und Wally Felsdächer erforschen wollten, die ich bei Flügen mehrere Kilometer flußaufwärts auf einer hochgelegenen Terrasse an der linken Talseite entdeckt hatte. Die geröllbedeckten Hänge der Schlucht fielen jäh ab und waren mit dichtem Gestrüpp bewachsen, so daß wir recht froh waren, endlich oben angekommen zu sein. An der Steilwand führte ein Känguruhpfad entlang, und nun schritten wir zügiger voran. Fast auf Anhieb entdeckten wir in kleinen Felsdächern und auf freiliegenden Wandflächen vereinzelte, meist verblichene Darstellungen von Menschen und Tieren. Nach etwa einem Kilometer stießen wir an der Ostseite der Schlucht auf eine Galerie mit ebenfalls verblichenen alten Figuren. Hinter einer Biegung fanden wir dann große Figuren aus hellem Weiß, die zum größten Teil mit roten Konturen und Innenzeichnungen versehen waren.

Die mit weißem Lehm gemalten Figuren befanden sich hoch oben in der Ecke eines offenen Felsdachs. Die höhergelegenen Partien der Darstellungen waren durch einen Felsüberhang geschützt, aber die unteren Teile mancher Malereien waren dem sturmgepeitschten Regen ausgesetzt, so daß die Farbe hier an der Wand herabgelaufen war. Es handelte sich insgesamt um sechs Männerfiguren, ein Pferd, ein Krokodil und eine Steinaxt. Der größte Mann war knapp zwei Meter hoch, trug Hosen und Stiefel und war mit einem Gewehr bewaffnet, das man unter einem Arm eingetragen hatte. Quer über seine Stirn verlief eine rote Linie, die eine spitz zulaufende Kopfbedeckung wiedergab und klarstellte, daß hier ein Angehöriger der Schwarzen Polizei abgebildet war. Die große weiße Steinaxt schwebte über seinem Kopf, als ob ihm damit gleich der Schädel zertrümmert würde. Ein zweiter großer Mann schien ebenfalls Hosen zu tragen, allerdings fehlten bei ihm Gewehr und Kappe. Die vier kleineren Männer waren vermutlich Zauberfiguren; nichts deutete indessen darauf hin, daß sie Mitglieder der Polizeitruppe waren. Das weiße Pferd sah eher wie ein Känguruh aus, doch die umgekehrten Hufeisen an jedem Fußende ließen keinem Zweifel Raum. Die Figuren wirkten so frisch, daß sie vermutlich zu Anfang dieses Jahrhunderts gemalt worden waren.

Die Lage des Felsdachs am Fuß der hohen roten Wand war spektakulär; von hier schweifte der Blick über die gesamte zerklüftete Schlucht. Weit unten sahen wir unsere Pferde am Shepherd Creek grasen. Mir kamen die Geschichten von Caesar Le Chu in den Sinn, in denen er von seiner Kindheit erzählt hatte. Schwarze Polizisten hatten seine Familie durch diese wilden Schluchten gejagt, aber sie waren ihnen immer wieder entschlüpft, weil sie die steilen

Abhänge hochgeklettert waren, wo ihnen die Berittenen nicht folgen konnten. Dann, so hatte er erzählt, seien sie durch einen dunklen Tunnel gekrochen und oben auf der Steilwand herausgekommen. Von dieser sicheren Warte aus konnten sie ihre Verfolger straflos beschimpfen. Caesar sagte auch, er habe im Alter von fünf oder sechs Jahren Malereien gesehen, könne sich aber nicht mehr entsinnen, wo dies gewesen sei. Ich fragte mich, ob der große schwarze Polizist vor meinen Augen Harry Mole war, der vom Ende des letzten bis in die fünfziger Jahre dieses Jahrhunderts in Laura stationiert war.

Wir gingen weiter die Schlucht entlang, die jetzt nach Osten abbog und enger wurde. Nun gestaltete sich das Vorankommen schwieriger, dafür aber melodiös: Die Schlucht beherbergte unzählige Würgerkrähen, die die klare Morgenluft mit ihren glockenhellen Rufen erfüllten. Da wir keine weiteren Felsdächer mehr antrafen und auch der Weg nicht aus der Schlucht zu führen schien, stiegen wir talabwärts und folgten dem Bachlauf nach. Er mündete direkt in einen düsteren Tunnel unter wuchtigen schwarzen Felsblöcken, der uns aufs Plateau führte. Wir hatten den Fluchttunnel von Le Chu entdeckt. Die verhaßte Schwarze Polizei hatte niemanden von Caesars Klan, den Oco Carnigal, ergreifen können. Sie lebten frei und ungebunden, bis Caesar etwa fünfzehn Jahre alt war. Dann hatten sich seine Eltern entschlossen, »einzutreten«, und er ging mit ihnen auf die Rinderfarm Maitland, jenseits der Bergketten im Süden, um dort als Viehhüter zu arbeiten.

Wir trafen den Entschluß, diesen Fundort Le Chu-Galerie zu nennen; dem Tal gaben wir die Bezeichnung Currawong (Würgerkrähen) Creek. Wir bogen nun nach Westen ab und gelangten an die Einmündung einer anderen Schlucht, in der sich ein schönes, farngesäumtes Becken mit kristallklarem Wasser befand. Ein Felsdach darüber eignete sich zwar nicht zum Lagern, enthielt aber eine einzige Malerei: eine Frau in Rot und Weiß, angebracht zum Zwecke der Liebesmagie. Ich meinte, dies sei vielleicht ein bevorzugter Treffpunkt für Liebende gewesen, aber Dick war anderer Ansicht:An diesen kühlen lauschigen Platz zogen sich die liebeskranken Männer zurück und sangen dem Mond ihre magischen Liebeslieder vor.

Diese Schlucht enthielt zwar keine Felsdächer, aber in der Nähe eines Felsvorsprungs im oberen Teil der westlichen Talseite entdeckten wir eine ansprechende Galerie. Sie barg große, mit kräftigem Dunkelrot und Weiß gemalte Darstellungen von vier Dingos und einer Frau. Der größte Dingo war über einen Meter lang. Alle Figuren waren in einer flachen Wandnische einige Meter über dem Boden untergebracht. Aller Wahrscheinlichkeit nach handelte es sich hier um eine weitere Dingo-Traumstätte.

Am späten Nachmittag stiegen wir über einen steilen und schmalen Grat zu unserem Lager hinab. Matt und die anderen, die gerade aus dem Tal zurückkamen, hatten auf den hochgelegenen Terrassen ungefähr zweihundert ausgezeichnete Figuren in mehreren spektakulären Felsdächern entdeckt. Begeistert erzählten sie von Dingos, großen Pflanzen, einer langen roten Schlange, Kolonien von Flughunden, großen Menschendarstellungen, Känguruhs und anderen Tieren. Es war wieder einmal ein erfolgreicher Tag gewesen.

Der Flug über die großen roten Schluchten am Oberlauf des Mosman-Flusses zählt zu meinen ergiebigsten Unternehmungen dieser Art. In einer Seitenschlucht westlich des Flusses war mir eine hohe graue Steilwand aufgefallen, an deren Fuß sich einst ein Felsversturz ereignet und ein langgezogenes, tiefes Felsdach zurückgelassen hatte. Ein zusammen mit Eddy unternommener Versuch, den Platz zu finden, war vor einiger Zeit fehlgeschlagen. Aber jedesmal, wenn ich über dieses unzugängliche Gebiet flog, wurde das eigentümliche Gefühl von Mal zu Mal stärker, daß dort etwas Besonderes verborgen war. So fällten Dick und ich den Entschluß, uns nochmals auf die Suche zu begeben.

Auf der alten, holprigen und haarsträubenden Kutschenroute von Cobb und Co. rumpelten wir die Große Wasserscheide hoch. An einer uns günstig erscheinenden Stelle zweigten wir ab und fuhren durch die Wildnis in östliche Richtung weiter; manchmal bahnten wir unseren Weg mit lautem Krachen und Knacken mitten durch die dichten Bestände verkümmerter Teebäume, bis uns schließlich ein Taleinschnitt die Weiterfahrt verwehrte. Es war ein Seitental, und wir gingen nun zu Fuß an seiner nördlichen Steilwand weiter, bis wir zu einem Felsvorsprung kamen, der im Schatten hoher Blutbäume lag. Wir waren vom Anblick der roten Schluchten des Mosman überwältigt. Das ganze Gebiet gehörte zu den Quinkin-Reservaten, und es war so schön, daß wir ihm einen Namen geben wollten. Dick schlug »Percy's Point« vor, und das ließ ich mir natürlich gefallen.

Wir bemerkten schnell, daß wir uns viel zu weit südlich von der langen grauen Steilwand befanden, aber das Gelände sah so interessant aus, daß wir fast den ganzen Tag drunten in den Schluchten verbrachten. In der Tat fanden wir fünf Stätten mit Felskunst; die größte hatte etwa siebzig Darstellungen. Dann fuhren wir weiter nach Norden bis zum Ende einer anderen Nebenschlucht, die etwa einen Kilometer nach Norden verlief, dann nach Osten abbog und in die Hauptschlucht einmündete.

Wir stiegen auf eine niedrigere Terrasse hinunter und fanden auf der Westseite der Schlucht etliche Felsdächer. Im größten Abri hatte man rund zweihundert Strichfiguren von Männern oder Knaben angebracht; sie waren entweder zu Bildfeldern zusammengefaßt oder verteilten sich auf verschiedene Bereiche der Rückwand. Der Ort eignete sich als Lagerplatz während der Regenzeit, und viele Indizien deuteten darauf hin, daß es sich hier um eine abgesonderte Stätte für Jungen im Zusammenhang mit der Beschneidungszeremonie handelte. Normalerweise enthielt ein solcher Ort zahlreiche kleine Handnegative von Kindern oder Jugendlichen, aber Dick meinte, daß die Strichmännchen dieselbe Funktion erfüllten: Sie stellten jeden einzelnen Initianden dar, der diese Zeremonie durchlaufen hatte. Als ich aus dem Felsdach wieder heraustrat und nach Norden schaute, erblickte ich die langgezogene graue Steilwand, nach der wir gesucht hatten, und ich konnte auch das gewaltige lange Felsdach erkennen. Von unserem Standort schien kein Weg in die tiefe Schlucht mit ihren senkrecht abfallenden Wänden zu führen. Da die Sonne bereits unterging, machten wir kehrt. Die graue Steilwand sollte ihre Geheimnisse für sich behalten, bis sich uns die Gelegenheit bot, ihr einen Besuch abzustatten.

Dick erwarteten bei seiner Rückkehr familiäre Probleme, und er mußte zum Mount Isa weiterfahren. Deshalb konnte er auch nicht dabeisein, als Eddy und ich an einem Novembertag von Jowalbinna aufbrachen und abermals die graue Steilwand anpeilten. Auf der Großen Wasserscheide folgten wir den Reifenspuren von unserer ersten Fahrt durchs Mitchell-Gras, das damals ausgedörrt und wie hellroter Ocker gefärbt war. Auf einer Lichtung stolzierten drei stattliche Savannenhühner durch das Gras. Nach etwa zwei Kilometern wurde das Gelände abschüssig, schließlich steil und steinig. Wir ließen das Auto stehen und gingen auf einem bewaldeten Felsgrat bis an den Rand einer tiefen Schlucht weiter. Wieder bot sich uns ein großartiger Ausblick über die Wildnis; die orangeroten Steilwände gegenüber waren teilweise vom üppigen, goldgrünen Blätterwerk großer Blutbäume bedeckt. Weiter nach Nordosten zu wurde die Schlucht unvermittelt breiter und bog nach Osten ab. Ihre Steilhänge im Norden waren in einen blauen Dunstschleier gehüllt, der von entlegenen Buschbränden stammte. Der

Wind trug das Geräusch herabtropfenden Wassers zu uns herauf, und direkt vor uns wand sich eine natürliche Steintreppe durch einen engen Spalt bis zum Fuß der Steilwand hinunter. Es schien ein alter Zugangsweg zu sein, den heute nur noch die Tiere benutzten. Wir kletterten hinab, jeden Schritt in steigender Erregung.

Ein schmaler Sims führte über herabgestürzte Felsen nach Norden zu um eine Ecke, und nach wenigen Metern erblickten wir ein sehr langes, tiefes und hohes Felsdach vor uns, dessen Rückwand mit einem Mosaik von Ockerfiguren bedeckt war. Unter Jubelrufen sprangen wir über zerbrochene Felsen hinunter und betraten den Überhang an seinem südlichen Ende. Uns erwarteten ein weiß und rot gemalter Emu, ein großer cremefarbener Fisch, rote Sammeltaschen, ein dunkelroter Schnabeligel und mehrere große Menschendarstellungen, eine davon horizontal. Ein kleines weißes Buschhuhn und eine rote Eule befanden sich näher am Fußboden, der mit Holzkohlestücken übersät war. Wir entdeckten auch einen konkav gewölbten Sandsteinblock, auf dem noch ein großes Stück orangefarbener Ocker lag – Arbeitsmaterial, das der letzte Künstler zurückgelassen hatte. Uns beschlich das Gefühl, unbefugt in diese Stätte eingedrungen zu sein.

Einige Meter weiter beherrschte ein zwei Meter langes, weiß und rot gemaltes Bergkänguruh hoch oben an der Wand diesen Abschnitt der Galerie. Der Schwanz des Känguruhs bedeckte eine große, ebenfalls weiße und rote Frauenfigur mit vollen Brüsten, die, wie die kreuzweise um die Brust geschlungenen Bänder anzeigten, sich im Witwenstand befand. Diese Frauendarstellung war wiederum über einen sehr großen roten Barramundi gemalt worden, während ihr einer Fuß von einem stattlichen Aal in Rot und Weiß überschnitten wurde. Die Vorderbeine des Bergkänguruhs waren rechtwinklig über einem großen, rot und weiß gemalten Dingo angebracht worden. Unter ihnen stand knapp über dem Boden ein ein Meter hoher roter und weißer Vogel in aufrechter Haltung, mit sechs Zehen an jedem Fuß – er stimmte mit den Darstellungen des ausgestorbenen Riesenemus, die wir am St. George-Fluß und am Deighton-Fluß gesehen hatten, nahezu vollständig überein. Dieses Mosaik einander überlagernder Figuren erstreckte sich über eine Länge von fast vierzig Metern und enthielt im Grunde alle Motive aus dem Repertoire der Quinkinkunst. Wir sahen zahlreiche Pflanzenarten, Flughunde, Wasserschildkröten, Schnabeligel, Schlangen, Krokodile, Warane, einen Jabiru-Storch, Emus, Buschhühner, große und kleine Känguruhs, Beutelratten und viele Menschendarstellungen – insgesamt etwa vierhundert Figuren.

Besonders bemerkenswert war das Bild eines weiblichen Timara-Quinkins in dunkelroter Farbe, das den Betrachter aus weißen Augen anstarrte. Diese ungefähr drei Meter hohe Figur hatte extrem lange, dünne Arme und Beine; an ihren Ellbogen und Knien waren Schlagspuren von einer Steinaxt zu erkennen. Ihre ausgestreckten Arme überspannten eine Länge von fünf Metern und bedeckten zahlreiche andere Figuren.

Am nördlichen Ende der Galerie stand eine rund drei Meter hohe Wächterfigur, ein Ahnwesen. Sein Körper war mit weißer Farbe ausgemalt, Kontur und Innenzeichnung waren in Rot gehalten. Auch er hatte weit ausgebreitete Arme, und seine linke Hand war über das Gesicht eines männlichen Timara-Quinkins gezeichnet worden, so als ob er ihm mit dem Handrücken eine Maulschelle verpaßte. Hinter den beiden stand ein lebensgroßer, weiß und rot gemalter Emu, der sich über ein Gelege mit weißen Eiern beugte.

Unmittelbar über dem Boden verlief ein Streifen aus kleinen Figuren die Wand entlang: Menschen, Vögel, ein köstlicher kleiner Dingo mit gespitzten, nach vorne gerichteten Ohren und viele andere Tiere. Vielleicht hatten Kinder diese Figuren gemalt, als Papa gerade unterwegs war und sie der Versuchung nicht widerstehen konnten, mit dem zurückgelassenen Ockerstück ein wenig zu experimentieren.

Das Felsdach besaß riesige Ausmaße: Es war über fünfzig Meter lang, bis zu acht Meter tief, und sein ebenmäßiges Gewölbe erreichte eine Höhe von etwa neun Metern. Einige herabgestürzte Felsen, die vor dem Abri lagen, sorgten für zusätzlichen Schutz vor Wind und Wetter. Auf einige Felsblöcke hatte der frühe Mensch Grübchen und Emuspuren graviert. Dieses prächtige Felsdach hatte Hunderten von Generationen der australischen Urbevölkerung als Heimstätte gedient.

Am nördlichen Ende lag der ebene Felsboden frei, aber im mittleren und südlichen Abschnitt war er mit einer fast einen Meter dicken Sandschicht bedeckt, die Holzkohlenstücke und andere Siedlungsrelikte enthielt. Ein Kreis von Steinen gab den Standort der letzten Feuerstelle an. Daneben lag das dicke untere Ende eines Grasbaums, dessen Harz man wohl mit Bienenwachs vermengt hatte, um mit dieser Art Klebstoff den Verschnürungen aus Pflanzenfasern Halt und Festigkeit zu verleihen. An einer zerbrochenen Speerspitze hafteten Reste dieser Mischung. Die Bilder enthielten keine Hinweise auf die Invasion der Europäer oder auf irgendeinen Kontakt mit den Eindringlingen. Wir erklärten uns diesen Tatbestand folgendermaßen: Das Felsdach lag so nahe an einer der Goldgräber-Routen, daß seine Bewohner Hals über Kopf den Ort verlassen und in den Regenwäldern an der Küste Zuflucht gesucht hatten.

Vom Felsdach aus hatte man eine großartige Aussicht. Die von roten Wänden umsäumte Schlucht war etwa dreihundert Meter breit, und in ihr gediehen Blutbäume, Streifenrindenbäume, Eisenholzbäume und verschiedene Sträucher. Einige Wildäpfel- und Nondabäume wuchsen auf den steilen, geröllbedeckten Hängen, und Schraubenbäume am Bachlauf wiesen darauf hin, daß das Wasser hier das ganze Jahr über nicht versiegte. Wir nannten diesen Ort Prächtige Galerie (*Magnificent Gallery*), denn wir erkannten, wie stolz die zahllosen Familien auf ihre farbenfrohe Unterkunft gewesen sein mußten, in der sie sich während der Regenzeit aufhielten. Sie hatten die Wände mit allen erdenklichen Symbolen geschmückt, die ihrem Leben Bedeutung, Ausrichtung und Sinn verliehen.

Garden Creek und der Berg der grünen Ameisen

Der Oberlauf des Garden Creeks lag unmittelbar westlich von der Prächtigen Galerie. Im Jahr 1978 schlugen wir dort an den östlichen Abhängen unser Lager auf und begannen mit der Erkundung des Gebiets. Als erstes stießen wir auf alte Pisten für Transportloren und auf einen Einschnitt, den man oben in die Böschung gesprengt hatte, um die schweren Gesteinsmühlen auf das Plateau zu schaffen und von dort zu den Goldfeldern von Marytown zu verfrachten. Die Kutschenstraße von Cobb und Co. war hierfür zu steil gewesen, und deshalb hatte man sich einen etwas sanfter ansteigenden Berggrat weiter im Osten ausgesucht. Oben am Einschnitt hatte man auf einer Fläche von einem halben Quadratmeter den Fels abgetragen und in dem Loch eine Winde verankert, mit der man die Waggons über die letzte schwierige Steigung zog.

Entlang der niedrigen Steilwand, die von dem Einschnitt wegführte, fanden wir ein kleines Felsdach mit Bildfeldern farbenfroher Strichmännchen in Rot, Weiß und Gelb. Es waren durchweg männliche Figuren, die mit bestimmten Ritualen zusammenzuhängen schienen. Bei sechs weiteren Galerien, die wir südlich vom Garden Creek entdeckten, handelte es sich um Siedlungsplätze mit Malereien, die Motive aus dem Alltagsleben zeigten.

Eines der Felsdächer lag auf einer Terrasse in der Nähe des größten Wasserlaufs, der sich in einem silbernen Vorhang in einen tropischen Garten dreißig Meter unterhalb ergoß. Wunderschöne Baumfarne, Büsche mit breiten Blättern und andere Bäume waren mit funkelnden Wassertröpfchen bedeckt; sie hatten als letzte Überlebende der weitläufigen Regenwälder hier in dieser kleinen Oase die Zeiten überdauert. Wir schauten uns gerade die Malereien von Aalen und Känguruhs an, als Eddy plötzlich sagte: »Was quiekt denn hier so?« Ich meinte, es seien wahrscheinlich Baumäste, die im Wind aneinanderrieben. Aber dann wurde das Quieken lauter, und es schien aus einem niedrigen Tunnel in der Rückwand zu kommen. Wir knieten uns hin und erblickten in dem Felsloch fünf winzige Dingowelpen, die an unserer Anwesenheit lebhaftes Interesse bekundeten. Sie waren kaum drei oder vier Wochen alt und noch recht wacklig auf den Beinen.

Mein bedauernswerter Hund war vor einem Jahr unter ein Auto geraten, und nun bot sich die günstige Gelegenheit, ihn durch einen Dingo zu ersetzen. Die Welpen waren allerdings außer Reichweite, und so suchte ich vor dem Felsdach nach einem Stock, an dem ich eine Schlinge befestigen konnte. Bei dieser Gelegenheit stieß ich fast mit der Dingomutter zusammen, die einen jungen Schnabeligel im Maul trug. Sie schaute mich verblüfft an, ließ ihre Beute fallen und suchte das Weite.

Es überraschte mich kaum, den toten Schnabeligel vor mir zu sehen. Schon zuvor hatte ich die Jagdtechniken beobachtet, mit denen die Dingos des stachligen Problems Herr wurden. Wenn ein Schnabeligel erste Anzeichen einer Gefahr sieht, hört oder erschnüffelt, dann begibt er sich in Windeseile an eine Stelle, wo er sich eingraben kann, also überall dorthin, wo der Boden nicht felsig ist. In Sekundenschnelle hat er sich dann eingegraben, ohne daß auch nur eine Zehe herausschauen würde; lediglich der stachelbewehrte, unverwundbare Rücken ist dem Angreifer entgegengestreckt. Ein hungriger Dingo legt sich nun in aller Ruhe hinter den eingegrabenen Schnabeligel und wartet geduldig so lange, bis sich der Schnabeligel in Sicherheit wähnt und sich weiterwagt. Schnabeligel besitzen an beiden Hinterbeinen eine spezielle Grabklaue, und der Dingo wartet nur darauf, bis sich diese Klaue zeigt, packt sie dann, wirft den Schnabeligel auf den Rücken und schlägt seine Zähne in den weichen Bauch seines Opfers, bevor es sich zu einer Kugel zusammenrollen kann. Mein Hund kläffte bei solchen Gelegenheiten jedesmal aufgeregt herum und machte dem Dingo, der schließlich angewidert aufgab, regelmäßig einen Strich durch die Rechnung.

Eines der Dingokleinen, ein Weibchen, sah besonders verwegen und eigenartig aus; also angelte ich es mit dem Strick und zog es heraus. Sein Fell war dunkelgrau, mit einem feinen Stich in warmes Goldorange, der Färbung erwachsener Tiere, und seine Schwanzspitze sowie die vier Füße hatten eine helle, cremefarbene Tönung. Es erinnerte eher an ein Löwenjunges als an einen Dingowelpen. Ich nannte sie Lasca. Einem Brauch der Aborigines folgend, steckte ich sie mit der Nase in meine verschwitzte Achselhöhle, um sie auf mich zu prägen. Als wir wenig später in die Kneipe von Laura einkehrten, stürzte mein alter Dingo freudig herbei, um uns zu begrüßen. Damit war es allerdings vorbei, als ich den Welpen unter meinem Hemd hervorzog. Dingo fletschte die Zähne, warf uns beiden einen haßerfüllten Blick zu und stolzierte von dannen. Er ignorierte mich tagelang, bis ich endlich Lasca wieder in meinem Hemd verstaute, nach Cairns flog und sie der Fürsorge unserer fünf Jahre alten Pflegetochter Patty, einem Aboriginekind, anvertraute, die fast aus dem Häuschen geriet. Kleine Aborigines und Dingowelpen sind wie füreinander geschaffen.

Das Koolburra-Plateau, der westlichste Abschnitt des mit Sandsteinformationen bedeckten Quinkingebiets, lag etwa fünfzig Kilometer von Laura entfernt. Es ragte aus einem graugrünen Eukalyptuswald empor und sah aus der Luft recht vielversprechend aus. Eddy und ich beschlossen, dorthin zu fahren und das Gelände im Nordwesten zu erforschen. Es stellte sich heraus, daß man mit dem Geländewagen problemlos zwischen den gewaltigen Sandsteinfelsen hindurchfahren konnte, die im Wald unterhalb des flachen Plateaus verstreut waren. Noch bevor wir aus dem Auto stiegen, sahen wir bereits die ersten roten Handnegative. Insgesamt fanden wir an der nordöstlichen Spitze, dem Berg der Grünen Ameisen (*Green Ant Mountain*), sieben Stätten mit Felsmalereien.

Der größte Fundplatz war ein gut aussehendes, ehemals bewohntes Felsdach, dessen Rückwand mit zahlreichen einander überlagernden Gravierungen und Malereien bedeckt war. Die alten Gravierungen – mäanderförmige Linien, eingeschlossene geometrische Gebilde und Grübchen – waren vollständig mit einer Patina überzogen und verschwanden an vielen Stellen unter dem Boden. Ritzungen, deren Stil auf eine wesentlich jüngere Entstehungszeit schließen ließ, überschnitten Teile der alten Gravierungen. Etliche Linien, gerade wie geschwungene, waren ausgepickt worden; wir entdeckten ferner gepickte Spuren von den Hinterbeinen eines Känguruhs, einen flächig gepickten Flughund, ein weiteres Zeichen, das der Spur eines Menschen glich, sowie eine große und breite gravierte Menschenhand. Bei den letzten beiden Figuren könnte es sich aber auch um die Fährten von Tieren der ausgestorbenen Megafauna handeln, vielleicht um die Spuren eines Riesenwombats oder eines Diprotodons. Einige zweifarbige Menschendarstellungen und ein gemaltes Krokodil überlagerten die Gravierungen.

Weiter im Südwesten entdeckten wir nochmals sieben Fundstätten, zum Teil unter Felsblöcken am Fuß der Böschung, teilweise in Felsdächern oben an der zerklüfteten Steilwand. Das Spektrum der auf dem Koolburra-Plateau vorgefundenen Gravierungen und Malereien war offenkundig sehr vielseitig und wies mitunter erhebliche Unterschiede zu den Kunstwerken um Laura auf. Nach unseren Schätzungen brauchte man etwa zwei Jahre, um das gesamte Plateau zu erkunden und die Felskunst dieses Gebiets zu dokumentieren.

Aber auch in den Schluchten und auf den Hochebenen von Jowalbinna gab es noch viele weiße Flecken. Wann immer einer von uns einen Tag erübrigen konnte, durchkämmte er einen Abschnitt. In jedem Felsdach, das sich für die Anbringung von Kunstwerken eignete, fanden wir auch solche vor, seien es nun verblichene rote Handnegative oder eine alte Gravierung an abgelegenem Ort. So nahm sich Steve beispielsweise bestimmte Abhänge am Shepherd Creek vor, an denen wir früher immer vorbeigeritten waren, weil es von unten den Anschein hatte, daß es dort keine entsprechenden Stätten gab. Er kletterte hoch und fand schon nach kurzer Zeit ein kleines Felsdach, das zwar nicht bewohnbar war, weil sein felsiger Boden schräg abfiel, dafür aber dunkelrote Menschendarstellungen in einem archaischen Linearstil enthielt. Etwas weiter westlich entdeckte er am Fuß der Steilwand einen kurzen Tunnel, der zwischen großen, gegen die Felswand verkeilten Steinblöcken fast senkrecht nach oben führte. Er brauchte nur noch ein wenig zu klettern und sich durch einige Engstellen zu winden, bis er oben anlangte und die Jams-Traumstätte ausfindig machte (Abb. 60).

Man konnte auf den ersten Blick erkennen, daß es sich hier um eine Zeremonialstätte – und zwar um eine sehr alte – handelte, in deren Mittelpunkt Pflanzen und Flughunde standen. Ein Jams-Mann hatte den Vorsitz inne. Das Felsdach befand sich auf einem breiten Sims, auf dessen äußere Kante große Felsblöcke herabgestürzt waren und den eben beschriebenen Eingangstunnel bildeten; die nach vorn geneigte Steilwand bot der Stätte ausreichend Schutz. Der Rundblick war überwältigend: Über den Wipfeln der Blutbäume erhoben sich im Norden die Steilwände der Schlucht, und im Osten konnte man die roten Felsklippen von Jowalbinna erkennen.

Der etwa halbmeterhohe Jams-Mann bestand aus dunkelroten, mit dem Finger gezogenen Linien. Es war geradezu die Verkörperung eines Verwandlungsprozesses, einer Übergangsphase vom Menschen in ein pflanzliches Wesen. Seine Ohren nahmen gerade Jamsgestalt an; Pflanzenteile sprossen aus Ellbogen und Knien, während Penis und Hoden sich schon in Pflanzen verwandelt hatten. Ein dünner Silikatüberzug hatte die Figur auf der Felsoberfläche eingesiegelt. In ihrer Aufmachung und Maltechnik erinnerte diese Darstellung sehr an die früheste Version der Ahnwesen von Split Rock, die ebenfalls mit dem Finger auf die Felswand aufgetragen worden waren.

Bei den großen, über einen Meter hohen dunkelroten Pflanzen konnte man zwei Arten unterscheiden. Zwei solcher Pflanzen bestanden aus einem Bündel von Knollen, die von einem zentralen Punkt ausgingen; einige Knollen waren wie ein Phallus geformt. An ihrer Spitze verästelten sie sich in mehrere Reben, die sich teilweise über etliche Meter auf der Felswand entlangschlängelten und schließlich mit einer Gruppe kopfüber hängender Flughunde vermischten. Diese Pflanzenmalereien gaben vermutlich wilde Weinstöcke mit ihren Wurzelknollen wieder. Die Flughunde waren in Lebensgröße als dunkelrote Silhouetten dargestellt, in Gruppen versammelt und hingen mit dem Kopf nach unten, wobei die Tiere die ledrigen Flügel um ihre Körper geschlungen hatten. Einige Figuren waren schon beinahe unter einer milchigen Silikatschicht verschwunden, und einzelne Körperteile fehlten, weil hier und da die

Felswand abgeplatzt war. Auf dem Silikatüberzug hatte man keine weiteren Malereien angebracht. Die von der Schicht bedeckten Malereien waren demnach höchstwahrscheinlich in sehr früher Zeit entstanden, vor der großen Dürre, die viele Jahrtausende zurücklag. Im dunklen Kriechtunnel, der mit einer glänzenden, ebenmäßigen Silikatschicht bedeckt war, vermeinte man die hellen Kindergesichter aus längst vergangener Zeit zu erkennen. Hier waren sie hindurchgekrochen, zur Stätte ihrer Initiation, und hatten sich nach dem Vollzug der Zeremonie am Festmahl aus gerösteten Flughunden und Pflanzenknollen beteiligt.

Eine Woche später kletterte Matthew den steilen Berggrat zur Jams-Traumstätte empor. Auf der Ostseite des Felskamms befand sich eine breite Senke, die mit einem Gewirr aus wilden Weinreben, großen Sandsteinblöcken sowie mit vielen stattlichen Nonda- und Wildapfelbäumen angefüllt war. Hier lebten zahlreiche Buschhühner. Auf dem Rückweg betrachtete er sich das Felsenchaos näher und entdeckte den Jams-Lagerplatz, eine der besten Siedlungsstätten von Jowalbinna. Der von Holzkohlestücken geschwärzte Boden deutete darauf hin, daß man diesen Ort regelmäßig zur Regenzeit aufgesucht hatte. Unter einem großen Felsüberhang lehnten Steinblöcke gegen die Wand und schufen so zusätzlichen Wohnraum. Jede glatte Felsoberfläche an Wänden und Gewölbe war mit Schichten von Malereien in allen Ockertönungen bedeckt. Unter den Menschen- und Tierdarstellungen war ein riesiger, unregelmäßig geformter Wels die größte Figur; er erstreckte sich über eine Länge von mehr als drei Metern. Die dunkelrote Silhouette besaß eine weiße Kontur und weiße Punkte auf der Innenfläche. Darüber konnte man mehrere nachlässig ausgeführte, kleine weiße Menschendarstellungen erkennen, unter anderem eine Frau mit vollen Brüsten und dünnen, weit auseinandergestreckten Armen.

Unter all diesen Malereien erstreckte sich auf der Rückwand ein großes Bildfeld mit geometrischen Gravierungen, die der frühe Mensch einst hier angebracht hatte. Diese Muster waren so alt und vom Zahn der Zeit beeinträchtigt, von einem Silikatüberzug und Schichten aus Ockerfarben bedeckt, daß sie sich jeder Deutung entzogen. Im unteren Bereich war das gravierte Bildfeld vor langer Zeit weggebrochen und lag nun vermutlich tief im Boden vergraben. Diese Stätte eignete sich demnach vorzüglich für archäologische Grabungen. An der Rückwand führten in etwa zwei Meter Höhe zwei kleine Tunnels ins Innere des Felsmassivs. Auf das Gewölbe des einen Gangs hatte man einen weißen Quinkin gemalt, und es schien, als schwebe er gerade aus dem Loch in der Wand heraus. Der zweite Tunnel enthielt einige Rindenreste und ein paar Menschenknochen, einschließlich eines Schädeldachs – das einzige, was von Opa oder Oma noch übriggeblieben war. Unter den Steinwerkzeugen auf dem Boden fanden wir auch eine kleine Beilklinge.

Lasca war mittlerweile zu einem prächtigen Dingo herangewachsen. Wir nahmen sie deshalb auf unsere nächste Expedition mit, die uns in die flacheren Bereiche des Massivs an der Mosman-Schlucht führen sollte. Mein alter Dingo hatte etliche Monate gebraucht, um Lasca als vollwertiges Mitglied unserer Mannschaft zu akzeptieren und mit ihr gemeinsam zu jagen. Wir errichteten unser Lager an einem schattigen Wasserloch am Eingang der Schlucht und machten uns, da es bereits heißer November war, am frühen Morgen des nächsten Tages zu den Hängen im Westen der Schlucht auf. Dick, der in der letzten Zeit nicht mehr so viel unterwegs gewesen war, wollte eine kleine Schlucht erkunden und zum Lager zurückkehren, bevor die Mittagsglut einsetzte. Eddy und ich wollten an der Stelle im Westen beginnen, wo Dick seine Suche beenden würde. Wir entdeckten an den Steilwänden nur wenige Felsdächer, bis Mittag gerade zwei. Das erste befand sich auf einem Vorsprung, der nach Norden zeigte; es enthielt etwa dreißig Figuren, meist Menschendarstellungen, aber auch eine sehr große rote Schlange. Mehrere Kilometer weiter im Westen waren die Wände wesentlich niedriger, aber in einem langgezogenen, flachen Felsdach fanden wir noch einmal zwanzig Menschendarstellungen, die allerdings zum Großteil durch Sickerwasser beschädigt worden waren.

Der Rückweg zum Lager war in der gnadenlosen Hitze eine harte Plackerei. Wir folgten einem Trampelpfad von Rindern entlang einem ausgetrockneten Bachbett, als plötzlich zwei verwilderte Stiere durchs Gebüsch brachen und uns gegenüber Stellung bezogen. Es waren mächtige, grau und schwarz gescheckte Tiere mit gewaltigen Hörnern, die in der Sonne glänzten. Sie begannen mit den Hufen Staub aufzuwirbeln und wütend zu brüllen. Mir wurde klar, daß diese Stiere bei der letzten Inspektion vermutlich die Viehtreiber in die Flucht geschlagen und nun jede Angst vor Menschen, die zu Fuß unterwegs waren, verloren hatten. Außerdem hatte gerade die Brunftzeit begonnen, in der die Bullen besonders grantig sind. Sie waren keine dreißig Meter von uns entfernt, und ich hatte vergessen, meinen Revolver umzuschnallen. Ich rief Eddy zu, nicht wegzurennen und einen lauten Schrei auszustoßen, wenn sie angriffen. Aber ganz unerwartet kam Lasca aus dem Bachbett herbeigesprungen und stellte sich den Stieren in den Weg, und eine Sekunde später war auch Dingo zur Stelle. Die Stiere machten kehrt und gingen durch, die Hunde dicht auf ihren Fersen. Wir ließen uns in den Schatten fallen, um uns von dem Schrecken zu erholen und den Adrenalinstoß abklingen zu lassen. Lasca hatte eindeutig erkannt, in was für einer gefährlichen Situation wir uns befanden, und sie hatte das einzig Richtige getan, denn sie war schon einmal bei einem Viehtrieb dabeigewesen und wußte, wie man mit Stieren umspringen mußte.

Dick hatte drei Fundstätten in der kleinen Schlucht entdeckt. Die erste enthielt sechs, die zweite ungefähr achtzig Figuren, die dritte dagegen nur eine einzige Darstellung, die Bezüge zu zauberischen Beschwörungen aufwies.

Am nächsten Morgen betraten wir die Hauptschlucht und stießen nach zwei Kilometern auf einen kleinen Fundort mit fünfzehn Figuren, darunter auch ein linear gezeichneter Imjim-Quinkin. Eddy rief uns wenig später zu sich herab und zeigte uns ein ausgezeichnetes Felsdach, das sich unter einem Steinblock auf einer Terrasse befand. Es barg über hundert Figuren, unter anderem einen waagerechten roten Mann von zwei Metern Länge und einen noch längeren, rot und weiß gemalten Aal.

Dicks bester Fund war eine Stätte, die einst vermutlich einer Regenzeremonie vorbehalten war, und er führte uns einen in Terrassen abgestuften Hügel hinauf, um sie uns vorzuführen. Direkt unterhalb der obersten Terrasse stand an der südwestlichen Ecke ein großer Sandsteinfelsen, dessen höhergelegenen Teile und Spitze mit dunkelgrauen Flechten bedeckt waren. Ein niedriger Felsüberhang bot Schutz für einige Malereien, die auf der hellrosa und gelb gefärbten Rückwand angebracht waren. Aus der Entfernung sah der zehn Meter hohe Felsen wie eine schwarz bekrönte Unwetterwolke aus, die einen hellen Regenvorhang unter sich mitschleppte. Die Ockermalereien im Felsdach waren alle verblichen. Auf der linken Seite sahen wir drei im selben Rotton gemalte Menschendarstellungen mit weit ausgebreiteten Armen. Die erste Figur war ein ungefähr ein Meter hoher Mann, dessen Unterkörper fast verschwunden war; etwa zwei Meter weiter rechts waren eine knapp zwei Meter große Frau und noch einmal drei Meter weiter ein kleinerer Mann abgebildet. Über den Menschendarstellungen waren sechs rote Gebilde zu sehen, die Blitze wiederzugeben schienen. Jede dieser Figuren bestand aus fünf bis sechs wellenförmigen Linien, die aus einer Art Kugel entsprangen und wie gezackte Blitze herabsprühten. Alle drei Menschen wurden von einem solchen Blitzschlag in den Kopf getroffen. Unter diesen Blitzen hatte man eine Reihe senkrechter roter Streifen angebracht, die etwa zwei Zentimeter breit und zehn Zentimeter lang waren und Regengüsse darstellten. Ein abgesondertes Bildfeld weiter rechts enthielt auf einer Fläche von rund eineinhalb Quadratmetern ähnliche Streifen. Es war weniger verblichen als die anderen Figuren und folglich entweder jünger oder übermalt.

Es war offenkundig, daß diese Stätte der rituellen Regenerzeugung gedient hatte, aber die vom Blitz getroffenen Menschen legten auch noch eine andere Deutung nahe. Hier waren Anzeichen zauberischer Praktiken sowie Symbole gegenwärtig, die auf eine Regenzeremonie hinwiesen und mit denen man die ersten Oktoberstürme heraufbeschworen haben mochte. Als wir den Felskamm wieder hinabstiegen, kamen wir an vier kleinen Eisenholzbäumen vorbei, die jeweils eine ovale Narbe von der Form einer Rassel trugen. Wir fragten uns, ob man bei der Regenzeremonie auch solche Rasseln verwendet hatte.

Wir hatten Josephine Flood, einer Archäologin der Kommission für Australische Altertümer (*Australian Heritage Commission*), die wichtigsten Gravierungen am Berg der grünen Ameisen gezeigt, und sie war fest entschlossen, eine Expedition zusammenzustellen und hier Grabungen durchzuführen, während wir unsere Feldforschungen fortsetzten und die Felsmalereien dokumentierten. Wegen einer Wirtschaftskrise stellte die australische Regierung für wissenschaftliche Unternehmungen dieser Art keine Gelder mehr zur Verfügung, und so kam es uns natürlich sehr gelegen, als die *American Earthwatch* in Boston uns finanzielle Unterstützung anbot. Diese Einrichtung fördert wissenschaftliche Feldarbeiten verschiedenster Fachrichtungen in der ganzen Welt, indem sie freiwillige Mitarbeiter entsendet, die an den Expeditionen teilnehmen und einen gewissen Teil der Kosten tragen. Die meisten Freiwilligen kamen aus den Vereinigten Staaten, und nicht wenige waren auf Abenteuer in der australischen Wildnis aus; allerdings waren manche dann doch recht erstaunt, wie wild die Gegend um den Berg der grünen Ameisen tatsächlich war. Es kostete einen erheblichen Aufwand, rund zwanzig Leute in diese entlegene Region zu transportieren, in Zelten unterzubringen und mit Speisen und Getränken zu versorgen. Dick und Beverley leisteten jedoch tatkräftigen Beistand, und so konnte das ganze Team in einem einzigen Tag von Cairns zum Zeltlager am Berg der grünen Ameisen befördert werden, wo Jo Flood sie bald darauf mit der Ausgrabungsstätte vertraut machte.

Dick und ich leiteten die kleine Expedition, die das Plateau systematisch nach weiteren Felsmalereien untersuchen sollte. Wir fanden schnell heraus, daß die nordwestlichen Abschnitte der Hochebene hauptsächlich alte rote Handnegative enthielten. Außergewöhnlich war eine komposite weiße Negativfigur, die einen Hundertfüßer darzustellen schien. Der Künstler hatte alle Beine dieses Tieres mit Hilfe seines gekrümmten kleinen Fingers geschaffen.

Ganz in der Nähe fanden wir in einem kleinen Felsdach unter einem niedrigen Sims einen alten hölzernen Bumerang, der zum Werfer zurückkehrte. Kleinere weiche Partien der Waffe waren von Termiten gefressen worden. Die Schlucht unterhalb des Felsdachs war vermutlich eine Flugschneise für die Flughunde, die spätabends ihre Rastplätze zu Tausenden verließen und sich auf Futtersuche begaben. Man konnte sich plastisch vorstellen, wie die Jäger am Rand der Steilwand standen, dunkle Silhouetten in der Abenddämmerung, und ihre Bumerangs in die flatternde Masse schleuderten. Wenn sie die Tiere verfehlten, kehrte die Waffe zu ihnen zurück; hatten sie dagegen getroffen, fielen Waffe und Flughund zu Boden und konnten leicht wiederaufgefunden werden. Wir nannten den Ort Boomerang Creek.

Der beste Fund gelang uns jedoch im weiter östlich gelegenen Lakes Creek. Bei einem Überflug hatte ich auf der Ostseite des Tales ein großes Felsdach am Fuß der Steilwand ausgemacht, und ich schickte nun Graham, einen Australier, hoch, während wir unten im Tal weitersuchten. Nach etwa einem Kilometer kamen wir bei einem riesigen Felsen an, unter dessen Westseite sich ein ausgezeichneter Abri befand. Wand und Gewölbe enthielten einige Malereien, darunter einen fetten roten Wels mit gegabelter Schwanzflosse, aber von weitaus größerer Bedeutung waren die zahllosen alten Gravierungen, die sich über die Wände hinzogen. Wie beim Jams-Lagerplatz waren sie so verwittert und undeutlich, daß man – abgesehen von runden Grübchen und Emuspuren – kein Zeichen oder Muster mit Sicherheit bestimmen konnte. Der Boden war mit Holzkohlestücken übersät, und wir schätzten, daß die Schichtenfolge bis in drei Meter Tiefe reichen konnte – ein weiterer ausgezeichneter Ort für eine archäologische Ausgrabung.

Auf unserem Rückweg sahen wir, wie Graham gerade von ganz oben einen steilen Felskamm herabstieg. Er strahlte wie ein Honigkuchenpferd und war gerne bereit, nochmals hochzuklettern und uns seine bemerkenswerte Entdeckung zu zeigen. Es war ein sehr langes Felsdach unter der Steilwand; auf dem Boden lagen herabgestürzte Felsen, und auf der gesamten Rückwand verteilten sich zu Gruppen zusammengefaßte Malereien. Die wichtigste Ansammlung großer Figuren befand sich am östlichen Ende des Felsdachs. Vor langer Zeit war der Felsboden unter ihnen weggebrochen, und so befanden sich die Malereien drei bis vier Meter über dem heutigen Bodenniveau. Bei den meisten Darstellungen handelte es sich um eigenartige anthropomorphe Wesen, weiße Silhouetten mit dunkelroten Konturen, die sowohl Merkmale von Tieren als auch von Menschen aufwiesen. Eine nähere Untersuchung ergab, daß die abgebildeten Menschen Männer und Frauen waren, die sich gerade in Schnabeligel verwandelten. Der Kopfschmuck der Männer glich den strahlenförmig angeordneten Stacheln eines Schnabeligels, und alle Figuren waren mit kurzen Beinen, Armen und Geschlechtsteilen ausgestattet. Die Frauen mit ihren seitlich angeordneten Brüsten waren im allgemeinen schlanker. Ihr Kopfputz bestand aus zwei senkrechten Verlängerungen, die an eine in Seitenansicht gesehene, halbgeöffnete Schnauze eines Schnabeligels erinnerten. Außerdem trugen die Frauen kurze, gefranste Schamschürzen. Bei vielen Figuren war nur noch der rote Umriß übriggeblieben, während bei anderen Reste der flächigen Innenbemalung aus kräftigem Weiß die Zeiten überdauert hatten. Dies war eine Zeremonialstätte von beträchtlichem Alter, und wir gaben ihr den Namen Schnabeligel-Traumstätte. Der zugehörige Siedlungsplatz datierte aus jüngerer Zeit; er befand sich unter einem Felsblock drunten am Wasserlauf.

Im nächsten Jahr kehrten wir mit einem anderen Team der *American Earthwatch* zurück, um die Arbeit auf dem Koolburra-Plateau wieder aufzunehmen. Wir schlugen unser Lager diesmal am Eingang der Schlucht zum Lakes Creek auf, wo Jo Flood und Nicky Horsfall Ausgrabungen an der Fundstätte unter dem Felsblock durchführen wollten. Unsere erste Aufgabe bestand darin, dokumentarische Zeichnungen von den Malereien der Schnabeligel-Traumstätte anzufertigen. Wir sahen uns mit dem Problem konfrontiert, die Zeichengitter an die recht hoch gelegenen Bilder heranzubringen. Wir entschieden uns schließlich dafür, ein etwa drei Meter hohes Gerüst mit Arbeitsplattform zu bauen, und schlugen zu diesem Zweck Stämme auf dem bewaldeten Plateau, die wir dann an Stricken die Steilwand herabließen. Es kostete Dick, Eddy und mich zwei Tage Knochenarbeit, um die Stämme zu fällen und an Ort und Stelle zu verfrachten. Wir dokumentierten etwa zwanzig Fundorte am Echidna Creek und brachen dann nach Osten auf, um den Black Dog Creek zu erforschen.

Dieser Landstrich lieferte ebenfalls eine große Zahl gemalter Schnabeligel-Menschen, die in vielen Variationen dieses Thema ausschöpften. Eine Komposition bestand aus einem verblichenen Paar von Schnabeligel-Menschen, einem Mann und einer Frau, die von einem gemalten Doppelbogen umgeben waren. Die männliche Figur besaß an jedem Fuß eine außerordentlich lange Zehe, die Grabklaue eines Schnabeligels. Da Menschenpaare mit Doppelbögen häufiger vorkamen, gelangten wir zu dem Schluß, daß diese Malereien Menschen darstellten, die in kuppelartigen Gebilden – mutmaßlich Hütten – lebten. Viele Figuren an den Rückwänden und Gewölben der Felsdächer lagen außer Reichweite, weil der ursprüngliche Boden durch Erosion abgetragen worden war. Bei etwa vierzig Fundstätten trafen wir sehr alte und verblichene Darstellungen an, dagegen kaum Arbeiten aus jüngerer Zeit.

Die Südostseite des Plateaus, die über den Kennedy-Fluß ragte, sah aus der Luft verheißungsvoll aus. Wir machten uns mit einem kleinen Trupp auf den Weg und stießen bald auf weitere Fundorte mit alten Schnabeligel-Mischwesen. Nachdem wir in einem der Felsdächer zu Mittag gegessen hatten, wollten wir einen Abstecher über das Plateau unternehmen; unser Ziel war eine kleine Schlucht, die aus der Luft den Eindruck erweckte, daß sie weitere Schätze bergen könnte. Wir gingen Richtung Süden an einem mit Geröllen bedeckten Hang entlang, als Lasca, die irgend etwas gesehen oder gewittert hatte, plötzlich zu einem Felsen stürzte, darunter verschwand, wenig später wieder herauskam und mir mit einem bedeutungsvollen Blick zu verstehen gab: »Jetzt bist du an der Reihe!« Ich bückte mich und sah einen großen Schnabeligel, der verzweifelt versuchte, sich in den felsigen Untergrund einzugraben. Schnabeligel sind seltene Tiere, und so fingen wir ihn und steckten ihn in einen Rucksack; nach unserer Rückkehr wollten wir ihn im Lager photographieren und dann wieder freilassen. Durch diesen Zwischenfall hatte ich etwas Zeit, mich zu orientieren und meine Karte zu Rate zu ziehen. Ich stellte fest, daß wir in die falsche Richtung gegangen waren; die Schlucht, die wir suchten, lag hinter uns im Nordwesten. Mich beschlich das Gefühl, die Schnabeligel-Menschen hätten uns einen Boten gesandt, um uns den richtigen Weg zu weisen.

Einige von uns erkundeten die linke Seite der Schlucht, während Eddy mit anderen Teilnehmern die gegenüberliegende Seite durchkämmte. Wir gingen leer aus, aber als wir uns dem mit Büschen zugewachsenen Ende der Schlucht näherten, hörten wir aufgeregte Rufe. Wir setzten uns in Bewegung, und bei unserer Ankunft erklärten Dick und Eddy den Amerikanern Jack und Jane Scott gerade die neuentdeckten Malereien. Das hervorragende große Felsdach beherbergte eine Unmenge von Figuren, vor allem verblichene, in Reihen angeordnete Schnabeligel-Menschen. Dick wies auf eine große, ebenfalls verblichene dunkelrote Darstellung unter den Schnabeligelfiguren hin; sie glich einer Schlange, und seiner Meinung nach war es die mythische Regenbogenschlange. Der Fundort kam an Bedeutung unserer wichtigsten Entdeckung, der Prächtigen Galerie, gleich. Keine der Figuren schien jüngeren Datums zu sein, und wir folgerten, daß wir uns hier an einer alten Zeremonialstätte befanden. Wir nannten den Ort Alte Traumstätte.

Josephine Flood hatte für die untersten Siedlungsschichten am Berg der grünen Ameisen ein Radiokarbonalter von ungefähr 8500 Jahren BP ermittelt, für den untersten Horizont am Schnabeligel-Felsdach ein ^{14}C-Datum von etwa 7000 Jahren BP. Sie zog daraus den Schluß, daß die Besiedlung des Koolburra-Plateaus vor rund 8500 Jahren eingesetzt hatte und die gesamte Felskunst dieses Gebietes – einschließlich der alten Gravierungen mit dem Silikatüberzug – nach diesem Zeitpunkt entstanden sein müßte.

Der Fundort des Frühen Menschen, den Andrée Rosenfeld ausgegraben hatte, lieferte ein Radiokarbondatum von 13 200 Jahren BP als Mindestalter für die Gravierungen, wobei darauf hinzuweisen ist, daß sie von keiner Silikatschicht bedeckt waren und in vielerlei Hinsicht den jüngeren figürlichen Gravierungen vom Berg der grünen Ameisen glichen. Geomorphologen äußerten die Ansicht, daß der Silikatüberzug während einer Feuchtphase vor mehr als 18 000 Jahren entstanden war. Ich hielt es für durchaus wahrscheinlich, daß die Sandsteinschicht, die einst die Böden in den Felsdächern gebildet hatte, während eben dieser Feuchtphase durch Erosion abgetragen worden war, so daß sich die alten Schnabeligel-Mischwesen nun hoch oben an den Wänden befanden.

Bei der Ausgrabung am Sandy Creek waren wir auf eine fast einen Meter mächtige, zusammengebackene, kieshaltige Schicht gestoßen, die in einer unbekannten Zeitspanne entstanden war; jedenfalls trennte diese Ablagerung die jüngeren von den sehr alten Siedlungshorizonten. Diese zeitliche Kluft fiel vermutlich mit der viele Jahrtausende anhaltenden Dürreperiode zusammen. Bei den beiden Ausgrabungen am Koolburra-Plateau hatte man diese Schicht, die dort ebenfalls vorkam, nicht durchstoßen; die gewonnenen Daten gaben also nur die jüngeren Besiedlungsphasen wieder. Ich leitete daraus folgendes ab: Obwohl die jüngeren Gravierungen am Berg der grünen Ameisen durchaus in noch jüngerer Zeit überarbeitet und ergänzt worden sein konnten, gehören sämtliche Gravierungen am Berg der grünen Ameisen und an den Schnabeligel-Fundorten – sowie die Malereien der Alten Traumstätte – jener fernen Epoche vor Beginn der Trockenzeit an. Nur weitere – und tiefere – Ausgrabungen können Licht in dieses Dunkel bringen.

Wir fragten uns mehrmals, wie weitläufig wohl das Klangebiet der alten Schnabeligel-Leute gewesen sein mochte. Es konnte durchaus sein, daß es sich über das gesamte Zuflußgebiet des Kennedy-Flusses erstreckte, aber Sicherheit konnte man nur erlangen, wenn man sich an die übriggebliebenen sichtbaren Zeugnisse hielt, die in den Felsdächern dieser Region verborgen waren. Also beschlossen wir, den entlegenen Oberlauf dieses Flusses zu erforschen. Er zweigte sich dort in zwei Nebenarme auf, den St. George- und Little Kennedy-Fluß, der seinerseits das Sandsteinplateau im äußersten Südwesten entwässerte. Dies war das Ziel einer Expedition, bei der Eddy, Steve und ich erste Informationen einholen wollten.

Wir schlugen unser Lager am Little Kennedy-Fluß auf und kletterten am nächsten Morgen auf eine Terrasse an der Westseite der Schlucht, wo wir auf Anhieb ein kleines Felsdach mit alten Gravierungen entdeckten. Es war ein Bildfeld mit Reihen aus runden, flachen Grübchen mit jeweils etwa drei Zentimetern Durchmesser. Das ungefähr zwei Meter lange und über einen halben Meter hohe Panneau war zu einem Großteil mit einer glänzenden, braunen Silikatschicht bedeckt. Die Grübchen im mittleren Abschnitt des Bildfelds hatte man in jüngerer Zeit nochmals ausgepickt, und deshalb waren sie nicht so verwittert wie die anderen. Auch hier lag ein Hinweis vor, daß eine alte Stätte ihre Bedeutung für die Menschen wesentlich späterer Zeiten beibehalten hatte.

Steve ging nun nach Süden die Terrasse entlang, während Eddy und ich uns nach Norden begaben, um einige Felsblöcke zu untersuchen, bevor wir zur Steilwand hinaufstiegen. Einige kleine, gewöhnliche Plätze enthielten verblichene rote Figuren, und schließlich gelangten wir zur niedrigen Steilwand, wo wir in einem langen, flachen Felsdach einen weiß und rot gemalten Aal von einem Meter Länge sowie ein paar weiße Wasserschildkröten entdeckten. Am südlichen Ende befand sich nahe am Boden eine niedrige Nische. Ich kniete mich nieder und erblickte auf dem gleichmäßigen Gewölbe eine massive, mit weißer und roter Farbe gemalte

Figur. Es war ein Wels in weißer Silhouette, mit dunkelrotem Umriß und roten Linien und Punkten auf der Körperfläche. Die drei Meter lange und über einen halben Meter breite Darstellung war von anderen wasserlebenden Tieren umgeben, darunter fünf Süßwassergarnelen, Schildkröten, Welse und Aale. Diese Szene erinnerte mich an Höflinge, die einen Monarchen umringten. Es war eine Zeremonialstätte aus lange vergangener Zeit. Der große, im verborgenen angebrachte Wels spielte auf das Verhalten dieser Tiere an, die sich, von kleineren Fischen umgeben, unter Felsbänken im Wasser verstecken. Der große Wels war in jüngerer Zeit übermalt worden, denn die alten roten Punkte der Innenzeichnung schimmerten unter einer neuen Malschicht aus weißer Farbe schwach hindurch. Wir nannten den Ort Wels-Traumstätte.

Steve hatte im Süden der Terrasse einen Siedlungsplatz aus jüngerer Zeit entdeckt. An den Wänden befanden sich große längliche Figuren, die seiner Meinung nach Bienenstöcke darstellten. Wir hatten zwar keine weiteren Schnabeligel-Mischwesen gefunden, wollten nun aber ins Lager zurückkehren. Ein Team der *Earthwatch*-Leute sollte hierher zurückkommen, Abzeichnungen anfertigen und das Gelände näher in Augenschein nehmen.

Nach unserer Ankunft im Hauptlager übernahm ich die Dokumentation des von Steve entdeckten Siedlungsplatzes; Eddy kümmerte sich zusammen mit den Scotts aus Florida um die Wels-Traumstätte und die weiteren Erkundungsgänge. Steves »Bienenstöcke« entpuppten sich als große Teppichschlangen, und zwar ein männliches und ein weibliches Tier. Ihre aus Punkten bestehende Innenzeichnung hatte ihn in die Irre geführt; er hatte sie als Bienen in ihrem Stock interpretiert. Die beiden Schlangen waren von Gruppen dunkelroter Flughunde umgeben, der wichtigsten, jahreszeitlich eingeschränkten Nahrungsquelle großer Schlangen. Die Flughunde treten normalerweise im August in Erscheinung, zur Blütezeit der Myrtengewächse, die die Bäche und Flüsse säumen. Umgeheure Scharen von mehreren hunderttausend Tieren nisten dann jedes Jahr an denselben, mit Wildreben bewachsenen Stellen, bis die Oktoberstürme einsetzen. Abend für Abend fliegen sie davon, um sich von Blüten zu ernähren, und kehren dann in der Dämmerung zurück. Die großen Schlangen finden sich jedes Jahr bei den Flughundkolonien ein; dort können sie sich dann drei Monate lang einen Fettvorrat anfressen, der für die restlichen neun mageren Monate ausreichen muß.

Eddy kehrte mit seinem Trupp spät am Abend zurück. Ihnen war ein aufsehenerregender Fund gelungen, und so standen wir am nächsten Morgen in aller Frühe auf, um die von ihnen entdeckten alten Malereien zu begutachten. Das geräumige Felsdach am Fuß einer hohen Steilwand, das über eine tiefe Schlucht ragte, verfehlte seinen Eindruck nicht. Im Inneren befand sich eine größere Höhle mit sehr alten und verblichenen, aber wunderschön gemalten Schnabeligel-Menschen; es waren blasse weiße Silhouetten mit sehr fein gezeichneten roten Konturen und roter Innendekoration. Die Figuren waren so hervorragend proportioniert und symmetrisch gestaltet, daß ich beim Kopieren selbst mit dem Zeichengitter Mühe hatte, sie in ihrer ganzen Schönheit wiederzugeben. Die Menschen, die diese Kunstwerke geschaffen hatten, mußten sich um ihren Unterhalt offenkundig keine Sorgen machen; der Überfluß an lebenswichtigen Gütern ließ ihnen Zeit genug, um sich ausgiebig der Kunst und der Religion zu widmen. Sie lebten in ferner Vergangenheit am Kennedy-Fluß, bevor die große Dürre begann. Später, vor etwa 8500 Jahren, kehrten die Menschen auf das Koolburra-Plateau zurück; es waren dieselben Menschen, die auch das benachbarte Gebiet am Hann-Fluß besiedelten. Die Zeiten waren nun härter, das Leben schwieriger geworden. Den ganz aufs Praktische ausgerichteten Menschen blieb wenig Zeit und Muße, um ihren Beitrag zur stilistischen Weiterentwicklung der Kunst leisten zu können.

Nach und nach festigte sich bei mir die Überzeugung, daß die wesentlichen künstlerischen und kulturellen Schöpfungen der Aborigines vier- bis fünfmal älter waren als die zehntausend Jahre unseres Holozäns, in die sie viele Forscher zu zwängen versuchten. Wenn die Menschen in Europa schon vor 30 000 Jahren herrliche Kunstwerke hervorzubringen wußten, warum sollte es sich dann bei den Australiern anders verhalten haben? Die Doktrin der *terra nullius*, die Auffassung, Australien sei »niemandes Erde« gewesen, scheint unser Urteilsvermögen immer noch zu trüben.

Im nächsten Jahr verlegten wir das *Earthwatch*-Team nach Jowalbinna. Frank Woolston, unser Quartiermeister, schaute zusammen mit Dick im Lager nach dem Rechten, während Eddy und ich die Arbeiten im Freien beaufsichtigten. Die Ankömmlinge verbrachten zur Einstimmung in ihre zukünftige Tätigkeit die ersten Tage damit, dokumentarische Zeichnungen von Fundstätten mit Felskunst in Jowalbinna zu erstellen. Dann gingen sie für fünf oder sechs Tage ins Feld und nutzten die letzten Tage ihres Aufenthalts, um ihre Skizzen auf Leinwand zu übertragen. Diese haltbaren Farbkopien von Felsmalereien eines jeden Fundorts wurden anschließend dem Australischen Institut zur Erforschung der Aborigines (*Australian Institute of Aboriginal Studies*, AIAS) zur Verfügung gestellt.

Eddy und Matt gingen mit ihrem Team an den Mosman-Fluß, wo sie ihr Lager auf einer Flußterrasse unter den aufragenden Steilwänden der Schlucht aufschlugen, dokumentarische Zeichnungen erstellten und das Gelände weiter erkundeten. Zwei Frauen aus Cairns, Noelene Cole und Mary Haginikitas, hatten sich uns als Freiwillige angeschlossen, denn wir brauchten weitere qualifizierte Kräfte, um die Arbeit der einzelnen Gruppen zu beaufsichtigen. Ich nahm die beiden zusammen mit einigen Helfern zum Fundplatz des Riesenpferds mit, um alle Stätten in der Umgebung detailliert zu dokumentieren. Wir hatten uns mittlerweile dafür entschieden, mit dem Einsatz von Hubschraubern die abgelegeneren Gebiete der Quinkin-Wildnis auszukundschaften. Die umliegenden Rinderfarmen setzten kleine Hubschrauber zum Viehtrieb ein, und ich hatte eine dieser Maschinen ausgeliehen, um Eddy und Matt mitsamt ihrem Trupp bei ihrem Lager am Mosman aufzusammeln und in dem extrem zerklüfteten Quellgebiet des Yamba Creeks, einem Seitenarm des Mosman-Flusses, abzusetzen. Von dort aus sollten sie zum Lager zurückkehren und dabei das Gelände inspizieren. Wir veranschlagten für diese Unternehmung drei oder vier Tage, und es schien eine gute Idee zu sein.

Nachdem wir unsere Arbeit am Fundplatz des Riesenpferds beendet hatten, schlossen wir uns der Mosman-Gruppe an. Vielleicht war es ein Glück für mich, daß sie zu diesem Zeitpunkt schon zwei Ruhetage hinter sich hatten, in denen sie sich von den Strapazen ihrer Expedition am Yamba Creek erholen konnten. Denn es war dort alles andere als gut gelaufen. Zunächst hatte große Aufregung geherrscht, als der Hubschrauber eines frühen Morgens neben dem Lager landete. Die kleine Maschine konnte immer nur einen Passagier mit Gepäck aufnehmen. Eddy machte den Anfang, um einen günstigen Platz am Yamba Creek auszusuchen und dort zu warten, bis Matt und die anderen eingeflogen wurden. Jack und Jane Scott sagten, es sei ein überwältigendes Gefühl gewesen, nach dem Abflug des Hubschraubers allein zwischen den Felsen an diesem verlassenen Ort zurückzubleiben. Schon bei den ersten Rundgängen am Yamba Creek stießen sie auf verblichene Malereien, und voller Erwartung stiegen sie ins Tal hinunter. Dann trat Eddy aber auf eine drei Meter lange Schlange, die damit überhaupt nicht einverstanden war. Außerdem ging ihr Wasser zur Neige, und Nachschub gab es nur drunten im Tal, einige hundert Meter tiefer. Da die Sonne erbarmungslos brannte und sie nur einen geringen Wasservorrat mit sich führen konnten, war ihnen das kostbare Naß schon wieder ausgegangen, als sie oben endlich wieder angekommen waren. In den vier harten Tagen, die sie für den Rückweg zum Lager brauchten, fanden sie keine einzige Stätte mit Felskunst. Erst drei Kilometer vor dem Ziel wurden ihre Mühen belohnt, und zwar mit mindestens zehn guten Fundstätten auf einem terrassenartig abgestuften Hügel. Es war schon längst dunkel geworden, als sie schließlich ins Lager wankten; Napoleons Truppen mußten beim Rückzug von Moskau ähnlich ausgesehen und sich auch ähnlich gefühlt haben.

Nachdem ich mir ihre Leidensgeschichte angehört hatte, änderte ich sofort meine Pläne für die nächste Hubschrauberexpedition, die einige Wochen später anberaumt war. Nach drei Tagen intensiver Arbeit in diesem Gelände sollte uns der Hubschrauber dort aufnehmen und wieder zum Lager zurücktransportieren.

Am Unterlauf des Mosman entdeckten wir zahlreiche Stätten mit Felskunst, die sich in das allgemeine Erscheinungsbild der Kunst im Laura-Gebiet einfügten. Die vielen alten verblichenen Figuren an eher dürftigen Siedlungsplätzen vermittelten einen nachhaltigen Eindruck davon, wie viele Menschen hier vor langer Zeit gelebt hatten, als das Klima noch feuchter gewesen war. Ferner fanden wir alte Zeremonialstätten mit heiligen Figuren, die offenkundig auch in späterer Zeit noch verehrt wurden, und schließlich die besten Siedlungsplätze mit ihren hellen Malereien aus der jüngeren Vergangenheit. Matt hatte hoch oben an der Ostwand der Schlucht die ausgezeichnete Darstellung eines Koalas gefunden. Sie bestand aus einer dunkelroten Silhouette mit weißem Umriß und wirkte viel frischer als der erste verblichene Koala, den wir auf einer freiliegenden Felsoberfläche am Kennedy Creek entdeckt hatten. Es konnte kein Zweifel daran bestehen, daß die Koalas einst eindeutig zur Fauna dieses Gebiets gehört hatten. Dann waren sie aber aus irgendwelchen Gründen verschwunden – sei es, daß sich das Klima verändert hatte oder sie aufgrund einer Epidemie ausgestorben waren.

In Jowalbinna setzten wir unsere Dokumentationsarbeiten fort, doch Dick wurde plötzlich schwer krank. Er mußte umgehend nach Laura gefahren und von dort mit dem ärztlichen Flugdienst nach Cairns gebracht werden. Nach einer Woche kam er mit schlechten Nachrichten zurück: Er hatte Magenkrebs.

Zurück in Cairns, ging ich mit Dick zum Arzt, der den Befund bestätigte. Dick war weise und lehnte eine Operation ab, die, wie der Arzt sagte, ohnehin kaum etwas nützen würde; statt dessen wollte er versuchen, sich durch »Singen« Erleichterung zu verschaffen. Wir verbrachten noch einige Wochen zusammen, malten Bilder für eine gemeinsame Ausstellung und bereiteten ein weiteres Bilderbuch für Kinder vor. Dann kehrte Dick auf die Mornington-Insel zurück, wo er die Regenzeit verbringen wollte.

Es hatte sich herausgestellt, daß die Qualität der maßstabsgerechten Abzeichnungen, die die Freiwilligen von *Earthwatch* angefertigt hatten, oft zu wünschen übrig ließ. Deshalb zogen wir Noelene und Mary, zwei sehr fähige Zeichnerinnen, hinzu und betrauten sie mit den Dokumentationsarbeiten. Die Freiwilligen sollten sich nun an den Erkundungsgängen im Gelände beteiligen und die im Freien angefertigten Zeichnungen der Experten in Farbe auf die Leinwand übertragen.

Die nächste Expedition des *Earthwatch*-Teams führte in die tiefergelegenen Bereiche des Deighton-Flußsystems. Da die Strecke am Fluß entlang sich als zu schwierig erwies, markierten wir oben auf dem Plateau, das die Wasserscheide zwischen dem Deighton- und Laura-Fluß bildete, einen Weg für die Geländewagen. Wir brauchten insgesamt drei Landrover mit

Vierradantrieb, um die zehnköpfige Mannschaft samt Gepäck und Ausrüstung an Ort und Stelle zu bringen. Ich fuhr mit meinem großen Toyota vorneweg, um eine Schneise durchs Gestrüpp zu bahnen, dann folgte Jim Royle mit seinem Personentransporter, und Mary bildete mit ihrem kleinen Fahrzeug die Nachhut. Am ersten Tag gab es keine Probleme, denn wir konnten den Spuren folgen, die wir bei Ausflügen in früheren Jahren hier hinterlassen hatten. Anders am zweiten Tag: Das Gelände war nun sehr unwirtlich, und deshalb mußte Nev Ellis, ein australischer Farmer, ans Steuer, während ich vorauslief und schaute, wo man am besten durchkam. Ein weiteres Problem war das Wasser. Wir konnten nur einen kleinen Vorrat mit uns führen, und auf dem felsigen Plateau gab es weit und breit keine Quellen. Als wir gegen Mittag an einer tiefen, mit Gebüsch bewachsenen Schlucht vorbeikamen, hörte ich die Rufe von Würgerkrähen und fand heraus, daß sich die Vögel an einer beständigen Wasserquelle aufhielten. Wir füllten unsere Kanister auf und entdeckten ganz in der Nähe zwei schöne Felsdächer mit alten Malereien, unter anderem von einem Känguruh mit seinem Jungtier, das seinen Kopf aus dem Beutel herausstreckte.

Am Morgen des vierten Tages kamen wir an unserem Zielort an. Direkt unter dem Steilhang der Deighton-Schlucht floß ein von Quellen gespeister Bach mit einer Reihe schöner Wasserlöcher, in deren Nähe wir unser Lager aufschlugen. Jede Nacht hatten wir Besuch: Opossums suchten nach Äpfeln, Beutelmarder nach Fleischstücken, und gelegentlich bettelten Dingos um ein Almosen. Auf den sandbedeckten Böden vieler Felsdächer entdeckten wir Fährten von Beutelmardern, und einmal spazierte ein Muttertier mit fünf oder sechs Jungen auf dem Rücken herein, die heruntersprangen, herumtollten und sich über die Reste unseres Mittagessens vom Vortag hermachten.

Nahezu jedes Felsdach enthielt Malereien von sehr langen, früchtetragenden wilden Weinreben. Die Trauben, längliche Ovale, hingen ungefähr alle zwanzig Zentimeter an kurzen Stielen herab. Die dunkelrot gemalten Reben, die offenbar vor langer Zeit entstanden waren, wurden meist von Menschen- und Tierdarstellungen überlagert. Dick meinte, es könne sich hier auch um wilde Gurken handeln, die in Nordaustralien häufig vorkamen und während der Regenzeit reiften. Wir hatten sie noch nie gesehen, wahrscheinlich weil wir uns in der Regenzeit kaum in der Wildnis aufgehalten hatten. Wenn sie tatsachlich so saftig waren, dann hatten die Tiere sie in der kurzen Zeit der Reife schnell weggefressen, und die Wildschweine hatten den Bestand der Pflanzen vermutlich drastisch reduziert. Als wir gegen Ende der nächsten Regenzeit in dieses Gebiet zurückkehrten, sahen wir diese Wildgurken, die an Reben zwischen den Büschen hingen und für die Wildschweine außer Reichweite waren. Die ovale, rot und cremefarben gestreifte Frucht war etwa drei Zentimeter lang und sah wie ein kleiner Football-Ball aus. Roh schmeckten sie allerdings nicht besonders. Etwas später fanden wir Buschbananen, die ebenfalls an langen Reben hingen und von denen es mehrere Arten gab. Bei feuchterem Klima mußte es zahlreiche Früchte dieser Art gegeben haben, und höchstwahrscheinlich waren es diese Buschbananen, die die Menschen zu den Darstellungen angeregt hatten. Ihre wissenschaftliche Fachbezeichnung lautet *Marsdenia vividiflora.*

Es sollte Dicks letzte Expedition sein. Wir kehrten nach Cairns zurück und eröffneten im Juli eine gemeinsame Ausstellung mit unseren Bildern; danach wollte er zu sich nach Hause zurück. Er spürte die Hand des »Schnitters Tod« auf seiner Schulter, und wie alle Aborigines wollte Dick in seiner Heimat sterben. In nachdenklicher Stimmung kaufte er Geschenke für seine Familie und flog auf die Mornington-Insel zurück. Gegen Ende August besuchte ich ihn dort für einige Tage; er war sterbenskrank, aber heiteren Gemüts. Überhaupt schien zwischen uns beiden eine Art telepathischer Verbindung zu bestehen. Schon früher hatte es mich immer wieder erstaunt, wie er sich in den Strom meiner Gedanken einklinkte, als ob ich laut gesprochen hätte; es ging dabei oft um Angelegenheiten, über die wir seit Monaten nicht gesprochen hatten. So war es auch an jenem Sonntag im späten Oktober 1985. Ich packte gerade meine Bilder ein, um sie nach Sydney zu verschicken, als mich plötzlich ein Gefühl tiefer Sorge überkam; ich wußte, daß Dick zum neuen Horizont von Yili-jilit-nyea aufgebrochen war. Ein Telefonanruf brachte die Bestätigung.

Mit seinem Leben hat Dick Roughsey die britische Doktrin widerlegt, Australien sei eine *terra nullius* gewesen, und sein Schicksal steht stellvertretend für die australischen Aborigines in ihrer Gesamtheit. Als er zur Welt kam, herrschten die alten Stammestraditionen noch unbeeinträchtigt fort, und er verbrachte seine ersten Jahren damit, dieses Leben zu genießen und verstehen zu lernen. Als er etwa acht Jahre alt war, kamen schottische Missionare ins Land, lasen die scheuen Buschkinder auf, steckten sie in Wohnheime und unterrichteten sie in den Lebensgewohnheiten des weißen Mannes. In den vier Jahren, die Dick in diesen Heimen verbrachte, lernte er die englische Sprache, die er schließlich in gestochener Handschrift schreiben konnte. Die Schotten brachten ihm auch ihre Lieder und Balladen bei, die er auswendig lernte und nie wieder vergaß. In späteren Jahren setzte er seine Zuhörerschaft in ganz Australien ein ums andere Mal in Erstaunen, wenn er an passender Stelle Robert Burns, Shakespeare, Longfellow und viele andere klassische Dichter zitierte. Wie die meisten Menschen mit außergewöhnlicher Intelligenz besaß auch er einen sprühenden Witz.

Nach der kurzen Schulzeit schickte man Dick und seine Gefährten in ihre Klangebiete zurück, wo sie in der Gemeinschaft mit den alten Leuten das herkömmliche Leben wieder aufnahmen. Dick war jahrelang Jäger und Fischer, bis der Zweite Weltkrieg auch seine Bahn kreuzte. Alle jungen Lardil-Männer zog man als Viehhüter ein und verteilte sie auf die Rinderfarmen am Carpentariagolf. Dort lernte Dick von seinen gerissenen Vorgesetzten die Kniffe und Finessen, wie man Rinder mit neuen Brandzeichen versieht. Als er vom Viehhüterdasein genug hatte, heuerte er als Matrose auf Küstenschiffen an, die rund um den Carpentariagolf Handel trieben. Nun bot sich ihm die willkommene Gelegenheit, die Stämme am Golf kennenzulernen und Freundschaften zu schließen, desgleichen an der australischen Ostküste von der Thursday-Insel bis hinunter nach Cairns. Schließlich heiratete er ein Mädchen der »Nordwind«-Lardil, Elsie Wilson, mit der er sechs Kinder aufzog.

Nachdem wir uns bei Karumba getroffen hatten, begann er seine Karriere als Künstler, und er wurde unter den Aborigines ganz Australiens die führende Persönlichkeit auf diesem Gebiet. Die Kunst zog ihn in ihren Bann, er arbeitete vierzehn Stunden am Tag, sieben Tage in der Woche, und stellte seine Werke in allen größeren Städten aus. Er veröffentlichte auch eine Autobiographie, ›Mond und Regenbogen‹ (*Moon and Rainbow*), und wurde erster Vorsitzender eines landesweiten Ausschusses, der sich mit der Kunst der Aborigines befaßte. Drei Jahre lang wirkte er in dieser Eigenschaft und erwarb sich allgemeines Ansehen; zahlreiche Reisen führten ihn quer über den australischen Kontinent und nach Übersee. Im Jahre 1977 erhielt er für seine außerordentlichen Verdienste um die australische Kunst und Literatur eine hohe Auszeichnung, den Orden des Britischen Empires. Dick Roughsey war ein leuchtendes Vorbild für jeden Aborigine, und alle bewunderten und liebten ihn dafür.

Am liebsten bewahre ich Dick in der Erinnerung, wie er, mit dem Rücken zum Lagerfeuer, zu den Sternen emporschaute und die Verse aus Longfellows Gedicht »Ein Psalm des Lebens« rezitierte:

Das Leben großer Männer lehrt:
Wir sind die Schöpfer der Erhabenheit.
Und wenn man auch nie wiederkehrt –
Es bleiben Spuren auf dem Sand der Zeit.

Spuren, die vielleicht ein andrer,
Gestrandet mit des Unglücksschiffes Mast,
Ein zager und verlor'ner Wandrer
Erblickt – und wieder Hoffnung faßt.

DAS *KADIMAKARA*

Im Jahr 1986 bot sich die Gelegenheit, das Deighton-Gebiet gründlicher zu erforschen: Das »Unternehmen Raleigh«, das gerade in Nordaustralien unter der Schirmherrschaft von Prinz Phillip stattfand, stellte uns drei Teams mit sogenannten Abenteurern zur Verfügung. Dieses Unternehmen Raleigh war eine besondere britische Einrichtung für junge Leute: Sie sollten in abenteuerlichen Situationen und waghalsigen Aktivitäten Führungseigenschaften erwerben, wie man sie im Krieg brauchte, doch sollte das Ganze in einem zivilen Rahmen ablaufen. Kein Wunder, daß man sich hierfür eine unzugängliche Wildnis wie auf der Kap York-Halbinsel aussuchte, die solchen Zwecken nur förderlich sein konnte. Die Abenteurer waren Männer und Frauen zwischen siebzehn und vierundzwanzig Jahren; jede Gruppe bestand aus sechzehn Mitgliedern und sollte drei Wochen lang bleiben. Für uns bedeutete das: ganze neun Wochen Forschungsarbeit im Freien, die nun vor uns lagen.

Die australische Armee leistete uns beim Errichten des Basislagers einigen logistischen Beistand. Wir wählten einen Landstrich am Deighton-Fluß aus, der uns gehörte, an einem von Bäumen umschatteten großen Wasserloch nahe beim Fluß. Wir teilten die Gruppen in zwei Hälften auf, die sich bei den Erkundungsgängen und dem Freilegen von Pisten für die Fahrzeuge abwechseln sollten. Unsere Arbeit sollte dort einsetzen, wo die Teams von *Earthwatch* aufgehört hatten. Wir hatten seinerzeit unser Lager am Echidna Creek aufgeschlagen, dem am weitesten westlich gelegenen Nebenfluß, und wir stießen hier auf viele weitere Fundstätten, die allerdings nichts Außergewöhnliches enthielten.

Der nächste größere Zufluß nach Osten hin war der bis dahin noch unerforschte Quoll Creek. Wir stellten Gruppen mit jeweils vier Personen zusammen, die in einem fünftägigen Geländemarsch samt Gepäck das ganze Tal durchkämmen sollten. Die Abenteurer waren kaum zu bremsen, denn sie hatten eine Menge Geld gezahlt, um an dieser Expedition teilnehmen zu können, und sie warteten schon bald mit erstaunlichen Ergebnissen auf. In diesen neun Wochen hatten sie insgesamt 204 Stätten mit Felskunst entdeckt, und aufgrund ihrer Skizzen und schriftlich festgehaltenen Notizen konnten wir nachträglich die interessantesten Plätze aufsuchen.

Als erstes erregten Berichte über lebensgroße Männer- und Frauendarstellungen in Hellblau unsere Aufmerksamkeit – diese Farbe war uns bei den Felsmalereien bislang noch nicht begegnet. Die Figuren befanden sich in einem langen, niedrigen Felsdach am Fuß einer hochgelegenen Steilwand; davor erstreckte sich eine breite, grasbewachsene Terrasse, von der man den Deighton-Fluß nach Westen hin überblicken konnte. Die Galerie der Blauen Figuren barg eine Zusammenballung einander überlagernder Darstellungen, die bis dahin einmalig war. Das Bildfeld auf der Rückwand war zehn Meter lang; unter den Malereien verlief ein niedriger, nach vorn geneigter Sims, auf dem der frühe Mensch seine – nun von einem glattpolierten Silikatüberzug bedeckten – Gravierungen angebracht hatte. Die Menschen hatten sich offensichtlich auf diesen Sims gesetzt und sich mit ihren eingeölten Körpern und Köpfen gegen die Rückwand gelehnt; dadurch war jede Farbspur von den unteren Figuren verschwunden. So ging es wohl viele Jahrtausende lang, denn der Sandstein war so durchtränkt mit Körperölen, daß er die Farbe neuer Malereien nicht mehr aufnehmen konnte und diese alsbald abgerieben waren. Die übrigen Figuren – oder Teile davon – waren hingegen fast alle hell und klar.

Die zahlreichen Tiermotive an den Wänden dieses Siedlungsplatzes fügten sich in das herkömmliche Genre der Felsmalereien ein: Hornhechte, Aale, Welse und Känguruhs. Die meisten Menschendarstellungen entsprangen Praktiken des Schadenszaubers oder der Liebesmagie. In den verschiedenen Schichten gab es mindestens sechs blaue Männer- und Frauenfiguren – manche horizontal, andere mit dem Kopf nach unten –, die durchweg im Zuge magischer Handlungen gemalt worden waren. Bei der blauen Farbe handelte es sich um einen hellen, eigentlich blau-grauen Lehm, der vermutlich mit einer mineralischen Substanz wie etwa Kupfer versetzt worden war. Diese Farbe blieb ausschließlich den Zauberfiguren vorbehalten und mußte demnach eine besondere Bedeutung besessen haben; man hatte sie von einem bestimmten Ort hierher geschafft, wie den Lehm von Mundawa für die Zeremonie der Flutbeschwörung. Am östlichen Ende fanden wir in einer kleinen Nische unten an der Rückwand einige zerrissene Kleidungsstücke aus Baumwolle, ein zusammengelegtes Fischnetz aus Pflanzenfasern und einen kleinen schweren Handspiegel, der in einen verrosteten, handgefertigten Blechrahmen eingefaßt war. Welches schwarze Gesicht hatte sich wohl zuletzt darin gemustert?

Zweihundert Meter weiter östlich kletterten wir den Abhang zwischen großen Felsblöcken empor. Oben angekommen, stießen wir auf einen schmalen, tiefen Einschnitt, der zu beiden Seiten schöne Felsdächer enthielt. Einige Abris zeigten helle Malereien von Krokodilen sowie Männer- und Frauenfiguren, die letzteren wiederum das Resultat magischer Rituale. Eine außergewöhnliche Darstellung führte eine Frau vor, die sich in anstößiger Weise mit angewinkeltem Bein hingesetzt hatte, so daß man ihre Vagina sehen konnte. Im Felsdach gegenüber befand sich eine ähnliche Figur, allerdings war hier das Geschlecht durch die Ferse bedeckt. Diese Bilder dienten eindeutig Anschauungs- und Unterweisungszwecken.

Da die Felsdächer in dieser engen Schlucht kaum Siedlungsreste enthielten, vermuteten wir, daß es Zufluchtsorte in den Tagen der Schwarzen Polizei gewesen waren. Das Felsdach mit den blauen Figuren war Überraschungsangriffen der berittenen Polizisten zu sehr preisgegeben, die Schlucht dagegen lag im verborgenen und hielt zur anderen Seite einen Fluchtweg offen. Einer der Abenteurer kletterte die steilen Wände dieses Felsspalts hoch und fand oben Überreste eines alten Schaufelblatts, das größtenteils für die Herstellung von Speerspitzen zerlegt worden war. Die Bearbeitungsspuren am übriggebliebenen Teil legten nahe, daß man das Metall erhitzt hatte, bis es biegsam war, dann eine Beilklinge darauf ansetzte, mit einem schweren Gegenstand auf die Klinge schlug und so Stücke von neun Zentimetern Länge und zwei Zentimetern Breite abtrennte. Die letzte Spitze hing noch halb am Schaufelblatt.

Auf unserem Rückweg zum Lager, der uns wieder zwischen großen Sandsteinfelsen hinabführte, entdeckten wir auf einer Terrasse weiter unterhalb eine kleine Stätte mit Malereien, die durch einen gegen die Wand lehnenden Felsen geschützt waren. Bei den vier kleinen, rot und weiß gemalten Figuren handelte es sich um eine Frau, eine Wasserschildkröte, einen Dorsch und einen Barramundi. Dies schien ein für Frauen vorbehaltener Platz gewesen zu sein, der offenkundig mit Fischfang in Beziehung stand.

Ein recht häufiges Motiv in der Felskunst am Unterlauf des Deighton war eine kleine, mit dunkelroten Linien gemalte Männerfigur, die einen oder mehrere Warane am Schwanz gepackt hatte und auf diese Weise transportierte. An der Ostseite des White Lady Creeks entdeckten wir einen dieser kleinen Männer, der sieben solche Warane schleppte. Dieser Fundplatz war Teil einer ganzen Reihe miteinander verbundener kleiner Galerien, in denen alle Malereien Kleinformat besaßen – Menschen, Welse, Aale, Schnabeligel, ein Känguruh mit einem Jungtier im Beutel, drei Eulen sowie wilde Weinreben. Im südlichsten Felsdach hatte man fünf weiße Negativabdrücke von winzigen Männerfiguren angebracht – offenkundig hatte ein Wachsmodell als Schablone gedient –, ferner die Negative ganz kleiner Menschenfüße und Steinbeilklingen, die nicht länger als vier Zentimeter waren. Da wir hier auch fünf Handnegative von Kindern antrafen, könnte dies eine Art Kinderspielplatz gewesen sein, oder man hatte in dem gesamten Komplex die Kinder im Zeichnen, Malen und Herstellen von Negativabdrücken unterrichtet.

Eine der aufregendsten Entdeckungen gelang indessen den beiden Abenteurern Amanda und Andy. Ich hatte sie losgeschickt, um die westlichen Abhänge gegenüber der Galerie der Blauen Figuren zu erkunden, und am Abend fragten mich die beiden: »Hat es hier vor langer Zeit Pferde oder Schweine gegeben?« Als ich ihnen sagte, daß diese Tiere erst seit 1788 in Australien vorkommen, meinte Amanda: »Nun, die Malerei ist wesentlich älter, es ist eine sehr alte Figur«, und sie zeichnete mit ihrem Stift eine kleine Skizze. Andy fügte hinzu, es sei eine äußerst gelungene Darstellung eines großen Tieres; die Malerei bestehe aus einem kräftigen, mittlerweile verblichenen Dunkelrot und sei nahezu zwei Meter lang. Ich vermutete, daß es sich um einen Vertreter aus der längst ausgestorbenen Megafauna der Beuteltiere handelte, vielleicht um eine Diprotodontenart. Leider mußte ich am nächsten Tag nach Cairns, wo ich eine Woche lang zu tun hatte. Dort erzählte ich allen an der Felskunst interessierten Freunden und Kollegen von dieser neuen Entdeckung. Mary meinte, es sei keine Zeit zu verlieren, und so kehrten wir beide zum Lager unserer Abenteurer zurück. Am nächsten Morgen gingen wir in aller Frühe den Fluß entlang, um diesen neuen Fund in Augenschein zu nehmen.

Die lange Höhle unter der dunkelgrauen Steilwand lag fast zweihundert Meter über dem Fluß, und wir konnten unsere Ungeduld kaum zügeln. Bald stellte sich jedoch heraus, daß der Zugang alles andere als einfach war, und schließlich kletterten und krochen wir eine fast senkrechte Felswand empor. Später fanden wir heraus, daß der natürliche Zugang von oben über das Plateau herabführte. Das in schummriges Licht getauchte Felsdach war ungefähr fünfundsiebzig Meter lang und an der Stirnseite vier Meter hoch, aber der hintere Bereich wurde größtenteils von Felsabsätzen ausgefüllt. Nur am nördlichen Ende der Höhle war der Boden so ebenmäßig beschaffen, daß er sich zum Siedeln eignete. Am Gewölbe erblickte ich die große Darstellung eines Tieres aus verblichenem Rot. Ich war sehr enttäuscht, als ich feststellte, daß sein Kopf wie bei einem Pferd gestaltet war, und wandte mich deshalb den anderen Figuren zu. Mary erzählte mir später, sie habe beim Betreten der Höhle den Schwanz des Tieres gesehen und gedacht, er gehöre zu einem Schwein; sie war so ernüchtert gewesen wie ich und war bald wieder ins Freie gegangen.

Im Siedlungsbereich fanden wir vermoderte Papierrindenstreifen. Zwischen zwei kleine Felsblöcke hatte man ein zusammengerolltes Bündel aus Rinde gesteckt, in dem sich die Knochen eines kleinen Känguruhs befanden. Unter den Malereien an der Decke konnten wir auch eine Meeresschildkröte ausfindig machen. Etwas weiter weg hatte man einen kleinen Stock in einem Loch hoch oben an der Wand befestigt; an dieser Aufhängevorrichtung waren die mit Essen gefüllten Taschen vor den Hunden und kleinen Kindern sicher.

Wir gingen zur großen roten Figur zurück, setzten uns auf den Boden und studierten sie nun genauer. Sie besaß eine dunkelrote Silhouette mit Spuren einer weißen Kontur, und in ihrer unmittelbaren Umgebung befand sich keine weitere Darstellung auf dem dunkelgrauen Gewölbe. Obwohl hier und da einige Stellen der Felsoberfläche abgeplatzt waren, konnte man die Umrisse des Tieres mühelos erkennen, insbesondere den Kopf, die Füße und den Schwanz. Die Figur war 1,6 Meter lang, 1,2 Meter hoch und der gedrungene Körper 0,7 Meter tief. Die Gesichtslinie des langen und schweren Kopfes verlief in sanfter Biegung nach unten und bildete eine leicht vorgewölbte Schnauze aus. Der Kopf glich in allen Details einem Pferd, allerdings gehörten die Ohren zu einem Beuteltier. Die Beine waren im Verhältnis zum massigen Körper recht kurz, und die vier Füße besaßen jeweils vier einander ähnliche Zehen. Im unteren Bereich der Hinterbeine war zwar die Felswand abgeplatzt, doch reichte der Befund aus, um eine Übereinstimmung zwischen den Zehen der Hinter- und der Vorderbeine – die vollständig und eindeutig zu erkennen waren – festzustellen. Die Zehen an den beiden Vorderfüßen waren lang, abgeflacht und breit und zeigten nach vorne, während die Zehen an den Hinterfüßen jeweils seitlich nach außen und innen wiesen. Schultern und Rücken waren hoch, fielen dann ab und liefen in einem kurzen, 25 Zentimeter langen schweineähnlichen Schwanz aus, der an seinem Ende mit fein gezeichneten Borsten versehen war. Genitalien und Ohren verwiesen allem Anschein nach auf ein Beuteltier. Im Nackenbereich traten zwei dunkelrote, ungefähr einen Zentimeter breite Linien aus; eine durchschnitt den Widerrist, verlief außerhalb des Körpers über der Rückenlinie, traf dreißig Zentimeter oberhalb des Schwanzes wieder auf den Körper und durchquerte ihn. Die zweite, obere Linie trat ebenfalls am Nacken aus, folgte der Rückenlinie annähernd parallel in 25 Zentimetern Entfernung und brach unmittelbar über dem Schwanz ab. Diese Linien schienen eher Stricke als Speere darzustellen, die manchmal auf anderen Tierfiguren abgebildet waren (Abb. 41, 42).

Das dunkelrote Tier über uns glich keiner Tierdarstellung aus dem Fundus Tausender von Malereien, die wir bislang im Quinkinland entdeckt hatten. Obwohl sein Kopf einem Pferd und sein Schwanz einem Schwein glichen, war es doch keines dieser beiden Tiere, die ansonsten feste Bestandteile der Felskunst in diesen Gebieten sind und in frischen und hellen Farben leuchteten, da sie vor weniger als zweihundert Jahren gemalt worden waren. Hier lag die Darstellung eines Diprotodons vor, vor langer Zeit entstanden, lange bevor irgendwo auf der Welt Schweine und Pferde gezähmt wurden. Die rote Körperfarbe war auch an den abgeplatzten, hellgrauen Stellen der Felsoberfläche zu erkennen; es ließ sich nicht entscheiden, ob man diese Bereiche übermalt hatte oder die ursprüngliche Farbe in den Fels eingedrungen war.

Die Vorderfüße des Tieres besaßen jeweils nur vier Zehen, während die Beuteltiere mit fünf Zehen ausgestattet sind, aber eine Frauenfigur in verblichenem Dunkelrot und weißen Konturen, die in einigen Metern Entfernung vom Diprotodon auf die Höhlendecke gemalt worden war und gleich alt zu sein schien, hatte lediglich drei Zehen an jedem Fuß. Offensichtlich hatten die Künstler jener fernen Vergangenheit bestimmte Körpermerkmale mitunter vereinfacht, wie wir dies auch aus späteren Zeiten kennen.

Das sehr genau wiedergegebene, sorgfältig und säuberlich ausgeführte Diprotodon war vermutlich im Zusammenhang mit einer bestimmten Zeremonie oder rituellen Handlung entstanden. Wie in vielen solcher Fälle hatte man insbesondere die weiße Kontur wahrscheinlich mehr als einmal behutsam nachgezogen. Sie schloß bei der gesamten Figur direkt an die Körperfarbe an, mit Ausnahme der Bauchregion, wo sich die Linie herabsenkte und auf diese Weise vielleicht die Beutelöffnung eines weiblichen Tieres andeutete. Einige Paläontologen, mit denen wir uns später unterhielten, neigten der Ansicht zu, die abgebildete Spezies könne *Zygomaturus trilobus* sein, ein Tier von der Größe und Gestalt eines Ochsen; sie räumten dieser

Deutung den Vorzug vor einer Identifizierung als *Diprotodon optatum* ein, das eher einem Nashorn glich. Manche Anthropologen und Archäologen setzten sich über das offenkundige Alter der Malerei hinweg und hielten daran fest, daß hier ein Pferd oder ein Schwein abgebildet worden sei. Wir entschlossen uns, die Darstellung *kadimakara* zu nennen, eine alte Bezeichnung der Aborigines für das Diprotodon.

Das gesamte Felsdach enthielt keine Malereien oder Abdrücke, die jüngeren Datums zu sein schienen. Das niedergelegte Bündel aus Papierrinde mochte darauf verweisen, daß man hier kurzfristig Zuflucht vor der Schwarzen Polizei gesucht hatte. Vor dem Felsüberhang wuchsen Bäume und Büsche, die einen Sichtschutz bildeten und zugleich erlaubten, die Vorgänge drunten am Fluß genau zu beobachten. Dieser Ort hatte mit Sicherheit Schutz vor Überraschungsangriffen geboten.

Wir fragten uns natürlich, wann genau und aus welchen Gründen das *kadimakara* gemalt worden war. Die Stricke am Nackenbereich verwiesen auf Tierhaltung. Viele Beuteltiere können mit Leichtigkeit domestiziert werden, insbesondere die Wombats, und das *kadimakara* sah einem großen Wombat sehr ähnlich. Diese sanften Riesen der Traumzeit müssen eine der größten und zugleich am leichtesten verfügbaren Fleischreserven der Welt gewesen sein. Die großen Dürreepidemien vor mehr als 18 000 Jahren hatten das saftig-grüne Paradies, das Australien einmal gewesen war, in trockene und halbtrockene Regionen verwandelt. Wie Enklaven waren hier und da noch kleine Feuchtgebiete erhalten geblieben, die für die schwer dezimierte Tier- und Pflanzenwelt sowie für den Menschen die letzten Lebensräume und Rückzugsmöglichkeiten darstellten. Der Austrocknungsprozeß setzte vermutlich nach und nach ein und erstreckte sich über mehrere Jahrtausende. Jede neue Menschengeneration mußte mit zunehmender Besorgnis feststellen, daß die Nahrungsvorräte dramatisch schwanden, vor allem als die Großtiere in furchtbaren Katastrophen zu Tausenden umkamen, zum Beispiel in den Sümpfen des Callabonna-Sees. Diese alarmierenden Ereignisse gaben vermutlich erstmals in der Weltgeschichte den Anstoß, sich um den Erhalt der Tierbestände zu kümmern. Die Menschen glichen ihre religiösen Vorstellungen allmählich der neuen Entwicklung an und hingen nun dem Glauben nach, ihre Ahnen hätten sich einst in die Pflanzen- und Tierarten verwandelt, die man überall noch antraf. Jeder Klan mußte demnach um die Erhaltung und Pflege derjenigen Tier- und Pflanzenarten Sorge tragen, in denen sich die eigenen Ahnen, die Traumwesen des Klans, verkörpert hatten.

Willy hatte uns einmal erzählt, daß den Knaben während der Mannbarkeitszeremonien genau eingeschärft wurde, jedes Traumtier in jedem Jahr mit denselben exakt festgelegten Zeremonien zu verehren, da es ansonsten von der Erdoberfläche verschwinden würde – und mit ihm der Mensch, der von diesem Tier als seiner Nahrungsquelle abhing. Die großen Dürreperioden hatten so verheerende Auswirkungen gezeitigt, daß sich die Furcht vor einer Wiederholung tief ins Gedächtnis der Menschen einbrannte. Als der gesamte Kontinent schließlich unaufhaltsam austrocknete, ergriffen die Menschen alle erdenklichen Maßnahmen, um das Überleben ihrer Zuchttiere zu garantieren und ihre Bestände zu mehren – ganz wie die Farmer und Viehzüchter unserer Tage. Sie stutzten und hegten die Pflanzen, von denen das Vieh sich ernährte, und trieben ihre Herden zu einem anderen Wasserloch, wenn das alte ausgetrocknet war. Die Stricke, die das *kadimakara* auf der Abbildung um den Nacken trug, könnten dazu gedient haben, ein störrisches Tier in Trab zu bringen.

Von dem Felsdach, in dem wir uns befanden, konnte man jenen Abschnitt des Deighton-Tales überblicken, den die Viehtreiber »das Geheimfach« nennen. Es handelt sich um ein großes, mit lichten Wäldern bestandenes Grasgebiet, das von senkrechten Felswänden aus Sandstein und schroffen Steilabhängen ringsum eingesäumt ist und eine Art natürliche Koppel bildet – wenn man so will eine Vermögensanlage, die den hochintelligenten Menschen, welche die ausgewogenen symmetrischen Figuren auf der Höhlendecke geschaffen hatten, nicht entgangen sein dürfte. – Nein: Das Australien der Kaltzeit war mit Sicherheit keine *terra nullius*.

Dr. Robert Logan Jack, ein Geologe in Regierungsdiensten, war ein entschiedener Verfechter dieser Doktrin der *terra nullius*. Im Jahre 1895 verlas er vor der Königlichen Gesellschaft von Queensland ein Papier über die »Höhlenmalereien der Aborigines auf dem Palmer-Goldfeld«, in dem er unter anderem ausführte:

> Die Figuren, von denen hier die Rede ist, sollen nicht wegen ihres künstlerischen Gehalts Ihrer Kenntnisnahme anempfohlen werden – es dürfte in der Tat kaum dazu ausreichen, um ihnen einen Platz in der Nationalgalerie zu sichern. Sie erheben sich, bei Lichte betrachtet, nicht viel über das Niveau, das die Anfangsgründe der Kunst kennzeichnet und das wir von den Schiefertafeln der Schulkinder kennen. Es sind Beispiele für die Kunst einer Menschenrasse, die in intellektueller Hinsicht auf einer kindlichen Stufe stehengeblieben ist und mit Sicherheit aussterben wird, bevor sie das Mannesalter erreicht hat. Nichtsdestoweniger besitzen diese Blder einen gewissen Erkenntniswert für Völkerkundler.

Dr. Jack hatte Skizzen von den Tier- und Menschendarstellungen angefertigt, die er zuvor in Felsdächern am Chinky Creek und Mun Gin Creek auf den Goldfeldern beim Palmer-Fluß gesehen hatte. Ihm zufolge »gibt es keinen schlüssigen Hinweis, daß die Bilder älter als fünfundzwanzig Jahre sind und auch nur eine einzige Generation überdauern werden.« Dr. Jack fuhr fort:

> Nr. 8 ist eine Ansammlung oder Prozession von Tieren, die man auf eine senkrechte Felswand unter einem Sims angebracht hat. An diesem Standort ist besonders eigentümlich, daß der Künstler, wenn er nicht drei Meter höher stand, sich mit einer Hand am Sims einen halben Meter unter seiner »Leinwand« festklammern mußte, während er mit der anderen Hand malte, oder daß er auf einer Plattform stand oder schließlich von Helfern unterstützt wurde. Das erste Tier (in Weiß) könnte ein Schwein sein. Beim zweiten, dritten und fünften Tier handelt es sich ohne jeden Zweifel um Beuteltiere. Das dritte besitzt ein langes Hinterbein und kurze Vorderbeine. Das vierte scheint, wie ich meine, auf keinen Fall ein Beuteltier zu sein – beachten Sie den rinderähnlichen Kopf und die huftragenden Füße. Die Verlängerungen, die vom Kopf dieses Tieres ausgehen, möchte ich für Hörner halten, während sie bei den anderen Tieren vermutlich Ohren darstellen. Mein Freund Peter, ein Angehöriger der Schwarzen Polizei, wie ich erwähnen möchte, bezeichnet die ganze Gruppe als »Opossum«, aber ich kann ihm hierin nicht folgen. Will man das rätselhafte vierte Tier tatsächlich als Rind ansprechen, so stammt es mit Sicherheit nicht von der Palmer-Zucht. Vielleicht hat der Künstler einmal einen jener »Büffel« gesehen, die Kapitän Gordon Bremer auf der Melville-Insel ausgesetzt hatte und die sich von dort aus verbreiteten, und es aus dem Gedächtnis dann auf die Wand gemalt.

Dr. Jack machte geltend, daß die Malereien aufgrund ihres Erhaltungszustands und der Herstellungstechniken alle in etwa gleich alt sein müßten und möglicherweise das Werk eines einzigen Künstlers waren. Weiter führte er aus:

> Als ich zum ersten Mal auf diese Tierdarstellungen stieß, dachte ich eine Zeitlang, mir sei das außerordentliche Privileg zuteil geworden, Malereien von einigen der ausgestorbenen Beuteltiere entdeckt zu haben, die ein Mensch zu Lebzeiten dieser Tiere gemalt hatte. Damit, so meinte ich, sei nicht nur der Beweis erbracht, daß Menschen und ausgestorbene Tiere einst zusammenlebten, sondern daß man darüber hinaus auch Anhaltspunkte besitze, wie diese Tiere ausgesehen haben. Obwohl es sich bei einigen Darstellungen eindeutig um Beuteltiere handelte, unterschieden sie sich doch von der heutigen Fauna auf so groteske Weise, daß meine Hoffnung nicht unbegründet zu sein schien. Schließlich sah ich mich aber dazu gezwungen, auf jene verhältnismäßig banale Erklärung zurückzugreifen, daß die Malerei einfach mangelhaft und unvollkommen

> war. Meine letzte Hoffnung zerschlug sich mit der Entdeckung der Palmer-Kuh und noch mehr durch den Fund jenes Mannes mit Hut, die eindeutig belegten, daß diese Malereien nicht älter sein konnten als die Besiedlung des Gebiets durch die Weißen – das heißt nicht älter als 1873. Es bleibt noch hinzuzufügen, daß der Hut das einzige Bekleidungsstück ist, dem der Künstler Aufmerksamkeit zollte, und dies bei Bildern, die vermutlich Europäer oder Chinesen zum Gegenstand hatten.

Dr. Jacks Ansicht über die Aborigines als einer auf Kinderstufe verbliebenen Rasse stieß bei den meisten seiner weißen Zeitgenossen auf Zustimmung. Vielleicht war diese Überzeugung auch wichtig, um die Selbstachtung der Weißen zu stärken und ihren Glauben an einen Schöpfergott zu stützen. Indem man die Aborigines als eine Art Untermenschen betrachtete, schuf man sich gleichzeitig die Legitimation, sie wahllos umzubringen und sich ihr Land durch Raub anzueignen. So war die Annahme, eine solche Rasse könnte ohne Einfluß von außen keine nennenswerten Kunstwerke hervorbringen und müsse schon aus bloßer Unkenntnis so armselige Techniken anwenden, »daß die Bilder kaum eine einzige Generation überdauern werden«, für Dr. Jack nur folgerichtig.

Im Jahre 1968 hatten Dick, Caesar und ich drei Tage lang die zerklüfteten Schluchten des Mun Gin Creeks durchkämmt, um jene Stätten ausfindig zu machen, von denen Dr. Jack berichtete. Wir fanden drei Galerien mit Malereien, aber keine stimmte mit seinen Beschreibungen überein. Die größte Galerie enthielt etwa fünfundvierzig Figuren, darunter große weiße Krokodile und acht weiße Darstellungen eines keß dreinschauenden Vogels, den Caesar prompt als Nungadin die Würgerkrähe identifizierte.

Nachdem wir die Darstellung des Diprotodons am Deighton-Fluß entdeckt hatten, fragten wir uns, ob die »Palmer-Kuh« von Dr. Jack nicht eine weitere solche Figur sein könnte, und wir beschlossen, den Mun Gin Creek ein zweites Mal abzusuchen. Sieben von uns verbrachten zwei Tage damit, alle Felsoberflächen des Creeks abzuklappern. Sie fanden allerdings außer den drei besagten Galerien keine weiteren Felsdächer und kehrten am Abend des zweiten Tages enttäuscht und etwas durcheinander ins Lager zurück – alle außer Mary, die zuletzt gesehen wurde, wie sie entlang der Steilabhänge in Richtung Craddle Creek weiterging. Sie tauchte erst kurz vor Einbruch der Dunkelheit wieder auf, und man konnte schon aus hundert Metern Entfernung sehen, daß sie von einem Ohr bis zum anderen strahlte. Die Fundstätten von Dr. Jack befanden sich in einem Seitental des Craddle Creeks.

Wir schauten sie uns am nächsten Morgen an und erkannten auf den ersten Blick, daß die Malereien, die Dr. Jack 1895 beschrieben hatte, sich kaum – wenn überhaupt – verändert hatten. Auch stellte sich heraus, daß er bei seiner Auswahl sehr willkürlich vorgegangen war, denn es gab eine große Anzahl weiterer Malereien an vier Stellen der benachbarten Steilwand und mindestens vier andere Fundstätten weiter im Osten. Die »Palmer-Kuh« befand sich an einem hervorragenden Platz, der ausgiebig besiedelt worden sein mußte, und zweifelsohne hatte sie der Polizist Peter entdeckt, der die Menschen hierher verfolgt hatte. Peter hatte die Darstellungen auf dem Bildfeld der »Kuh« durchweg als Opossums bestimmt, und das waren sie auch. Der hohe Widerrist der einen Figur, die Dr. Jack für einen Wasserbüffel hielt, wurde tatsächlich durch ein abgeplatztes Stück Felswand gebildet, die den darunterliegenden unbemalten Sandstein über den Schultern der Figur freigelegt hatte; die gemalte Rückenlinie des Tieres verlief so gerade wie bei den drei anderen Darstellungen. Die beiden Vorderfüße der »Kuh« wiesen eindeutig jeweils vier Zehen auf und keine Hufen, wie Jack behauptet hatte. Die Hinterfüße waren hingegen verblichener und konnten als Hufen fehlgedeutet werden. Jacks Gruppe 6 – »ein Mann und eine Frau, die einen Baumstamm tragen« – entpuppte sich als eine zweifarbige, rot und weiß gemalte Schlange, die ältere Menschenfiguren überlagerte. Außerdem gab es noch etliche Imjim-Quinkins.

Man kann wohl annehmen, daß Dr. Jack sein Papier Jahre nach dem Besuch der Stätte verfaßt hatte und daß er sich dabei auf sein lückenhaftes Gedächtnis sowie auf seine wenigen Skizzen stützte. Um seine Sehkraft muß es ebenfalls nicht zum besten bestellt gewesen sein, denn überall um ihn herum hatte es Hinweise auf das hohe Alter der Figuren und deren erstaunliche Beständigkeit gegeben. Nur ein paar Meter links von der »Palmer-Kuh« konnte man ganz eindeutig zwei Reihen regelmäßig gestalteter, tief gepickter Grübchen ausfindig machen, die größtenteils von einer glatten, dicken Silikatschicht bedeckt waren – für jeden Geologen doch sicherlich eine Rarität sondergleichen. Etwa zwanzig Meter weiter westlich barg das Felsdach große, verblichene rote Männerdarstellungen, darunter eine fast lebensgroße, auf einen gewaltigen Sandsteinblock gemalte Wächterfigur, die Wind und Wetter preisgegeben war. All dies hatte mit Sicherheit genauso ausgesehen, als Dr. Jack vor hundert Jahren hierherkam und die Figuren betrachtete. Es ist schon eigenartig: Die meisten Leute sehen nur, was sie sehen wollen, und selten mehr.

Ein Amphitheater für Zeremonien

Unsere nächste große Entdeckung ging auf den Entschluß von Noelene Cole zurück, eine Doktorarbeit in Archäologie über die Kunststätten am Shepherd- und Brady Creek zu verfassen und die Ergebnisse mit Josephine Floods Forschungen zur Felskunst auf dem Koolburra-Plateau zu vergleichen. Unsere ganze Familie verbrachte die Osterferien damit, Noelene alle Fundstätten von Jowalbinna zu zeigen, die sie noch nicht kannte.

Wir hatten einem der Seitenarme des Shepherd Creeks den Namen Dingo Creek gegeben, nicht nur weil dieses Tal von den aufragenden Dingo-Felsen gekrönt wurde, sondern weil hier mein betagter Dingo mich und Dick zum letzten Mal auf unseren Expeditionen durch die Wildnis begleitet hatte. Am Ende des Seitentals hatten wir auf den westlichen Steilhängen einige kleinere Stätten mit ein paar Malereien gefunden, und ein großer Zeremonialplatz enthielt zahllose kleine rote Handnegative, die größtenteils verblichen waren. Es handelte sich vermutlich um einen weiteren abgesonderten Ort, an den die Knaben nach der Beschneidungszeremonie verbracht worden waren. Zwei dieser Fundstätten befanden sich an den beiden Enden einer niedrigen Schlucht oben auf dem Plateau. Hier saßen wir nun zwischen großen Sandsteinfelsen, während Noelene die wenigen Figuren abzeichnete. Plötzlich sprang ihr Sohn Jeremy auf und sagte: »Schaut, der große Dingo!« Wir rechneten alle damit, einen großen orangenen Dingo zwischen den Felsen verschwinden zu sehen, aber Jeremy sagte: »Dort – auf der Felswand!« Die Nachmittagssonne warf ihr Licht gerade von der Seite in einem Winkel von neunzig Grad auf einen überlebensgroßen gravierten Dingo, dessen Relief sich markant vom Felsuntergrund abhob. Die gesamte Silhouette des Tieres war in den Felsen eingetragen worden, so daß die Figur wie das Negativ einer Kamee aussah.

Mir kam sogleich der Gedanke, daß hier noch weitere Gravierungen verborgen sein konnten, und begann den Felsboden der Schlucht zwischen den beiden bemalten Fundorten sorgfältig abzusuchen. Plötzlich bemerkte ich, daß ich auf großen gravierten Figuren stand, einer Männer- und einer Frauendarstellung, die fast zwei Meter lang waren. Ihre Silhouetten waren vollständig ausgepickt und anschließend glattgeschliffen worden; durch einen Patinaüberzug hatten sie allmählich wieder dieselbe Farbe wie der umgebende Fels angenommen, und wie dieser waren sie fast vollständig mit Flechten bedeckt. Weiter vorne in der Schlucht hörte ich die aufgeregten Rufe von Beverley und Mary, und etwas oberhalb des Dingos schienen unser Enkel, Matthew und die Coles weitere spannende Entdeckungen zu machen. Ich mußte feststellen, daß ich in der Vergangenheit mehrmals über große gravierte Menschenfiguren gegangen war, ohne sie zu bemerken. Sie waren in der Tat schwer zu erkennen, und wie einst Dr. Jack hatte ich nur gesehen, was ich zu sehen erwartete – mit Flechten bewachsenen Sandstein.

Dies war eine phantastische Entdeckung, die zudem völlig unerwartet kam; sie war mit nichts zu vergleichen, was man bislang in Australien gefunden hatte. Die vollständig ausgepickten, glattpolierten überlebensgroßen Darstellungen von Menschen, Emus und einem Dingo suchten ihresgleichen und fügten dem ohnehin umfangreichen Repertoire der Quinkin-

Felskunst eine aufregende neue Facette hinzu. In jenem Jahr, 1988, fanden in Australien gerade die Feiern zum zweihundertjährigen Jubiläum statt, und unsere Entdeckung hätte nicht passender sein können: Sie erfolgte fast genau zweihundert Jahre nach der Erklärung unserer Vorfahren, der australische Kontinent sei eine *terra nullius*.

Für den kommenden August war der erste Internationale Kongreß zur Felskunst anberaumt worden. Noelene und ich sollten dort über unsere Arbeit berichten, und nun bot es sich natürlich an, ein gemeinsames Papier über unseren neuen Fund zu erstellen und dem Kongreß vorzulegen. Wir nahmen uns vor, während der nächsten Schulferien im Juni dorthin zurückzukehren und von allen Figuren genaue Abzeichnungen anzufertigen.

Wir mußten unser Lager diesmal direkt am Fundort einrichten, um die Gravierungen bei Nacht abzeichnen zu können: Wir wollten sie mit schräg einfallendem Licht beleuchten, damit wir scharfe Profile erhielten. Da es auf dem Plateau kein Wasser gab, schleppten Mary und ich am Nachmittag zuvor einen Vorrat von fünfzig Litern in unseren Rucksäcken zum Fundplatz; am nächsten Tag brachten wir dann die Lagerausrüstung und das Dokumentationsmaterial an Ort und Stelle. Nachdem wir das Wasser in einem der Felsdächer verstaut hatten, fiel uns auf, daß das obere Ende der niedrigen Schlucht mit einem undurchdringlichen Dickicht aus Spinifexgräsern, abgestorbenen Baumstämmen und Gestrüpp versperrt war; offenkundig hatten massive Felsblöcke die Buschbrände von dieser Stelle ferngehalten. Bevor wir wieder gingen, legten wir hier ein Feuer, damit wir am nächsten Tag den verbarrikadierten Abschnitt der Schlucht erforschen konnten.

Bei unserer Rückkehr bot sich uns ein erstaunlicher Anblick: Das Spinifexgras hatte wie Zunder gebrannt, die Schlucht war von Strauchwerk und abgestorbenem Gehölz gesäubert, und nun lag ein großes natürliches Amphitheater vor unseren Augen. Es besaß eine ovale Form, war etwa achtzig Meter lang und bis zu fünfunddreißig Meter breit. Ein Durchgang zur nordwestlichen Seite führte zu einer Art natürlichem Bühneneingang für die zeremoniellen Darbietungen. Die Wände des Amphitheaters waren zwischen vier und sechs Meter hoch, und an seinem westlichen Ende befand sich eine flache Höhle mit einem kleinen Tunnel in der Rückwand. Dieser Platz war durch eine breite Rampe von Osten her leicht zugänglich, und auf der südlichen oder linken Seite erstreckte sich eine niedrige, rund vierzig Meter lange Höhle, die sich bestens zum Lagern eignete. Auf der Rückwand und dem Gewölbe konnte man hier und da Darstellungen von Menschen und Schlangen erkennen. Rechts, im Norden, stießen wir auf ein weiteres kleines Felsdach, das neben anderen Figuren einen roten Imjim-Quinkin enthielt. Die Innenfläche des Amphitheaters war über weite Strecken von einer sandhaltigen, bis zu einem halben Meter dicken Lehmschicht bedeckt, und genau in der Mitte hatten Buschhühner einen großen Bruthügel gebaut. Nachdem wir das verbrannte Gras und die verkohlten Holzreste beiseite geräumt hatten, entdeckten wir auf dem Felsboden weitere gravierte Figuren, und es sah ganz so aus, als sei der gesamte Boden mit Gravierungen übersät.

Die Menschenfiguren, die unter den Lehmablagerungen verschwanden, waren wesentlich glattpolierter und verwitterter als die Gravierungen in der Nähe des breiten Eingangsfelsens. Dort waren unter anderem zwei unvollständige Emus abgebildet, deren Konturen man gepickt und ausgekratzt hatte. Nur ihre Beine waren flächig abgetragen, und aus irgendwelchen Gründen hatte man die Arbeit an diesen Figuren eingestellt. Viele große Emu- und Känguruhspuren hatte man offenkundig aufs Geratewohl angebracht. Bei einem Bildfeld mit großen Menschendarstellungen schien es sich um eine zusammenhängende Komposition zu handeln: Drei Figuren waren Seite an Seite abgebildet und wurden von einer vierten waagerechten Figur überlagert; vielleicht war dies die »menschliche Unterlage« bei einer Beschneidungszeremonie, auf die man den Initianden quer darüberlegte. Eine kleinere Figur zwischen diesen großformatigen Darstellungen zeigte eventuell ein Kind.

Ein gravierter Fußabdruck war wie eine Menschenhand mit kurzen Fingern gestaltet. Wir hatten früher solche Figuren als Hand- und Fußspuren von Menschen interpretiert, und dies mochte in einigen Fällen auch stimmen; hier aber lagen vermutlich die Spuren von Vorder- und Hinterbeinen ausgestorbener Riesenbeuteltiere wie Riesenwombats, Diprotodonten usw. vor. Eine von G. Walsh dokumentierte große Fundstätte beim Wall Creek enthielt Gravierungen, die jenen des Amphitheaters glichen, aber kleiner waren, und auch er hielt sie für »gravierte Menschenspuren«.

Ein großer gravierter Dingo war die auffälligste Figur des gesamten Ensembles. Dieses über einen Meter lange Tier mit über den Rücken gebogenem Schwanz war tief in den Felsen gepickt worden, und man hatte seine Innenfläche – vielleicht in einem sich jährlich wiederholenden Ritual – abgeschmirgelt, so daß die Silhouette äußerst ebenmäßig gestaltet war. Dieser Dingo schien ebenfalls Teil einer großen Komposition zu sein, denn seine Nase berührte beinahe die Achselhöhle eines auf dem Kopf stehenden, etwa eineinhalb Meter großen Mannes. Ungefähr zwei Meter hinter dem Dingo war eine kräftige, über zwei Meter hohe Männerfigur graviert worden, auf deren rechten Seite man einen Speer zu erkennen glaubte. Vielleicht hatte man hier eine Szene aus der Legende vom riesigen Höllendingo dargestellt. Von der Spitze des Amphitheaters aus konnte man in einem Kilometer Entfernung die Dingofelsen erblicken, die im Schein der Abendsonne rosafarben leuchteten.

Es war den australischen Ureinwohnern nicht entgangen, daß sich dieses natürliche Amphitheater hervorragend als Schauplatz für Zeremonien eignete. Rund zweihundert Meter weiter nördlich befand sich oben am Steilhang des Dingo Creeks ein großes Felsdach mit Hunderten kleiner roter Handnegative, die größtenteils ziemlich verblichen waren. Man hatte sie auf allen zur Verfügung stehenden Felsoberflächen angebracht, aber die meisten hatte man in tiefe Ausbuchtungen gesprüht, in Nischen, die dem weiblichen Genital glichen. Des weiteren entdeckten wir Negative von Bumerangs und Tragtaschen sowie zwei äußerst verblichene, mit roter Farbe gemalte Dingos. Auch an diesem Platz schien man den Initianden vor Augen geführt zu haben, wie sie nach dem Tod zu neuem Leben erwachten.

Obwohl die bemalten Felsdächer im Amphitheater bis in die jüngere Vergangenheit immer wieder gelegentlich bewohnt gewesen sein mußten, hatte es doch den Anschein, daß die Zeremonialstätte schon vor sehr langer Zeit aufgegeben worden war. Unter den gegenwärtigen klimatischen Bedingungen konnten die Zeremonien nur während der Regenzeit ausgeführt worden sein, wenn also genügend Wasser vorhanden war, und aus der Größe des Amphitheaters ließ sich erschließen, daß einige hundert Personen erforderlich waren, damit die zeremoniellen Aufführungen einen nachhaltigen Eindruck auf die Anwesenden auszuüben vermochten.

Wir werden wohl niemals in der Lage sein, die Bevölkerungszahl Australiens zu Beginn der feuchten Klimaphase vor 60 000 Jahren genauer zu ermitteln. Allerdings liegt nahe, daß nach 20 000 Jahren optimaler Lebensbedingungen mit einem schier unerschöpflichen Nahrungsangebot – den ausgestorbenen Vertretern aus der Megafauna der Beuteltiere – so viele Menschen den Kontinent besiedelten, daß jedes verfügbare Felsdach im Quinkinland mit Sicherheit bewohnt war. Wir wissen nicht, wie viele Menschen die Dürrekatastrophen vor 15 000 Jahren überlebten, aber es waren wahrscheinlich nur ein paar Tausend in ganz Australien, die eine dürftige Existenz an den wenigen übriggebliebenen Wasserstellen fristeten.

Schwierigkeiten bereitet ferner die Frage, wie sich dieses Amphitheater zeitlich in das Auf und Ab der Bevölkerungsdichte einfügt. Beim gegenwärtigen Forschungsstand verfügen wir über keine Möglichkeiten, seine Gravierungen zu datieren, da ihnen wie bei den Gravierungen am Fundort des Frühen Menschen der Silikatüberzug fehlt. Viele Wissenschaftler, die sich mit der australischen Felskunst befassen, stellen diese Gravierungen in die vor 8000 Jahren einsetzende kurze Feuchtphase, aber die gravierte Spur eines mutmaßlichen Diprotodons im Amphitheater sowie die detaillierte Malerei des gleichen Tieres am Deighton-Fluß legen nahe, daß die ersten Gravierungen im Amphitheater in wesentlich früherer Zeit ausgeführt worden sein mußten.

Kurz nachdem wir das Amphitheater entdeckt hatten, traf Dr. Mike Morwood, ein Archäologe der Universität von Neuengland, hier ein, um sich nach Grabungsstätten für das folgende Jahr umzuschauen. In einem auf drei Jahre anberaumten Projekt sollte die Vorgeschichte des Beckens zwischen Laura und Cooktown in interdisziplinärem Zusammenspiel näher erforscht werden. Mike Morwood zeigte sich vom Amphitheater sehr beeindruckt, war aber nicht weniger ratlos als wir, was die Datierung der gravierten Kunstwerke anbelangte.

Mike Morwood und sein Team hatten sich den Jams-Lagerplatz von Jowalbinna für ihre erste Grabungskampagne ausgesucht und zu diesem Zweck ein Basislager unterhalb der Fundstätte am Shepherd Creek errichtet. Da die gepickten Darstellungen auf der Rückwand mit einer dicken Patina bedeckt waren, schienen sie sehr alt zu sein, während die Holzkohlenstücke auf dem Boden, die in Schichten übereinandergelagerten Malereien sowie die Überreste eines Knochenbegräbnisses in einem Sandsteintunnel darauf hinwiesen, daß dieser Platz ohne Unterbrechung als Siedlungsstätte in der Regenzeit gedient hatte. Einige Mitarbeiter der wissenschaftlichen Expedition erstellten detaillierte Verzeichnisse über die natürlichen Reichtümer der Region und trugen alle völkerkundlichen Informationen zusammen, um Aufschluß darüber zu erlangen, wie die Aborigines diese Ressourcen nutzten und welche Systeme sie hierbei im Laufe der Zeit entwickelten. Eine zweite Gruppe befaßte sich mit der zeitlichen Einordnung der Pollenkörner (Blütenstaub), die man bei Grabungen und in morastigen Gebieten zutage gefördert hatte; hiervon versprach man sich weitere Auskünfte über paläoklimatische Veränderungen. Dr. Alan Watchman, ein Geologe der Australischen Nationaluniversität, leitete ein weiteres Team, das die Silikatüberzüge erforschte, ihr Alter zu ermitteln versuchte und danach fragte, unter welchen Bedingungen sie sich über den Malereien und Gravierungen ausgebildet hatten. Man hatte in anderem Zusammenhang herausgefunden, daß sich bei der Entstehung der Silikatschicht Oxalate (Salze der Oxalsäure) beziehungsweise Mikroorganismen in ihnen ablagern konnten, die ihrerseits datierbar waren.

Ich hieß Alan Watchman mit großer Begeisterung willkommen und erzählte ihm, daß ich seit über zwanzig Jahren auf ihn gewartet hätte, um meine Theorien über das Alter der frühesten Malereien und Gravierungen zu überprüfen. Er sagte, man müsse zunächst sicherstellen, ob sich in den Silikatschichten tatsächlich Oxalate befänden; wenn dem so sei, dann würde er im nächsten Jahr einige Proben entnehmen und sie datieren. Wir hatten bereits eine Liste mit den besten Fundplätzen für eine Probeentnahme zusammengestellt, und Sandy Creek besaß oberste Priorität, denn seine rätselhaften, mit einem Silikatüberzug bedeckten geometrischen Gravierungen waren uns seit über zwanzig Jahren nicht mehr aus dem Kopf gegangen. Mike Morwood war lebhaft daran interessiert, diese Stätte zu besichtigen, und wir leiteten alles weitere in die Wege.

Die steinerne Regenbogenschlange hatte sich nicht im geringsten verändert; nur einer der alten Wildapfelbäume war abgestorben und umgestürzt. Während Alan die Gravierungen untersuchte, zeigte ich Mike unsere Ausgrabungsfläche aus den sechziger Jahren und schilderte ihm, wie wir in ungefähr zwei Metern Tiefe auf die kieshaltige zusammengebackene Schicht gestoßen waren, sie über einen Meter bis zum gewachsenen Felsen durchstoßen hatten und schließlich die Beilklinge aus Stein mit geschliffener Kante und einer Einkerbung für den Schaft entdeckt hatten. Mikes Kinnlade fiel herunter, und er sagte aufgeregt: »Drei Meter! Das wäre dann ja das älteste mit Schaft versehene Steinbeil der Welt!« Dies hatten wir ebenfalls vermutet, konnten es aber nicht beweisen, weil wir keine Holzkohlenstücke gefunden hatten. Mike hielt bereits nach einer geeigneten Stelle neben unserer Grabungsfläche Ausschau; offenkundig hoffte er, der glückliche Finder solcher Holzkohlenstücke zu werden.

Wir hatten die rosafarbene Quarzitaxt wie unseren Augapfel gehütet und ihr einen Ehrenplatz auf einem Bücherschrank zugewiesen. Dort war sie über ein Jahrzehnt verblieben, bis ich eines Tages feststellte, daß sie verschwunden war. Beverley meinte, Patty habe sie in die Schule mitgenommen, um das Stück herumzuzeigen, und dabei sei es auf Abwege geraten. Glücklicherweise hatte Eddy gute Photographien von der Beilklinge gemacht, die ich in meine Hand gelegt hatte; so konnten wir nun wenigstens ihre Maße rekonstruieren. Mike war auch darauf erpicht, die bei der Grabung zutage geförderte reichhaltige Sammlung von Steinwerkzeugen zu sehen, die er seinen Studenten zur weiteren Untersuchung und Klassifizierung übergeben wollte. Wir hatten sie alle etikettiert und verpackt, so daß man mühelos die Schicht und die genaue Fundstelle für einen jeden Gegenstand bestimmen konnte, und hatten sie dann in Jowalbinna aufbewahrt. Aber trotz sorgfältigster Suche wollte es uns nicht gelingen, die Schachteln mit den Artefakten wiederzufinden, die während der Bauarbeiten mehrmals ihren Platz gewechselt hatten. Stephen äußerte schließlich die Vermutung, daß man sie beim Zementmischen mit dem Kies zusammengeworfen hatte. Mikes Kinnlade fiel ein zweites Mal herunter, als ich erzählte, die gesuchten Steinwerkzeuge befänden sich vermutlich in dem Zementboden, auf dem er gerade stand.

Das älteste Datum für einen Siedlungsplatz waren immer noch jene 13 200 Jahre BP, die Andrée Rosenfeld für die Fundstätte des Frühen Menschen ermittelt hatte. Wir hofften nun, daß der Jams-Lagerplatz ein noch früheres Datum liefern würde, denn dort befanden sich die mit einer Silikatschicht bedeckten Gravierungen. Mike fand später heraus, daß die am tiefsten im Boden begrabenen Holzkohlenstücke ein Alter von ungefähr 17 000 Jahren BP besaßen, während die auf dem gewachsenen Felsen gefundenen Werkzeuge in 1,3 Meter Tiefe vermutlich 25 000 Jahre alt waren; dieses Datum bezeichnete zugleich die Erstbesiedlung des Platzes durch die Aborigines.

Nach den Arbeiten an der Jams-Lagerstätte führten die Archäologen zwei weitere Grabungen am Red Bluff und bei der Prächtigen Galerie durch. Red Bluff ergab ein Datum von 7500 Jahren BP, aber Mike war der Ansicht, diese Datierung beziehe sich eher auf einen Felsversturz, durch den ein bequemer Windfang vor der Stätte entstanden war, als auf die Erstbesiedlung des Felsdachs. In der obersten Schicht stießen sie auf einen ungewöhnlichen Gegenstand, das bearbeitete Ende eines kleinen hohlen Baumstamms. Einer der Archäologen identifizierte es als Nebenprodukt, das bei der Herstellung eines *didjeridus* angefallen war. Als man mir das Stück zeigte, erinnerte ich mich daran, daß Dick vor etwa fünfundzwanzig Jahren Frank Woolston und mir bei unseren Dokumentationsarbeiten am Fundort Gesellschaft geleistet hatte. Der geschäftige Dick war nie ohne sein Beil unterwegs, und so konnte er etwas Nützliches tun, während er herumsaß. Mike machte für die Prächtige Galerie ein Basisdatum von ungefähr 13 000 Jahren BP geltend und stellte heraus, daß die wechselnde Besiedlungsdichte auf größere Klimaschwankungen im Laufe der Jahrtausende zurückzuführen sei.

Die letzte Ausgrabung dieses Jahres fand im Felsdach der Regenbogenschlange am Sandy Creek statt. Während eines meiner Besuche gelang den Archäologen dort eine aufregende Entdeckung: Im untersten Horizont der verbackenen kieshaltigen Schicht fanden sie Quarzkristalle mit Gebrauchsspuren zwischen mehreren Holzkohlestücken. Nun war es endlich nach über zwanzig Jahren möglich, die Steinaxt zu datieren, und mit ihr die versunkene Traumzeit der Ureinwohner weit vor den Dürrekatastrophen. Quarzkristalle standen sehr häufig mit Zeremonien der Regenmagie in Verbindung. Ihre Fundlage unmittelbar über dem gewachsenen Felsen deckte sich demnach mit unserer Deutung des großen »Heugabel«-Motivs als Symbol der Regenmagie; dieses Zeichen hatte man ja auf einem Stein angebracht, der ebenfalls tief im Boden begraben lag.

Mike erhielt eine ganze Reihe von Radiokarbondaten aus verschiedenen Zeitstufen. Das älteste Datum von einem direkt über dem gewachsenen Felsen in 2,4 Meter Tiefe gefundenen Holzkohlestück belief sich auf 31 900 ± 700 Jahre BP. Das zweite Datum, 12 500 Jahre BP, stammte aus dem obersten Horizont der zementartig verbackenen Schicht. Es gab so gut wie keine Hinweise, daß die Stätte in dem Zeitraum zwischen diesen beiden Daten besiedelt gewesen war. Ich zog aus diesem Befund den Schluß, daß die 20 000 Jahre lange zeitliche Kluft, die beide Siedlungsphasen voneinander trennte, mit der von J. Bowler erarbeiteten chronologischen Abfolge der Klimaveränderungen in den weiter südlich gelegenen Tälern des Kontinents übereinstimmte und infolgedessen auch auf die Kap York-Halbinsel anzuwenden war.

Die chronologische Abfolge menschlicher Aktivitäten am Fundort der Regenbogenschlange kann demnach wie folgt zusammengefaßt werden:

1) Der frühe Mensch hatte sich in der massiven schlangenähnlichen Felsformation ein geeignetes Felsdach für seine Zeremonien ausgesucht und seine geheimnisvollen Symbole auf einen Stein eingraviert, der während eines Felsversturzes von der Decke gefallen war. Dies geschah vor mehr als 40 000 Jahren, entweder vor oder während der Feuchtphase, die sich nach Bowler im Zeitraum vor 60 000–40 000 Jahren erstreckte und in der sich die Silikatschicht über den Gravierungen ausgebildet hatte. Die Gravierungen, die einem religiösen Zweck dienten, stellten möglicherweise die Reisen der Vorfahren, der Ahnwesen dar, oder sie hingen mit der mythischen Welt der Regenbogenschlange zusammen. Die ersten Künstler, die hier ihre Gravierungen hinterließen, lebten vermutlich in Felsdächern unter großen Sandsteinfelsen etwas weiter draußen in der Ebene; dort gab es Sandböden, die sich zum Lagern eher eigneten als der harte Felsuntergrund der Abris bei der steinernen Regenbogenschlange. Ausgrabungen in diesen Bereichen könnten weitere Aufschlüsse liefern.

2) Die nächsten Künstler, die ihre Gravierungen hier anbrachten, kamen in einer Zeit zunehmender Trockenheit, vermutlich vor etwa 35 000 Jahren, am Sandy Creek an. Das Felsdach besaß immer noch einen felsigen Boden, und die Menschen gravierten ihre Regensymbole mit den Unwetterwolken auf Steine ein, die im Felsdach herumlagen. Nun war das Klima nicht mehr feucht genug, um die Gravierungen mit einer Silikatschicht zu überziehen.

3) Vor ungefähr 32 000 Jahren hatte man die Stätte wegen der Dürrekatastrophe aufgegeben, und sie blieb während der nächsten 20 000 Jahre verlassen.

4) Vor rund 12 500 Jahren hatte sich das Klima so weit erholt, daß die Sammler und Jäger hierher zurückkehren konnten. Der Boden bestand nun aus Sand und Gesteinsschutt. Die Ankömmlinge richteten hier ihr Lager ein und brachten vielleicht die ersten Malereien am Felsdach an. Der Stein mit der großen spitzbogig zulaufenden Gravierung ragte aus dem Boden hervor und diente offenkundig als Sitzgelegenheit oder Arbeitsfläche. Die Gravierung wurde dabei beschädigt und verschwand zum Teil.

5) Die zweite Grabungskampagne bestätigte unsere Ansichten über die Herstellungstechnik der Steinwerkzeuge: in den untersten Horizonten über der verbackenen Schicht aus der Trockenphase große Kerne und Abschläge aus Quarzit und Silikatgestein, zusammen mit gebrauchten Ockerstücken für die Malereien, dann feiner gearbeitete Werkzeuge aus Kieselsäuregestein, Bandjaspis und Achat in den oberen Horizonten. Diese Schichtenfolge gab die Wanderungsbewegungen der Menschen wieder, die ihrerseits von den Klimaschwankungen während des Holozäns gesteuert wurden.

6) Die letzte Gravierung am Fundort, ein Spurenpaar von den Hinterbeinen eines Känguruhs, entstand vermutlich während der letzten Jahrtausende. Und die letzten Aborigines, die das Felsdach vielleicht bis in die vierziger Jahre unseres Jahrhunderts bewohnten, hinterließen Werkzeuge aus Stahl, Krüge und einen Grabstock mit eiserner Spitze zum Ausgraben von Pflanzenknollen. Damit endet die lange Saga der Menschen am Sandy Creek.

Traumstrassen und Felskunst

Nachdem ich drei Jahrzehnte lang auf meiner eigenen Traumstraße gewandelt war, viele der alten Traumstraßen gekreuzt und die Tempel der Traumzeit aufgestöbert hatte, trat mir mit immer größerer Eindringlichkeit vor Augen, daß die Proklamation Australiens zur *terra nullius* zu den größten – vielleicht unwissentlich begangenen – Ungerechtigkeiten der Weltgeschichte zählt. Ihr Opfer waren die australischen Ureinwohner.

Die Aborigines waren ein Volk, das seit vielen Jahrtausenden kein rein nomadisches Dasein mehr führte. Ihr Landbesitz bestand aus einem ineinander verzahnten System von Klangebieten, die den ganzen Kontinent überzogen und ihn in ähnlicher Weise aufteilten wie unsere heutigen Landkreise und Verwaltungsdistrikte. Die Klane verwalteten ihr Eigentum mit der allergrößten Sorgfalt; sie kannten die ihrer Obhut anvertrauten Pflanzen und Tiere ganz genau, und sie erließen strenge Gesetze, um den Erhalt dieser natürlichen Ressourcen zu sichern. »Dein Klanland ist das einzige, was du, deine Kinder und deine Kindeskinder jemals besitzen werden. Kümmere dich um dein Land, und dein Land wird sich um dich kümmern. Nimm von deinem Land, was du brauchst. Verbrauche, was du entnimmst.«

Das Leben wurde von den Jahreszeiten bestimmt, und die Klane folgten diesem natürlichen Rhythmus, indem sie sich auf Wanderzügen die Erträge ihres Besitzes auf eine Weise aneigneten, daß sie nie versiegten. Benachbarte Klane teilten sich oftmals in die gemeinsamen natürlichen Reichtümer, und sie verfeinerten ihr geistiges und geselliges Leben mit Ritualen, in denen ihre Anschauungen über Religion, Land und Tiere zum Ausdruck kamen.

Viele Traumstraßen stehen eindeutig mit einer gewissen Form der Tierhaltung in Verbindung. So wurde beispielsweise das Antilopenkänguruh, in dessen Verbreitungsgebiet viele Klane lebten, von diesen gemeinsam als Nahrungsquelle in Regenzeiten genutzt. Die entsprechenden Regeln wurden in einem Ritual festgelegt, das man »die Beschwörung des Känguruhfußes« nannte. Es gab Heiligtümer für eine jede Tierart, die gleichsam als Schutzgebiete in Zeiten der Bedrängnis fungierten. Ein solches Sanktuarium war etwa Spring Creek auf der Traumstraße von Ngalculli: Dort durfte das Känguruh nicht gejagt werden, und so war sein Bestand während der Trockenzeit sichergestellt. Diese Art der Tierhaltung geht wohl auf jenen Zeitabschnitt im späten Pleistozän zurück, in dem Australien über 20 000 Jahre lang kontinuierlich austrocknete und sich die Traumstraßen allmählich ausbildeten. Die Klane hatten ebenso erkannt, daß sie die Zahl der im Klangebiet lebenden Menschen strikt begrenzen mußten – wie grausam die Kontrollmechanismen auch sein mochten –, um die Population im Einklang mit den natürlichen Ressourcen zu halten. Sie waren die ersten, vielleicht sogar die einzigen Menschen weltweit, die ihre Bevölkerungszahl in engen Grenzen hielten – zum Nutzen aller Lebewesen. Die Schöpfungsmythen der Aborigines gründeten auf dem Glauben, daß zu Beginn alle Lebewesen Menschen waren. Hierin spiegelt sich ihre Überzeugung wider, daß sie mit jedem Tier und jeder Pflanze verwandt waren, daß sie die Erzeuger alles Lebenden waren und die Verantwortung für das Wohlergehen aller Arten trugen.

Die gravierten und bemalten Felsoberflächen Australiens sind, insbesondere im Norden des Kontinents, sensationelle historische Quellen, die nicht nur über die jüngere Vergangenheit Auskunft geben, sondern Ereignisse in fernen, von uns als prähistorisch bezeichneten Zeiten überliefern. Die gravierten und gemalten Symbole dienen als Erinnerungsspeicher, in denen eine komplexe Mythologie enthalten ist. Dieser Fundus bildet die »Literatur« der alten Völker, und wir können ihr so gut wie den schriftlichen Berichten und manchmal sogar noch besser entnehmen, was in jenen Zeiten geschah und die Menschen bewegte. Die eigentliche Bedeutung dieser Symbole erschließt sich aber erst dann unserem Verständnis, wenn wir sie genau datieren und in einen chronologischen Rahmen einordnen können. Diesen gilt es dann mit den klimatischen Veränderungen während derselben Zeitspanne in Übereinstimmung zu bringen. Nichts war so bedeutend im alltäglichen Leben der Jäger und Sammler wie das Wetter.

Eine der erhellendsten Botschaften aus der fernen Vergangenheit ist sicher der verblichenen zweifarbigen Darstellung des Diprotodons zu entnehmen, das die frühen Menschen auf die Decke einer Höhle am Deighton-Fluß gemalt hatten. Es ist eine schöne, sehr genau wiedergegebene Figur; sie läßt auf das große, religiös eingekleidete Interesse schließen, das man diesen Tieren entgegenbrachte. Sie sind, wie wir heute wissen, während jener verheerenden Trockenphasen und Dürrezeiten ausgestorben, die sich über 20 000 Jahre erstreckten und vor 15 000 Jahren zu Ende gingen. Weit unten im Süden Australiens, bei Alabena am Cooper Creek, kennen wir eine spektakuläre Ansammlung von Steinen, einen alten geheiligten *bora*-Platz, der dem *kadimakara*, einer ausgestorbenen Diprotodontenart, geweiht war. Die nabelförmigen Vertiefungen im Steinboden der Zeremonialstätte weisen auf ein Vorratslager an der Traumstraße des *kadimakara* hin, aber wir besitzen keinen Schlüssel, um uns den Schatz an Kenntnissen anzueignen, den sie einst bewahrt hatten. Sie bleiben stumme Zeugen, für alle Zeiten.

Die chronologische Abfolge der Kunststile scheint mit den gravierten mäanderförmigen Linien und geometrischen Zeichen des frühen Menschen einzusetzen. Diese Stilkonvention muß über viele Jahrtausende beibehalten worden sein, und sie veränderte sich schließlich zu Mustern, die einen Bezug zum Wetter aufweisen. Die mit einer Silikatschicht bedeckten Gravierungen sind vermutlich älter als die Ritzungen, die keine solchen Überzüge haben. Wahrscheinlich sind die Gravierungen mit Silikathaut einige Zeit vor oder während der sehr feuchten Klimaphase vor 60 000–40 000 Jahren ausgeführt worden, während jene ohne Überzug nach der Feuchtphase entstanden sind. Am Oberlauf des Kennedy-Flusses befindet sich eine Stätte mit Gravierungen, die unter anderem ein großes Bildfeld aus Reihen gepickter runder Grübchen enthält. Beide Enden dieses Bildfelds sind mit einer dicken braunen Silikatschicht bedeckt, aber in seinem mittleren Abschnitt sind die Vertiefungen nochmals ausgepickt und der Überzug vollständig entfernt worden. Diese Überarbeitung eines alten Bildfelds führt deutlich vor Augen, daß die Zeichen ihre Bedeutung über viele Jahrtausende hinweg beibehalten haben. Bei Gravierungen, die auf den ersten Blick einer jüngeren Epoche zu entstammen scheinen, können also die alten Überlagerungen abgetragen worden sein. Der Forscher muß hier auf der Hut sein.

Über die Motive, die dieser ersten Kunstform zugrunde lagen, können wir nur Spekulationen anstellen. Die Gravierungen im Felsdach der Deighton-Lady, am Jams-Lagerplatz, am Lakes Creek, Sandy Creek usw. bestehen aus Mäanderlinien und geometrischen Gebilden und sind in keiner Weise gegenständlich, figurativ. Vielleicht stellen sie Karten mit den Reiserouten der Ahnwesen dar, die in der Schöpfungszeit das Land durchquerten. Ich besitze eine Rindenmalerei mit den Reisewegen von Thuwathu der Regenbogenschlange, angefertigt von Burrud aus dem Lardilklan auf der Mornington-Insel. Das Bild besteht im wesentlichen aus einer symbolischen Karte, in die der Dugong-Fluß mit seinen Nebenarmen eingetragen ist; die großen runden Punkte bezeichnen wichtige Vorratsplätze entlang der Wegstrecke. Die Nebenflüsse sollen, so die Legende, entstanden sein, als Thuwathu bei seiner Reise auf Hindernisse wie beispielsweise Hügel oder schwer begehbares Gelände stieß, die ihn zur Umkehr zwangen und in eine andere Richtung lenkten. Würde man diese Karte gravieren, dann sähe sie genauso aus wie die alten, auf Fels angebrachten Mäanderlinien.

Einige dieser geschwungenen Linien und geometrischen Gravierungen sind mit Spuren von Emus und Buschhühnern sowie mit runden flachen Grübchen vergesellschaftet, insbesondere an der Stätte des Frühen Menschen, am Jams-Lagerplatz, an den Traumstätten des Emus, der Todesotter und an anderen Plätzen. Zwar können die runden Grübchen vielerlei bedeuten; in Verbindung mit Vogelspuren stellen sie aber mit großer Wahrscheinlichkeit Eier dar, die man im Zuge eines Erhaltungsrituals für diese leicht zähmbaren Vögel auf der Felswand abgebildet hatte. Viele der ausgiebig mit Gravierungen versehenen alten Stätten enthalten auch ein Spurenpaar von den Hinterbeinen eines Känguruhs, das man in wesentlich späterer Zeit – denn alle Känguruhspuren haben keine Patina – auf oder neben das alte Bildfeld eingetragen hatte. Es sieht so aus, als hätten die späteren Künstler den Gehalt und Zweck der frühen Gravierungen verstanden und ein neues Symbol hinzugefügt, das die Känguruhs in die Bildaussage mit einschloß.

Stätten, deren gravierte Figuren keine Silikatschicht tragen, können nicht datiert werden, es sei denn, daß man bei Ausgrabungen Holzkohlenstücke findet, die einen eindeutigen Bezug zu den Gravierungen aufweisen. Dies war Andrée Rosenfeld bei der Fundstätte des Frühen Menschen gelungen; die Holzkohlenstücke lieferten hier ein Mindestalter von 13 000 Jahren BP für die Gravierungen. Den Ausführungen von Kershaw und anderen Klimatologen zufolge hat es vor 8000 bis 5000 Jahren eine kürzere Feuchtphase gegeben, in der die Regenwälder auf den Hochebenen von Atherton ein zweites Mal entstanden. Auch die Menschen kehrten in die Gebiete zurück, die in der Trockenphase so lange verödet waren, aber offenkundig reichte die Feuchtigkeit nicht aus, um den Sandstein mit einer Silikatschicht zu versehen. Vor diesem Hintergrund kann man die unbedeckt gebliebenen Gravierungen in einen Zeitraum vor mehr als 13 000 Jahren, aber weniger als 40 000 Jahren stellen – immer unter dem Vorbehalt, daß einige der alten Gravierungen in jüngerer Zeit überarbeitet worden sein können. An zwei Fundstätten – am Hann-Fluß und an der Traumstätte der Todesotter in Jowalbinna – sind die Gravierungen mit rotem Ocker aufgefüllt oder ihre Konturen nachgezogen worden, wahrscheinlich um sie zu erneuern. Auch dies ist ein eindeutiger Beleg, daß die Gravierungen ihre Bedeutung nicht eingebüßt hatten.

Die gravierten, zwei Meter großen Menschenfiguren sowie die gravierten Tierbilder und Spuren im Amphitheater geben uns Rätsel auf. Abgesehen von einer wesentlich kleineren Stätte, die Walsh am Wall Creek dokumentiert hat, kennen wir in ganz Australien keinen weiteren solchen Platz. Würde man die flächig ausgepickten Figuren mit rotem Ocker ausfüllen, dann gliche ihr Erscheinungsbild bis ins Detail den großen gemalten Figuren in der Umgebung. Der große gravierte Dingo scheint im Laufe der Zeit durch Wettereinwirkung verwittert zu sein; dasselbe gilt für einige Menschenfiguren in seiner Nähe und für andere Darstellungen, die im westlichen Bereich des Amphitheaters unter einer Lehmschicht verschwinden. Die restlichen Figuren scheinen indessen jüngeren Datums zu sein, selbst die große Gravierung einer Fußspur mit vier Zehen, die vielleicht auf einen Vertreter der ausgestorbenen Megafauna hindeuten könnte. Keine einzige Figur trägt eine Silikatschicht, und viele Darstellungen sind mit Flechten bedeckt. Wie bereits erwähnt, ist das Amphitheater so groß, daß eine Vielzahl von Menschen an den Zeremonien mitwirken mußte, um eine gebührende Atmosphäre zu schaffen. Vielleicht hatte diese Stätte zum ersten Mal gegen Ende der großen Feuchtphase als Schauplatz für solche Feiern gedient, war dann in der Trockenzeit aufgegeben worden und ist erst wieder in der kürzeren Feuchtphase vor 8000–5000 Jahren in Gebrauch gekommen, in der vermutlich auch die meisten Gravierungen entstanden sind. Einer der großen Emus ist nur zum Teil flächig abgetragen worden, und es kann gut sein, daß das Amphitheater vor etwa 5000 Jahren zum zweiten Mal aufgegeben worden ist.

Man hat den Versuch unternommen, Gravierungen mit einem Belag aus Wüstenlack oder Silikat zu datieren. Dorn und Nobbs haben im Olary-Gebiet in Südaustralien Proben von Wüstenlack über Gravierungen entnommen und mit der Kationenverhältnis-Methode untersucht. Zunächst ermittelten sie ein Alter von bis zu 31 000 Jahren, später machten sie sogar ein Alter von bis zu 45 000 Jahren BP geltend.

Alan Watchman, der ebenfalls Silikatüberzüge untersuchte, hat einige wissenschaftlich fundierte Daten gewonnen. Er entnahm von der Rückwand eines Felsdachs am Sandy Creek eine winzige Probe aus einer unbemalten Felsoberfläche und betrachtete den Querschnitt dieses Felssplitters unter einem Mikroskop mit starker Vergrößerung. Er identifizierte mehrere Farbschichten, die durch mineralische Ablagerungen voneinander getrennt waren. Aus dem Befund ging hervor, daß dieser Abschnitt des Felsdachs mindestens dreimal übermalt worden war. Mit einer Meßmethode, die die Datierung winziger Mengen organischen Materials in den mineralischen Ablagerungen auf der Felswand erlaubt, erhielt Watchman eine Reihe von Radiokarbondaten. Sie ergaben, daß die Künstler der Aborigines bei mindestens drei Gelegenheiten die Felswand bemalt hatten: vor 6500 Jahren, vor 16 000 Jahren und vor 24 000 Jahren. Dies war zu diesem Zeitpunkt das höchste Alter, das man für eine Felsmalerei in Australien ermittelt hatte.

Die Datierungstechniken für Wüstenlack und Silikatüberzüge stecken jedoch immer noch in den Anfängen, und es ist durchaus möglich, daß man noch wesentlich ältere Daten erhält. In diese Richtung weisen die Arbeiten des Archäologen Rhys Jones, der eine Grabungsschicht im Arnhemland mit dem Thermoluminiszenzverfahren untersuchte. Mit dieser physikalischen Meßmethode – deren Ergebnisse in der Fachwelt nicht unumstritten sind – kann man ermitteln, wie lange ein Gegenstand im Boden begraben lag. Der untersuchte Horizont enthielt Ockerstücke mit Gebrauchsspuren, die man auf 56 000 Jahre BP datierte. Allerdings konnte man keine weiteren Aufschlüsse gewinnen, wofür diese Farbe verwendet wurde.

Das wichtigste Datum für die Erstbesiedlung Australiens durch den Menschen stammt indessen von einer wissenschaftlichen Expedition, die unter der Leitung von Professor Peter Davies in den Jahren 1991/92 das Alter und die Entstehung des Großen Barrierriffs vor der Küste von Cairns erforschte. Mit neuester Technologie ausgerüstet, nahm man am Eustonriff Kernbohrungen im Korallenfelsen bis in große Tiefen vor. Bei den Untersuchungen der Proben kamen auch biologische Meßmethoden mit Kalziumkarbonat zur Anwendung; diese Substanz wirkt wie eine Art Zeitkapsel, die Auskünfte über die Umweltbedingungen in einem bestimmten Zeitabschnitt liefert. Peter Kershaw entnahm aus datierten Felsproben und Meeressedimenten fossile Pollenkörner (Blütenstaub) und Holzkohlenpartikel, die ihn zu einer interessanten Schlußfolgerung veranlaßten: Vor 150 000 bis 100 000 Jahren brannten die Regenwälder dieses Gebiets, in denen Nadelbäume überwogen, mehrmals ab, während in der Zeitspanne davor für über eine Million Jahre nichts Vergleichbares festzustellen ist. Nach Kershaw ist dies ein Beleg dafür, daß Menschen den Regenwald absichtlich in Brand gesetzt hatten. Dies deckt sich mit den Befunden von Gurdip Singh, der bei Forschungen am Ufergebiet des George-Sees bei Canberra herausgefunden hatte, daß die Wälder dort vor mindestens 120 000 Jahren ebenfalls gezielt niedergebrannt worden waren (Interview in der *Cairns Post* vom 29. April 1992).

Als wir 1960 damit begannen, die versunkene Welt der Quinkinkunst aufzuspüren und zu erforschen, waren sich die Experten im großen und ganzen darin einig, daß die Aborigines vor weniger als 10 000 Jahren in Australien angekommen waren, daß sie nicht zur gleichen Zeit wie die ausgestorbene Megafauna auf dem Kontinent gelebt hatten und daß ihre Kunstwerke in den letzten drei Jahrtausenden entstanden sind. Die ersten Australier hielt man bis zu diesem Zeitpunkt für die rückständigste Menschenrasse der Welt, und man erörterte in einer verständnisinnigen Diskussion, ob sie überhaupt in der Lage seien, abstrakt zu denken. Schließlich waren sie ja viel zu lange von den wichtigsten Etappen in der Entwicklung der Menschheit abgeschnitten gewesen – geschichtslose Wilde in einem Land ohne Geschichte. Von Vorurteilen befangen, von der hohen Warte des Europäers auf die Aborigines herabblickend, Vernunft und Geist durch unsere eigenen religiösen Ansichten in Ketten gelegt – nimmt es da wunder, wenn wir mehr als zweihundert Jahre nach der ungeheuerlichen Doktrin der *terra nullius* uns immer noch damit schwertun, die Dinge so zu sehen, wie sie sind?

Die Nachricht, die uns der dickknochige, fast vollständig opalisierte Schädel des Hominiden Nr. 50 von den Willandra-Seen zu übermitteln versucht, lautet wie folgt: Vor mehreren hunderttausend Jahren kamen seine Vorfahren mit der Leeuwin-Strömung wie auf einem fliegenden Teppich auf dem Kontinent an, und in den nächsten Jahrtausenden traten zahlreiche Gruppen abenteuerlustiger Segler auf der Suche nach neuem Land denselben Weg an.

Nachdem man den bemalten Sandsteinflächen im Quinkinland über einige Jahrzehnte mehr Aufmerksamkeit geschenkt hat, wird nun zunehmend klar, daß die ältesten Gravierungen und Malereien wirklich sehr alt sind – an den geomorphologischen Tatsachen ist nicht zu rütteln. Vielerorts haben Witterungseinwirkungen dafür gesorgt, daß sich die Gravierungen und verblichenen Malereien heute hoch oben an den Felswänden, weit außer Reichweite, befinden. Es liegt auf der Hand, daß diese Erosion vor langer Zeit stattgefunden haben muß, wahrscheinlich während der großen Feuchtphase der letzten Kaltzeit vor 60 000–40 000 Jahren. Die Sandsteinböden einiger Felsdächer waren offenkundig weicher und poröser als andere Gesteinsschichten; wenn das in ihnen gespeicherte Sickerwasser in den kalten Wintern gefror, wurde der Sandstein gesprengt und anschließend abgetragen. Der Geologe Bob Henderson, der die bemalten Felsoberflächen Anfang der siebziger Jahre genau untersucht hatte, kam zu dem Schluß, daß über große Zeiträume in der Vergangenheit immer wieder Felsteile abgeplatzt waren, während dieser Vorgang gegenwärtig kaum mehr zu beobachten ist.

In den jurassischen Sandsteinformationen kommen eisenhaltige Konkretionen mit vielerlei Ockertönungen vor. Über ihnen steht der Kreidesandstein an, der sich insbesondere durch seine Felsdächer mit den ebenmäßigen Wänden auszeichnet. Farbe und Leinwand waren also an Ort und Stelle vorhanden. Wenn nun im Feuer geplatzte Gesteinsknollen ihre hübschen Farben offenbarten, dann war der Schritt zu ihrer praktischen Verwertung nicht mehr weit, und die Annahme ist kaum von der Hand zu weisen, daß dies im Quinkinland bereits zu einem sehr frühen Zeitpunkt geschehen war. Der grobknochige frühe Mensch, der von seinen Gravierungen voll in Anspruch genommen war, schenkte ihnen keine weitere Beachtung. Dies änderte sich allerdings, als der grazile Menschentypus die Szenerie betrat und den ästhetischen Wert der Ockerstücke und Felswände erkannte.

Roten Ocker oder Hämatit gibt es in vielerlei Farbtönungen, vom leuchtenden Hellrot bis zum dunklen Purpurrot. Die ältesten Figuren wurden stets mit Hämatit gemalt, das eine so feinkörnige Konsistenz besitzt, daß es unter günstigen Umständen mehrere Millimeter tief in den Sandstein eindringen und ihn färben kann. Manche rote Figuren auf freiliegenden Felsflächen sind Regen, Sonne und Wind ausgesetzt, andere werden jährlich überflutet, aber sie überstehen diese Einwirkungen, ohne erkennbaren Schaden genommen zu haben. Im Schutz der Felsdächer und unter der Hülle einer harten Silikatschicht werden viele Malereien so lange Bestand haben wie der Felsen, auf dem man sie angebracht hatte – es sind die ältesten Kunstwerke des Menschen, die man hier sehen kann.

Zuerst hatte man wohl die Ockerstücke zu trockenem Pigment zerrieben und damit die einfachen linearen Figuren angefertigt; diese Methode des Farbauftrags setzte sich bis in die jüngere Vergangenheit fort. Die Herstellung flüssiger Farbe trat vermutlich mit dem Anbringen von Negativen auf: Man zerkleinerte ein Ockerstück, mischte die Farbsubstanz mit Speichel, sprühte die Flüssigkeit dann mit dem Mund auf die Wand und schuf so ein Handnegativ. Malfarbe erhielt man, indem man eine flache Vertiefung im Stein mit Wasser füllte und dann so viel zermahlenen Ocker hinzufügte, bis die erforderliche Dickflüssigkeit erreicht war.

Die ersten Malereien scheinen die Figuren im Linearstil zu sein, wobei man die Farbe manchmal mit der Fingerspitze auftrug. Schöne Beispiele für diese Stilform sind die ersten hellrot gemalten Ahnwesen, die Vorläufer der späteren, wesentlich größeren Darstellungen an der Zeremonialstätte von Split Rock. Eine weitere gelungene Figur dieses Stils ist die horizontale Frau in der Quinkin-Höhle, die von großen, dunkelroten Timara-Quinkins überlagert wird. Am Sandy Creek befindet sich ein Bildfeld mit Malereien, die sich kaum überschneiden; unschwer kann man hier mehrere Figuren im alten Linearstil ausmachen, darunter einen Dingo, der eindeutig ein Känguruh verfolgt, und einen Schnabeligel.

Nach unserem heutigen Kenntnisstand durchliefen die Malstile dann eine Phase, in der man einfarbige Silhouetten ausführte. Später ging man dazu über, zweifarbige Silhouetten herzustellen, indem man Konturen und Innenzeichnungen in einer anderen Farbe hinzufügte. Diese Stilform schwang sich während der kürzeren Feuchtphase vor etwa 5000 Jahren zu einem Höhepunkt auf, zur gleichen Zeit, als auch bei der Herstellung von Steinwerkzeugen nachhaltige Veränderungen eintraten: Es entstanden Geräteindustrien mit kleinformatigen Steinwerkzeugen, für die man so ansprechendes Material wie Achat oder Bandjaspis verwendete. Die meisten großen weißen Figuren wurden mit sorgfältig gemalten roten Konturen und Innenzeichnungen aus roten Streifen und Punkten versehen. Auf diese Weise malte man Menschen, Känguruhs, Emus, Krokodile, große Fische, Bienenstöcke usw. auf die Felswände. Die weiße Farbe für den Körper bestand wohl hauptsächlich aus Baryt (Schwerspat), der in dünnen Schichten im jurassischen Sandstein vorkommt. Baryt hat gegenüber weißem Lehm den Vorteil, daß er besser an der Wand haftet und beständiger ist. Die trefflich ausgeführten großen Figuren legen nahe, daß ihre Urheber in einer Zeit des Überflusses lebten und sich ausgiebig der Religion und anderen Fragen der Lebensanschauung zuwenden konnten.

Eine scharfe Zäsur in der Entwicklung der Kunstformen stellt der Übergang von roten zu weißen Handnegativen dar. Alle roten Handnegative scheinen ein hohes Alter zu besitzen; wir haben kein einziges Exemplar angetroffen, das in jüngerer Zeit entstanden sein könnte. Es sieht so aus, als hätte man zu irgendeinem Zeitpunkt in der Vergangenheit die roten Handnegative mit einem Tabu belegt. Vielleicht geschah dies zu Beginn der kürzeren Feuchtphase, als die Menschen in die Gebiete zurückkehrten, die man viele Jahrtausende zuvor wegen der einsetzenden Dürre hatte verlassen müssen. Dort entdeckten sie zu ihrem Erstaunen die alten Galerien mit den Malereien. Die Furcht, die man vor den geheimnisvollen Schöpfern dieser Kunstwerke empfand, ist den mythologischen Berichten auf dem ganzen Kontinent zu entnehmen. Im allgemeinen war man der Ansicht, daß die Geister der Ahnwesen diese Bilder geschaffen hätten, indem sie sich selbst in diese Felswände inkorporierten. Aus heiliger Scheu vor den Altvorderen stellte man von nun an nur noch weiße Handnegative her. Die Malereien über den großen weißen Figuren sind normalerweise rot und entbehren gewöhnlich der Kunstfertigkeit in Linienführung und Ausschmückung. Die Anzahl zauberischer Figuren nimmt spürbar zu – ein Hinweis, daß auf die üppige Ära mit feuchtem Klima eine Zeit der Entbehrungen folgte.

Die künstlerische Aktivität im Quinkinland nahm ihren letzten und dramatischen Aufschwung, um die verheerenden Auswirkungen der europäischen Invasion festzuhalten. Welche Wucht diese traumatischen Erlebnisse besaßen, ist an dem gelb und weiß gemalten Riesenpferd abzulesen, das eine Länge von fast sechs Metern und eine Höhe von drei Metern erreicht. Die Künstler überlieferten die Ankunft der Schweine, die Cook bei Cooktown ausgesetzt hatte, und das Riesenpferd könnte im Zusammenhang mit der unglückseligen Edmund Kennedy-Expedition entstanden sein. An den Küstengebieten und vor allem auf den Inseln der Prinzessin Charlotte-Bucht malten die Aborigines vorbeiziehende Segelschiffe, einen Logger oder Zweimaster in der Nähe von Cooktown, auf der Clack- und Stanley-Insel hingegen mehrere Schiffe, die wie chinesische Dschunken aussehen.

Die Grausamkeit, mit welcher der Guerillakrieg ein Vierteljahrhundert lang in den Hügeln des Quinkinlands tobte, kommt in den Porträts der verhaßten Schwarzen Polizisten kraftvoll zum Ausdruck. Einige dieser Figuren sind zwei bis drei Meter groß, sind bewaffnet, tragen Stiefel und erwecken einen übermächtigen und bedrohlichen Eindruck – es sind die beeindruckendsten Zauberfiguren im gesamten Ensemble der nordaustralischen Felskunst. Als die Greuel der berittenen einheimischen Polizei schließlich der Öffentlichkeit bekannt wurden, war die allgemeine Empörung so groß, daß man die Truppenangehörigen entwaffnete und ausschließlich zur Spurensuche einsetzte. Die dezimierten Stämme hatte man indessen in die kargen, unzugänglichen Bereiche ihres Klangebiets zurückgedrängt. Die von den Europäern eingeschleppte Grippe und andere Krankheiten taten ein Übriges, um die Zahl der australischen Ureinwohner drastisch zu verringern. Die letzten Ausläufer der Quinkinkunst in jener Zeit sind recht dürftige, mit Lehm gemalte Figuren, die meist mit Schadenszauber oder Liebesmagie in Zusammenhang stehen. In den zwanziger Jahren dieses Jahrhunderts trieb man die wenigen überlebenden Stämme zusammen und siedelte sie um die Missionsstationen an der Küste an. Die gemalten Ahnwesen blickten nun über ein entvölkertes Land.

1992 – rund 115 Jahre nach den blutigen Schlachten am *Battle Camp* – überreichte die Regierung von Queensland in einem feierlichen Akt die Eigentumsurkunde über die Quinkin-Reservate an die Nachkömmlinge der ehemaligen Besitzer. Auf diesem 1000 Quadratkilometer großen Gebiet befinden sich die wichtigsten und meisten Schätze der Quinkinkunst. Der

Vorsitzende der Ang Gnarra-Vereinigung der Aborigines nahm die Urkunde im Namen der australischen Ureinwohner entgegen. Die Tempel der Traumzeit gehören wieder den Menschen, denen sie zustehen.

ANHANG

Wie kommt man ins Quinkinland?

Von Peter Nittmann

Ausgangspunkt der Reise ist Cairns in Queensland, das über einen internationalen Flughafen verfügt. Individualreisende mieten dort in einem der zahlreichen Leihgeschäfte einen Geländewagen (Vierradantrieb obligatorisch!). Für einen Besuch des Bush Camps in Jowalbinna sollte man einschließlich Hin- und Rückfahrt mindestens 5 Tage veranschlagen; bei einem Besuch des benachbarten Lakefield-Nationalparks oder einer Weiterfahrt in den Norden der Kap York-Halbinsel entsprechend mehr.

Die Entfernung zwischen Cairns und Laura beträgt ungefähr 250 km, das sind 5 bis 6 Stunden bei gemütlicher Fahrt. Über gut ausgebaute, asphaltierte Straßen fährt man von Cairns nach Mareeba, von dort nach Mount Molloy (auf diesem Streckenabschnitt befindet sich linkerhand ein großer See, an dem man eine Rast einlegen und Vögel beobachten kann). Nach Mount Molloy nimmt man die Developmental Road Richtung Lakeland. Nach ungefähr 100 km erreicht man das Palmer River Roadhouse, eine Raststätte, die immer für einen Imbiß gut ist; in einem kleinen Nebenzimmer befindet sich eine ständige Ausstellung mit Utensilien aus dem Palmer Goldrausch. Die letzten Kilometer bis nach Lakeland sind nicht asphaltiert, aber die Piste ist gut befestigt. In Lakeland biegt man links nach Laura ab. Bis dorthin sind es noch 60 km auf einer Piste; linkerhand zeichnen sich die Gebirgszüge der Great Dividing Range ab.

In Laura kann man auf der Veranda vor dem Quinkan-Hotel eine Erfrischung zu sich nehmen, den Wagen volltanken sowie Proviant und Ausrüstung (Karten etc.) einkaufen. Dann passiert man eine Kontrollstation (nur geschältes und entkerntes Obst darf mitgeführt werden). Rechts geht es in den Lakefield-Nationalpark, links nach Jowalbinna. Bis zum Bush Camp sind es ca. 30 km oder eine Stunde Fahrt auf unbefestigten, aber unproblematischen Wegen (handschriftliche Hinweisschilder) durch lichte Eukalyptuswälder.

Das Bush Camp ist der Ausgangspunkt für geführte Expeditionen zu den Stätten der Quinkinkunst. Eine Expedition kostet 50 A $ pro Erwachsenen und Tag (Familien 100 A $); die Übernachtungsgebühr beträgt 5 A $ pro Erwachsenen (im eigenen Zelt oder kleinen Hütten). Frühstück und Abendessen sind im Preis inbegriffen. Besucht werden können unter anderem die Jams-Traumstätte, Sandy Creek, die Stätte des Riesenkängurus, der Todesotter, die Emu-Traumstätte und viele andere Plätze mit den faszinierenden Felsmalereien der Aborigines. Sehr zu empfehlen ist eine (zwei- bis dreitägige) Expedition ins Deighton-Tal. Neben den Stätten der Regenbogenschlange, der Emus und einer Höhle für Regenzeremonien zählt der Besuch der Deighton-Lady zu den Höhepunkten der Reise.

Voranmeldung: Trezise Bush Guides
Tel. 0061–70–551865
Fax. 0061–70–521553
P. O. Box 106
Freshwater, Cairns
Queensland 4870
Australia

Klima: An der Nordküste Australiens herrscht tropisches Klima mit ausgeprägten Trocken- und Regenzeiten. Die Monsunregen im australischen Sommer (Dezember bis Februar) machen weite Gebiete unpassierbar; von Januar bis März herrschen in Cairns durchschnittliche Tagestemperaturen von 30–32° C (Nachttemperaturen 22–24° C). Zu empfehlen ist deshalb nur eine Reise im australischen Winter (ab Juni). In dieser Zeit gibt es kaum Niederschläge; die durchschnittliche Tagestemperatur in Cairns beträgt 25–27° C (Nachttemperatur 17–19° C).

Ausrüstung: Stabiles Schuhwerk, Schlafsack, Wasserflasche, Zelt mit Eßbesteck, Taschenlampe, Insektenschutzmittel, Moskitonetz, für Sonnenempfindliche Sonnencreme und Kopfbedeckung. Ein gutes Fernglas sollte auf keinen Fall fehlen. Man braucht es schon am frühen Morgen, wenn einen das Gelächter des *Kookaburra* und des Lachenden Hans aufweckt. Das Quinkinland ist auch ein ideales Gebiet für Tierbeobachtung. Photoausrüstung mit Standardfilmen (100 ASA; bei einigen Felsdächern wie etwa der Deighton-Lady empfiehlt sich die Mitnahme lichtempfindlicher Filme).

Weitere Tips: Es lohnt sich, 2 bis 3 Tage mit dem eigenen Auto im benachbarten weitläufigen Lakefield-Nationalpark zu verbringen. Der Nationalpark ist in drei Abschnitte mit jeweils einer Rangerstation unterteilt. Dort holt man sich die Campingerlaubnis (7 A $ pro Nacht) und bekommt einen Campingplatz zugewiesen. Diese Zeltplätze liegen meist an schönen Stellen, sind weit voneinander entfernt und ermöglichen gute Tierbeobachtungen. Die Warnschilder vor Salzwasserkrokodilen sollte man allerdings beherzigen. Aber man kann sich glücklich schätzen, wenn man ein solches Reptil in freier Wildbahn, vielleicht beim Sonnen auf einer Sandbank, entdeckt.

Für weitere Ausflüge in den Norden der Kap York-Halbinsel oder zu den Regenwaldgebieten an der Küste (Daintree-Nationalpark, Cape Tribulation-Nationalpark) sowie zum Barrierriff ziehe man die einschlägigen Reiseführer zu Rate.

Glossar

Ahnwesen = Schöpfergottheiten der → Traumzeit, die in Menschengestalt über die Erde wandelten (»Traumstraßen«), der Landschaft ihre Gestalt gaben, Vorratsplätze und Brunnen anlegten und sich schließlich in Tiere und Pflanzen verwandelten. Auf sie gehen Sprache, soziale Einrichtungen sowie religiöse Gebote und Riten zurück. Sie bewirken auch die Geburt der Menschen, die in zeremoniellen Feiern und Beschwörungen an den »Traumstätten« in Kontakt zu ihnen treten.

Aurignacien = Nach einer Höhle bei Aurignac (Haute Garonne, Frankreich) benannte Kultur des frühen → Jungpaläolithikums (ca. 36 000–28 000 BP)

banyan = Ehemann

booya = Süßwassergarnele

bora = Initiationszeremonie. Der *bora*-Platz ist eine geheiligte Zeremonialstätte, die aus einem größeren und einem kleineren, durch einen Pfad verbundenen Rund besteht.

bundaree = Tanz bei der Initiationszeremonie

corroboree = Zeremonielle Feier auf einer → *bora*-Stätte

darrawul = (geheiligter) Grabstock

didjeridu = Langes, aus einem hohlen Ast hergestelltes Blasinstrument, das ausschließlich von Männern gespielt wird. Es symbolisiert die männliche Energie bzw. den Phallus der → Ahnwesen.

doolmidjal = Magischer Stock für die Zeremonie der Flutbeschwörung auf der Mornington-Insel (siehe auch → *kial*)

galun = Heilige Zeremonialstätte

guntha = Vater

gunyah = Aus den Stämmen junger Bäumen gefertigte, kuppelförmig abschließende Hütte, die mit Blattwerk oder Rindenstücken abgedeckt wird.

Holozän = Warmzeit des Eiszeitalters, die vor 10 000 Jahren begann und bis heute anhält.

Jams = Sammelbegriff für eßbare Wurzeln und Knollen von über 200 Pflanzenarten

jarrada = Hochzeitszeremonie

Jungpaläolithikum = Jüngere Altsteinzeit (ca. 40 000–10 000 BP)

kadimakara = Diprotodon, ausgestorbenes Riesenbeuteltier, das in Größe und Gestalt einem Nashorn ähnelte.

Kationenverhältnis-Datierung (cation-ratio dating, CR) = Verfahren zur Altersbestimmung verkrusteter Ablagerungen in Felsgravierungen (»Wüstenlack«). Dabei ermittelt man durch chemische Analyse des Wüstenlacks das Verhältnis von Kalzium und Kalium zu Titan: (Ca + K)/Ti. Da die Kalzium- und Kaliumionen leichter ausgewaschen werden als die schwereren Titanionen, gilt folgende Regel: Je älter der Wüstenlack ist, desto mehr nähert sich das Kationenverhältnis dem Wert 1:1 an. Das Alter in → Radiokarbonjahren erhält man, indem man eine Wüstenlackprobe mit organischen Bestandteilen aus der Umgebung der mit CR untersuchten Probemenge mit der ^{14}C-Methode datiert, den gewonnenen Wert mit dem Kationenverhältnis vergleicht und unter Berücksichtigung der systematischen Veränderungen des Kationenverhältnisses auf die erste Probe überträgt.

kial = Magischer weißer Lehm, der bei der Flutbeschwörungszeremonie auf der Mornington-Insel verwendet wird (siehe auch → *doolmidjal*).

kurrajong = Flaschenbaum, der Wasser in seinem Stamm speichert (Sukkulente)

lowalan = (geheiligte) Grabmuschel

Luminiszenzverfahren = (wörtlich »Leuchtverfahren«) Mit dieser Datierungsmethode wird ermittelt, wie lange natürlich abgelagerte mineralische Partikel (z. B. Quarz) im Boden begraben lagen, d.h. nicht von der Sonne beschienen wurden. Quarze, die dem Sonnenlicht ausgesetzt sind, setzen aufgrund des radioaktiven Zerfalls Elektronen frei, die bei im Boden gelagerten Quarzpartikeln jedoch gespeichert werden. Im Labor können die in den mineralischen Ablagerungen festgehaltenen Elektronen auf zweierlei Weise freigesetzt werden: durch Erhitzen (Thermoluminiszenz = TL) oder Bestrahlen der Probemenge mit grünem Laserlicht (optisch stimulierte Luminiszenz = OSL). Die dabei entstehende Lichtmenge (Luminiszenz) gibt Aufschluß darüber, wie lange die mineralischen Partikel im Boden begraben lagen. Mit dieser Methode erhält man ein Mindestalter für Artefakte (Werkzeuge) in mineralischen Ablagerungen. Während die → Radiokarbonmethode auf das Vorkommen organischen Materials angewiesen ist und einen Zeitraum von maximal 40 000–50 000 Jahren abdeckt, benötigt das Luminiszenzverfahren keine organischen Partikel und reicht bis zu 300 000 Jahre zurück.

luraga = Reinigungszeremonie nach der rituellen Beschneidung, in der die Initianden geweihtem Rauch ausgesetzt (»durch den Rauch gezogen«) werden.

Magdalénien = Nach dem Felsdach La Madeleine bei Tursac (Dordogne, Frankreich) benannte Kultur des späten Jungpaläolithikums (ca. 18 000–12 000 BP)

migola = Bezeichnung der Aborigines für die weißen Eindringlinge

mudud = Strandhibiskus

mulgri = Körperbemalung aus roter und weißer Farbe bei der → *jarrada*-Zeremonie

mungara = (wörtlich »zu viel«) Züchtigung einer Frau durch erzwungenen Geschlechtsverkehr mit männlichen Stammesangehörigen, die nicht mit ihr verwandt sind. Der Ehemann, der diese Strafe verhängt, erhält von den anderen Männern Geschenke.

nulla nulla = Hölzerne Kriegskeule

Pleistozän = Eiszeitalter; erdgeschichtliche Epoche vor 1,7 Millionen bis 10 000 Jahren, in die die Eiszeiten fallen.
porgor = Eidechsenart mit rundem Kopf

Quinkins = (auch: Mulgans, Narbiahs) Koboldartige Geistwesen mit unförmigem Kopf, unproportionierten Gliedmaßen und oft mißgestalteten Genitalien, die in Felsritzen und hohlen Baumstämmen hausen. Als Verkörperung ungehemmter Triebhaftigkeit belästigen sie Frauen und betätigen sich als nächtliche Quälgeister, die es zu bannen gilt.

Radiokarbonmethode = Wichtigstes Datierungsverfahren der Archäologie, das auf der Messung des natürlichen radioaktiven Zerfalls von Kohlenstoffisotopen beruht. Die Halbwertszeit des ^{14}C-Isotops (Zeit, in der die Hälfte des Isotops zerfällt) beträgt 5730 Jahre.

tharabai = Unbeschnittener Junge (vor dem 9.–12. Lebensjahr)
Thermoluminiszenz-Verfahren siehe → Luminiszenzverfahren
thubun = Stein zum Zerkleinern eßbarer Nüsse
Traumzeit = Schöpfungszeit, in der die → Ahnwesen tätig waren.

walpa = Aus Baumstämmen gebautes, mit Seilen aus Pflanzenfasern zusammengehaltenes einfaches Floß für den Fischfang in Küstengewässern
womera = Speerschleuder
Woolunda = Paradiesähnliches Totenreich, in dem die Geister der Verstorbenen weilen.
wop = Eiserne Harpunenspitze

Literatur

Ardrey, R. (1976): The Hunting Hypothesis.

Berndt, R. M. und C. H. (1964): The World of the First Australians.

– (1989): The Speaking Land.

Boltz, Herbert (Hg.): Märchen der australischen Ureinwohner, Frankfurt/M. 1996.

Bowler, J. M. (1987): Water and Sand: climate in ancient Australia, in: J. D. Mulvaney und J. P. White, Australians to 1788, S. 25–45.

– und Thorne, A. G. (1976): Human remains from Lake Mungo: discovery of Lake Mungo III, in: R. L. Kirk und A. G. Thorne (Hgg.), The Origin of the Australians, S. 55–77.

Brunschweiler, R. D. (1984): Ancient Australia, Sydney.

Cowan, J.: Geheimnisse der Traumzeit. Das spirituelle Leben der australischen Aborigines, Basel 1994.

Cresswell, G. R., und Golding, T. J. (1980): Observations of a south-flowing current in the southeastern Indian Ocean, in: Deep Sea Research, Bd. 27A.

Flood, Josephine: Die Felskunst der Traumzeit (erscheint 1999 in der Reihe Thorbecke – Speläothek).

Flood, J. M., und Horsfall, N. (1986): Excavation of Green Ant and Echidna Shelters, Cape York Peninsula, in: Queensland Archaeological Research 3, S. 4–64.

Holthouse, H. (1967): River of Gold.

Jack, R. L. (1895): On Aboriginal cave-drawings on the Palmer Goldfield, in: Proceedings of the Royal Society of Queensland II (Teil 2).

Jones, Rhyss: A date for utilised ochre material in an archaeological excavation in Arnhem Land (pers. Mitt.).

Langloh Parker, K. (1953): Australian Legendary Tales, Sydney.

Lawlor, R.: Am Anfang war der Traum. Die Kulturgeschichte der Aborigines, München 1993.

Lommel, Andreas: Die Kunst des alten Australiens, München 1989.

McCarthy, F. (1979): Australian Rock Art, Sydney.

McConnel, U. (1957): Myths of the Munkan, Melbourne.

MacKenzie, G. (1981): Aurukun Diary, Melbourne.

Morwood, M. J., und Trezise, P. J. (1989): Edge-ground axes in Pleistocene Australia: new evidence from S. E. Cape York Peninsula, in: Queensland Archaeological Research 6, S. 77–90.

Mountford, C. P. (1965): The Pungalungas, in: Australian Dreaming, hg. von J. Isaacs.

Mudrooroo: Die Welt der Aborigines. Das Lexikon zur Mythologie der australischen Ureinwohner, München 1996.

Murray, P., und Chaloupka, G. (1984): The Dreamtime Animals: extinct megafauna in Arnhem land rock art, in: Archaeology in Oceania 19, S. 105–116.

Nobbs, M. F., und Dorn, R. I. (1988): Age determination from rock varnish formation within petroglyphs: cation-ratio dating of 24 motifs from the Olary Region, South Australia, in: Rock Art Research 5, S. 108–124.

Reed, A. E. (1965): Myths and Legends of Australia.

Reynolds, H. (1982): The Other Side of the Frontier: Aboriginal Resistance to the European Invasion of Australia, Victoria.

Rich, P. V., und van Tets, G. V. (Hgg.) (1985): Kadimakara.

Rosenfeld, A. D., Horton, D., und Winter, J. (1981): Early Man in North Queensland, Department of Prehistory, Research School of Pacific Studies, Canberra.

Singh, G., Kershaw, A. P., und Clark, R. (1981): Quaternary vegetation and fire in Australia, in: A. M. Gill, R. H. Groves, und I. R. Noble (Hgg.): Fire and the Australian biota, S. 23–54, Canberra.

Tindale, N. T. (1974): Aboriginal Tribes of Australia; their terrain environmental controls, distribution, limits, and proper names, Canberra.

Trezise, P. J. (1969): Quinkan Country, Sydney.

– (1971): Rock Art of South-east Cape York Peninsula, Canberra.

– (1987a): Paintings of extinct animals in Quinkan rock art, paper presented to 57th ANZAAS Conference, August 1987, Townsville.

– (1987b): Comment on J. Flood, Rock Art of the Koolburra Plateau, north Queensland, in: Rock Art Research 4, S. 124.

Watchman, A., Sirois, J., und Cole, N. A. (1993): Mineralogical examinations of rock painting pigments near Laura, north Queensland, in: proceedings of Archaeometry Conference, Canberra, Januar 1991.

Wilpert, C.: Der Flug des Bumerang. 40000 Jahre Australier, Hamburg 1987.

Woolston, F. P., und Trezise, P. J. (1969): Petroglyphs of Cape York Peninsula, in: Mankind 7, S. 120–127.

Verzeichnis der mythischen Wesen

(Bei den Namen wurde die englische Transkription beibehalten)

Personenregister

Verzeichnis der wichtigsten Fundorte

(Die Bezeichnung der Fundorte bezieht sich entweder auf ihre geographische Lage oder auf markante Motive bzw. Figurengruppen, nach denen der Verfasser die Stätten benannte)

Abbildungsnachweise

Percy Trezise: Abb. 11, 16–19, 24–26, 28, 28a, 33–37, 40, 41, 45, 47, 48, 53, 55, 58; Peter Nittmann: Abb. 1–10, 12–15, 20–23, 27, 29–32, 38, 39, 42–44, 46, 49–52, 54, 56, 57, 59–61

INDONESIEN
Timor
PAPUA-NEUGUINEA
Arafurasee
Torresstraße
Indischer Ozean
Darwin
Korallensee
Golf von Carpentaria
Kap York-Halbinsel
Großes Barrierriff
Nord-territorium
Queensland
Südlicher Wendekreis
Westaustralien
Brisbane
Südaustralien
Neusüdwales
Perth
Adelaide
Canberra
Sydney
Victoria
Melbourne
AUSTRALIEN
0
500
1000 km
Tasmanien
Hobart
Weipa
Weipa South
Wenlock
Aboriginal Land Lease No. 1
Aurukun
Archer Bend National Park
Kendall
Saline Costal Flats
Pormpuraaw
Mitchell and Alice Rivers National Park
Kowanyama
Mitchell
Alice
Golf von Carpentaria
Nassau
Ha
Wellesley-Inseln
Mornington-Insel
Lingnoonganee-Insel
Gununa
Denham-Insel
Sydney-Insel
Bountiful-Inseln
Aboriginal Land Lease No. 2
Forsyth-Inseln
Horseshoe-Insel
Bentinck-Insel
Sweers-Insel
Allen-Insel
Südl. Wellesley-Inseln
Saline Costal Flats
Staaten
Gilbert
Karumba
Normanton
Buck Hill 258
Burketown
Nicholson
Doomadgee
Flinders
Norman
Que